三峡大学学科建设经费资助项目

"新乡土中国志"系列丛书

新乡土中国志

畲汉交融：

闽东坂中的社会与文化

蓝炯熹　主编

厦门大学出版社
XIAMEN UNIVERSITY PRESS
国家一级出版社
全国百佳图书出版单位

图书在版编目（CIP）数据

畲汉交融：闽东坂中的社会与文化 / 蓝炯熹主编.
厦门：厦门大学出版社，2023.12. --（新乡土中国志
）. -- ISBN 978-7-5615-9303-5

Ⅰ. K925.75

中国国家版本馆 CIP 数据核字第 2024PY3145 号

责任编辑 薛鹏志 林 灿
美术编辑 蒋卓群
技术编辑 朱 楷

出版发行 厦门大学出版社
社 址 厦门市软件园二期望海路 39 号
邮政编码 361008
总 机 0592-2181111 0592-2181406(传真)
营销中心 0592-2184458 0592-2181365
网 址 http://www.xmupress.com
邮 箱 xmup@xmupress.com
印 刷 厦门市明亮彩印有限公司

开本 720 mm×1 000 mm 1/16
印张 22.5
插页 2
字数 380 千字
版次 2023 年 12 月第 1 版
印次 2023 年 12 月第 1 次印刷
定价 90.00 元

厦门大学出版社
微信二维码

厦门大学出版社
微博二维码

总　序

中国民族学界向来关注乡土社会的叙事。20世纪前半叶，吴文藻、费孝通、林耀华等前辈行走中国广大农村，用朴素且有力的文字记录了我国传统乡土社会的面貌。1948年，费孝通先生更是以"乡土中国"为名，挥墨写下十四篇章专门阐述中国农村的"本色"。中华人民共和国成立后，几经社会变革，中国农村社会发生了巨大变化。改革开放后，党中央持续推动我国农村发展，先后提出"新农村建设"、"美丽乡村建设"、"精准扶贫"及"乡村振兴"等极具时代意义的规划与战略。中国四方之农村随之卷入快速的流动与变革中，其社会结构、习俗文化等发生了深刻变迁，熟人社会被"半熟人社会"甚至被"陌生人社会"重新表述，传统的农村结构被解构。最终，传统的乡土中国演变成了"新乡土中国"。

新时代，习近平总书记倡导要把论文写在祖国的大地上，写在中华民族伟大复兴的征程中。田野调查是民族学研究生培养的成年礼，三峡大学民族学院积极响应总书记的号召，发挥专业优势，带领研究生走进祖国各地农村，开展深入的田野调查，以民族志方法切入新时代乡土中国的社会土壤与文化肌理，最终以"新乡土中国志"的形式呈现新时代巨变中我国农村社会的图景，深描日常事象与社会体系之间复杂而动态的关联。因此，以"新乡土中国志"记录乡村百年变迁，讲好中国乡村故事，既具有时代意义，也具有较高的学术价值。

"新乡土中国志"资料翔实，描绘的是当下的"地方"，是中国一隅，提供的是"地方性知识"，因而它首先是认识和理解新时代背景下不同地域的中国农村社会的学术作品。它既关注千古村落的浮沉、宗族社会的起落，也关注新农村和城中村的发展；既观察汉族村的社会变革，也关照民族村落的蜕变；既重视对内地乡土的描述，也不忽略对边疆村落的考察。"新乡土中国志"是对吴文藻、费孝通、林耀华等前辈传统乡土志的继承与发展,试图结合历时性和共时性描述,观察、理解并客观呈现当代中国农村的生态环境、经济生活、风俗习惯、文化教育、脱贫致富、乡村振兴、社会治理等内容。"新乡土中国志"关注地方,但又超越地方,其由微观到宏观、由个体及族群、由点到面所呈现的新时代中国农村的历史现实图景,更是蓬勃发展的中国经验。

"新乡土中国志"既是专业学术著作,也是大众化读物,融研究与普及、历史与现实于一体。它以朴素的描述,图文并茂,内容深入浅出,充分展现了新乡土中国的文化景观与独特魅力。对调查地来说,"新乡土中国志"是当地一笔宝贵的精神财富,既能让当地村民全方位了解村史村情、乡风民俗,也能够充分挖掘新乡贤的价值,带动地方传承优秀传统文化,繁荣乡土文化,促进乡村振兴。于读者而言,"新乡土中国志"可在文字和图像中感受新时代中国乡土社会翻天覆地的变化,是领略"他者"社会真实图景的读物。

丛书的编辑采取编委会审稿制,主编负责定稿。丛书编辑委员会主要由三峡大学民族学院研究人员组成,还包括中央民族大学、厦门大学、四川大学、南京大学、中山大学、云南大学、中南民族大学、湖北大学的部分专家和学者。我们殷切地希望本套丛书能够得到全国学术界的支持和批评。

是为序。

何伟军

2022 年 3 月

目 录

导　言

坂中畲族乡位于福安市中部，长溪中游的富春溪西岸。其地理位置在北纬 26°2′～27°10′，东经 119°34′10″～119°40′40″之间。总面积 67.7 平方公里，南北相距 21 公里，东西相距 5 公里。土地总面积 67.7 平方公里，其中丘陵山地 61324 亩，耕地 1.5 万亩，坂中畲族乡除了富春溪沿岸是小平原外，大都山峦连绵，群山起伏。乡人民政府驻坂中街道，辖区内包括 1 个社区、2 个居委会和 19 个建制村 89 个自然村，其中畲族建制村 11 个，占全乡建制村的 58％。畲族自然村 59 个，占全乡自然村总数的 66％。2010 年第六次全国人口普查时，全乡人口 27883 人，其中畲族人口 8991 人，占全乡总人口的 32.25％，是闽东畲族聚居最集中、畲族人口比例最高的一个乡。乡里还有回族、苗族、壮族、布依族、侗族、白族、土家族等少数民族，其中除了回族外，都是因务工或婚姻迁来的。2016 年全乡共有 151 个姓氏，其中汉族姓氏中人数最多的前 10 位是陈、林、王、郑、吴、施、苏、李、阮、张。畲族姓氏中前 5 位的是钟、雷、蓝、吴、陈，回族姓氏主要是丁、郭。

坂中畲族乡地处亚热带地区，气候温暖宜人。年平均气温 20℃～22℃，无霜期 280～300 天，平均年降雨量 1600～1850 毫米。林业以松杉为主，森林总面积量达 6.4 万立方米，水能资源蕴藏总量达 8000 千瓦，矿产资源以沙、土、石著名，农业主要以茶叶、蔬菜为主，工业以电机电器、冶金铸造、医疗器械而闻名。沈海高速公路连接线收费站位于坂中畲族乡江家渡村，福穆公路由东至西贯穿全乡，全乡 22 个村（居）公路路面全部实行水泥硬化。位于富春溪沿岸的富春大道边高楼林立，坂中畲族乡逐步实现城镇化。

坂中畲族乡历史悠久，1980 年代发现的牛粪山遗址与松潭遗址均属青铜时代遗迹。《淳熙三山志》载，福州长溪县永乐乡归化西里，包括今坂中畲族乡地域，其中仅标注 2 个地名，即"松潭溪、船潭"。清光绪《福安县志》卷

1

终的《氏族》章中记载坂中畲族乡地域的姓氏有"厚广陈氏"、"坂中黄氏"、"湖口王氏"、"过溪坂郑氏"、"湖口张氏"、"长汀施氏"。据村落族姓宗谱记载，宋代之前，坂中域内已有族姓聚居的村落，包括仕坂村（长汀）吴姓肇迁于唐元和三年（808年），永乐西乡泉尾坂（长汀、坑下）施姓肇迁于后唐长兴四年（933年），许洋郑姓肇迁于宋庆历三年（1043年），郑姓入迁前已有"许洋"村名，铜岩陈姓与冠岭陈姓均肇迁于大观四年（1110年）。江家渡（古称"高家渡"）在北宋前已由高姓族人肇基，而后陈姓于南宋时迁入。南宋时期，由族姓聚居的村落还有熙台（陈氏）、岭头（陈姓）、南岸东口洋（陈姓）等。

坂中畲族乡的畲族，大量迁入始于明代。在畲民家族发展史中，始终与汉族和睦相处，交往、交流、交融，流传着许多动人的故事。名闻遐迩的"二月二"会亲节便源于坂中后门坪村，相传明宣德年间，雷氏畲民得到先住这里的魏姓汉族兄弟俩的鼎力相助，驱兽除妖，营建家园，蕃衍后代。后门坪畲族为了纪念魏氏兄弟，在村口建起魏公祠，并将其兄长生日，即农历二月初二日，定为"会亲节"，延续至今。杨姓汉族于明末躲避兵燹，辗转迁到大林，被钟姓畲族收为养子。自此，世代与畲族通婚，遂形成福安杨姓畲族。廉岭村畲族的祖宗神龛写明"江夏颍川"双重郡望，因为清乾隆年间黄姓汉人入赘钟姓畲家，成为廉岭开基祖，并将"江夏黄"与"颍川钟"的先祖作为廉岭的共同祖先。

据《淳熙三山志》记载，坂中畲族乡地域的大部分属于长溪县永乐乡归化西里。宋淳祐五年（1245年）福安置县，至明清间，坂中乡地域以福安乡界东里五都为主，还延至周边的界东里二三都、界西里六都、平溪里九都，用儒乡钦德里十五都、十六都的部分村落。民国时期，坂中主要隶属韩阳区或城厢乡（镇）。

1950年4月，废除保甲制度，实行县、区、乡三级政制。1953年析第十一区，区公所驻坂中。1966年8月，成立坂中人民公社，下辖16个大队99个生产队。1984年，坂中人民公社改制为坂中畲族乡。2018年，坂中畲族乡下辖满春社区、坂中、松潭居委会，以及湖口、坑下、长汀、仙源里、南岸、和安、仙岩、大林、许洋、后门坪、井口、汤洋、铜岩、彭家洋、冠岭、亭兜、廉岭、日宅、江家渡等19个建制村，89个自然村。

坂中畲族乡是福建省民族政策与民族工作实践的重要区域。1952年7月8日，福建省人民政府的《畲族福安县仙岭洋村调查情况》是中华人民共和国的第一份关于畲族村落的省一级官方调查报告。这份资料对仙岭洋村

(仙岩)畲族迁徙历史、生活习俗作了简要叙述,着重调查了新中国成立后畲民政治地位、生活水平的变化,论述了畲族族称问题,并反映了畲族群众的要求,包括办学校、合作社以及民族事务管理机构等内容。加强民族政策宣传教育,加强民族团结,以利于少数民族的建设与发展。

1953年2月8日,在第十一区畲族聚居的仙岩乡建立畲族仙岩乡自治区人民政府,这是民族区域自治政策在福建省的首次尝试。畲族仙岩乡占地6.75平方公里,畲族户数495户,人口1749人,占全乡总人口99.71%。3月8日,福安地委机关报《新农村》作题为《毛主席民族政策的光辉胜利,福安县仙岩乡成立畲民自治乡》的专题报道。1956年12月,"畲族"作为我国单一少数民族被正式确认。1957年7月,原来并入湖坂乡的仙岩畲族乡恢复,成为福安县12个畲族乡之一。1958年实行人民公社制,畲族乡被分别并入相应的公社。1963年,恢复了包括仙岩畲族乡在内的6个畲族乡。1964年随着农村社会主义教育的深入,政治运动的普遍性替代了畲族乡的特殊性,畲族乡自然取消了。

1984年9月,经福建省人民政府批准,撤销坂中公社设立了坂中畲族乡。中共坂中畲族乡召开第三届党代会,选举出以陈寿坤为书记,叶福生、邱登奇、钟奶冬为副书记的新一届党委会。福安县坂中畲族乡召开第四届人民代表大会第一次会议,选举产生了以钟江明为乡长,黄耀辉、王垂英、高胜慈为副乡长的第一届坂中畲族乡政府组成人员。12月20日,《坂中畲族乡人民政府工作条例》颁布实施。1985年8月,经省教育厅批准,坂中畲族乡仙岩小学更名为"福安县民族实验小学",成为全省第一所县属民族实验小学。

1988年6月,习近平任中共宁德地委书记,坂中畲族乡是他工作挂点的乡,他说:"宁德地区的一个传统是第一把手挂点民族乡,帮助乡里解决实际困难和问题,并以此为典型,总结经验,推动整个地区的民族工作。我当时挂点的乡是福安坂中乡,是典型的畲乡。通过深入基层进行调查研究,我感到,民族地区的发展,要把经济摆在首要的位置。解决这个关键是要找准一条正确的发展路子。要充分发挥优势,扬长避短,不做不见效益、劳民伤财的事情。扶贫攻坚问题、基础设施建设问题、发展民族教育问题、培养少数民族干部问题等等都是很重要的问题，要综合考虑，统筹安排。"①1990 年 5 月 4 日，习近平在离任闽东时，专程到坂中畲族乡与当地干部合影留念，做深情告别，留殷切希望。

自 1988 年开始，坂中畲族乡先后获得"全国民族团结先进集体"、"第一次全国基本单位普查全国先进集体"、"全省明星乡镇"、"全省地区社会治安综合治理先进单位"、"省级园林式乡"、"省级农民健身活动先进乡"等光荣称号。

---

① 刘德伟：《举全省之力做好民族工作——访福建省省长习近平》，《中国民族报》2001 年 5 月 29 日第 1 版。

第一章

地理与人口

图 1-1　坂中畲族乡

（席国胜　摄）

第一节　自然地理

　　坂中畲族乡地处福安市区西北部,长溪中游的富春溪畔。东与城阳镇、城北街道、阳头街道毗连,西与穆云畲族乡接壤,北与社口镇、潭头镇交界,南与康厝畲族乡、溪潭镇相邻。坂中畲族乡有丘陵山地 61324 亩,耕地 1.5 万亩,即"二分平原八分山,一条大溪穿南北"。坂中畲族乡除了富春溪沿岸是小平原外,大都是群山起伏,峰峦叠嶂,地势以西北面最高,东面最低。有大小山峰共 40 座,山脉系洞宫山余脉——锣鼓山山脉延伸部分。北部有岭柄山,海拔 562 米。西部老爷顶山,海拔 679 米。南部新头岗山,海拔

5

540米。

坂中畲族乡属中亚热带海洋性季风气候，农业气候区划属河谷平原气候区，是福安市双季水稻等粮食作物的主要产区。年平均气温 20℃～22℃，平均年降雨量 1600～1850 毫米。一月最冷，平均气温 10.0℃。七月最热，平均气温 28.7℃。极端最高气温 43.2℃，极端最低气温 −5.0℃，年日照 1836.6.7 小时，无霜期 280～300 天，光、热资源丰富。多年平均年降水量 1508.5 毫米，多年平均年水面蒸发量在 900～1130 之间。全年旱情少，冬春季会出现小冰雹、降雪等天气，但危害较小。5—6 月梅雨季节，正常风力 2～3 级，雨量大。7—9 月为台风、热带风暴季节。

福安的主要河流是交溪水系，交溪古称长溪，源于鹫峰山脉、洞宫山脉和太姥山脉，是福建省第三大河流。交溪水系呈扇形分布于境内，上游分为东溪和西溪，在城阳乡湖塘坂村处汇合后称交溪，向南流经福安市区时称富春溪，流经溪柄宸山村边纳入茜洋溪，至赛岐镇廉首村处接纳穆阳溪后称赛江，经甘棠时称白马河，经下白石后又称白马港。出白马门入三都澳，出东冲口，注入东海。

图 1-2 富春溪沿岸

交溪流经福安城区河段"富春溪"，得名于曾有的村落，明万历《福安县志》云："富春，俗呼'苦村'。"① 宋代，富春溪曾名"松潭溪"。富春溪在城区

---

① 明万历《福安县志》卷之一，《舆地志》。

下游呈西北—东南走向,形成狭长的河谷地带。其河床平缓,主河道坡降为万分之三十七,流域呈扇形,形状系数为 0.21。富春溪是坂中畲族乡的界河,富春溪西岸为坂中畲族乡,其东岸为城阳镇、城北街道、阳头街道等行政区域。富春溪在阳头街道的河段,古名"环溪"。富春溪地处东南沿海,属于亚热带海洋性季风气候。温暖湿润,雨量充沛,台风暴雨是富春溪大洪水的主要因素。万历《福安县志》载:"富春溪,自交溪至此,六七月雨暴,屡坏邑城,由纸场入。"①富春溪承载着川流不息的历史故事。

1958 年白塔(湖塘坂)设立水文站,地点在交溪下游 600 米处,集水面积 3270 平方公里,至三江口河口距离 57 公里。测量项目包括水位、降水量、流量、含沙量、水面蒸发量、水温等,为国家一类精度站网,担负向中央、省、市报汛任务。水文站设立可知富春溪基本水文特点。白塔水文站调查最高洪水位 37.68 米(1922 年 9 月 29 日),实测最高洪水位 34.88 米(1956 年 8 月 20 日),实测最大流量 12600 立方米/秒,最大流速 6.7 米/秒,最大水面宽 240 米,最大水深 17.0 米,水位变幅约 16.0 米。

2014 年统计,坂中畲族乡林地面积 66496.68 亩,其中防护林面积 30888.65 亩,特用林面积 20450.36 亩,用材林面积 14689.22 亩,薪炭林面积 1839.87 亩,经济林面积 8043 亩,竹林面积 3035.74 亩,疏林地 21.03 亩。

坂中森林公园位于富春溪西岸,古老防护林地是 6 明万历年间福安城遭受特大洪水后栽种的。是阔叶林为主的片林,部分为马尾松纯林,林中有天竺桂、樟树、绿竹、水青冈、榆树、榉树、构树、枫树、木荷等多种乔木,林地覆盖率面积为 32.67 公顷。这种自然种植的生态林地,在福建省城镇中实属罕见。数百年来,居民护林,严禁砍伐。有明确规约,这种规约由阮、郑、黄、韦、李、陈六姓族人在"敦和堂"(众厅)讨论确定的。数百年坂中居民的维护,乡规民约的约束,成就了城区中难得的坂中森林公园。1940 年,人们开始有意识地开辟为公园,并以"中正公园"命名,后逐渐荒废。1985 年,福安县政府邀请武汉城建学院风景园林系教授考察富春溪两岸资源后,完成《福安富春溪两岸风景园林规划》。1990 年 6 月,福安市建委组织人员着手开发坂中满春公园。

---

① 明万历《福安县志》卷之一,《舆地志》。

图 1-3　坂中森林公园

第二节　行政地理

据《淳熙三山志》卷二《地理类二》记载，坂中畲族乡地域大致在长溪县永乐乡归化西里。宋淳祐五年（1245 年）福安置县，至明清时期，坂中乡地域以福安乡界东里五都为主，还延至周边的界东里二三都、界西里六都、平溪里九都、用儒乡钦德里十五都、十六都的部分村落。

明万历《福安县志》中所载相关村落有：长汀、台上（熙台）、铜岩、江洋、许洋、汤洋、柳斜（柳堤）。清乾隆《福安县志》中所载相关村落：福安乡界东里五都：湖口、坂中、熙台、龙潭（松潭）、匡夏（坑下）、埔兜山、仙源里、东岭、佳里、仙岭洋、仙岩下、叠石、大蓝；二三都：高家渡（江家渡）、柳斜；界西里六都：长汀、许洋、江洋、汤洋头、禾庵（和安）；平溪里九都：南岸、岭头；用儒乡钦德里十五都：铜岩、彭家洋；用儒乡钦德里十六都：朱家山。光绪《福安县志》中所载相关村落，五都：湖口、坂中、熙台、龙潭、匡夏、埔兜山、仙源里、东岭、佳里、仙岭洋、仙岩下、叠石、大蓝；二三都：高家渡、柳斜；六都：长汀、许洋、汤洋头、岭头、禾庵、上和庵、下和庵、大蓝；九都：南岸；十五都：铜岩、彭家洋、里呑；十六都：朱家山、濑头、五斗（月斗）、井口。

民国十八年（1929 年），坂中乡域为韩阳区长汀、坂中、湖口乡，及柳缠乡部分村落、铜岩乡部分村落。

1950年4月,废除保甲制度,实行县、区、乡三级政制,全县设10区、128乡。1952年,128乡调整为123乡。1953年从一区析出第十一区,区公所驻坂中。1950年4月,废除保甲制度,实行县、区、乡三级政制,全县设10区、128乡。同年2月8日,在原第十一区畲族聚居的仙岩乡试验建立畲族仙岩乡自治区人民政府。1956年,畲族仙岩自治乡撤销,并入湖坂乡,改称仙坂乡。

1963年属于城关镇许洋、亭兜、铜岩、坑下、坂中、仙岩公社。其中许洋公社辖井口、朱家山、月斗、许洋、坑头、汤洋、后门坪大队,亭兜公社辖日宅、柳堤、凤头、林岭、江家渡、天池、亭兜大队,铜岩公社辖冠岭、彭家洋、铜岩、青元大队,坑下公社辖长汀、松潭、仙元里、南岸、岭头、坑下、炉山大队,坂中公社辖坂中、湖口、熙台大队,仙岩公社辖上和安、下和安、桦坪、白石岩、大林、仙岩、洋坪、仙岭头大队。

1984年,废弃"政社合一"制度,建立县、乡(镇)、村三级政制。9月撤销坂中乡,建立坂中畲族乡。1990年,坂中畲族乡下辖坂中、南岸、仙源里、长汀、后门坪、汤洋、许洋、坑下、井口、冠岭、大林、仙岩、湖口、彭家洋、铜岩、亭兜、日宅、江家渡、和安、林岭等20个村委会,90个自然村。1997年,坂中畲族乡辖满春、新湖、松潭3个居委会,以及湖口、坑下、长汀、仙源里、南岸、和安、仙岩、大林、许洋、后门坪、井口、汤洋、铜岩、彭家洋、冠岭、亭兜、林岭、日宅、江家渡19个村委会。2018年,坂中畲族乡下辖满春社区、坂中、松潭居委会,以及湖口、坑下、长汀、仙源里、南岸、和安、仙岩、大林、许洋、后门坪、井口、汤洋、铜岩、彭家洋、冠岭、亭兜、廉岭、日宅、江家渡19个建制村。此时,坂中畲族乡有89个自然村。包括:

坂中居 辖熙台、下洋自然村。

松潭居 辖松潭、步后里自然村。

南岸村 辖南岸、东口洋自然村。

仙源里村 辖仙源里、岭头、洋尾、大洋自然村。

长汀村 辖长汀、坑里垄、仙人堂自然村。

后门坪村 辖后门坪、如会、南极、江洋自然村。

许洋村 辖许洋、月斗、坑头自然村。

坑下村 辖坑下、步兜山、里炉洋、外炉洋自然村。

井口村 辖井口、里岙、外岙、过宅、朱家山、濑头、冬瓜坪、牛角丘、周湾自然村。

冠岭村 辖冠岭、冠岭上村自然村。

大林村 辖大林、刘田、花生园、赤花垒自然村。

仙岩村 辖仙岩、南垒、叠石、对面厝、白岩下自然村。

湖口村 辖湖口、墓前后、渡船头自然村。

彭家洋村 辖彭家洋、仙岩下、仙岭头、洋坪村、青源、仙峰自然村。

铜岩村 辖铜岩自然村。

亭兜村 辖亭兜、楼下、涧里、塔后村自然村。

日宅村 辖日宅、下岭门、凤头、岭门、刘伯岐、吴厝下、王吉厝、岩头、浦头坑自然村。

江家渡村 辖江家渡、下坂、下天池、上天池、柳堤、下厝坪自然村。

和安村 辖和安、七定、山头坪、华坪、和安下村、和安对面村、白石岩下自然村。

林岭（廉岭）村 辖林岭（廉岭）上村、冠头田、池丘、下洋中、七斗冈、洋家山、林岭（廉岭）下村、牛角垒自然村。

第三节　村居社区

江家渡村

江家渡村，又名高家渡，因曾经是渡口而得名。明清时期属福安县福安乡界东里二、三都，民国初期属韩阳区柳缠乡，民国三十七年（1948 年）属城厢镇廉江保。1950 年属福安县第一区廉江乡，1961 年属城关区亭兜公社，为江家渡大队。1966 年属坂中公社，仍称江家渡大队。1984 年设立江家渡村委会，属坂中畲族乡。村委会设江家渡村，下辖江家渡、下坂、柳堤、金峰、上天池、下天池、下厝坪等 7 个自然村。

江家渡村位于坂中乡南部，富春溪西岸，距乡政府驻地 4 公里，背倚旗顶山，面朝富春溪，与天马山隔溪相望。村前原有一渡口，与福安城区相连，旁有官道通往赛岐，旧时往返于福安赛岐过客均从此经过，104 国道修通后，步行道渐废。2003 年，沈海高速公路修通后，福安市高速公路南入口就设在该村，交通便利，渡口也因此被替代。后宁武高速、福泰高速与沈海高速福安南互通口也设在该村，该村为高速公路建设做出贡献，前后两次实行较大面积的房屋拆迁,目前江家渡主村的房屋基本上都是高速公路建设的安置房。江家渡村后原有两条小路可至旗顶山(又称文笔山、三台山)山顶,山顶有一塔,称凌霄塔,始建于明崇祯二年(1629年),现为省级文物保护单位。旗顶山新修一条休闲石径,由山顶直达山脚富春大道,共有石阶2800级,颇得登山爱好者青睐。

江家渡建制村,截至2014年有户籍人口1075人,主姓陈、李、钟、雷等。江家渡主村主要姓陈,其入闽始祖檄公由河南光州固始"随王入闽",后子孙繁衍播迁各地。江家渡一脉祖先曾辗转侯官、鳌峰(寿宁),以及福安境内的龟龄、上杭、鹿斗等地。至第九世清八公(名飞锐,又名双),于宋理宗端平年间(1234—1237年)自鹿斗迁江家渡,为江家渡陈氏肇基祖。陈氏在此居住近900来年,下传30余世,后裔播迁上白石、下白石、社口、穆阳、溪尾、阳头等地。陈氏宗祠始建时间不详,《高家渡陈氏宗谱》中乾隆三十三年(1768年)修谱董事同志《祠堂记》记载:"祖祠原有二座,一名外厅,坐落门前,坐丁向癸,蕙、莉二房汉一、汉九之基址也。义房汉五祠址坐落里厝,肇迁时已同建,各有祀事。明嘉靖三十七年(1558年)倭变焚倾,康熙初,外厅复起,崇尚朴素。"不久又惨遭火灾,至乾隆九年(1744年)重建。又遭水灾,直至乾隆十九年(1754年)完工。现陈氏宗祠于2013年重修,为二进式,建筑面积约为500平方米。祠堂存谱5种,即乾隆三十三年(1768年)、同治三年、光绪二十六年(1900年)、1986年、2015年修本。

柳堤自然村,又名柳斜,位于江家渡南,富春溪畔,距江家渡2.7公里。主姓李,其入闽始祖李诲为福建观察使,唐时避黄巢之乱居古田杉洋,其后裔播迁福建各地。传至仁公,于南宋宁宗庆元年间(1195—1200年)由寿宁迁居福安阜溪(今名利溪),又传六世至斌六公时迁居柳堤,为柳堤肇基祖。李氏于此居住700来年,繁衍30余世。

天池自然村,位于江家渡西南,距江家渡3.5公里。原为上天池、下天池两个自然村,现上天池村民已搬迁至下天池,合为一村。相传上天池原有一池,可供当地畲民染布,池旁还有一巨石恰好用以晾晒所染之布,称为晒布石,天池也由此得名。现池已不存,巨石仍在。天池村村民主姓钟,是"大林钟"后裔。其祖钟聪公为"大林钟"肇基祖,传至第七代进龙公,于清康熙年间由梨坑迁至天池,为天池肇基祖,现传世近二十代。天池村是畲族聚落。

江家渡建制村还有部分郑姓疍民,散居在江家渡、柳堤等沿溪村落。

江家渡村经济以农业为主，兼以部分劳务输出，主要为农作物种植和养殖业。农作物种植有水蜜桃、贡柑（皇帝橘）等优质水果，蔬菜和药材。特别是下天池村主产经济作物高山糖蔗，以古老红糖制造工艺，制成的红板糖，甜度高、口感好，深得市民青睐。

日宅村

日宅村，旧名倪宅、鹅宅，又名岭门二宅。明清时期属福安县福安乡界东里二、三都，民国十八年（1929年）属福安县韩阳区柳缠乡，民国三十五年（1946年）属城厢乡吴廉保。1956年属福安县第一区廉岭乡，1961年属城关区亭兜公社，为日宅大队。1966年属坂中公社，仍称日宅大队。1969年合并到林岭大队，1980年分出，复称日宅大队。1984年设立日宅村委会。村委会设日宅村，下辖日宅、刘伯岐、凤头、岭门、岩头、黄吉厝、浦头坑、吴厝下、下岭门、白慕田（造福工程，福田新村）等10个自然村。

日宅村位于坂中乡南部山区，与溪潭镇牛埕村相邻，距乡政府驻地为9.4公里。是坂中乡最偏远、自然村最多、分布最为分散的一个建制村，同属一个建制村，从吴厝下到铺头坑，就有10公里路程。截至2014年日宅建制村有263户，人口1000余人，主姓钟、雷、吴（畲族），是一个畲族村落。

日宅村村落在青龙岗山垄内，坐西向东，房屋沿山垄而建，错落有致，大多保留原生态建筑，风景秀丽，民风淳朴。从福安城区至日宅公路于2008年修通，可直达日宅村，交通便利。村民畲族语言保留较好，畲族传统习俗浓郁。

日宅、岭门均姓钟，为大林钟一派，是较早迁居该村的姓氏。远祖钟法广由金溪玉林迁居福安大林，并于此发族。后子孙辗转多地，传至十四世钟三茂，于清康熙年间由溪潭林前迁至本地岭门，十五世钟尚连于清乾隆九年（1745年）移居岭门倪宅（即日宅）。钟氏在此已生活近3个世纪，子孙繁衍十多世。

刘伯岐钟姓与日宅钟姓不同一脉，其祖先由凤阳迁入。

自然村吴厝下、岩头、凤头等，主姓吴（畲族），均为捕公之后。捕公生三子，长子原京生朝任、朝发、朝芹，朝任、朝芹于清乾隆年间居岩头村，尊捕公为岩头肇基祖；三子原临清乾隆年间居岭门吴厝下，为吴厝下肇基祖。均居住二百多年，传世十余世。

自然村黄吉厝、浦头坑主姓雷。

自然村白慕田，又名福田新村，是造福工程，始建于 2000 年，2015 年竣工。村民由刘伯岐村等附近村落迁入。

村民主要从事山地农业种植，种植作物有茶叶、毛竹、果蔬以及药材。2010 年，村里组织、创建了"建华种植专业合作社"，种植"十二时辰"、"金线莲"、"金银花"等畲药材 100 多亩，取得良好的经济效益。

公共建筑物有村委楼 1 座，修建于 2010 年，占地面积 120 平方米，建筑面积 240 平方米。学校 1 所，2013 年重建，学制从幼儿园至小学六年级，教师 4 人。老人活动楼 1 座，建筑面积 40 余平方米。卫生公厕 1 所。健身活动场所 1 处，长 24 米，宽 20 米，上有篮球架，健身器材等。五显宫 1 座，建筑面积约为 90 平方米，1990 年代重建。主祀五显大帝及当地土主。

廉岭村

廉岭村，又名林岭，因其村落紧傍廉岭古道而得名。廉岭俗称马山岭。明万历《福安县志》载："廉岭，由薛令之得名。"岭因人名，村因岭名。

明清时属福安乡界东里二、三都，民国三十一年（1942 年）属实验乡廉岭保。1950 年属福安县第一区廉江乡，1961 年属城关区亭兜公社，为林岭大队。1966 年属坂中公社，仍称林岭大队。1969 年与亭兜、日宅合并为一个大队，1980 年分出，单独成立林岭大队。1984 年设立林岭村委会，属于坂中畲族乡。村委会设下林岭村，村委会下辖廉岭上村、廉岭下村、冠头田、下洋中、七斗岗、杨家山、牛角垄、大岭边 8 个自然村。截至 2014 年，全村有 223 户，人口 950 人，主姓雷、钟、吴（畲族），是畲族村落。

廉岭村位于坂中乡中部，马山东面山腰，村由上廉岭、下廉岭组成。两村相距约为 1 公里，上廉岭坐南向北，海拔 345 米；下廉岭坐西北向东南，海拔 275 米，距坂中乡政府驻地约 9 公里。旧村房屋多为土木结构，上、下廉岭各有老屋 17 和 13 座，保存较为完整。新村建于廉岭古道两旁，全是钢混结构，村级公路可直达廉岭新村。廉岭村南至日宅村，北至洋坪村，东至亭兜村，西至清源村与溪潭镇交界。

上廉岭主姓雷，雷姓于清顺治二年（1645 年）由十八都大丘田迁入。据《冯翊郡雷氏宗谱》记载：廉岭雷氏先世由广东潮州海阳县迁至连江，数传至雷祥公（字可和），于明洪武二年（1369 年）择居罗源梧桐岔。传五世鸣春公，于成化六年（1470）迁宁德赤垅；传至七世孔云公，于万历己未年（1619

年)转迁十八都大丘田。孔云公①生六子,君文、君章、君赐、君爵、君达、君生,五子君达公顺治二年(1645 年)迁廉岭。达公生五子,列为仁、义、礼、智、信五房,仁房兆福分迁车头洋,礼房兆言分迁鼻后考坑,智房兆玉分迁前洋南垄,信房兆满分迁柘荣柯岭,义房兆禄留住廉岭至今。廉岭雷氏尊祥公为第一世开基鼻祖,至今已繁衍 20 多世。②

下廉岭主姓钟、吴(畲族),钟姓属大林钟一派。大林钟尊钟景祺为入闽开基始祖,传至十七世钟熙携子迁居大林,并于此发族,成为闽东钟姓发祥地。钟熙为大林肇基始祖,为人忠义正直,被敕封为侯王,成为大林土主神。传二十七世钟月隆,于清乾隆年间(1736—1795)由大林迁居廉岭,尊其父钟尚恩为廉岭肇基祖。尚恩生月隆,月隆生鸣连,鸣连生士明,士明无男子,收养进生为义子。进生本姓黄,阳头人,幼年家贫,为廉岭士明放牧,士明爱之如己出,收为义子,并为进生娶本村雷氏女为妻。进生感其恩,改姓钟,承绍士明一脉,成为廉岭钟姓一房祖。士明公能爱人,进生公知恩图报的故事也被传为美谈。③

吴姓,约于清末至民国初年由牛角垄迁入。

廉岭村现存雷氏宗祠 1 座,土主宫 2 座(近年重建)。土主宫主要侍奉平水大王、五显大帝、里域正神杨九公、雷法平、雷法成、雷法献、蓝法天等。

下廉岭还遗存一座古堡炮楼,楼墙基座和墙体下半部均用岩石砌就,高10 米左右,坚牢壁立,气派非凡。石墙之上再筑土墙,墙上开有小孔。孔口外窄内宽,既可观察寨外动静,又能投射利器和射击。炮楼以内是寨堡式民居。寨门为石枢木板门,门顶有注水孔,备以注水护门,以防火攻。整座畲寨坐东北朝西南,平面呈长方形。寨内房屋依山叠建,主从有序,当中以石块垒砌梯级小路互为交通,寨内有井终年不涸,既便于生活,又便于防火,至今保存完好。

廉岭村内可以看到宣德年间的古铜炉、盘瓠王金粉龙杖、龙牌以及用来做畲族秀美服装的织布机等。

廉岭新村,是当年"韩阳十景"之一的"廉岭孤树"景观遗址。清乾隆年间福安文人陈从潮曾咏诗曰:"高风标岭上,谁继白云端? 古木饱风霜,孤根

---

① 据后门坪雷氏族谱载:为二十世雷旗(字方雨)于清顺治七年(1650 年)迁五都赤岯。

② 廉岭《冯翊雷氏宗谱》、《雷族信房裔派世系》,宣统元年(1909 年)修撰。

③ 《廉岭钟氏宗谱》,宣统元年(1909 年)修撰。

耐岁寒。"今孤树已不复存在,但代之而立的数株百年古松,依旧那么苍翠、遒劲。

廉岭村,是省级"美丽乡村"建设试点村。2015 年被福建省文化厅确定为省级生态文化保护村,被福建省住建厅确定为省级传统文化村落,2017年被国家民委命名为"中国少数民族特色村寨"。

亭兜村

亭兜村,因其村位于廉岭岭尾亭附近而得名,又名湖兜村,又曾一度更名为兴隆村。明清时期属福安县福安乡界东里二、三都,民国初期属韩阳区,民国三十七年(1948 年)属城厢乡廉江保。中华人民共和国成立初期,属福安县第一区廉江乡,1956 年属福安县第一区廉岭乡,1961 年属城关区亭兜公社,为亭兜大队,1966 年属坂中公社,仍为亭兜大队,1969 年与林岭、日宅合并为 1 个大队,1980 年析出复称亭兜大队,1984 年成立亭兜村委会。村委会设亭兜村,下辖亭兜村、楼下村、秦阳村、塔下村 4 个自然村。截至2014 年全有人口 159 户 686 人,主姓钟、林、吴、雷、陈等,畲族人口 502 人,占全村人口的 73％以上。

亭兜村位于坂中乡中部,富春溪西岸,坐西朝东,背倚马山岭(廉岭),面朝富春溪,与阳泉(旧名阳尾)隔溪相望,距乡政府驻地 3.2 公里。原村前有一渡口,称阳尾渡,东连阳头坂,西接马山岭(廉岭),朝西经廉岭可达溪北洋,朝西南可达日宅、天池、塔后,朝南可达秦阳(间里)、江家渡,朝北可达阳头渡,四通八达,交通十分便利。

亭兜村原有上、下两村,村民主要姓杨、陈、林、程、吴(畲族)、雷等,是个非血缘村落,畲汉两族互为邻里,和睦相处。该村经修建高速公路、富春大道、溪北洋隧道等几次拆迁,原貌基本不存,仅余老屋数座,坐落在溪北洋隧道口之左。现村是新建小区,名"亭兜小区",位于富春大道与溪北洋隧道交汇处,东经富阳大桥与城区贯通,西过溪北洋隧道与溪北洋新区接壤,交通仍然十分便利。原亭兜住民基本安置在"亭兜小区"内。阳尾渡渡口也因之废弃。

秦阳自然村,又名间里,位于亭兜村南面,原村因修建高速公路、富春大道房屋拆迁殆尽,仅余老屋 1 座,原村民全部安置在新建秦阳小区内。秦阳村是个血缘村落,主姓林。林姓先民于清乾隆年间从潭头渔溪洋迁入,在此居住近 200 年,发族十余代。

楼下自然村,位于亭兜村北面,又名下瓦窑,因村旁曾有一瓦窑而得名。原村前有一碗厂,为福安县碗厂,建于1960年代初,约于20世纪60年代末70年代初倒闭。楼下村主姓钟,为"大林钟"后裔,传至钟常益公,于清光绪年间自廉岭迁居楼下,为楼下钟姓肇基祖。

塔下自然村,又名塔后村,因在旗顶山凌霄塔附近而得名。塔后村村民主姓吴(畲族),与日宅吴厝下吴姓同宗。吴姓入闽始祖知几公于明末由浙江泰顺迁至福安,传至捕公之孙朝任公于清乾隆年间迁日宅岩头,尊捕公为岩头肇基祖。捕公第三子原临公清乾隆年间迁吴厝下,再传至荣愍公(又名木登)于民国初年迁塔后村。

亭兜村经济原以农业为主,由于重点项目建设,亭兜村大部分土地已被征用,福安市人民政府、坂中乡政府及时完成了失地农民社保工作,并积极引导、组织组织劳动力到企业务工,劳务输出以及从事小本生意。亭兜村已经步入城镇建设进程。

公共建筑物大都被拆迁,现仅余小学一所,占地450平方米,建筑面积360平方米。已无学生,村委会暂借该学校办公。

湖口村

湖口村,位于坂中畲族乡中部,仙岫东面山脚下,东濒富春溪,西接仙岩,南邻亭兜,北连坂中,距乡政府2公里。明清时期属福安县福安乡界东里五都,民国十八年(1929年)属韩阳区湖口乡。1950年属福安县第一区仙坂乡,1961年属城关区坂中公社为湖口大队,1966年属坂中公社仍称湖口大队,1984年设立湖口村委会。村委会设湖口村,下辖湖口村、兴达路、渡船头、富春洋等4个自然村。2016年有300户,户籍人口1260人,主姓王、陈、林、张等。

在清道光二十四年(1844年)邑人杨师程《重修湖口张氏族谱序》中,为湖口村留下一抹古老的记忆:"观张氏创居湖口,仙峰之麓,峰明地旷。面东山,环秀水,文峰对峙,茂林修竹,极目郁葱。将必人文蔚起,焜耀乡间。非但俗敦礼让,户乐诗书,称为仁厚之俗也。"

今日湖口,老村旧貌依稀,两棵百年巨榕依然如长者,慈祥地守候在老村口。一丛壮如臂膀粗、如腰身的鸡血藤,拔地跃起数丈,缠绕在右边大榕树的虬枝上,与之融为一体,形成了一组自然奇观。原有沿着小山涧蜿蜒而上的鹅卵石径,已被混凝土厚厚地覆盖。崎岖的山涧两旁,顺坡而建的一座座低矮的老土屋,夹杂在一幢幢高大的新楼房间,显得疲惫老朽,但也在时时提醒村民不要忘记那渐渐消逝岁月的沧桑。站在旧村高处,回望村外:昔日一派平畴,而今高楼林立,工厂鳞次栉比,繁华的喧嚣替代了四溢的稻谷香。湖口村民也在老村口外建起一排排新楼房,新住宅区大于旧聚居地数倍。

民国三十八年(1949 年)鹤龄陈昌颐撰修《湖口太原王氏宗谱·重修湖口王氏宗谱序》载:"福安湖口王氏系出太原,其上世为河南光州固始人。唐乾宁年间,文光公随兄观察使潮公来闽,为城守都督,遂家焉。……由光公而下八传至察公,迁长溪赤岸。由察公五传至福公,迁瑠峰(穆云留洋)。再由福公而下十八传至时蒲公,肇迁湖口。泰禄、泰睦、泰德公,分为天地人三房。虽与穆阳、桂林、漳港、家饶各自为宗,而自察公视之固一体也。"宗谱之"瑠峰世系图"又载:"第一世 福公(克俊公长子),行七,号祉兹,姒利溪李氏,生子二:文、思。公于宋乾德二年(964 年)迁瑠峰,为第一世始祖""十八世 时蒲公(亩公之子),字邦菖,行昌九,姒何氏,生子三:泰禄、泰睦、泰德,公于明万历二年(1574 年)肇迁湖口"。《湖口太原王氏宗谱·祠堂志》载:"王氏自分迁湖口以来,传世二十。遭明季兵燹之厄,流离失所,未建祖祠、薄积蒸尝,所入不敷所出。至道光壬午(1822),合族欣然庀材鸠工,兴役起架后座,越丁酉而前座成。外而屏墙坚固,内而簷宇轩朗,美轮美奂,焕然一新。己亥(1838)之秋,八月乙丑,进主入祠。"2012 年重修宗祠,占地面积约为 585 平方米。王氏后裔播迁阳头、周宁杉洋、穆阳、台湾、香港等地。《湖口太原王氏宗谱》分别修于光绪十七年(1891 年)、民国三十八年(1949年)、2012 年。

清道光二十四年(1844 年)杨师程修撰《湖口张氏族谱·旧谱序》:"始祖珪公为文渊阁少傅,随王入闽,居乌石山。至三世祖城公,为泉州观察使,发派同安。又传二世至廷硕公,自同安移迁定海吴州。至龟涯公海变,于万历十四年(1586 年)自吴州移迁福安东门刘家巷,住五十余载;男仰峰公,天启元年(1621 年)再迁五都湖口,发派迄今共计七代。"(乾隆十七年即 1752年闽清学庠生陈质中撰)经三世,仰峰孙士魁、士贤、士俊支分福、禄、寿三房,福房士魁下再分礼(绍英)、智(绍贵)、信(绍振)三房。继而礼房派下又分元、亨、利、贞四房,智房派下分勤、俭二房,贞房派下支分天地人三房。《湖口张氏族谱·创建祖祠记》载:湖口张氏宗祠初建于光绪十二年(1886年)。1900 年代重修,宗祠建筑面积 1300 多平方米。湖口清河张氏谱牒首修于乾隆十七年(1752年,陈质中撰修),续修于嘉庆三年(1798年,刘士周撰修),道光二十四年(1844年,杨师程撰修)、光绪十六年(1890年,陆景孟撰修)、2000年。现存谱牒有嘉庆、道光、光绪、2000年修本。张氏后裔播迁溪柄坑口、寿宁斜滩等地。

2013年陈松年撰修湖口村《颍川郡陈氏支谱》载明,湖口陈氏肇基祖系陈良灿。陈良灿是宸邑凤岗(福安上杭)陈飞晏(陈孺次孙)的第二十四裔孙,大约于康熙末、雍正初自福安漈阳迁入湖口。湖口陈姓至今已传衍九世。

明朝前,应该有族姓比王、张两姓早肇基湖口村,但已无法考证。村间有千年古刹栖云寺,始建于唐代。栖云古寺边,还有青云观、漈阳大夫第李枝青家三代古墓群等。

湖口古渡(栖云古渡西岸渡口)与阳头栖云古渡遥遥相望:在古榕的庇护下,它仍在侧耳辨听交溪远古的潮音。

湖口村毗邻城区,村民主要从事近郊果蔬种植业,种植的果蔬主要销往福安城区。2010年后,城市综合体、湖口限价房、富阳大桥西侧地块、富春大道二期等市重点项目涉及湖口村,村中大部分土地被征用。村民适时调整发展思路,及时转职改行,就近到坂中工业区务工,扩展经济收入途径。湖口渡船头自然村整村房屋被征迁,村民悉数安置于富春大道亭兜小区。

坂中居

坂中居,又名过溪坂,位于福安市区富春溪西岸,东与福安市区隔水相望,西毗仙岩村、满春居,南邻湖口村,北接松潭居委会,是乡政府所在地。明清时期属福安县福安乡界东里五都,民国十八年(1929年)属韩阳区坂中乡。1950年属福安县第一区仙坂乡,1961年属城关区坂中公社为坂中大队,1966年属坂中公社仍称坂中大队。1984年设立坂中村委会,1992年改设居委会。居委会下设坂中,下辖坂中、熙台、下洋等3个自然村,2016年有1143户、人口达3856人,是多族姓聚居地,主姓郑、陈、阮、黄、林。居民大多从事工商、运输、个体户、饮食服务业等第二、三产业。

村落坐北向南,地势平旷,面积3.1平方公里。此间商店街市,琳琅满目,车水马龙,人流如织。学校、工厂、医院等现代建筑,鳞次栉比,尽展新美的容颜。境内阮氏、黄氏、郑氏三座宗祠古朴肃穆,多座清代古民居建筑保存完好,临水宫、大圣宫、林忠平侯王宫,香火不绝。古井、老街、旧巷展示着古朴的民俗画卷。"恭迎圣驾"的民俗活动三年一次,规模宏大,场景热烈、壮观。

"野径湾环沙岸头,几间茅舍俯溪流。人归晚渡摇烟艇,雁带斜阳下苇洲。"恍惚间,福安乡贤李馨的诗句,将我们带进清雍正年间的富春溪岸,让我们目睹了当时坂中村古朴的风貌。

"邑西郊三里许,地名坂中,有郑氏者,由国朝乾隆始居斯土。百余年,俗朴民良,氏族蕃衍"①、"文豪公(郑氏入闽祖思惠公之三孙)派下二十八世景和公生一子辛一,公于宋景定二年(1261 年)自省垣移本邑中华锦屏境"②、"厥后十九传曰'安三公',再迁于坂中。今坂中郑族,实自安三公始肇"③。"安三公生三子:长清、长熙、长贤,为三房,分天、地、人"。嘉庆四年(1799 年),二十一世孙长贤撰修《荥阳郑氏坂中族谱·世系图谱》载:"光祐(肇迁坂中祖),字元盛,号青云,行安三,娶厥洋(国泽)桥座头黄氏戌使……生男三:长清、长熙、长贤……公享年五十有九,婆享年九十有一"、"长清公(光祐长子),字亦良,行庠四,号秀山,生康熙壬午年(1702 年)九月十八日丑时,卒乾隆丙戌年(1766 年)十二月十四日未时。娶仙源里苏菊使……生五男:长国仁、次国仕、三国任、四国份、五国伟……按:公同弟庠八、庠十于乾隆四年(1739)十一月初四日由熙台迁五都西里坂中,架屋住居,坐癸向丁,瓜瓞绵绵,克昌厥后"。《荥阳郑氏坂中族谱》由乾隆六年(1741 年)闽清陈质中首修,乾隆五十一年(1786)苏江刘士周、嘉庆四年(1799)二十一世孙长贤、道光十九年(1839 年)二十三世孙济川、光绪七年(1881 年)郭惟民、民国十四年(1925 年)郭赞夏、1990 年吴述先先后续修。现存谱牒有嘉庆四年、光绪七年、1990 年撰修本。咸丰丙辰六年(1856)三月二十八日巳时鼎建祖祠正座,1990 年代重修。

乾隆四十三年(1778 年)吴新命(敬亭)撰修坂中阮氏《富坂陈留族谱·修造族谱序》载:"太祖十五公同太祖妣危孺人,自唐河南光州固始县来闽,而卜居长溪之龙岩,时宸邑统名长溪也。年久人盛,分枝散处。则雁塔、阮家坑、居洋、江岩、漳港、邑城内外与鹤邑诸地,俱有族姓在,然未能悉会而相聚。在本宗,但当以恭三公为始祖,盖自明成化间创业富春。因遭倭寇,瑞

---

① 郭惟荣《荥阳郑氏坂中族谱·旧序》(光绪七年,1881 年)。
② 陈质中《荥阳郑氏坂中族谱·旧序》(乾隆六年,1741 年)。
③ 郭赞夏《荥阳郑氏坂中族谱·旧序》(民国十四年,1925 年)。

八公乃携政一公兄弟,移居于今之坂中。"(乾隆四十三年八世孙良槐)。《富坂陈留族谱·世系图谱》载:"十六世恭三公,讳宾,字汝贤,号敬亭,行恭三,生卒逸;原配孙氏,未育;继配上杭陈氏,生卒逸。子二:仁三、仁八。天启元年(1621年),公与仁八合葬二十三都北郊外蛟田方程厝冈……公初迁富春后徙坂中"、"十九世瑞八,讳学巡,字国辑,生卒逸;配官洋郑氏,生卒逸。子四:大赋、大佐、大振、大贻……公康熙四十七年(1708)十月三十日合葬祖山蛟田地方土名程厝冈,坐寅向申"。二十世大赋、大佐、大振、大贻支分天地人和四房,大赋为天房祖、大佐为地房祖、大振为人房祖、大贻为和房祖。析阮氏谱牒资料,瑞八肇迁坂中的时间大概在明末清初间。咸丰十年(1860年)李清芬撰修《阮氏族谱·祠引》载:阮氏宗祠"道光二十七年(1847年)六月初四日辰时起建……迄今祠宇完竣,置买田产以为列祖春秋享祀……祠堂前后两座,坐落本村,坐壬向丙加亥分金。其祠基上至路,下至路,左至立本堂园,右至官路为界"。坂中阮氏族谱乾隆四十三年(1778年)吴新命(敬亭)首修,道光十四年(1834年)十世孙阮春芳、咸丰十年(1860年)李清芬、光绪二十年(1894)李书铭、民国十四年(1924年)余之俊、1983年(陈国策、陈藩华、陈昊民)先后续修。阮氏诸本旧谱至今均得保存。

1984年环溪天虚我生撰修坂中《江厦黄氏宗谱·重修坂中黄氏族谱序》载:"坂中黄氏,本由察阳奎公派下地次房二十八世有思万者,于清乾隆间徙居斯土,垂二百余年之久。"(民国二十二年邑人郭赞夏撰)。《江厦黄氏宗谱·世系图谱》载:"思万(耆老),字用春,行祚四,生顺治丁酉年;配阮氏,生康熙甲寅年。生男三、女四……公卒乾隆丁巳年。"思万三子分别为:长盛、长兴、长发。黄氏族谱首修于光绪八年(1882年)金房三十四世孙锦灿撰,民国二十二年(1933年)郭赞夏撰、1984年环溪天虚我生撰续修。现存光绪八年(1882年)修《察阳江夏玉房小谱》,还有1984年修族谱。

陈氏肇基熙台自然村的时间,相对比坂中主村现有族姓早些。清嘉庆十二年(1807年)丁卯刘士周撰修《熙台颍川陈氏宗谱·源流考》:"孺,行初八,自幼习异术,能驱猛虎。有功,宋敕威惠侯,生子祎。祎生三子:长飞政,字曰江;次飞晏,三飞锐。飞政迁陈家庄,数传至禄公而来熙台,为熙台始祖。飞锐公分迁高家渡,飞晏居上杭。支派历历,要皆从徽公而来,所谓源远而流长,根深则叶茂也。"《熙台颍川陈氏宗谱·世系图》禄公条目中载:"于唐开元年,爱携家属。后由陈家庄而徙熙台。"其迁徙时间有误。据市内陈氏同宗相关族谱资料,查证寿宁三峰洪钰孙陈焉(重和元年即〈1118年〉

迁武曲)，陈孺、陈霁(大观四年即〈1110 年〉迁冠岭)，侄孙陈荣、陈瑀(大观四年即〈1110 年〉迁铜岩)等在世时间约系北宋中晚期。陈禄为陈孺的第七世孙，按其世系推算，其肇迁熙台的时间应在南宋中晚期，而唐"开元"应该是宋"开禧"或"开庆"年的笔误。坂中《熙台颍川陈氏宗谱》，乾隆二十八年(1763 年)癸未松源叶素象首修。现存：清嘉庆十二年(1807 年)丁卯刘士周撰修本、1991 年吴思传重修本。

历尽沧桑数百年，坂中原始森林依山傍水，呈南北走向带状分布，风采依然。漫步其间，和风习习，花香阵阵，鸟语声声，林中清新秀色，让人心旷神怡而流连忘返。天然而绵长的绿色氧吧，吸引着无数本土市民与外地游客前来避暑纳凉、休闲度假。

坂中大桥将坂中与城区紧紧相连。

1993 年，福安市第一个工业园区——闽东电机电器工业区在坂中建成，200 多家大小企业落户其中。通过其辐射，家庭电机作坊，电机零部件加工业遍布全境，泽被闽东。

2006 年，坂中森林公园被列为省级森林公园，先后已完成一期、二期建设。随着进一步的精心营造，将更加优美亮丽。

松潭居

松潭居，位于坂中畲族乡中部，东濒富春溪与岩湖相望，西毗和安，南接坂中，北连长汀，距乡政府驻地 1 公里。宋代名松潭、船潭，明万历、清光绪《福安县志》均称"龙潭"。明清时期属福安县福安乡界东里五都，民国十八年(1929 年)属韩阳区长汀乡。1950 年属福安县第一区长潭乡，1961 年属城关区坑下公社松潭大队，1966 年属坂中公社仍称松潭大队，1969 年并入坑下大队。1994，设立松潭居委会，居委会设于松潭，下辖松潭街、松潭村和步兜里 3 个自然村，步兜里为革命基点村。2016 年，居委会有 181 户、人口686 人，是多族姓聚居地，主姓有郑、陈、孙等。

清雍正癸卯年(1723 年)，西城郑谟在其《重修孙氏族谱序》中极言当日松潭风物之美、渔耕之乐："潭水长流，源泉不息，榕树郁葱，根本一脉。……仙峰、天马、湖岩叠翠，兼以溪流夹树，隔川闻梵，渔舟下上，禽鸟幽鸣。时当清风明月，钓龙溪至沉鳞；时与众子群孙，风榕树而歌归。"而后其浩叹："美哉，公之居也！善哉，公之意也！"由衷赞赏孙氏先祖肇基松潭耕读传家的初心。

松潭古渡口是长溪归化西里南来北往的一个交通要津。

旧时，老村沿溪岸建筑，商铺比肩继踵，一字形摆开，濒水为街。每家铺面的瓦檐，齐刷刷，跨越街面伸向溪岸，竖为柱，横为凳，一根根圆木撑起跨街瓦檐，架就一道百米长廊（俗称"雨亭"），为往来的商旅蔽日挡雨，提供歇息的处所。同时，这临街长廊也是村民们纳凉闲聊的好去处。闲暇时，男男女女，老老少少，三五成群，或站或坐，谈笑风生。街道路面多为鹅卵石铺设，挑夫们的铁箍拄杖头时时在其上击响叮叮当当的悦耳乐音。民居紧挨街市，三三两两，倚丘山而立，土屋居多，砖瓦房较少。家家户户，庭前屋后，菜蔬茵茵，瓜果飘香，鸡犬相闻。古龙潭渡口，船帆绰绰，商旅往来，人声嘈杂，农商融合，政通人和，构组一幅其乐融融风貌迥异的乡村民俗长卷，展示着小小村落的繁华。

松潭是福安境内录入《淳熙三山志》的少有几个村落之一。村落肇基应在北宋前，先期的聚居族姓已无考，现聚居族姓最早迁徙本村的是宋末迁入的孙氏。

清道光本松潭《富春孙氏族谱·富春孙氏源流》："平章公，温州孙桥房裔孙小十一，讳光宪，娶黄氏、真氏，生方殊、方諫、大琪。辅王潮、王审知入闽，俱授节度使……延翰争位，闽中日乱。方殊三公见机而作，退入闽北，由黄崎镇溯西港，卜居秦溪（即秦溪里，今赛江一带）前埔……大琪生二子：甑、皎。（甑）娶郑氏，由前埔徙居大留东山，名曰孙家店。皎移居大留北山。甑生二子：强、用。强娶李氏、卢氏，生八子：将、隆、搃、猴、喜、惟、宝、广……将、隆、猴三公俱居孙店，独喜公居新宅，后徙居于龙潭。"乾隆三十七年（1772 年），二十九世孙日佳、三十一世孙良璧同录《富春孙氏族谱·龙潭地图》记："吾祖光宪公入闽，迁秦溪，继迁大留。至喜公分房大留之店前。之宋末，何公转迁于县之龙潭。"《龙潭地图》又载，松潭村孙氏祖祠"原在溪墘岑上第二榕树下，万历年间，洪水推流，祠移半山。至崇祯元年（1628 年）正月，仕遴等为首，架祠旧基，改为众园。乡人祀光宪公为土主，今故以祠为庙也"。孙氏祖祠而后易地，几经重修，2003 年重建。今祠约 500 平方米，二进式。孙氏后裔播迁溪柄、官洋、潭头锦桌头、宁德漳湾、寿宁樟鹿、斜滩等地。

松潭郑氏，肇基祖为锦里郑氏第九世可相，约于明末清初迁入松潭。据民国己未年（1919 年）《荥阳郡郑氏家乘（松潭）·世系图谱》载："（第九世）可相，字简卿，行子四，号少屏，娶上杭陈氏名登，生男五：大机、大煜、大坒、大铨、大洸。公生天启四年(1624年)八月十四日寅时,卒康熙壬子十一年(1672年)九月二十五日戌时……公于崇祯戊寅岁(1638年),年十五,宗师吴名之屏,以诗入泮。"

"龙溪水绿依然,昔日两岸,苍榕不改当年"(郑谟)。时过境迁,而今随着现代交通发展,昔日繁华的街市荡然无存。荒草萋萋,仅剩三两间无人居住的破敝店铺,守护着旧街市老去的斑斑驳驳的拱门,迎送前来凭吊怀古的游人墨客。村民的新聚居,大肆向山边新辟的"坂井公路"沿线拓展。遗留下的零星低矮的老屋,夹杂在拥挤的新式砖混楼房中,成了弥足珍贵的古迹。落寞的古渡口,原立着的南宋绍熙壬子年(1192年)建造的镇水塔,名"泗洲塔",现也已移存福安市富春公园内。

境内崇福古寺,是唐代长溪县古寺之一。土地革命时期,崇福寺是一个革命据点。当年中共地下工作者郑楚云、叶飞、曾志、马立峰、陈细妹、谢阿四、陈益生等,经常在寺内开会,组织工友、农友开展地下活动。寺院住持乌妹老和尚、寺僧瑞良先后投身革命。

村境内有临水宫1座,光绪年间搬至现址,2014年重建;林公侯王宫1座,乾隆年间修建。还有古窑址、古墓群,以及宋代山寨遗址等。

山中岩茶可采,田间瓜翠果红。903电台、五洲山庄及多家电机电器企业集聚乡间。手工木雕传统工艺,作为本土特色产业,发扬光大,代有人才。

坑下村

坑下村,又名匡夏,位于坂中乡东北部,北界长汀,南毗松潭,东滨富春溪,西邻和安、汤洋,距乡政府驻地4公里。明清时期属福安县福安乡界东里五都,民国十八年(1929年)属韩阳区长汀乡。1950年属福安县第一区长潭乡,1961年属城关区坑下公社为坑下大队,1966年属坂中公社仍称坑下大队,1984年设立坑下村委会。村委会设坑下村,村委会下辖里炉洋、外炉洋、步兜山、坑下等4个自然村。主姓林、张、朱、吴等。

坑下村建在富春溪畔,新楼多于老屋。在林立的新楼房怀抱中,错落着些许低矮旧屋脊,显得有点突兀。民居房屋的坐向,各各不同,布局缺乏整体统一性。村中最美的要数小学校园:古木掩映,草坪茵茵,校舍清亮。可惜,因生源枯竭而书声乍歇。村东溪岸,一条长长的防洪堤巍然矗立,如一道高大的城墙,捍卫着村落。堤外,一带防护林郁郁葱葱,与防洪堤刚柔相济,相映成趣,构就了一道亮丽的村野风景线。登上防洪堤,放眼西向,一派平畴,宽大的菜棚一个挨一个,整齐划一。这就是坑下村的无公害蔬菜基地,也是坑下村闻名遐迩的一张地域名片。紧依西面山根,里炉洋、外炉洋、步兜山三村,成犄角拱卫坑下主村。乡间公路,沿山边蜿蜒而过。坂中北部片区富春大道笔直宽敞,路基基本成形。步兜山棚户区改造工程新区,一片大厦高耸,夺人眼球。

民国十一年(1922年),杨师程、杨作舟撰修《清河张氏族谱·谱序(乾隆四十一年丙申〈1776年〉雁山注南林茂淮撰)》载:"唐宣庙(宣宗)时,始祖仲元公为宰相,生子郎。郎生献,为饶州太守。献生天祥为宋迪图,奉使随王如闽,卜居温州生子评,迁窑下。评生辉,迁大留蒲洋。至十一世孙卫,于洪武间移居张家墺墺头。卫子祺,祺生瑛,擢宣德进士。瑛子贵六,弘治元年创居匡夏,计今数百余年。"光绪二十五年(1899年)己亥察阳庠生李经芳撰《匡夏张氏族谱·重修谱新序》又载:"洎大明贵公聿来胥宇,未几云仍祚胤,因析其房曰松、柏。于今松房分其支于荷洋、允坦者,则仅余诗一派。柏房分其支于佛塔坑、白沙、马山者,则有诗三之派。且分其支于院边、潮里者,则又有诗六公之派。"查坑下《清河张氏族谱·世系图》可知,分松、柏二房的是第十八世光诚(字应实,行良七)、光语(字应才,行良十)两兄弟。现存谱牒有道光六年(1826年)柘荣魏启成撰修本、咸丰六年丙辰(1856年)李清芬修残本、光绪二十五年(1899年)察阳庠生李经芳撰本、1982年阳头闲散人撰修本。

道光十年(1830年)庚寅进士霞柘城继庵魏启成撰修《林氏宗谱》,其中康熙五十五年(1716年)三山闽清庠生陈质中撰《林氏谱序》载:"林嵩于乾符二年(875年)擢进士,建桂枝亭。四世孙林松传亿六公(和卿公),在渔溪境深渡地方创居。缘景泰七年(1456年)新造寿邑,此地倒坏,遂迁福安更楼铺居焉,生子五九公。五九生应芳公,应芳生子五:长宁二公,为仁房居南门外秦源铺;次显十公,为义房居更楼铺;三加六公,为礼房居东门宾贤铺;四恭二公,为智房处更楼铺;五宽一公,为信房亦处更楼。共五房发派。"接着,嘉庆五年(1800年)阮少翀撰《谱序》又载:"洎鼎革间,刘公中藻勤王围城(明、清相交之际)。加六公十一世孙称三与匡夏张姓有朱陈之好,始避难而迁斯土。兄俨七、侃六笃友于之爱,亦相率而同居此。"《林氏宗谱·世系图》载:"礼房莲峰十九公派下十一世:(肇基始祖)奇芳,字胤桂,行侃六,号樵月,娶上杭陈氏,生子一:上材。公因刘公避难卜居匡夏上巷,架屋一座,坐北向南。后门有榕树一,所北至大路,外东至围墙,西至田头,樟树大松为界。内有灰楼基,俱是众地。前路巷通官路,水沟左右园地均林氏众地……奇茂,字胤俊,行称三,娶匡夏张氏,生二子:长上达、次上遂。公与侃六同迁匡夏上巷架屋焉,其屋坐北向南。安葬本地莲峰山,相近思士公墓。"林氏现存谱牒有道光十年(1830年)柘荣魏启成撰修本、光绪三十三年(1907年)连枝芬撰修本、民国十一年(1922年)杨师程、杨作舟撰修本,民国二十九年(1940年)龙潭孙映书撰修本等。

张、林二姓宗祠分别坐落在村中,经年失修,有待维护。里庐洋、外庐洋,主姓吴(汉族),有吴氏宗祠1座。村委楼在坑下村南面村口,2013年重建落成,占地面积130平方米,建筑面积390平方米。村内有兴隆宫1座,天主教堂1座。兴隆宫主祀五显帝,二进式钢混砖木结构,面积约为700平方米,时间时代不详,2011年重建。天主堂始建于1986年,2017年重修,面积约为120平方米。该教堂为法蒂玛圣母堂,是闽东唯一的一座法蒂玛圣母堂。

坑下村以农业为主,是福安市菜篮子工程建设项目基地之一。2012年,坑下村被授予"全国一村一品的示范村"荣誉称号。

步兜山自然村

步兜山自然村,旧名埔兜山,又名埔头山,位于福安市中部,城区西郊。明清时期属福安县界东里五都一图,民国十八年(1929年)属韩阳区坂中乡,1950年属第一区(城关)仙坂乡。

封建时代,从旧县城往步兜山,先得过富春渡,而后穿坂中老街巷,历数百步松树林,经松潭古渡,再走一段田间卵石古道,步行六七里(俗称"半铺"有余)。而今车程大概有八九公里。

步兜山村有三四百多丁口,百来户人家,多为朱姓,是血缘村落。综合坂中步兜山光绪七年(1881年)《沛国郡莲峰朱氏宗谱·莲峰世系(图谱)》所载朱景福(字佑烈)、朱镇(字国藩)、朱定明(字惟德)祖孙三代行状,及道光二十三年(1843年)进士候选儒学训导林枝一撰"旧序"、光绪七年梅峰勇房二十二世孙朱廷珪撰《旧修谱序》相关内容,可知步兜山朱氏先祖景福公,系朱熹第十六世孙,于明崇祯八年(1635年)肇迁福安龙潭(今松潭)前山,镇(国藩)公出生;康熙二十年(1681年)移迁匡夏(今坑下)坑尾。雍正三年(1725年)朱家被洪水冲毁,(雍正)五年(1727年),镇(国藩)公引一家大小再迁莲峰山下。景福公是龙潭前山肇基祖,镇公是莲峰(步兜山)肇基祖。

光绪《沛国郡莲峰朱氏宗谱》又载："祖祠一座，坐落五都埔头山樟树边安着。阔五丈四尺，深十二丈。左右更余旷地八尺，又左边有三角埕深三丈三尺，阔三丈三尺。后地埕亦余四丈。该祠系道光十九年（1839年）三月起建。"2000年，朱氏宗祠进行了较大规模的拆旧重建。步兜山《沛国朱氏宗谱》，初修于嘉庆五年（1800年），道光二十三年（1843年）、光绪七年（1881年）、宣统二年（1911年）、1985年、2000年先后续修。现存光绪、宣统残本，1985、2000年本。

步兜山村坐西北，向东南，择建于和缓的坡地上，背依葱茏的莲峰山，莲峰山又与蜿蜒的群山一脉相连。村前乡间公路环绕而过，一派平畴，稻菽千重浪，果蔬百色香。远处绵长翠绿的防护林，矗立于沃野的尽头，捍卫着一乡风水。风撩林梢，还依稀可见交溪潺潺流水。环顾南北，匡夏（坑下）、龙潭（松潭）二村左右扶持，阡陌交通，鸡犬相闻——纯然一曲乡间清亮的牧歌，醒目悦耳赏心。

走进村内，展现眼前的是朱氏宗祠和那棵古樟树。古樟树躯干数围，虽然根须苍老，却枝繁叶茂，它承载了村间几百年的沧桑。重建的朱氏宗祠，依然那么肃穆庄严，像个理学先生正襟端坐古樟树旁。近旁一处老宅（十来座）：线条单一、建构简洁的是清初所建，绮户雕窗、精工细琢的是清末或民国初年的杰作，保护还算完好。老宅外围，糟糟杂杂地挤满许多新厝，与老宅不很协调。村居的总体布局：朱氏宗祠为中心，而新厝老宅簇拥着围绕在宗祠四周。这格局真有点众多朱氏"晚生后辈"拱手恭立，静心倾听"老祖宗"讲经论道的味儿。

步兜山原先是方氏族姓的聚居地，明末景福公入迁时，已成一片废墟。朱氏子孙谨记朱文公家训，克勤克俭，代代相传，终将一片废墟拾掇成富庶一方的乐土。

长汀村

长汀村，因其濒临富春溪长团潭而得名。宋时属福安县永乐乡，明清时属福安乡界西里六都，民国十八年（1929年）属韩阳区。1950年属福安县第一区长潭乡，1961年属城关区坑下公社，为长汀大队。1966年属坂中公社，仍称长汀大队，现属坂中畲族乡。1984年设立长汀村委会，村委会设长汀村。

位于坂中乡东北部，富春溪西岸，距乡政府驻地6公里，东与城阳镇雁塔、溪东村隔溪相望。该村三面环山,一面临水,背倚莲花山、八仙岗,面朝富春溪。富春溪自湖塘坂蜿蜒至此,溪面顿宽,水势平缓,形成一长潭,潭长4公里,俗称"长团潭"。1990年代,富春溪长汀段被福建省体委(体育局)确定为省皮划艇比赛、训练基地。

长汀过去是水上交通要道,经富春溪往返于寿宁斜滩与赛江之间的小木船常在此停靠,因此沿村一岸曾建有四座码头,以供船工上岸歇息与购物。长汀村布局也是依溪而建,村中有四条大巷,东西走向,从北到南依次为溪头巷、上巷、中巷、下巷,巷巷奔向码头,与富春溪紧紧相连。此外还有很多小巷密布,与四巷纵横交错,厝厝相连,交通便利。现在从坂中到仙源里公路穿村而过。甬东高速、溧宁高速开通后,福安市北互通口就设在该村北面村口,交通更显发达。

截至2014年,该村有370户,户籍人口1499人,主姓施。施姓人家占全村人口的70%以上。其余有陈、吴、林等姓,还有6户畲族人家。

施姓是该村早期迁入的居民之一。据清光绪六年(1880年)施享霖《新修吴兴郡谱序》记载:施姓"先世居河南光州固始,于五季后梁,文仪公随忠懿王审知统师入闽。"文仪公"生四子,长季为,次季善,三季最,四季乐。唯季善公官拜国子博士,由闽省择居长溪县永乐村长泉尾坂,即今坑下、坂中"。[①]又据南宋淳熙十二年(1185年)施梦枢《梦枢公自序》载:"季善博士公,于后唐长兴四年(933年)而来兹土,乡名永乐村西乡巷泉尾坂,开基而居。"可知施氏季善公为长汀施姓开基始祖。北宋太平兴国二年(977年)长汀施氏衍发3房,长房迁平溪棠濑,次房迁居察阳施家巷,三房留原居。南宋绍兴十六年(1146年)七月五日,洪水泛滥,"东至梅峰岭,南至崇福寺,西至栖善寺。人居遭陷,十户留九,百亩存一"。[②]幸存子哲公在贵州任内,未遭洪水之患。子哲公,即梦枢父亲。梦枢公带兄弟回归故里,择对面类商山山下,构楼以居,所以称为楼角。梦枢生淑清、淑秀二子,淑清生宗树、宗槐、宗桂、宗权四子,淑秀生宗梁、宗栋、宗材、宗椿四子。其时,受同乡人作乱侵扰,重迁回坑下泉尾故址。此时正值施姓昌盛时期,兄弟八人,建八座房子,连一厅堂,被称为"长厅",因此长汀又名长厅。"复居泉尾祖基南,八室同栖

---

① 《新修吴兴郡谱序》,载《长汀施氏宗谱》,民国丙戌年(1946年)修。
② 《梦枢公自序》,载《长汀施氏宗谱》,民国丙戌年(1946年)修。

乐且耽。因号长厅为里党，流传人口至今谈"。① 嘉泰四年（1204 年），又遭洪患，泉尾忽成沙坂，兄弟八人各迁别居。南宋绍定二年（1229 年），宗椿率其家室迁坂头桑岸，卜室居住，施姓于此得以繁衍。后于诸宅中修建祠堂，告慰先灵，子孙环绕而住，逐渐壮大。于是就成溪头、上、中、下四巷，即现在的长汀。清光绪《福安县志》又载：施氏后裔赵一、赵二兄弟于清顺治年间（1644—1661）从长汀迁居坦洋，成为坦洋施氏的肇迁始祖。② 施氏积极参与红茶研制，创办丰泰隆茶庄，是坦洋工夫茶的创始人之一。

早期定居长汀的还有吴姓，据《延陵郡罗园吴氏家史》记载：武德大夫吴文质，于唐元和三年（809 年）由括苍山松源（浙江）迁居长溪长汀仕坂村。历十一世，至元皇庆二年（1313 年）令史吴惟凯复迁福安城内重金山，并于此发族，成为福安望族。福安延陵吴氏尊吴文质为始祖，吴惟凯为重金山延陵吴氏肇迁祖。③

长汀村不仅景色宜人，还有丰富的历史文化。古遗址有新石器时代牛粪山遗址，唐代陈椿古墓葬、宋故统领施梦枢公之墓（在坑下）。梦枢公（1131—1201），字宗卿，宋乾道二年（1166 年）应武举，官至殿前都统领，赠河南节度使。墓占地面积 60 平方米，面阔 7 米，进深 8.3 米，坐北向南。墓丘石构，平面呈风字形，构件上雕刻缠枝卷草、象、鹿等图案。长方形墓顶前立墓碑，该墓于 2004 年被确立为市级文物保护单位。长汀村前屋后是苍翠葱郁的风水林，古树参天。现存长汀施氏宗祠，始建于乾隆五十一年（1786年），嘉庆十三年（1808 年）续建第二座。民国十一年（1922 年）被洪水冲毁，1947 年重修。

长汀盛产橄榄，是福安久负盛名的橄榄之乡，橄榄栽植历史有 200 多年。长汀橄榄属于珍贵的丁香树种，果实细长，色泽翠绿，又名青果。其果实可供鲜食，初入口时略有苦涩，继而芳香四溢，甘甜可口。长汀丁香橄榄，名闻遐迩。

仙源里村

仙源里村，又名山门里、仙元里。明清时期属福安县福安乡界东里五

① 民国丙戌年（1946 年）修的《长汀施氏宗谱·告示》。

② 清光绪《福安县志》卷终，《氏族》。

③ 明嘉靖二十七年（1548 年）吴宗波的《重修延陵吴氏家谱序》载《延陵郡罗园吴氏家史》，1986 年修。

都,民国初期属韩阳区长汀乡,民国 37 年(1948 年)属城厢镇长潭保。1950
年属福安县第一区长潭乡,1961 年属城关区坑下公社,称仙元里大队。
1966 年属坂中公社,改称仙源里大队。1984 年设立仙源里村委会。村委会
设仙源里村,下辖仙源里、岭头、大洋新村三个自然村。坂岭公路(坂中至岭
头)可以通达该村三个自然村。截至 2014 年,全村有 227 户,人口 900 余
人。主姓陈、苏、王、雷、钟等,其中大洋自然村为畲族村。

　　仙源里村位于坂中乡北部,距乡政府驻地约 9 公里,村落坐西北朝东
南,三面环山,村前是一片开阔山地。从远处看该村处于一山坳之中,从村
内往外看,左右各有一小山脉绵延而下,仿佛双臂紧紧相拥,前有一半球形
小山包,正对村落,古堪舆家认为此乃"双龙抱珠"之地,必钟灵秀。村中有
一小溪涧,自北而南,穿村而过,因此又谓之为"北枕青山,面绕一水",风水
俱佳。

　　仙源里村民主姓苏。据《仙源里苏氏族谱》记载:其先祖苏惟忠、苏惟信
于隋大业年间(605—617 年),从河南光州南下入闽,为入闽始祖。传至苏
玉公为满房支派祖,先居福宁八宝洋,复迁穆阳苏家坂(现康厝苏坂)(又说
苏惟忠、苏惟信兄弟入闽后,先居乌石山,不久即迁居穆阳)。再传至文五公
三世孙百二公,于元延祐年间(1314—1320 年)迁岭头村里圆外湾,后迁仙
源里立基,尊文五公为肇基祖。仙源里苏姓在此居住已 700 来年,子孙繁
衍,播迁溪尾、松罗、赛岐、长汀、松谭、坑下及霞浦等地。

　　仙源里还是闽东民间传说"白龙囝祭墓"的发生地。相传该村古时候有
一陈姓少女,误吞龙珠而化为白龙,其母见后惊吓而亡。其后每年春夏之
际,小白龙都回该地,为母"祭墓"。此说虽是神话,没有任何客观依据,但这
种"故事传说"却承载了"孝道"文化精神,因此在闽东一带广为流传。

　　岭头自然村,又名丹阳,在仙源里北面,距仙源里约 2 公里。该村所处
之地四面环山,中间一垄良田,地势平旷,两端各有几厝人家,屋舍俨然,分
为里村、外村。东北隅有一小岔口,与外界相通。四面青山遍植翠竹,村落
掩映在竹林之中。

　　岭头村是坂中畲族乡唯一的老区基点村。1934 年全村被杀害的群众
10 多人,房屋多处被烧毁。中华人民共和国成立后,在政府资助下,村落得
以修复和重建。1987 年修建一条从坂中到岭头的公路直达该村,该村交通
状况得到很大改善。

　　岭头里村有 30 多户人家,主姓陈,系寿宁鳌阳汉唐后裔。据《丹阳陈氏

宗谱》记载，其始祖豹公于西晋时入闽，后子孙繁衍，播迁八闽各地。传至汉唐公，于北宋至和二年(1055年)迁鳌阳(今寿宁)，再传三世至孙公，于北宋重和元年(1118年)迁武曲。至南宋咸淳四年(1268年)，福公由武曲而来南坑丹阳肇基，为丹阳(岭头)肇基祖。陈姓在此居住700余年。

岭头外村，又称洋尾，现有10多户人家，主姓王。岭头王氏乃王文光后裔。据道光二年(1822年)修撰《丹阳王氏族谱·太原王氏源流序》载，王文光原为光州刺史，唐末，"因刘汉云之乱，与十八姓奉王潮、王审知渡江避乱，而入于闽。……光为守城都督"，系"开闽王"之一。《丹阳王氏族谱·辑修丹阳王族谱序》又载："王文光为入闽祖"，"七传察公迁长溪赤岸，又为福宁所居之祖也。后四传福公，迁刘峰(穆云留样)银牛七宝坑大园巷，福公六传吉公创居丹阳外湾，是丹阳一世祖也。"查《丹阳王氏族谱》，福公于南宋绍兴二十六年(1156年)迁居刘峰银牛七宝坑大园巷，由此推测，王姓约于宋末元初即居此地。

大洋自然村原在仙源里南面山上，属地灾隐患村，2014年全村搬迁至仙源里三沙湾地块，为大洋新村，与仙源里隔涧相望。大洋新村是畲族村，主姓雷、钟、蓝。雷姓由后门坪迁入，与后门坪雷姓同一祠堂。钟姓为大林钟一派，传至二十世钟良珂，于清同治至光绪年间由铁湖迁至大洋村，与铁湖钟姓同一祠堂。蓝姓由白石岩下迁入。

仙源里建制村经济以农业为主，主要种植粮食、水果、毛竹、药材等。该村创建大学生创业基地，先后被福建省"老区办"定为"穆阳水蜜桃标准化栽培示范基地"、福安市农业局定为"山地农业示范基地"、福安市科学技术协会定为"农村科普示范基地"。

主要公共建筑有村委楼，建于2009年，占地面积约100平方米，建筑面积约189平方米。小学两所，仙源里、岭头村各1所。大洋新村的老人活动综合楼1所。祠堂3处：仙源里苏氏宗祠1座，二进式砖木结构，占地约300平方米。岭头村陈氏宗祠1座、王氏宗祠1座，土木结构。民间信仰场所有仙源里白龙仙宫1座，苏八公土主公1座。岭头村兴隆宫1座，为二进式砖木结构，占地约480平方米，2016年重建，主祀当地土主潘七公。岭头土主潘七公与南岸村共享，每年农历六月至九月由南岸村民将岭头潘七公神像迎至南岸村祭祀，之后又重新抬回岭头兴隆宫。

南岸村

南岸村,位于坂中畲族乡北部,东隔西溪与城阳东口村相望,西毗社口镇沙溪吴盾下村,南接仙源里岭头村,北濒水和社口沙溪本村为邻,距乡政府驻地 10 公里。明清时期属福安县福安乡平溪里九都,民国十八年(1929年)属韩阳区长汀乡。1950 年属福安县第一区长潭乡,1961 年属城关区坑下公社,为南岸大队。1966 年属坂中公社,仍称南岸大队。1984 年设立村南岸委会,村委会设南岸村。村委会下辖南岸和东口洋 2 个自然村。截至2016 年,全村有人口 753 人,主姓林、陈、吴、郭、蔡等。

南岸古村,地处福安往寿宁的古官道旁。早先近官道,倚山脚,由东而西,郭姓先祖四房依长、次一字形构建起他们的聚居,繁衍生息。而后蔡氏入迁,在村中部筑室而居。随着时代变迁,公路交通迅速发展,20 世纪六七十年代福寿古道上渐无商旅。20 世纪八九十年代南岸古渡上架起石拱大桥,贯通乡村公路。大多村民先后将新楼房盖到临溪新拓建的村间公路两旁,形成街市热闹的新聚居地。一片开阔而生意盎然的田野,将南岸新、旧两个聚居点分作二片,形成时代鲜明的比照。老村落土木屋破敝陈旧,住户寥寥,近乎荒废;新聚居砖混楼房高大林立,一派欣欣向荣。

南岸村《郭氏南岸长房一新公派小谱·世系图》(光绪残本)载:"第一世:若凤,字绍庚,号梧冈,行十五,东族第六世孙副使潜溪,私追谥曰章德,生宋绍兴某年某日某时。""七世:治璧,字攻玉,号云心,行百五,生元至大某年某日某时。妣上杭阮氏,生元某年某日某时,男三:良治、良梦、良添。女二:长适詹家,次适本境百十官。公妣卒不详,葬在上十都澄头外坑。按:公为东族六世浙江宪司副使,讳养德,字小隐,号潜溪。公第六子……东谱于公名下,明载:字攻玉,出绍鹿斗,是潜溪公固本族之本生祖也。""八世:良治,字子平,号郅庵,行百六。据墓碑,系元学谕,生元至顺某年某日某时。妣西街刘宗儒女例封孺人,生元某年某日某时,男五:正道(早逝)、正材、正榛、正模、正梓。公妣卒未详,葬上十都澄头澳里匏洋。立有墓道碑。按公坟碑大书:郭公行百六,学谕,妣刘氏正八品孺人之墓。是公固教职也。"《郭氏南岸长房一新公派小谱》(1988 年)载:"九世:正道,字用中,行百九。出家死,附葬父坟左……正材(长房祖),字用良,号卜岩,行百十,谥成宪……正榛(次房祖),字用仪,号舜亭,行千一,生元至正某年,谥仁惠……正模(三房祖),字用成,号美川,行千二,生元至正某年,谥庄毅……正梓(四房祖),

字用式,号古泉,行千三。"依据以上文字综合辨析:郭氏一支大致于元末(至正年间)肇迁南岸,肇基祖应该是八世祖良治。良治肇迁后,其父墓葬"上十都澄头外坑"。尔后四子分爨而析四房,良治谢世后葬"上十都澄头澳里匏洋"。九、十都毗邻,古澄头,在社口龟龄与填头村之间,距南岸村不远。南岸郭姓自肇基祖良治而下,已繁衍二十五代,郭姓总祠与总族谱均在溪潭溪北村。

在坂中南岸康熙五十二年(1713年)蔡氏福房十四世孙恩贡生兆璧修撰的《济阳蔡氏族谱·纂修蔡氏族谱序》中载:"即如吾族之谱,始自仲安公肇基韩阳,卜筑锦西。堆果之山峙其前,带水之湖环其右,地钟灵秀,势擅魁奇,吾祖遂聚族于斯焉。越数百年以后,明万历之九年(1581年)七月初九日,冯夷播虐,怀复见男归之淹没推流者,指莫胜屈。而缺嗣乏裔者,亦难悉数。独子祐公、子谟公,明哲保身,未雨绸缪,先期徙居城内之西隅,不惜千金以营堂构。而相迁继起者,亦俱区画室庐,以垂永久。故其时子若孙获免水患者,皆二公之力也。"蔡氏南岸肇基祖子祐,系宾贤蔡氏福房亨一公派下九世孙。坂中南岸《济阳蔡氏族谱·世系图》载:"(九世)子祐,字景周,行礼六,号少峰,姚金山林富二女美娘,继姚陈氏珠娘,生子二:文炜、文炼。同陈氏俱有寿坟,合葬南岸本山,左至吴家山,右至陈家山。上有十丈,下至庄后。"子祐后裔先后播迁福安阳头、浮溪、湾坞、苏洋、田坂、风林、溪尾,及霞浦、寿宁斜滩等地。坂中南岸《济阳蔡氏族谱》,福房十四世孙恩贡生兆璧首修于康熙五十二年(1713年),寿宁武曲张四维次修于乾隆四十五年(1780年),碧峰贡生林枝一于道光壬午(1822年)、道光二十八年(1849年)二次续修,光绪九年(1883年,黄有章)、民国七年(1918年)、公元1982年(阳头陈藩华)先后续修。现存道光二十八年(1848年)、光绪九年(1883年)、民国七年(1918年)本及现今续修本。

坂中南岸济南林氏,先祖由社口吉洋历徙社口东安、步兜,最后定居南岸。其肇基祖为贵七公。据民国《南岸林氏小谱·世系图》载:一世祖烈公,讳思,字子九,号致政。姚陈氏,继姚魏氏,生子四。"十七世:贵七公,循八公次子,公为南岸始祖;十八世:孔镒,姚连氏,生一子:仕显。坟葬填头坑平。十九世:仕显,字汝贵,行河五,娶吴氏辰使,生二子:赐生、贻生。公生崇祯辛亥(小谱干支纪年有误,应该是乙亥年即公元1635)年,卒康熙庚辰(1700)年,坟葬南岸土名'后院',坐庚向甲加酉卯分金"。从"林氏小谱"的相关信息分析,林氏十八世祖贵七公迁居南岸,大约在明万历(1573—

1619)间。

南岸古村口,曾设有官府驿站,时有过往的官员留宿,滞留间也借地办些公务。于是村中老人口口相传,将其误称作"官厅"。"官厅"遗址仍在,其近处还有福山宫。福山宫始建于道光九年(1829 年),而今经重修,内中供奉的土主为潘七公。潘七公是南岸村与岭头村共有的神明,其中故事曲折。每逢干旱之年,农历六月间,南岸全村即焚香奉供,从岭头兴隆宫将潘七公正神真身,隆重地迎回南岸福山宫。继而每七天一祭祀,家家日日焚香。延至农历九月,宫内演社戏,村里设大宴,宴请岭头村民。两村同乐,热热闹闹,再将"潘七公"正身送归岭头。几百年来,此习俗一直沿袭。老南岸村西,有座独立的郭氏书馆,系双层明清建筑,前设书厅无后院,两厢楼上楼下共四室,小巧别致,有别于普通宅院,福安境内实属罕见。村西山脊间,有一座兴国寺(又名兴莲禅院),古称宝峰庵,据说是宋乾德六年(968 年)时创建。

南岸村委大楼,在南岸大桥斜对面,集村委办公、村民活动中心于一体。四层砖混结构,占地面积 150 平方米,建筑面积 600 平方米。该村以农业生产为主,兼种植茶叶、水果等。不少村民外出经商办企业,还出了多位经济能人。

东口洋自然村,地处交溪口西岸,与东岸城阳东口村相遥望。同为寿宁鳌阳陈氏后裔聚居地,古时东口洋与东口乃为一村,村名东首。东口洋陈氏肇基祖琪公,系鳌阳汉唐公后裔,洪轸公长孙。据 1984 年泰顺吴发兴撰修东首《颍川陈氏宗谱·新修东首陈氏谱序(道光三十年碧峰林枝一撰)》载:"轸公年十九捷乾德乙丑(965 年)进士。至琪公,于宋至和三年(1056 年)乙未分迁交溪,为东首三巷始祖。南宋绍兴十六年(1146 年)被水,(六世)逢恺公于乾道二年(1166 年)丙戌分为恭、宽、信、敏、惠五房。"东口洋陈氏至今已繁衍数代,其宗祠归于城阳镇东口村。

满春社区

位于仙岫山东麓坂中乡中部,东邻坂中,西毗大林,南接湖口,北连松潭,距乡政府驻地 0.5 公里。社区所在地留安村(旧名留坑),原属于坂中村,1993 年 8 月由坂中居委会分析而成立满春居委会,2016 年 6 月改为社区。社区下辖留安村、吉安村、满村街。2016 年有 707 户,户籍人口 2007人,主姓钟、雷、林、陈、吴,畲族人口占总人口的 60% 以上。暂住人口约

3000 多人，乃来自周边乡镇、县市到城区企业务工人员。

留安、吉安两个自然村均是造福工程搬迁点。满春居委会没有耕地，居民大部分在企业务工，也有部分租种坂中、湖口、仙岩等村田地，从事蔬菜种植业。

村公共建筑物有居委楼、居家养老楼、大圣宫。居委楼在满春街，占地面积 70 平方米，建筑面积 210 平方米，2000 年修建。居家养老楼占地面积 100 平方米，建筑面积 500 平方米，2013 年修建。大圣宫，为两进式建筑物，主祀齐天大圣，为钢混结构，宽 15 米，长 32 米，二层结构。该宫始建于 1991 年，原为土木建筑，1996 年毁于火灾，1997 年在原址重建。

富春大道建设和留安安置房项目的实施，涉及满春居留安自然村的部分群众房屋拆迁，满春居将全力配合市拆迁办、坂中乡政府做好项目的安征迁工作。

仙岩村

仙岩村，又名仙岭洋，位于坂中畲族乡中部，仙岫东北麓半山腰，东邻湖口，西毗大林、彭家洋，南接亭兜，北连坂中，距乡政府所在地 4.1 公里。明清时期属福安县福安乡界东里五都，民国十八年（1929 年）属韩阳区坂中乡。1950 年属福安县第一区仙坂乡，1953 年从仙坂乡析出建立畲族仙岩自治乡，1956 年撤销仙岩自治乡重新归并到仙坂乡，1961 年属城关区仙岩公社为仙岩大队。1966 年属坂中公社，仍称仙岩大队。1969 年与大林合并称仙林大队，1980 年重新分出复称仙岩大队，1984 年设立仙岩村委会。村委会设仙岩村，下辖仙岩、南垄、叠石、白岩下、对面厝、朝阳新村等 6 个自然村。2016 年有 283 户，户籍人口 1125 人，主姓钟、雷、蓝、吴，为少数民族行政村。

仙岩主村坐西北向东南，旧时交通是一条石块与鹅卵石混杂砌就的崎岖山路，从栖云西渡口直达村口，约 2.5 公里长。旧村口，劲松簇拥，那条老石径而今仍在，而新村口却将仙岩村向南拓展百来米。连接福穆公路，新村口矗立的一座巍峨的畲村山门，尽显畲族建筑工艺特色，是仙岩地标性建筑。信步入村，依山而筑的民居，层层叠叠，高大的新楼多于简朴的旧屋，实实在在记录下畲村四十年改革开放的变迁。钟氏宗祠与市民族实验小学，一古一今，又是村中二道迥异而亮丽风景线。设立于村中的福安市民族实验小学，创办于 1952 年，是一所寄宿制学校，也是全省唯一的县市级民族实验小学。1988 年先后获得全国民族团结进步先进集体称号,《人民日报》誉其为"畲山教育的明珠"。

仙岩村现可稽考的最早肇基祖,是钟氏尚全。光绪乙酉年(1885 年)东昆郑延佐撰修《颍川郡仙岭洋钟氏族谱·颍川钟氏世系图》载:"盛九公,一世祖也,讳作鹏,字洪飞,号卜里。配姓雷氏,生九子:孙一、孙二、孙三、孙四、孙五、孙六、孙七、孙八、孙九。按公先世居闽之罗源,徙邑之五都大林,公始迁也。及公数传三龙公,生三子:长尚吉,迁居长坑;次尚英,迁居翁垟,转迁宸山,再徙塔下;三尚全,于明万历年间由大林而迁仙岭洋,生三子,衍三房。"钟氏宗祠建于 1950 年前后,2018 年重修,二进式,建筑面积 400 平方米左右。仙岭洋钟氏现存谱牒有光绪十一年(1885 年)、民国七年(1918 年)、1984 年本。

另有畲族雷氏,于清康熙初年(1662 年后),从坂中后门坪迁入。

仙岩村畲族历史文化沉淀深厚,至今还保留着讲畲语、盘畲歌、吃乌饭、包菅粽、舂糍粑等畲族传统风俗。钟氏祠堂、南垄古厝、五显神宫等村庄古建筑保存完好。"老猿抱子"、"十泉映月"、"丹榕胜境"和"仙岫晴云"等"仙岗四景"远近闻名,自然景观独特。

歌言、巫舞等畲族民俗文化相互交融,凸显仙岩村畲文化独有魅力。1954 年,村里创办闽剧团,有 20 多名演员。1957 年,成立公办文化站,配备专职干部一名。文化站设立报刊阅览、图书借阅,放映幻灯,出黑板报,广播宣传政策、讲时事,开展乡村文化宣传娱乐活动。剧团(归文化站管理)编写新畲歌,演闽剧,唱新戏,农闲时巡回演出于邻近畲汉村落。当年该村文艺骨干创作演出了《卖余粮》、《破除迷信》和《牧羊姑娘》等新编剧目,还选送节目参加省首届农村业余文艺调演。其中畲歌表演唱《牧羊姑娘》获大会好评。1964 年,该团三名演员参加北京少数民族业余文艺观摩演出会。1980 年,创作剧目《阿母》参加县农村业余文艺汇演,获创作奖。1982 年,上级拨款建成钢混结构的文化站楼。1983 年,文化部民族文化司派员莅临检查工作,并赠送了礼物。文化站曾编印《仙岩山歌》专集、《仙岩歌言》油印刊物。2000 年以后,文化站改建为文化活动中心,集农家书屋、棋牌室、展览室、视频室于一体,为群众的娱乐休闲活动提供场所,丰富了乡村的业余文化生活。村中还保存有旧织布机、草鞋架、剃头盒、竹茶筒、旧畲装和米砻、舂臼等畲俗物品(畲族头饰、婚礼服、织布工具被国家、省文物单位征集)。

彭家洋村

彭家洋，因肇基先民姓彭而得名。主村位于仙岫山西南麓、坂中畲族乡西南部，东邻冠岭，西毗穆云贵洋，南接穆云下逄，北连许洋，距乡政府驻地9公里，是距仙岫峰顶最近的村落。明清时期属福安县用儒乡钦德里十五都，民国十八年（1929年）属穆阳区铜岩乡。1950年属福安县第一区铜彭乡；1961年属城关区铜岩公社，为彭家洋大队；1966年属坂中公社，仍称彭家洋大队。1969年与铜岩合并为1个大队，1980年分出，复称彭家洋大队。1984年设立彭家洋村委会。村委会设在主村彭家洋，下辖彭家洋、仙岭头、仙岩下、洋坪、青元等5个自然村9个村民小组。2016年有333户，户籍人口1290人，主姓雷、钟、吴、蓝。

昔日交通村落与县城的十里陡峭的栖云岭（铜岩岭）石阶官道，早已荒废。如今福穆公路直达村口。越彭家洋艺术三刻石、风雨亭，穿过象征"畲汉一家亲"而颇具民族特色的"双凤朝阳"村寨大门，沿和缓的进村大道，来到民族团结文化广场。驻足游目，村落坐东北朝西南，背倚仙岫，"真武坐堂"；左蛇山，右龟山，"龟蛇锁水尾"。民居新旧错落有致，沿山顺势构建，家家户户，门前屋后，花草掩映，瓜果累累，鸡犬相闻。放眼远眺，前庭古木扶疏，案山聚秀，视野开阔，风光无限；回眸身旁，回廊曲折，松青竹翠，歌台暖响，鸟语花香。

彭家洋主村住户多为吴氏族姓。在1992年增订本彭家洋《吴氏族谱》中，乾隆五十六年（1791年）九世孙增广生大钦撰《八都仙里境祖居序》载："八都仙里境，旧号大官村，今名吴家里，吾祖居乡也。自有明以来，家世其地。嘉靖时倭寇焚掠，居民失所，沿海村落遭害尤甚。倭巢六都云淡门，吾祖适居寇邻，故徙。前谱尽化灰炉。迨寇难已平，吾祖二明公始得安居乐业，而聚族兹土焉。递传而至崇祯末年，干戈扰攘，再罹兵燹。迄我朝顺治十三年（1656年），被寇续奉文迁远（指海禁迁界），或徙诸浦城、寿宁，近亦徙诸福安邻邑，再近亦徙诸本县远乡。而祖居庐旅言语之地，遂成栖鸟逐鹿之场。至康熙九年（1670年）诏谕开界，稍稍数灶归梓。然旋迁旋复，旋复迁旋，流离播迁，聿无处定。自是廷仁公居于十一都官岭，廷逢公居于福安大梨斗门头，廷彬公居于福安彭家洋，惟廷森公、廷铨公由寿宁南溪徙居梓里吴山里。"综合《吴氏族谱》几个年代的序言，可推知彭家洋吴氏先祖廷彬公，肇迁福安彭家洋的时间大约在清顺治末康熙初海禁迁界期间。

仙岭头、仙岩下两自然村钟姓,大林迁入;洋坪自然村蓝姓,井口迁入;青元自然村雷姓,广东迁入。

彭家洋村以农业为主,主要种植粮食、茶叶、水果、蔬菜等。

每逢二月二、三月三、中秋、重阳等节日,市区群众都会登高来到彭家洋。畲族群众还举办歌会对歌。每年八月初二至八月初五还会组织上演传统社戏三天三夜,供奉先祖,接待乡邻,祈福安康。四方乡邻欢聚一堂,其乐融融,传承畲汉友谊。彭家洋村畲汉人民和谐相处,团结如一家亲,2014年被确定为省级"美丽乡村"建设试点村,被福建省民宗厅命名为民族团结进步创建活动示范村。

铜岩村

铜岩,古时又称澄岩,位于坂中畲族乡西南部仙岫山西南麓,东邻彭家洋,西毗穆云隆坪,南连康厝金斗洋,北接仙岩,距乡政府驻地10公里。明清时期属福安县用儒乡钦德里十五都,民国十八年(1929年)属穆阳区铜岩乡。1950年属福安县第一区铜彭乡,1961年属城关区铜岩公社,为铜岩大队;1966年属坂中公社,仍称铜岩大队。1969年与彭家洋合并为一个大队,1980年恢复为铜岩大队,1984年设立铜岩村委会。2016年有221户,户籍人口733人,主姓为陈姓。

清光绪年间,本邑庠生郑延济曾这样描述铜岩:"余昔年往他处,路经澄岩,见此地崇山峻岭,茂林修竹之属。村分上下,地属毗连,聚族而居者皆陈氏一族之亲。建有祠宇嵯峨,鸟革翚飞,固不问而知其盛者也……至其地,见其人,皆古朴俗尚敦庞,有古昔仁里之风,无晚近偷薄之习。余心甚仪之。"

民国时,福安乡贤李经文也曾流连其村间,写下了"铜岩十景诗"。其中佳句:"岩狮蹲伏镇山庄,玉带双垂卫此乡。不吼亦能惊百兽,悬崖终古画难详。"(《岩狮挂带》)"小丘丛竹影迷离,暗里藏春客不知。自昔梳妆傅美女,山灵我欲一询之。"(《竹叶藏春》)"村前双井水光寒,传说神蛟暗里蟠。倘使得云应出垫,化龙休作等闲看。"(《双井蛟蟠》)……读来形象清新,引人入胜。

背依仙岫余脉,坐东北向西南,古村规模而今基本存留。和缓的山坡上,新旧民居杂然铺陈:古朴的土木老屋、斑驳的夯墙、黝黑破损的檐牙,牵挂着渐渐失去的昨天记忆;高大的砖混楼房、敞亮的门户、花草掩映的凉台,舒展了时代发展的理念。有情的是几条狭隘的巷道竟将上下村两陈子孙牢牢地连在一起。上下陈祠，分别构筑在上下村间：上陈祠建于嘉庆乙亥年（1801 年），1987 年重修；下陈祠，始建时间不详，乾隆戊戌年（1778 年）重建正座，嘉庆丁丑年（1817 年）间续建前座，并修移正座。

同为陈姓，却有上下村之分：两村先祖肇迁时间先后不一。

1987 年高剑锋撰修的《铜冈上祠陈氏族谱》中，咸丰五年（1855 年）杨师程撰《重修铜岩族谱序》记载："铜岩陈族肇自瑀公，与上杭之陈出自孺公，均为汉唐之苗裔。是铜岩之族与上杭之族，实同祖而异派也。瑀公于（宋）大观四年（1110 年）肇迁铜岩，辟其基，拓其址，为铜岩之鼻祖。"穆阳庠生黄瑞麟撰"光绪序"又有记："瑀，由寿宁而迁家铜岩。"

光绪九年（1883 年）邑庠生巨川郑延济撰修铜岩下村《澄岩陈氏族谱·林洪范撰原序》载："余姻翁裕一公等族，由入闽祖檄公派也。延至五世洪轸（应为洪钰，据同宗别支系谱图中'理'与'晋'均为洪钰之子，而非洪轸之子）公三世孙十四公，由杨鹳树下而迁于政和杨梅村。而其后（十四公）二世孙魁公由杨梅村徙居卓墩之乡。后至（魁公）四世孙福昂公，由卓墩而迁宸邑城西栖云岭头澄岩之地，创立基图，经营第宅。"查寻铜岩下村《澄岩陈氏族谱·世系图》，洪钰三世孙十四公荣是上村肇基祖瑀的长兄。荣传六世至福昂，按一世二十五年计，福昂肇迁铜岩的时间大约比瑀晚 150 年。那么，福昂肇迁铜岩应该在南宋景定（1260 年）前后。

铜岩村前新辟有休闲广场、游廊、水榭、奇石、池鱼，花团锦簇，曲径通幽。村后怪石嶙峋，岩洞奇观叠出。周边古木参天，珍奇树种繁复。福穆公路由东至西，穿过村前。村口公路边，千年古榕树独木成林，号称闽东"榕树王"。

铜岩村山清水秀，人文荟萃，民风淳朴。村民世代克勤克俭，耕读传家。宋元明清，这儿养育了诸多显达，而今又走出了多名学士、硕士、博士。

冬暖夏凉，气候四季温和。村里盛产茶叶、水蜜桃、脐橙、百香果、芙蓉李、葡萄、半山区反季节蔬菜，计达 600 多亩种植规模。铜岩黄土山绿笋，嫩脆香甜，品质上乘，享誉闽东，与溪柄黄澜（白沙）绿笋齐名。

冠岭村

冠岭，又名冠峰，旧时习惯称许洋半岭，位于坂中乡西部，东邻大林村，西接井口村，南毗穆云科后村，北连许洋村，距乡政府驻地 21 公里。明清时期属福安县福安乡界西里六都,民国十八年(1929年)属穆阳区蓬山乡。1950年属福安县第一区铜彭乡,1961年属城关区铜岩公社,为冠岭大队。1966年属坂中公社,仍称冠岭大队。1984年,设立冠岭村委会。村委会设冠岭村,村委会下辖冠岭上村、冠岭下村等2个自然村。截至2016年,全村有人口386人,主姓陈,是比较典型的氏族血缘村落。

据《颍川郡冠岭陈氏族谱·重修冠岭陈氏族谱序》载,清乾隆四十八年(1783年)邑人张四维笔下的冠岭村是:"宸邑城西,离县治二十里许,有六都冠岭者,层峦耸翠,上出重霄。修竹茂林,泉甘土润。颍川郡霁公亲此,迄今二十余世。云蒸霞蔚,绳祖武而跨灶者有人,青出于蓝。中裕后昆而发祥者不一,风醇俗美,敦厚咸臻。"

冠岭主村坐东北朝西南,三面依山,背靠龙岗头,左东山,右梁岗,前面有一垄良田名曰长田。旧时山路,盘山而上,由西进村。老村口的千年巨榕,盘根错节,郁郁葱葱。老屋重重叠叠,也大多集中建造在老村口的山坡上。其中一座保存完好的五层木构古民居,巍峨矗立,造型独特,是闽东乃至八闽独一无二的民间古建筑。今日乡村公路由东而入。进村公路旁,一列长长的新建砖混楼房,背依青翠欲滴、婆娑挺拔的竹林,与西面黄土山坡的旧村老屋遥相呼应,对比强烈。

冠岭村自古以来,以"冠峰亭"、"青石金鸡"、"石锣石鼓"、"美人梳妆"等"冠峰四景"而远近闻名。如今村四周依然峰峦耸秀,令人流连忘返。山间树林绿化二百多亩。该村有一座陈氏宗祠,为两进式砖木结构,长26米,宽15米。建筑结构基本保持原貌,始建于清道光三十年(1850年)五月初七日,重修于光绪十二年(1886年)六月二十九日。现有建筑修于2012年。

冠岭陈氏系入闽始祖檄公后裔,道光九年(1829年)环溪郑芳菁、翠境吴观乐撰修的冠岭《颍川陈氏宗谱》记载,"文蔚公生五子:长汉乾,迁浙江平阳下齐后村;次汉元,迁福宁府;三汉唐,迁建安县川石砦兹口,再迁鳌阳舍田建立三峰寺,后葬三峰寺边;四汉瑛,迁西乡武曲;五汉亨,迁建宁府梧桐溟源头。汉唐公生三子:长洪钰、次洪严、三洪钧。再娶刘氏生子洪轸。洪严公迁建宁府建安县,洪钰与弟洪轸再迁阳鹳树下。洪轸生六子,分上房、下房、下宅始祖。洪钰生二子:一曰理,一曰晋。理生三子:长曰焉,重和元年迁居武曲;次曰孺,字日稈,行初八,先迁龟龄,后迁上杭;三曰霁,行初九,大观四年丁巳(1110年)良旦迁许洋冠岭,发派绵绵,第谱牒久远。"冠岭陈氏,尊七世霁公为肇基祖。延至二十三世,咸三、咸五分作仁、义二房。仁房

39

始祖咸三公,乡大宾,系嘉三公第三子,讳朝桢,字翰周,号仰田。原姘孙氏玉娘,又姘王氏察娘。孙氏生二子:长光三,次光四。义房始祖咸五公,系嘉三公第五子,讳朝相,字翰臣,姘詹氏美娘,生一男:光七。而后生息繁衍,子孙再建冠岭上村,后裔播迁四方。

冠岭村以农业为主,主要致力于发展蔬菜、茶叶、水果、毛竹、榛树(油茶)、芙蓉李等林茶、果蔬的种植和发展畜牧业,饲养山羊。村中现有村委楼,原为学校校舍,建于1991年,2007年改为村委楼,占地面积260平方米,建筑面积180平方米。村中还有宫庙2座,一为林公宫:主奉忠平侯王林公。该宫建于300~400年前,2017年初毁于火灾,2018年重建。拟建筑面积长18米,宽15米。一为大圣宫:主奉"齐天大圣",建筑规模较小,仅18平方米,1980年由穆云乡隆坪迁至。道光九年(1829年)冠岭《颍川陈氏宗谱》还有《冠岭本村水尾堂记》云:"堂在门前岭级下水尾,为一族之锁钥,号曰福源堂。前后有两座,大明成化十五年己亥(1479年)二月吉旦建。大清顺治六年己丑(1649年)刘氏起义之时,官兵剿贼,各乡遭寇,寺宇焚焉。其基尚存。俟后复建。观基一坪,坐落本处,土名庵下。庵基二坪,在本处横地丘大路下。"

和安村

和安,又名和庵、禾庵。明清时期属福安县福安乡界西里六都,民国三十五年(1946年)属城厢乡仙和保,民国三十六年(1947年)属城厢镇仙坂保。1950年属福安县第一区仙坂乡,1961年属城关区仙岩公社,为和安大队。1966年属坂中公社,仍称和安大队。1984年设立和安村委会。村委会设和安村,下辖和安上村、和安下村、对面村、桦坪、七埕、福阳新村等6个自然村。截至2014年,全村有417户,人口1797人。主姓钟、雷、蓝、吴(畲族),是坂中乡最大的畲族村落。

和安村由和安上村、和安下村组成,位于坂中畲族乡中部,距乡政府驻地6公里。村落坐西朝东,面朝坑下、富春溪,上村、下村以一条小山涧相隔,上村在南部,下村在北部,村落房屋依山叠建,屋舍俨然。

和安上村,又名鹿柏墘,主姓钟,为大林钟一派,尊大林始祖钟飞(大林族谱写作"熙",方言"熙"和"飞"谐音)为一世祖。历经二十余代,传至二十二世雷宏(字成九),明末之际,随刘中藻起兵抗清,兵败隐居上广。再传四代,至雷倬(字明升,行静三),见和安"虽僻壤,而清泉白石亦有幽奇之境焉",有狮子献球、龙岗腾光、奇峰仙迹、双井同源四景,遂于清康熙四十年(1701年)率子卜居此地。倅公为和安上村肇基祖,钟氏在此居住300余年。和安上村有钟氏宗祠一座,二进式砖木结构,长约20米,宽约12米。始建于清乾隆六年(1741年),2015年重修。钟熙侯王宫1座,二进式砖木结构,占地面积约100平方米。

和安下村又名南坑,主姓雷,尊雷祥为入闽始祖。清光绪五年(1879年)江汝楫《创修和安雷氏谱序》载,雷祥于南宋绍兴年间由广东而来连江,后代复迁罗源,又迁霞浦柴镇坪。至十三世雷士旺,于清初之际迁来福安,先居溪塔,数载后至和安"相其山林,观其流泉,觉此地山环水秀,土润泉甘。于是结庐构厦,鑿井耕田"居之。雷祥为和安雷姓肇基祖,雷姓在此居住近400年。和安下村有雷氏宗祠一座,二进式砖木结构,始建于1949年,2016年重修。五显宫一座,始建于清道光二十三年(1843年),主祀五显帝。

对面厝自然村位于和安村南,距和安村约260米。主姓钟,与和安上村同宗。

七埞自然村位于和安村北面,距和安约为2.9公里。主姓雷,由社口坑里迁入。

桦坪自然村位于和安北面,距和安1.6公里,主姓吴。

福阳新村,为造福工程,由白石岩下整村搬迁而至,有钟、蓝、雷、吴等姓,吴姓人口居多。白石岩下旧村,现存蓝氏宗祠一座。

和安村公共建筑物还有小学1所,建筑面积约为600平方米,2002年修建;老人活动中心一座,建筑面积约为180平方米,砖混结构,1988年修建,2011年重修(原为村委楼,后改为老人活动中心)。村委楼一座,占地面积200平方米,建筑面积420平方米,砖混结构,2013年修建。公共场所有和安村畲家广场一处,占地约为600平方米;桦坪村室外休闲场所一处,占地面积200平方米。

该村经济以农业为主,主要种植粮食、茶叶、蔬菜、瓜果、药材及家禽、牲畜养殖等。农作物有水稻、蔬菜、橄榄、李子等,茶叶有铁观音、金牡丹等新优品种,药材有佛手等,养殖有猪、鸡、鸭等。

该村传统副业为建筑业,木工类、泥水工类工匠众多,尤其是传统民居建筑师傅,远近闻名。截至2017年,村中尚有60多岁至40来岁匠人20多人,四处延请,应接不暇。还有手工雕刻(木刻),也颇为著名。

大林村

大林,又名大蓝,又写作"大岚",因其村址原为大树林而得名(方言"林"和"蓝"谐音)。明清时属福安乡界东里五都,民国三十五年(1946)属城厢乡坂中保。1950年属福安县第一区仙坂乡,1961年属城关区仙岩公社,为大林大队。1966年属坂中公社,仍称大队。1969年与仙岩合并称仙林大队,1980年分出复称大林大队。1984年设立大林村委会,属坂中畲族乡。村委会设大林村。

大林村位于坂中畲族乡中部,仙岫山山腰,距离乡政府驻地2.7公里,福安市区4.5公里,是一个畲族古村落。该村坐西向东,东至洋乾,西至岗顶,南至赤花垄,北至刘田。村委会下辖大林、花生园、刘田、赤花垄4个自然村。村落背倚仙岫山,面朝坂中坂,屋舍依山叠建,左右两山脉相拥环抱,站在高处向前远眺,富春溪蜿蜒而至,福安城北风光尽收眼底。而自外观察,该村落又掩藏在群山茂林之中。堪舆家认为此地来龙绵亘,气势磅礴,朝山旷远,一衣带水。左右沙拥如双龙戏珠,上下锁镇若五凤朝阳,可谓"双蛇孵卵"之地,钟灵毓秀。

截至2014年,村中有133户、人口534人,主姓钟,钟姓人家占70%以上。坂中大林钟氏是福安钟姓最主要的一大派系,开基始祖钟景祺,行天九,被尊为入闽开基第一世。传至五世钟锡,迁居福州府城南大桥头。八世钟位进,迁罗源大土丘田。十二世钟思烈,迁福安穆阳十五都金溪玉林。明景泰年间(1450—1456年)十四世钟法广,迁福安大林。十七世钟熙,生五子。明正德十一年(1516年),长子钟聪随父亲迁大林。同年,次子钟明迁山头庄,三子钟朝正德七年(1512年)迁白石,四子钟听正德十年(1515年)迁大留,五子钟乐正德九年(1514年)迁侯官汤岭。五子陆续分徙各地。钟熙为人忠义正直,被敕封为侯王,成为大林土主神。现大林祠堂旁建有土主宫,侍奉钟熙侯王神位。

钟姓入居大林后,逐渐壮大,繁衍不息,子孙播迁闽东各地,甚至省外如浙江处州、泰顺等。大林因此也成为闽东钟姓发祥地,史称"大林钟"。

明末崇祯年间(1628—1644年),廉溪杨家坪杨文避兵乱,迁十五都五斗里洋,后移居大林,改为钟姓,同化为畲族。十九世纪初叶恢复杨姓,成为闽东畲族杨姓支派。

走进大林村寨,最吸引人眼球的是建筑风格独特的钟氏宗祠。名闻遐迩的大林钟氏宗祠,是闽东钟氏祖祠。现查明大林钟氏祖祠派下支祠有仙岩(坂中)、八斗、林前(溪潭)、铁湖、坑门里(甘棠)、山头庄(甘棠)、小岭(甘棠)、横林、小坑(潭头)、白露坑(霞浦)、林前(城阳)、濑头(坂中)、茶洋(城阳)、凤洋(康厝)、东山(康厝)、燕科(穆云)、南山(社口)、社都版(社口)等18个钟氏支祠。

大林钟氏宗祠,始建于清朝康熙五十五年(1716年),光绪八年(1882年)重建。因年代久远,风雨侵蚀,损毁严重,2011年拆除旧制,在原址上扩建,至2013年春季竣工。新修祠堂坐坤向艮兼申寅分金,深46米,宽16米,依地制宜,三进三层,层层推进。前座为钢混结构,中间设戏台,台前为明堂,两旁为回廊,中后两座为砖木结构,传统格式,中堂及两旁设神龛,陈列列祖列宗神位。正殿大梁上悬挂着一面巨大的匾额,上书"颖川世泽"四个大字。祠堂正殿陈列着四百多面祖先的神牌(俗称"龙牌"),分上中下三排陈列,从大林村的肇基始祖一直到清朝光绪十一年(1885年)的第十一世祖先。这些龙牌每一面都分上下两部分,上部木主牌的上方雕刻着衔珠翘须的龙头,两侧镂刻双龙或者双凤,中间是表明祖先名分的宋体阳文字刻,底池为宝蓝色。下部是托座,雕有围栏、吊柱、流苏,镶嵌着云头、花卉、寿字等图案。正中央的一面是大林钟支派始祖"钟熙侯王"的龙牌,高达1.3米,宽有0.5米。其余的大体上都是0.8米高,0.3米宽。所有的纹饰、刻字都糅以金色,做工精细,工艺精致,纹饰精美。1991年,大林钟氏宗祠被列为市级文物保护单位。

村民主要从事粮食作物、蔬菜、茶叶种植及土鸡养殖。1999年,该村乡贤创建"健龙汽配有限公司",专业从事汽车配件、电机配件生产。其公司生产的空气滤清器等产品远销欧美,久负盛名,是宁德职业技术学院实训基地、福建省第四批创新型试点企业。

大林是闽东钟姓畲族的发祥地,钟姓畲族从这里向各地播迁落籍,今天闽东钟姓畲族大多数都认定自己是"大林钟"的传人。

后门坪村

后门坪,又名洞门宅,畲语称为"鼓楼"。因其村在江洋村后门山,故称"后门畲",后改名为"后门坪"。明清时期属福安县福安乡界西里六都(其时以江阳名),民国三十五年(1946年)属蓬山乡桥洋保。1950年属福安县第一区许井乡,1961年属城关区许洋公社,为后门坪大队。1966年属坂中公社,称后门坪大队。1969年与许洋合并,称许坪大队。1980年分出,仍称后门坪大队。1984年设立后门坪村委会,村委会设后门坪村。村委会下辖南极、如会、岗头、江洋(江阳)、坑垱、弯中、池坵等7个自然村。

后门坪村位于坂中乡西北部,与社口镇谢岭下畲族村相邻,距乡政府驻地13公里,平均海拔250米,是坂中畲族乡最偏远的建制村之一。截至2014年,后门坪村住户有276户,人口1118人。主姓雷、蓝、钟、倪等,其中畲族人口1039人,除江洋村为汉族人口外,其余皆为畲族。畲族人口占80%以上,是个畲族村落。

后门坪是岗头、弯中、池坵、坑垱四村的统称。后门坪地处山坳低洼地带,四面高山环绕,中间为小盆地,古堪舆家认为"八卦之地",四村紧紧相连,居于其中。房屋依山而建,没有同一朝向,但错落有致,最上和最下幢之间落差约有60米。地势西高东低,一条小溪涧从西至东横贯村落,竹木掩映,小溪潺潺,山清水秀,景色宜人。坂井公路(坂中至井口)可到达该村,交通便利。

岗头、弯中、池坵、坑垱等四自然村均姓雷,为福安雷氏重要支派之一。该支奉雷清光为入闽祖,由潮州入闽,先居福建闽州,传十五世雷孔文(名雨)于明成化二年(1466年)迁居福安十都官湖,再传至二十世雷旗(字方雨)于清顺治七年(1650年)迁五都赤垱村。二十一世雷城(字君生)迁三十一都刘坑坪,后再迁月斗。二十二世雷布于清康熙二年(1663年)迁六都江阳(洋)门洞宅(后门坪),并于此发族。后门坪雷氏是福安雷氏家族中人口最多的一个支派,后门坪也成为是闽东畲族雷姓的主要发源地之一,其子孙除居住原地外,还播迁浙江龙游,本省霞浦、寿宁,境内谢岭下、桦坪、月斗、燕科(穆云)、后舍(穆云)、庐下鸡角岩下(湾坞)等。

如会自然村位于后门坪西面,距后门坪约1公里,主姓雷。该村雷姓与后门坪雷姓同宗不同支,皆为清光公后裔。清光公入闽后,传二十世雷旗公,生六子:君文、君章、君赐、君爵、君达、君生。君文迁康厝凤洋牛石坂,如会雷氏由康厝乡牛石坂迁入。

南极村位于后门坪西面,距后门坪约1.5公里,主姓蓝。南极村姓蓝,由上白石镇南山头迁入。

江洋(江阳)自然村位于后门坪东北面,距后门坪约五六百米,宛若后门坪之门户,古代志书地名志这一带均以江阳名。江洋姓氏有倪姓、陈姓、林姓、黄姓等姓。倪姓由甘棠倪下迁入,陈姓由福安上杭迁入。

后门坪一带最早居住的为魏姓,魏姓于北宋年间居住该地塘基,后迁往柘荣,唐基现已无住宅人口,仅余部分废墟依稀可见。该村祀奉土主神"敕封崇广福应侯王"魏公,即是魏姓先人。村中建有魏公宫两处,一在后门坪,一在江洋村。后门坪魏公侯王宫为二进式砖木结构,约长 20 米,宽 16 米,1997 年由江洋分迁而来,2002 年重建。江洋村魏公侯王宫始建年代不详,原址在江洋村口,1989 年因修建公路及清理河道迁至现址重建,长约为 23 米,宽 15 米,二进式砖木结构,配祀临水夫人、林公侯王。江洋"魏公宫"魏公神座,还保留原宫神座,上面原有石质浮雕狮子两面,魏氏子孙捐建碑文两面。浮雕几年前失窃,现存浮雕是近年新补,碑文依稀可见,足见年代久远。

该村有雷氏宗祠 1 座,在后门坪四村当中,坐西向东,为二进式砖木结构,深 30 米,宽 15 米。始建于清咸丰十年(1860 年),1992 年重修。后门坪雷氏宗祠为福安雷氏总祠之一。每年农历二月初二日,福安、霞浦一带畲民均会聚集此地盘歌。祠堂现存谱牒有清道光五年(1825 年)、清光绪戊戌年(1898 年)、民国二十三年(1934 年)、1982 年和 2010 年的修本。

村委楼一座,在后门坪。修建于 2006 年,占地面积约为 80 平方米,建筑面积约为 280 平方米。该村还有小学 1 所,校舍为 5 间,2 层。现有幼儿学生 11 人,教师 2 人。

该村山地资源丰富,土地肥沃,水源富足,水质优良。村民借助着优势资源,大力发展高优特色农业,种植水蜜桃等水果,形美质优,深得消费者喜爱。尤其是村民饲养的土鸡、土鸭成为福安市民抢手货,供不应求。该村传统手工业为竹编工艺,闲暇时村民们精选秋后成年毛竹,编制篓、匾、筐、竹床等生产用具、生活用品,美观坚固,防腐防蛀,颇为畅销。

许洋村

许洋,也写作"许阳",因肇基先民姓许而得名。明清时,属福安乡界西里六都;民国初期属穆阳区蓬山乡,民国三十五年(1946 年)属蓬山乡许坪保(后又改为许井保)。1950 年属福安县第一区许井乡,1961 年属城关区许洋公社,为许洋大队。1966 年属坂中公社,仍称许洋大队。1984 年设立许洋村委会,属坂中畲族乡。村委会设许洋村,下辖许洋、坑头、月斗 3 个自然村。截至 2014 年,许洋村户籍人口 1116 人,主姓王、郑、林、苏、雷等。

许洋村位于坂中畲族乡西北部,穆阳溪支流下逢溪发源地,距乡政府驻地 12 公里，经"社仙线"至穆云乡公路从村中穿过，交通甚为便利。村落坐西北向东南，三面依山，背倚崎头岗，左前洋，右盘山，前面一片良田，名曰洋中。一道小溪涧从村前缓缓流过，风景秀丽。古人有诗赞其景："谷静川媚景色幽，或耕或读更何求。四方白石磊云起，一道清泉接涧流。"

该村现已无姓许人氏，据传许姓最后一拨于清乾隆年间迁入穆云乡下逢村。许姓之后，又有萧姓、龚姓在此生活，萧姓后迁往宁德，龚姓迁往寿宁。现村主要居民姓王、郑、林等，并有王氏宗祠、郑氏宗祠、林氏宗祠 3 座。

许洋王姓，为王文光后裔。王文光于后唐时任光州刺史，随族兄王潮入闽，居三山榕城（福州）。传至察公迁居长溪赤岸（霞浦），再传至亨七公时迁福安化郊。后子孙又迁居韩阳金山头，再迁宾贤，至癸三公时从城内宾贤迁至许洋。癸三公为许洋王氏肇基祖（太原郡王氏族谱《乾隆二十九年序》）。王氏宗祠在许洋村中，长约为 15 米，宽约为 35 米，二进式砖木结构。始建于清同治壬戌年（1862 年），近期在 20 世纪 80 年代和 2011 年两次重修。祠堂存有王氏族谱 8 种，最早的是雍正八年（1730 年）编修，最新的是 2002 年编修。

郑姓远祖后唐时随王潮、王审知入闽，居于福州乌石山提刑衙前安泰坊，传至九一公（名文麟）。"九一公高尚士，意在归隐"，于宋庆历三年（1043 年）卜居许洋，为许洋郑氏肇基祖（清乾隆甲申年修许洋郑氏族谱，《洪武十七年"源流序"》）。郑氏宗祠在村旁，长约 20 米，宽约 12 米，二进式钢混结构。郑姓家谱始修于明洪武十七年（1384 年）。现祠堂存有清代乾隆二十九年（1764 年）、道光三年（1823 年）、同治八年（1869 年）、宣统元年（1909 年）、民国三十八年（1949 年）、1985 年、2009 年修撰的谱牒。

林姓远祖崇七公林纬，原为长溪县尹，唐光启元年（885 年）迁穆阳后溪，于此发族。许洋林氏乃后溪林氏焕山房桂公之苗裔，林氏宗祠在村口，长约 30 米，宽约 15 米。二进式砖木结构，2016 年修建。现祠堂存有乾隆年间、光绪年间、1951 年、1986 年、2014 年编修谱牒。

坑头村位于许洋之南，距许洋村 4.1 公里，主姓苏。苏姓远祖于隋大业辛未年（611 年）同卓、缪、康、郑、黄、罗七姓入闽，居福州乌石山。后复迁长溪（福安）穆阳墺里，又迁穆阳苏家坂（苏坂），传十六世至文一公，迁穆阳岭头。再传四世至百七公，迁坑头，为坑头苏姓肇迁祖。坑头苏氏宗祠，始建于清康熙年间，光绪末年移建于本村水尾宫左侧，民国乙酉年（1945 年）复于原址重建，近期分别于 1989 年、2012 年重修。现祠堂为二进式砖木结构,长约 20 米,宽约 13 米。坑头苏姓家谱始修于元至正二十六年(1366年),祠堂现存谱牒分别为光绪十七年(1891 年)、民国二十年(1931 年)至1951 年,1989 年、2012 年修撰。

月斗自然村位于许洋之西,距许洋 5.7 公里,又名五斗,因村前田中有五个小山包,取"五斗朝村"之意而得名。又因其中一"斗"形似半月,故又称"月斗",主姓雷。雷姓于明成化二年(1466 年)由牛池坂迁入。该村有雷氏宗祠一座,建于 2006 年。"五斗宫"一座,奉祀"临水夫人"、"忠平侯王"及本地土主雷法明。

许洋村主要宫庙有忠平侯王宫,主祀林公,面积约为 12×26 平方米;本地土主宫,主祀苏八公、林四公、郑二公、平水王等,面积约为 9×10 平方米。

村委楼修建于 2006 年,占地面积约为 60 平方米,建筑面积约为 180 平方米。

该村经济以农业为主,主要产业有淡水养殖,山羊、蛋鸭、珍珠鸡、土鸡等山地养殖,还有茶叶、蔬菜、药材种植等。

井口村

井口,原名井湖、井后,位于坂中畲族乡西部,东邻冠岭,西毗穆云贵洋,南接穆云下逢,北连许洋,距乡政府驻地 15 公里。明代属福安县用儒乡钦德里十五都,清乾隆以后属钦德里十六都,民国十八年(1929 年)属穆阳区蓬山乡,民国三十五年(1946 年)为福安县蓬山乡井口保。1950 年属福安县第一区许井乡,1961 年为井口大队属城关区许洋公社,1966 年属坂中公社仍称井口大队,1984 年设立井口村委会。村委会设井口村,下辖井口上村、井口下村、井口外村、里澳、外澳、朱家山、冬瓜坪、牛角丘、濑头、过宅等 10个自然村,是坂中畲族乡自然村最多的一个建制村。截至 2016 年,住户有430 户,人口 1658 人。主姓蓝、钟、雷、李、吴等,是畲汉混居村落,其中畲族人口占 65%。

井口主村(包括上下外三村)坐落于一山坳中,坐东北,朝西南,背倚承天峰,左坪岗,右垄山,三山相拥,形若交椅。上村(外村)在山坳南面,下村在山坳北面,外村紧挨下村。上下村间有一溪涧蜿蜒穿过,俗称其溪涧为"蛤蟆口",系穆阳溪支流下逢溪上游,河床上布满壶穴,蔚为壮观。"坂井公路(坂中至井口)"直达井口村。

据传井口村最早住民姓卓,古时又名卓家林。因自然灾害山体滑坡,村舍被埋，仅余古井一口及一户人家。这户人家后迁往穆阳，村中再无卓姓。古井犹存，井下有五个泉眼，泉水丰沛，水质清冽，常年不涸，成为村中一景。村也因井而得名。

井口主村主姓蓝，部分雷姓。雷姓为后门坪雷氏支派，清代从十六都月斗迁入。

咸丰辛酉年（1861年）贵溪江怀礼、黄恩国撰修《井湖蓝氏族谱·源流谱叙》载："克兴公，万历间迁居宁德七都白岩，耕种为业。生三子：长圣原公，移迁福邑穆水南阳；次圣厚公，移迁楼里；三圣淳，徙宁德马鞍山。淳公生七子，长元长、次元远、三元兹、四元齐、五元会、六元议、七元正。元会公生二子，长曰'铭'，字法传，迁居罗源，公为一世之始祖也。次曰'镛'，分居漳州。铭生三子：长汉淋（彬）、次汉洲、三汉潼。潼公移迁浙江，惟洲公迁于鼓楼石桥仔头，兴居立业。传三世，至百一公，名曰'五勖'，崇祯年间由鼓楼石复迁福邑洋坪溪尾湾，遂开基而拓土焉。生三子：长千一，名曰'一孙'；次十八，三曰'念二'。长千一公生三子，长曰'日照'、次曰'日魁'、三曰'日向'，分列福、禄、寿三房。日照公迁居十六都井湖，日魁公原居五都洋坪，日向公迁二三都东岭。历今相传百余载，其间迁徙俱有足征。溯始祖之源流，莫不由铭公之派也……"1984年浙江苍南水头李元柏、陈建成撰修本井口《蓝氏族谱·蓝氏祠堂记》载："蓝氏自分迁井湖以来，传世有十，未建祖祠，未积蒸尝，事极难举。至光绪庚寅（1890年），合族欣然庀材鸠工，兴役起架后座，坐甲祥庚。外而墙垣坚固，内而檐宇轩朗，美轮美奂，焕然一新。其果谁为之倡乎？盖有云湄父子以及云湟、瑞枋三人用意之勤，遂成寝庙奕奕之观。然云湄之多捐用力尤非他人之可及者……"蓝氏宗祠，长12.5米，宽30米，二进式砖木结构，2000年重修。《井湖（井口）蓝氏族谱》现存谱牒：咸丰辛酉年（1861年）贵溪江怀礼、黄恩国撰修本，光绪乙未年（1905年）黄瑞麟撰修本，1984年浙江苍南水头李元柏、陈建成撰修本。

牛角垱自然村、濑头自然村主姓钟，由坂中大林迁入。钟氏宗祠，在濑头村。

朱家山自然村、冬瓜坪自然村主姓李。肇基祖李树立，系福安察阳李氏东房二十一世孙，于康熙、雍正年间自福安阳头迁入朱家山。其后裔分迁冬瓜坪。李氏族姓已传十一世，现有人口约215人。

里岙自然村主姓吴（汉族），肇基祖吴经元（乾十）、吴经全（坤四），清咸丰初从濑头田洋中迁入，系泰伯八十三世梅海公后裔。外岙村主姓苏。过宅村主姓蓝、雷,现整村已迁往熙台新村。

井口村以农业生产为主,主要种植粮食、茶叶、蔬菜、水果等,农闲时兼营手工业(俗称"做手艺")。诸般手艺中,"做篾"(手工篾编)最为著名,是井口村流传久远的传统手工艺,名闻遐迩,口碑绝佳。尤其是手工编制"茶筛",在闽东地区,无人能出其右。现今村中尚有篾匠十来户,著名传承人如蓝成章、雷周龙、蓝润康、钟进发、钟幼荣等。

村中公共建筑物有小学 1 所,建于 1990 年。现暂无学生,用作本村避灾点。村委楼 1 座,建于 2002 年,占地面积 72 平方米,建筑面积 216 平方米。文化中心 1 座,2015 年开始破土动工,2016 年完成主体工程,现尚未完全竣工。土主宫 1 座,祭祀平水大王、忠平侯王、五显大帝、临水夫人等,建筑面积约为 160 平方米,2000 年重修。

汤洋村

汤洋村,原名汤家村,因肇基先民姓汤而得名。明清时期属福安县福安乡界西里六都(旧称汤阳头),民国三十七年(1948 年)属蓬山乡许井保。1950 年属福安县第一区许井乡,1961 年属城关区许洋公社,为汤洋大队。1966 年属坂中公社,仍称汤洋大队。1984 年成立汤洋村委会。村委会设汤洋村,下辖汤洋村 1 个自然村。

汤洋村位于坂中畲族乡西北部山区,毗邻社口镇,距离坂中畲族乡政府驻地 12 公里,1992 年修通坂社公路(坂中至社口)从村中穿过,是坂中畲族乡海拔最高的一个村落。其地四面环山,茂林密布,绵延不绝,林中多为上百年乃至数百年古树,古木参天,村落处于峻岭茂林环绕之中。古人曾描写其村"去邑西城二十余里,据仙源峰之右,有乡曰汤洋。高居深邃,自西郊仰望,第见峰峦重叠,树木郁苍,初不见也",走进其中,始见"环屋而处,数十家烟火云连者也"(同治壬寅年吴天恩撰《林氏宗祠志》),"村分上下,地别高低,屋舍毗连,鸡犬相闻……聚族而居者"(同治甲戌年郑延济撰《谱序》)。汤洋村村左有一垄山田,水源充足,终年不涸。山田下端有一岩石突兀而出,形似飞燕,村人称为"燕崎",又称"凤石"。岩下一泉,水质清冽,汤洋村先人以为此乃风水宝地,林氏宗祠即建于此岩之前。

截至 2014 年,汤洋村户 141 户,人口 619 人,主姓林,林姓约占全村人口的 80%,是个典型的血缘村落。林姓入闽始祖林延皓,于唐末由光州固始随王潮、王审知入闽,后传至十三世七二公林政,于元至正元年(1341 年)

由许洋吴厝塆迁居汤洋，为汤洋肇基祖。据汤洋村老者叙说，其祖先儿时牧牛，漫天大雪，独见此地未有积雪，长成后就迁居该地，并于此发族。林姓在此居住近700来年，传世三十余世，现子孙繁衍约二千余人。

该村经济以农业为主，主要产业有茶、林、竹、水果，养蜂，生态鸡、鸭、鹅的养殖。近年来广大村民充分利用汤洋村山地资源丰富、土质肥沃、水源充足、水质优良的得天独厚资源优势，积极调整种植业产业结构，大力发展山地种植产业，培育高山晚熟水果：水蜜桃、脐橙、砂糖橘、血柑、芙蓉李等等。特别是创建"大大福果蔬专业种植合作社"、"金硕种植合作社"后，开辟水果种植基地600多亩，产生明显的经济效益，带动周边经济发展。

公共建筑物有村委楼两座，分别为1994年修建，建筑面积约120平方米；2016年利用原小学改建，占地面积约800平方米，建筑面积约300平方米（原小学1988年修建）。林氏宗祠一座，始建于清道光三年（1823年），1998年重建。二进式砖木结构，建筑面积约340平方米。休闲凉亭一处，木结构，建筑面积90平方米，2017年修建。祭祀场所1处，祭祀忠平侯王、缪仙翁、临水夫人、五显大帝等，始建年代不详，2010年重建。钢混砖木结构，建筑面积约280平方米。该村现尚存有摩尼教遗迹。

图 1-4　合家乌饭宴席

第四节　人口家庭

据 2010 年第六次全国人口普查,坂中畲族乡人口数 27883 人,其中汉族人口数 18842 人,性别比 107.97%;畲族人口 8991 人,性别比 122.6%。回族 17 人,苗族 6 人,壮族 5 人,布依族 3 人,侗族 3 人,白族 5 人,土家族 4 人。

一、民族姓氏

截至 2016 年 1 月 22 日公安局户籍科数据显示,坂中畲族乡共有不同姓氏 151 个,分布于乡 22 个建制村(居、社区)。

表 1-1　民族、姓氏分布表

单位:人

民族	人数	姓　氏(以人数多少排序)
汉族	16571	陈、林、王、郑、吴、施、苏、李、阮、张、黄、郭、朱、刘、杨、叶、蔡、钟、缪、倪、余、何、雷、谢、徐、胡、邱、范、孙、周、游、高、龚、赵、江、章、蓝、连、程、肖、占、汤、凌、罗、薛、邓、毛、许、卓、马、沈、彭、曾、董、康、潘、宋、魏、冯、池、詹、温、袁、廖、丁、金、陆、饶、翁、尤、赖、姚、蒋、巫、夏、卢、蒲、韩、姜、吕、韦、戴、方、柳、田、俞、庄、杜、季、欧、钱、石、汪、曹、傅、官、洪、任、上、严、应、阿、艾、安、柏、包、昌、谌、刁、段、付、葛、辜、谷、顾、和、荷、贺、华、贾、荆、孔、寇、练、梁、龙、孟、闵、睦、宁、农、裴、秦、阙、邵、谭、陶、滕、涂、万、伍、武、项、殷、珍、祝、邹
畲族	10028	钟姓 4147 人,雷姓 3381 人,蓝姓 1426 人,吴姓 838 人,陈姓 44 人,阮姓 33 人,郑姓 24 人,黄姓 23 人,杨姓 13 人,林姓 12 人,王姓 12 人,李姓 10 人,张姓 10 人,刘姓 7 人,蓝姓 5 人,苏姓 5 人,徐姓 4 人,蔡姓、郭姓、缪姓等 3 个姓氏各 3 人,凌姓、彭姓、施姓、薛姓、余姓、赵姓、朱姓等 7 个姓氏各 2 人,丁姓、高姓、何姓、靳姓、倪姓、谢姓、叶姓、占姓、章姓、卓姓等 11 个姓氏各 1 人
回族	21	丁姓 10 人,郭姓 9 人,郑姓 1 人,陈姓 1 人
壮族	7	黄姓 2 人,韦姓 2 人,蒙姓 1 人,田姓 1 人,杨姓 1 人
苗族	6	王姓 2 人,蓝姓、龙姓、潘姓、张姓等 4 个姓氏各 1 人
瑶族	3	何姓 2 人,蓝姓 1 人

续表

民族	人数	姓　氏(以人数多少排序)
侗族	2	郭姓 1 人，杨姓 1 人
彝族	2	高姓 2 人
白族	1	姜姓 1 人
傣族	1	罕姓 1 人
蒙古族	1	赵姓 1 人
满族	1	张姓 1 人
黎族	1	钟姓 1 人

汉族共 143 个姓氏，全乡汉族 100 人以上姓氏人数如图 1-5。

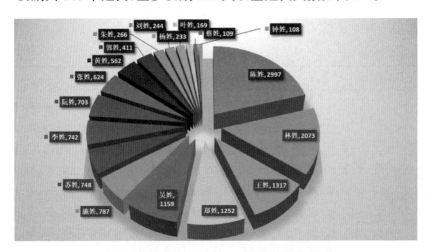

图 1-5　坂中畲族乡汉族 100 人以上姓氏及人数

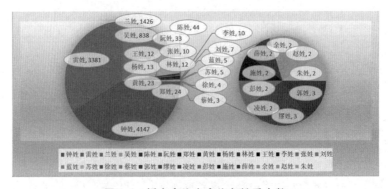

图 1-6　坂中畲族乡畲族各姓氏人数

52

畲族共 26 个姓氏,各姓氏人数由多到少分别如图 1-6。

此外,畲族丁、高、何、靳、倪、谢、叶、占、章、卓等 11 个姓氏各 1 人。

二、年龄性别(人口金字塔)

第二次全国人口普查时,全乡人口金字塔如图 1-7。

第四次全国人口普查时,全乡人口金字塔如图 1-8。

第五次全国人口普查时,全乡人口金字塔如图 1-9。

第六次全国人口普查时,全乡人口金字塔如图 1-10。

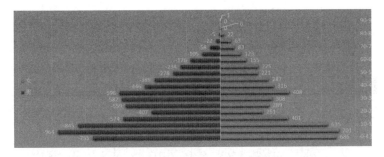

图 1-7 1964 年坂中乡人口金字塔

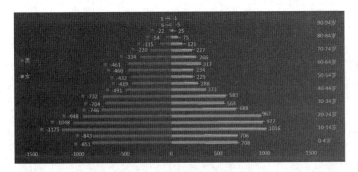

图 1-8 1990 年人口金字塔

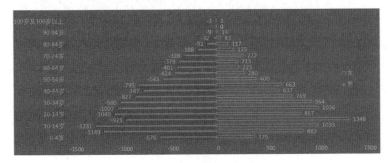

图 1-9 2000 年人口金字塔

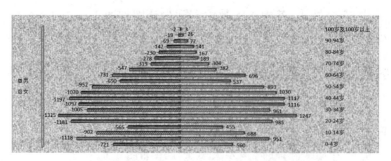

图 1-10　2016 年 1 月 22 日人口金字塔

　　截至 2016 年 1 月 22 日，坂中畲族乡 100 岁以上高龄老人 15 人，姓氏及所在村（居、社区）等情况如表 1-2。

表 1-2　坂中畲族乡 100 岁以上高龄老人姓氏及所在村（居、社区）情况表

序号	姓氏	性别	民族	所在村居、社区
1	黄	女	壮	日宅
2	雷	女	畲	廉岭
3	雷	女	畲	后门坪
4	林	女	汉	坂中
5	黄	男	汉	满春
6	雷	男	畲	和安
7	吴	男	畲	廉岭
8	钟	男	畲	日宅
9	雷	女	畲	日宅
10	陈	女	汉	湖口
11	邱	女	汉	江家渡
12	吴	男	畲	日宅
13	雷	女	畲	井口
14	钟	男	畲	仙岩
15	连	女	汉	湖口

三、户口家庭

第二次全国人口普查时,坂中畲族乡家庭户 3338 户;第三次全国人口普查时,家庭户 4107 户,总人口数 17982 人;第四次全国人口普查时,家庭户 4319 户,集体户 23 户。第四次普查与第三次普查比较,家庭户占 5.19%,总人口数占 2.47%。2000 年第五次全国人口普查时,本乡家庭户 5545 户,集体户 201 户。2010 年第六次全国人口普查时,本乡家庭户 8470 户,集体户 262 户。

表 1-3　1990 年、2000 年、2010 年坂中畲族乡人口数与全市对比表

单位:人、%

年份、地区别	人口数						平均家庭户规模(人/户)
	家庭户			集体户			
	小计	男	女	小计	男	女	
1990 年全市	515338	277673	237665	10242	6782	3460	4.33
1990 年本乡	18214	9972	8242	213	89	134	4.22
2000 年全市	540717	288535	252182	13340	7844	5496	3.76
2000 年本乡	21017	11439	9578	963	231	732	3.79
2010 年全市	545442	286722	258720	18198	10963	7235	3.08
2010 年本乡	25792	13846	11946	2091	915	1176	3.05

表 1-4　1990 年各家庭户与集体户的总户数和总人口

地区别	总户数(户)			总人口(人)			家庭户平均每户人数(人)	
	合计	家庭户	集体户	合计	家庭户	集体户	1990 年	1982 年
坂中	571	565	6	2593	2537	56	4.49	4.07
坑下	409	405	4	1792	1718	74	4.24	4.41
长汀	273	271	2	1168	1152	16	4.25	4.31
仙源里	179	176	3	757	746	11	4.24	4.56
南岸	133	132	1	550	547	3	4.14	4.44
亭兜	93	91	2	414	406	8	4.46	4.54
湖口	180	180		748	748		4.16	4.31

续表

地区别	总户数（户）			总人口（人）			家庭户平均每户人数（人）	
	合计	家庭户	集体户	合计	家庭户	集体户	1990 年	1982 年
江家渡	182	182		725	725		3.98	4.54
林岭	157	157		696	696		4.43	4.81
日宅	205	205		878	878		4.28	4.87
铜岩	200	200		679	679		3.40	3.58
冠岭	101	101		364	364		3.60	3.52
彭家洋	223	223		915	915		4.10	4.28
仙岩	213	212	1	858	833	25	3.93	4.24
大林	104	104		413	413		3.97	4.62
许洋	253	253		968	968		3.83	4.28
和安	252	250	2	1336	1326	10	5.30	5.22
后门坪	221	220	1	855	849	6	3.86	4.36
汤洋	113	113		473	473		4.19	4.11
井口	280	280		1245	1245		4.45	4.68

第四次人口普查，坂中畲族乡汉族与少数民族混合的家庭户共 179 户，其中二人户 7 户，三人户 25 户，四人户 39 户，五人户 42 户，六人户 27 户，七人户 14 户，八人户 11 户，九人户 7 户，十人以上 7 户。

表 1-5　1990 年、2000 年、2010 年家庭户规模对比表

单位：户、%

年份	地区别	合计		一人户		二人户		三人户		四人户		五人户	
		户数	比重	户数	比重	户数	比重	户数	比重	户数	比重	户数	比重
1990	福安市	119013	100	13054	10.97	11009	9.25	17542	14.73	21797	0.02	24361	20.47
	坂中畲族乡	4319	100	515	11.92	437	10.12	605	14.01	810	18.75	906	21.98
2000	福安市	143718	100	14662	10.2	17939	12.84	31918	22.21	32386	22.53	27687	19.26
	坂中畲族乡	5545	100	525	9.47	675	12.17	1198	21.61	1374	24.78	1030	18.58
2010	福安市	176919	100	37600	21.25	33857	19.14	37359	21.12	34516	19.51	20530	11.6
	坂中畲族乡	8470	100	1907	22.51	1536	18.13	1735	20.48	1776	20.97	942	11.12

年份	地区别	六人户		七人户		八人户		九人户		十人及十人以上	
		户数	比重	户数	比重	户数	比重	户数	比重	户数	比重
1990	福安市	15399	12.93	8281	6.96	3868	3.25	1809	1.52	1893	1.59
	坂中畲族乡	531	12.29	263	6.09	137	3.17	67	1.55	48	1.11
2000	福安市	11742	8.17	4789	3.33	1649	1.15	558	0.39	389	0.27
	坂中畲族乡	458	8.26	193	3.48	55	0.99	19	0.34	18	0.32
2010	福安市	7902	4.47	3113	1.76	1130	0.64	516	0.29	396	0.22
	坂中畲族乡	356	4.2	136	1.61	53	0.63	17	0.2	12	0.14

2000年第五次普查,坂中畲族乡家庭户中单一民族户数5306,占家庭户比重的95.69%,较之全市的比重96.03%,低0.34个百分点;家庭户中两个民族户239户,占家庭户比重4.31%,较之全市的比重3.95%,高0.36个百分点。具体情况见图1-11。

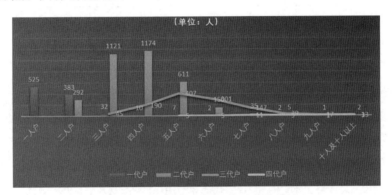

图1-11　2000年不同规模的家庭户类别

根据2010年第六次人口普查资料统计,坂中畲族乡家庭户中单一民族户7849户,占家庭户比重的92.67%,较之全市的比重95.8%,低3.13个百分点;两个民族户621户,占家庭户比重的7.33%,较之全市的比重4.2%,高出3.13个百分点。

四、文化程度

根据1990年第四次人口普查资料,全乡各种文化程度人口数:大学本科1人,大学专科10人,中专84人,高中287人,初中1828人,小学

11062人。

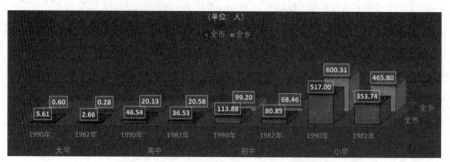

图 1-12　每千人拥有的小学以上文化程度人口

表 1-6　坂中畲族乡人口文化程度表

单位：人

	合计	大学本科	大学专科	中专	高中	初中	小学
坂中	1858	1	7	29	83	472	1266
坑下	1335			8	55	270	1002
长汀	908			7	12	177	712
仙源里	573			4	12	79	478
南岸	440			2	1	54	383
亭兜	276				6	42	228
湖口	548			2	20	100	426
江家渡	544			2	11	61	470
林岭	454				1	10	443
日宅	597				1	28	568
铜岩	582			3	10	150	419
冠岭	225				4	27	194
彭家洋	656			1	8	52	595
仙岩	582	1		13	10	63	495
大林	350				1	30	319
许洋	675			4	24	65	582
和安	935	1		4	11	56	863

续表

	合计	大学本科	大学专科	中专	高中	初中	小学
后门坪	528			3	9	24	492
汤洋	327				2	23	302
井口	879		1	2	6	45	825

表 1-7　第三次、第四次人普查各村(居、社区)
不识字或识字很少占总人口的比重

单位:人

地区别	1990 年不识字或识字很少的人口				1982 年不识字或识字很少占总人口%
	12 周岁以上	占总人口%	15 周岁以上	占总人口数%	12 周岁以上
坂中	409	15.77	409	15.77	26.67
坑下	217	12.11	217	12.11	19.59
长汀	125	10.7	124	10.62	18.93
仙源里	89	11.76	89	11.76	19.26
南岸	54	9.82	53	9.64	12.59
亭兜	94	22.71	94	22.71	31.04
湖口	88	11.76	88	11.76	20.21
江家渡	112	15.45	111	15.31	14.63
林岭	179	25.72	179	25.72	29.82
日宅	196	22.32	196	22.32	39.31
铜岩	30	4.42	30	4.42	15.58
冠岭	106	29.12	106	29.12	46.92
彭家洋	174	19.02	172	18.8	42.94
仙岩	217	25.29	217	25.29	24.79
大林	29	7.02	29	7.02	35.12
许洋	179	18.49	178	18.39	25.72
和安	274	20.51	271	20.28	32.96

续表

地区别	1990 年不识字或识字很少的人口				1982 年不识字或识字很少占总人口％
	12 周岁以上	占总人口％	15 周岁以上	占总人口数％	12 周岁以上
后门坪	243	28.42	243	28.42	33.11
汤洋	89	18.82	89	18.82	37.43
井口	267	21.45	267	21.45	33.26

1982 年,不识字或识字很少 12 周岁以上占总人口的 27.47％；1990 年,不识字或识字很少的人口 12 周岁以上 3171 人,占总人口的 17.21％,15 周岁以上 3162 人,占总人口的 17.16％。

五、行业职业

(一)在业人口

根据 1990 年第四次人口普查资料,坂中畲族乡 15 岁以上不在业人口 5383 人,其中在校学生 382 人,比重 7.10％,较之全市水平的 7.62％,低 0.52 个百分点;料理家务 3752 人,比重 69.70％,较之全市水平的 63.56％,高 6.14 个百分点。待升学 38 人,比重 0.71％,较之全市的水平 0.76％,低 0.05 个百分点;市镇待业 8 人,比重 0.15％,较之全市水平的 1.63％,低 1.48 个百分点;离退休退职 72 人,比重 1.34％,较之全市水平 3.0％,低 1.66 个百分点。丧失工作能力 918 人,比重 17.05％,较之全市水平的 15.50％,高 1.55 个百分点。

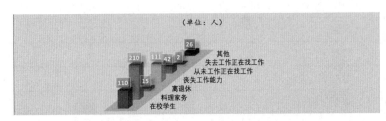

图 1-13　2000 年第五次普查分性别的未工作人口

60

根据 2000 年第五次人口普查资料,坂中畲族乡 15 岁及 15 岁以上人口 1536 人,占全市相应人口的 4.02%;在业人口 1020 人,占本乡 15 岁及 15 岁以上人口总数的 66.40%。在业者中男性 661 人,女性 359 人,男女性别比为 184.12%,较之全市水平 165.54%,高 18.58 个百分点;失业者中男性 21 人,女性 23 人,男女性别比 91.3%,较之全市水平 117.2%,低 25.9 个百分点。

(二)行业构成

表 1-8   1990 年第四次人口普查全乡分行业门类的在业人口数

单位:人

名称	合计	男	女
一、在业人口	7745	6164	1581
二、农林牧渔水利业	6527	5394	1133
三、工业	531	284	247
四、地质普查和勘探业			
五、建筑业	94	92	2
六、交通运输/邮电通信业	96	90	6
七、商业/公共饮食业/物质供销和仓储业	211	141	70
八、房地产管理/公用事业/居民服务和咨询服务业	25	18	7
九、卫生、体育和社会福利事业	27	18	9
十、教育/文化艺术和广播电视事业	171	77	94
十一、科学研究和综合技术服务事业	4	2	2
十二、金融、保险业	4	2	2
十三、国家机关/党政机关和社会团体	55	46	9
十四、其他行业	0	0	0

表 1-9   2000 年第五次人口普查全乡分性别的各行业人口

单位:人

名称	合计	男	女
一、农林牧渔业	632	389	243
二、采掘业	0	0	0

续表

名称	合计	男	女
三、制造业	184	124	60
四、电力煤气及水的生产和供应业	1	0	1
五、建筑业	46	44	2
六、地质勘查业、水利管理业	0	0	0
七、交通运输仓储及邮电通信业	32	31	1
八、批发和零售贸易、餐饮业	63	36	27
九、金融、保险业	3	1	2
十、房地产业	0	0	0
十一、社会服务业	17	11	6
十二、卫生、体育和社会福利业	6	5	1
十三、教育、文化艺术及广播电影电视业	25	12	13
十四、科学研究和综合技术服务业	0	0	0
十五、国家机关、政党机关和社会团体	9	7	2
十六、其他行业	2	1	1

(三)职业构成

表1-10 1990年、2000年、2010年坂中畲族乡各职业大类人口对比表

单位：人、%

年份	地区别	1.各类专业技术人员	2.国家机关、党群组织,企事业单位负责人	3.办事人员和有关人员	4.商业工作人员	5.服务性工作人员	6.农林牧渔劳动者	7.生产工人、运输工人和有关人员
1990	坂中畲族乡	210	35	61	215	55	6503	693
2000	坂中畲族乡	36	9	18	86	635	235	
2010	坂中畲族乡	73	93	55	188	418	651	

第二章

资源与经济

第一节　农业经济

一、农村体制

清乾隆二年(1737年)，福宁府奉旨绘制畲民图册进览，开始将畲民编入户籍管理。乾隆十七年(1752年)后，对畲族地区逐步实行"编图隶籍"、"编甲完粮"的赋税制度。1950年，废除保甲制度，颁布《中华人民共和国土地改革法》，废除地主剥削的土地所有制，开展土地改革运动。

1949年中华人民共和国成立之前，乡村土地归私人所有。1949年新中国成立后，历经土地改革(1950—1951年)、互助合作社(1951—1958年)、人民公社(1958—1982年)和联产承包责任制等体制大变革。

(一)互助合作社

土地改革后，农民分得土地，农户之间劳力强弱不等，畜力、农具、耕作技术、生产资金等差距仍然存在。许多因素制约了生产力发展。1951年，农户建立了互助组。互助组实行自愿结合，等价交换，民主评分三原则。耕地仍归各户所有，生产费用各户自付，收入也归各户。互助组实行评工记分，按季度结算。组员应得工价和应支付工分对抵外，超过和短少部分折成谷物和现金补平。互助组不但在生产上实行互助，而且在生活上也实行互助。

1953年，在互助组基础上，农户试着办起农业生产合作社。合作社本着自愿结合的宗旨，是以土地入股，其他生产资料逐步公有，统一使用，集体劳动，统一经营的小型农业生产合作组织。农业合作社有"初级社"与"高级社"之分。

(二)人民公社

1958年,中共中央发出"关于在农村建立人民公社的决议",自上而下,层层发动,全党办社。人民公社实行"一大二公",取消私有财产,兴办公共大食堂,对村民进行军事化管理。同年开展"大炼钢铁"和水稻移苗并丘,无视自然规律,不重视粮食生产,造成后来持续三年"困难时期"。1960年底,对"一平二调"进行纠正,明确"人民公社实行统一领导,分级管理,队为基础,三级核算"。1961年春,大食堂停办,农民生活集体化失败。1962年春,改大队核算为生产队核算。

(三)联产承包责任制

1982年后,统一经营与分散经营相结合的联产承包责任制取代人民公社土地集体所有、集体经营的农业耕作模式。联产承包责任制是以户为单位的家庭承包经营的新型农业耕作模式,确立土地集体所有制基础上,实现土地集体所有权与经营权的分离。

表2-1 1984—1985年坂中畲族乡农村专业(重点)户基本情况

年份	一、专业户	二、家庭常住人口(人)	三、家庭男女整半劳力(人)	其中从事专业的劳力(人)	四、请帮工带徒弟(人)	五、家庭全年总收入(万元)	其中专业收入(万元)	六、出售产品收入(万元)	其中出售专业产品收入(万元)	七、家庭纯收入(万元)
1984	63	399	133	132		27.39	18.69	16.97		
1985	63	399	133	115		49.92	36.06	31.55	29.54	12.75

(四)农民专业合作社

2008年,农民专业合作社在坂中畲族乡兴起。

农民专业合作社是在农村家庭承包经营基础上,同类农产品的生产经营者或者同类农业生产经营服务的提供者、利用者,自愿联合、民主管理的互助性经济组织。

农民专业合作社以其成员为主要服务对象,提供农业生产资料的购买,农产品的销售、加工、运输、贮藏以及与农业生产经营有关的技术、信息等服务。

2008年4月,福安市大林山中养殖专业合作社率先注册成立。联系人:钟伏堂。注册地址:福安市坂中畲族乡大林村老爷顶。经营范围:种植果树、茶树、林木、油茶、蔬菜等;供应成员所需的农业生产资料(不含化学危险品);引进新技术,开展技术培训、技术交流和咨询服务。

接着福安市仙岫山养殖专业合作社、福安市柳堤种植专业合作社、福安市康泰养殖专业合作社、福安市惠农养殖专业合作社等,也在坂中畲族乡彭家洋村、江家渡村、坑下村、铜岩村等地相继成立。当年注册资金就达231万元,经营范围有果树、林木、毛竹、茶叶、油茶、蔬菜等作物种植,牲畜、家禽养殖等。

截至2017年,全乡农民专业合作社达88家,总注册资金达20970万元。

坂中畲族乡农民专业合作社涉及的专业有葡萄、水蜜桃、脐橙、橘子、橄榄、番石榴、芭乐、百香果等果树的栽培与种植,茶树的栽培与种植,油茶的栽培与种植,毛竹、绿竹的栽培与种植,松树、杉树、硬杂木等林木的栽培与种植,蔬菜的种植,花卉的种植,中药材的种植,谷物、薯类等粮食作物种植,甘蔗等制糖原材料的种植,食用菌的栽培,淡水养殖,牲畜养殖,家禽养殖,农产品初加工等20来个种类。覆盖了南岸、长汀、仙源里等19个建制村、2个居委会、1个社区,占全乡22个建制村、居委会、社区的100%。

表2-2 坂中畲族乡农民专业合作社情况表

村名	个数	专业
南岸	1	茶树、油茶、果树种植,毛竹等林木种植等
仙源里	5	果树、油茶、茶叶种植,毛竹等林木种植,蔬菜种植,中药材种植,食用菌培植等
长汀	10	牲畜、家禽养殖,淡水养殖,绿竹、毛竹、林木、果树、油茶、茶叶种植,蔬菜种植,谷物等粮食作物种植,中药材种植等
后门坪	5	蔬菜种植,花卉种植,果树、茶树、油茶种植,竹木种植,淡水养殖,食用菌培植
汤洋	4	竹木种植,茶叶种植,家禽、牲畜养殖,淡水养殖,中药材种植
许洋	3	谷物、薯类等粮食作物种植,竹木种植,水果种植,蔬菜种植,内陆养殖

续表

村名	个数	专业
坑下	6	牲畜养殖，淡水养殖，蔬菜种植、果树、茶树、油茶种植、竹木、花卉种植，谷物等粮食作物种植
井口	3	油茶、茶叶种植，牲畜养殖，毛竹种植，蔬菜种植，谷物、薯类等粮食作物种植
冠岭	4	谷物、薯类等粮食作物种植，竹木、油茶、茶叶种植，蔬菜种植，中药材种植，内陆养殖
大林	2	果树、林木、茶叶、油茶种植，蔬菜种植，中药材种植，淡水养殖等
仙岩	2	茶树、果树、油茶种植，竹木种植，蔬菜种植，花卉种植等
彭家洋	6	土鸡、生猪、兔子、牛等牲畜、家禽养殖，淡水养殖，果树、茶叶、油茶、竹木种植，花卉种植，蔬菜种植，谷物、薯类等粮食作物种植等
湖口	2	果树、茶叶、油茶种植，蔬菜种植，花卉、林木种植等
铜岩	11	牲畜、家禽养殖，淡水养殖，水果、蔬菜种植，油茶、茶叶、竹木种植，农产品加工等
亭兜	1	牲畜、家禽饲养
日宅	2	杉树、松树、果树、油茶、茶叶种植，中草药种植，谷物、薯类等粮食作物种植，蔬菜种植等
江家渡	4	水果、茶叶、油茶、竹木种植，蔬菜种植，中药材种植，糖料种植，薯类等粮食作物种植，家禽养殖等
和安	4	油茶、茶叶、果树种植，中草药种植，蔬菜种植，糖料种植，家禽养殖等
廉岭	2	茶叶、油茶、果树种植，谷物、薯类等粮食作物种植，蔬菜种植等
坂中居	3	牲畜、家禽饲养等
松潭村（居）	3	果树、茶树、油茶、竹木、蔬菜种植，谷物、薯类等粮食作物种植等
满春社区	5	蔬菜种植，果树、茶树、油茶、竹木种植，牲畜、家禽饲养等。

图 2-1 坑下村大棚蔬菜基地

（五）家庭农场

家庭农场是指以家庭成员为主要劳动力，从事农业规模化、集约化、商品化生产经营，并以农业收入为家庭主要收入来源的新型农业经营主体。

2013 年中共中央一号文件首次提出要发展"家庭农场"，鼓励和支持承包土地向专业大户、家庭农场、农民合作社流转。中央一号文件把大力扶持发展家庭农场作为中央的头号文，家庭农场已成为符合国家政策又符合市场大趋势的项目。

2015 年 9 月，坂中畲族乡成立第一家家庭农场"福安市原生态家庭农场"，经营场所：坂中畲族乡后门坪村。经营者：王杰。资金：10 万元人民币。经营范围：果树、林木、茶树种植，淡水养殖等。截至 2017 年，坂中畲族乡登记注册的家庭农场有 33 家，注册资金有 400.2 万元，经营范围有果树、林木、油茶、茶叶、蔬菜、花卉、中草药种植，谷类、薯类粮食作物种植，食用菌培植，蜜蜂养殖，牲畜、家禽养殖、淡水养殖，农产品初加工，农业观光等。

坂中畲族乡家庭农场的经营范围除了传统的种植、养殖外，已经有部分农场专业户，开始考虑经营生态农业观光、农业休闲旅游、农业观光旅游服务，农业生产技术培训、咨询等服务，发展第三产业。

表2-3 坂中畲族乡家庭农场发展情况表

村名	个数	资金数额（万元）	经营范围
南岸	1	3	茶树、果树、蔬菜、花卉、林木、中草药、食用菌种植，内陆养殖，农产品初加工、销售
仙源里	1	30	果树、蔬菜种植
长汀	1	40	桃、柑橘、蔬菜、茶树种植
后门坪	1	10	果树、林木、茶树种植，淡水养殖
汤洋	1	30	蔬菜、水果、林木种植
许洋	1	10	油茶、竹木、果树、蔬菜、茶树、花卉的种植
坑下	3	4.6	家畜养殖，茶树、果树、蔬菜种植
井口	5	11.4	茶树、油茶、果树、蔬菜、中药材种植，家禽养殖，农产品初加工，淡水养殖，山羊、野猪养殖，农业生态园观光
大林	3	6	茶树、竹木、谷物、薯类、蔬菜、果树的种植
仙岩	1	5	茶树、果树、蔬菜、绿竹、毛竹种植
彭家洋	2	15	果树种植，水蜜桃种植，家禽养殖，农业观光
湖口	1	50	家禽饲养、零售
亭兜	3	19	茶树、油茶种植，蜜蜂养殖、技术培训、咨询服务，农产品初加工
日宅	1	30	水果种植、采摘、销售，中药材种植，家禽饲养、蜜蜂养殖，农业观光旅游服务
江家渡	1	100	茶树、油茶树、果树、蔬菜、花卉、水稻种植，牲畜、家禽养殖，农业休闲旅游观光
坂中	3	6.6	蔬菜、茶树、果树种植，葡萄种植

68

续表

村名	个数	资金数额（万元）	经营范围
松潭村（居）	2	26	花卉、果树、苗木种植，蜜蜂养殖，蜂具、蜂蜜销售，园林绿化
满春社区	2	3.6	蔬菜、茶树、果树种植

二、生产条件

（一）劳　力

乡村劳动力，均以从事农业生产为主。

据福安县统计局编《1966年国民经济统计资料》统计，1966年，坂中人民公社有19个生产大队，140个生产队，实际参加农业劳动的全劳力3079人（其中女劳力184人），半劳力1248人（其中女劳力667人）。

据福安县革委会生产指挥组编《(1949—1969)国民经济统计资料汇编》统计，1969年，坂中人民公社有15个生产大队，132个生产队，实际参加农业劳动的全劳力3377人（其中女劳力169人），半劳力1463人（其中女劳力604人）。

据福安县革委会生产指挥组计划组编《1971年国民经济统计资料》统计，1971年，坂中人民公社有15个生产大队，99个生产队，男女全半劳力5884人（其中全劳力3812人，半劳力2072人），非农业生产劳动力78人。

据福安县计划委员会编《1976年国民经济统计资料汇编》统计，1976年，坂中公社有15个生产大队，132个生产队，乡村劳动力5791人（男4246人，女1545人），其中参加社办工业劳力19人。

据福安县(市)统计局统计，1981年，坂中公社有20个生产大队，150个生产队，乡村劳动力5312人（男劳力3971人，女劳力1341人），其中从事农林牧渔劳动力5245人；参加社办工业劳力45人，外出临时工22人。

1984年，坂中畲族乡成立。当年全乡乡村劳动力5441人（女劳力1301人）。从事农林牧渔劳动力5090人，工业从业人员45人，建筑业73人，交通运输邮电业13人，商业饮食业37人，文教卫生体育社会福利业174人，外出临时工 9 人。

1985 年,全乡乡村劳动力 5400 人(其中女劳力 1294 人)。从事农林牧渔劳动力 4611 人,工业从业人员 578 人,交通运输邮电业 130 人,商业饮食业 13 人,房地产管理、公用事业居民服务和咨询服务业 38 人,教育广播电视文艺业 9 人,科研、综合技术服务事业 9 人,其他劳动力 12 人。

1990 年,全乡乡村劳动力 7176 人(男劳力 4771 人,女劳力 2405 人)。从事农林牧渔劳动力 5300 人,工业劳动力 750 人,建筑业 543 人,交通运输邮电业 73 人,商业饮食业 299 人,其他劳动力 202 人。

1995 年,全乡乡村劳动力资源总数 11393 人,实有劳动力 7506 人(男劳力 5045 人,女劳力 2461 人)。从事农林牧渔劳动力 5554 人,工业劳动力 532 人,建筑业 351 人,交通运输邮电业 196 人,商饮物资供销仓储业 376 人,其他劳动力 497 人。

2000 年,全乡乡村劳动力资源 11484 人,劳动年龄内的人数 10004 人,劳动年龄内从业人员数 7745 人。乡村实有劳动力 9563 人(男 6933 人,女 2630 人)。从事农林牧渔劳动力 6211 人,工业从业人员 976 人,建筑业 597 人,交运仓储邮电通信业 416 人,批发零售贸易饮食业 821 人,教育文化艺术广播业 5 人,卫生体育社会福利业 8 人,金融保险业 4 人,乡镇经济组织管理人员 22 人,其他从业人员 503 人。外出从业人员 494 人。

2005 年,全乡乡村劳动力资源 9566 人,劳动年龄内人口 9306 人,劳动年龄内从业人员数 7600 人。乡村实有劳动力 8220 人(男从业人员 6370 人,女从业人员 1850 人)。从事农林牧渔从业人员 4370 人,工业从业人员 2350 人,建筑业 750 人,交通运输仓储业 340 人,批发与零售业 260 人,住宿与餐饮业 10 人,房地产业从业人员 50 人,乡镇经济组织管理人员 40 人,其他从业人员 50 人。外出从业人员 400 人,外来乡村从业人员 1500 人。

2009 年,全乡乡村劳动力资源 11350 人,其中劳动年龄内人数 10600 人。乡村从业人员 9800 人(男劳力 6740 人,女劳力 3060 人),其中农业从业人员 3900 人,工业从业人员 3960 人,建筑业 780 人,交通运输仓储及邮政业 350 人,批发与零售业 450 人,住宿与餐饮业 20 人,其他从业人员 340 人。

2012 年,全乡乡村劳动力资源 9572 人(男 5022 人,女 4550 人),乡村从业人员 7892 人(男 4997 人,女 2895 人),从事农林牧渔劳动力 3550 人。

2014 年,乡村劳动力资源数 8975 人(男 4770 人,女 4205 人),乡村从业人员 4860 人(男 3445 人,女 1415 人),其中从事农业人员 3230 人(男 2310 人,女 920 人)。

　　2017 年,乡村劳动力资源数 9402 人(男 4896 人,女 4506 人),乡村从业人员 5110 人(男 3510 人,女 1600),其中从事农业人员 4315 人(男 3120 人,女 1195 人)。

表 2-4　坂中畲族乡相关年份农村基层组织与基础设施

计量单位:个

农村基层组织情况				农村基础设施		
年份	村委会数	村民小组	国有林场	自来水受益村	通汽车村	通电话村
1984	20	150				
1985	20	150				
1990	20	150				
1995	19	150		8	12	8
2000	19	151		19	19	19
2005	19	146		19	19	19
2009	19	146		19	19	19
2012	19	146		19	19	19
2014	19	146		19	19	19
2017	19	146		19	19	19

表 2-5　坂中畲族乡相关年份乡村人口与乡村劳动力

计量单位:个

年份	乡村户数	乡村劳动力资源	男	女	农村从业人员	男	女	其中农林牧业从业人员	国有林场从业人员
1984	4214	5441			5441	4140	1301	5090	
1985	4104	5400			5400	4106	1294	4611	
1990	6569	7176			7176	4771	2405	5300	
1995	5938	11393			7506	5045	2461	5554	

续表

年份	乡村户数	乡村劳动力资源	男	女	农村从业人员	男	女	其中农林牧从业人员	国有林场从业人员
2000	5490	11484			9563	6933	2630	6211	
2005	5527	9566			8220	6370	1850	4370	
2009	7023	11350			9800	6740	3060	3900	
2012	6380	9572	5022	4550	7892	4997	2895	3550	
2014	5410	8975	4770	4205	4860	3445	1415	3230	
2017	5463	9402	4896	4506	5110	3510	1600	4315	

表 2-6　民族建制村相关年份农业劳动力

村名	2000 年			2005 年			2010 年			2012 年			2014 年		
	年末人口	年末劳力	其中少数民族劳力	年末人口	年末劳力	其中少数民族劳力	年末人口	年末劳力	其中少数民族劳力	年末人口	年末劳力	其中少数民族劳力	年末人口	年末劳力	其中少数民族劳力
日宅	914	470	470	927	328	328	1034	367	367	930	558	558	1044	472	472
林岭	788	376	343	819	260	260	847	240	240	781	507	176	904	305	303
亭兜	496	273	124	482	106	50	441	352	238	691	403	385	670	387	147
和安	1541	751	708	1553	520	520	1729	517	517	1012	607	309	1729	563	541
彭家洋	1112	548	408	1113	356	240	1234	362	233	1376	770	770	1283	371	241
井口	1466	293	182	1300	280	170	1641	335	208	768	412	412	1523	387	218
后门坪	1012	521	411	1160	760	542	1076	650	630	1082	613	613	1097	655	603
许洋	1192	566	248	1106	560	260	1135	710	405	897	538	449	1162	710	204
大林	478	267	267	476	206	206	514	220	220	768	412	412	530	211	206
仙岩	976	459	421	1003	582	582	1062	620	620	1082	613	613	1115	680	667
江家渡	734	392	138	896	575	156	995	410	142	897	538	449	1042	432	145

注：上表数据摘自福建省统计局、福建省民宗局编相应年份《福建少数民族乡村社会经济统计资料》。

(二)耕　地

据福安县统计局《1966 年国民经济统计资料》统计,1966 年,坂中全公社耕地总面积为 15394 亩,其中水田 13209 亩,农地 2185 亩。

据福安县革委会生产指挥组计划组编《1971 年国民经济统计资料》统计,1971 年,全公社总耕地面积为 15186 亩,其中水田 13250 亩,农地 1936 亩。

据福安县计划委员会编《1976 年国民经济统计资料》统计,1976 年,全公社总耕地面积为 15174 亩,其中水田 12844 亩,农地 2330 亩,当年平整土地面积 384 亩。

据福安县(市)统计局统计,1981—2000 年耕地面积如下:

1981 年,坂中公社总耕地面积为 15209 亩,其中水田 12693 亩,农地 2516 亩,当年可机耕面积 2490 亩。

1984 年,坂中畲族乡年初、年末耕地面积均为 15208 亩,其中水田 12693 亩,农地 2515 亩,年末可机耕地面积 2300 亩。

1985 年,全乡年初耕地面积 15208 亩,当年减少耕地面积 14 亩(退耕改渔面积),年末耕地面积为 15194 亩,其中水田 11959 亩、旱田 3235 亩,年末可机耕地面积 2167 亩。

1990 年,全乡年初耕地面积 15106.84 亩,当年减少耕地面积 17.44 亩(国家基建占地 17.44 亩),年末耕地面积为 15089.4 亩,其中水田 12322.4 亩、旱地 22767 亩,年末可机耕地面积 3549 亩。

1995 年,全乡年初耕地面积 14920 亩,当年减少耕地面积 39 亩(国家基建占地),年末耕地面积为 14881 亩,其中水田 12283 亩、旱地 2958 亩。

2000 年,全乡年初与年末耕地面积均为 14606 亩(水田 11708 亩、旱地 2898 亩),有效灌溉面积 8909 亩。农作物总播种面积为 53260 亩(其中粮食播种面积 33190 亩)。

据福建省统计局、福建省民族与宗教事务厅统计,2005—2014 年耕地面积如下:

2005 年,全乡年末耕地面积为 14500 亩,农作物总播种面积为 50930 亩(其中粮食播种面积 29410 亩),有效灌溉面积 8407 亩,可机耕面积 10370 亩。

2010 年,全乡年末耕地面积为 14463 亩,农作物总播种面积为 39275

亩（其中粮食播种面积 18980 亩），有效灌溉面积 8450 亩，可机耕面积 10143 亩。

2012 年，全乡年末耕地面积为 14463 亩，农作物总播种面积为 39579 亩（其中粮食播种面积 15813 亩），有效灌溉面积 8450 亩，可机耕面积 10143 亩；

2014 年，全乡年末耕地面积为 6405 亩，农作物总播种面积为 37592 亩（其中粮食播种面积 14470 亩），有效灌溉面 5265 亩，可机耕面积 6405 亩。

2015—2017 年，相关部门不再统计相关数据。

图 2-2　收　工

表 2-7　坂中畲族乡相关年份耕地面积

计量单位：亩

年份	年初耕地面积	年末耕地面积	水田	旱田	有效灌溉面积	可机耕面积
1984	15208	15208	12693	2515		2300
1985	15208	15194	11959	3235		2167
1990	15106.84	15069.4	12322.4	2767		3549
1995	14920	14881	12283	2958		

续表

年份	年初耕地面积	年末耕地面积	水田	旱田	有效灌溉面积	可机耕面积
2000	14606	14606	11708	2898	8909	
2005		14500			8407	
2010		14463			8450	10143
2012		14463			8450	10143
2014		6405			5265	6405

表 2-8　民族建制村相关年份耕地面积

计量单位:亩

村名	2000		2005		2010		2014	
	年末耕地面积	有效灌溉面积	年末耕地面积	有效灌溉面积	年末耕地面积	有效灌溉面积	年末耕地面积	有效灌溉面积
日宅	1013	582	400	300	440	330	448	340
林岭	765	484	500	300	523	300	554	320
亭兜	454	349	450	140	320	230	220	200
和安	1195	571	627	210	427	210	427	310
彭家洋	934	650	649	420	1260	827	660	660
井口	1080	694	760	400	768	403	768	403
后门坪	746	532	700	200	200		463	365
许洋	918	622	760	500	1100	600	430	420
大林	317	301	275	230	293	275	277	270
仙岩	718	508	785	420	570	420	570	420
江家渡	688	499	200	120	352	211	352	211

注:上表数据摘自福建省统计局、福建省民宗局编相应年份《福建少数民族乡村社会经济统计资料》。

(三)农 机

据福安县革委会生产指挥组编《(1949—1969)国民经济统计资料汇编》统计,1969 年,坂中人民公社有手扶拖拉机 2 台 13 马力,柴油机 3 台 44 马力。

据福安县(市)统计局统计,1984 年,坂中畲族乡拥有农业机械总动力 1453 马力。耕作机械动力 264 马力:小型和手扶拖拉机 22 台动力 264 马力(其中农户所有 2 台 24 马力)。排灌机械动力 261 马力:农用排灌动力机械 16 台动力 239 马力(其中柴油机 2 台 24 马力、电动机 14 台 158 千瓦 215 马力),还有农用水泵 16 台、喷灌机械 3 台。收割机械动力 18 马力:机动脱谷机 9 台(农户所有)。农产品加工机械动力 555 马力:碾米机 31 部(其中农户所有 3 部),磨面机 25 部(其中农户所有 1 部);运输机械动力 355 马力:农户所有农用载重汽车 4 辆动力 355 马力。

1985 年,坂中畲族乡拥有农业机械总动力 1071 马力。耕作机械动力 216 马力:小型和手扶拖拉机 18 台动力 216 马力(其中农户所有 16 台 192 马力)。排灌机械动力 24 马力:农用排灌动力机械(柴油机)2 台动力 24 马力,还有农用水泵 16 台、喷灌机械 3 台。收割机械动力 18 马力:机动脱谷机 9 台(农户所有)。农产品加工机械动力 476 马力:碾米机 31 部(其中农户所有 4 部 24),磨面机 24 部(其中农户所有 1 部)。运输机械动力 355 马力:农户所有农用载重汽车 4 辆动力 355 马力。

根据《福建少数民族乡村社会经济统计资料》统计,2000—2014 年农机数量如下:

2000 年,全乡拥有农业机械总动力 5515 千瓦。

2005 年,全乡拥有农业机械总动力 5515 千瓦,大中型拖拉机 20 台,小型拖拉机(含手扶)17 台。

2010 年,全乡拥有农业机械总动力 5630 千瓦;2012 年,全乡拥有农业机械总动力 5730 千瓦。

2014 年,全乡拥有农业机械总动力 5985 千瓦。

2015—2017 年,不再统计相关数据。

(四)能　源

坂中畲族乡农村电气化、农业主要能源及物耗情况,根据《福安统计年鉴》相应年份统计数据,摘要列表如表2-9。

表2-9　坂中畲族乡相关年份农村电气化和农业化学化情况

年份	乡村办水电站	装机容量(千瓦)	发电量(万千瓦)	农村用电量(万千瓦小时度)	农用化肥施用量(吨)(实物量)	氮肥(吨)	磷肥(吨)	钾肥(吨)	复合肥(吨)	农用塑料薄膜使用量(吨)	地膜覆盖面积(亩)	农用柴油使用量(吨)	农药使用量(吨)
1984	5		0.026	56.00	1187.58	800.80	350.30	7.18	29.30				
1985	4		0.026	45	1114.22	819.60	242,22	19.90	32.50				
1990	1		0.060	152	1500	996	336	98	70				
1995	1	500		960	1643	802	454	27	35	46	2200	15	29
2000	1	500	306	950	2001	852	482	295	372	56	1560	68	34
2005	1	500	1000	1500	2877	492	420	428	1537	40	1628	18	34
2009	1	500	1000	1912	2149	806	499	412	432	80	1900	186	21
2012				1932	2160	809	502	414	435	80	1100	189	21
2014				1940	841	345	86	230	180	83	1223	191	19
2017					838	369	82	218	169	83	1223	191	18

坂中畲族乡民族建制村相关年份电气化、农业主要能源及物耗情况,根据《福建少数民族乡村社会经济统计资料》数据,摘要列表如表2-10。

表2-10　民族建制村相关年份电气与化学化情况

计量单位:千瓦时、吨

村名	2000 年		2005 年		2010 年		2014 年	
	农村用电(千瓦时)	化肥施用量(吨)	农村用电(千瓦时)	化肥施用量(吨)	农村用电(千瓦时)	化肥施用量(吨)	农村用电(千瓦时)	化肥施用量(吨)
日宅	48330	97	50000	72	31100	63	31600	95

续表

村名	2000 年		2005 年		2010 年		2014 年	
	农村用电 （千瓦时）	化肥施 用量（吨）	农村用电 （千瓦时）	化肥施 用量（吨）	农村用电 （千瓦时）	化肥施 用量（吨）	农村用电 （千瓦时）	化肥施 用量（吨）
林岭	34230	96	40000	50	44000	62	51300	97
亭兜	36240	72	38310	11	33705	45	34000	56
和安	46150	139	45000	105	30000	52	31200	109
彭家洋	56264	89	45000	22	48000	120	48810	162
井口	29110	98	29300	75	36900	97	37200	61
后门坪	38060	98	40000	65	43200	95	44500	71
许洋	24206	103	25200	85	32200	40	32800	82
大林	10720	66	10100	58	10400	67	11000	54
仙岩	21210	95	34350	72	44000	85	24600	92
江家渡	21510	92	3762	38	43300	50	45700	47

三、粮食作物

（一）耕　作

畲家传统的农事活动是"春种角谷，夏种芒谷，秋种穄谷，冬种稜谷，分八节纪农功"。畲民还将二十四节气的农事活动编成畲歌，代代相传。

1950 年代以前，辖区水田基本种植单季稻，山区以垄田蓄水浸冬，一年一熟。半山区的村落部分水田实行水田旱作，或水稻、甘薯水旱轮作。旱地以甘薯为主要作物。地力差的旱地多冬闲，或抛荒轮歇，或改种松杉。

1960 年代至 1970 年代，推广双季稻。水稻栽培形式以间作稻改为连作稻，高秆品种改为矮秆品种，稀植改为密植。

1980 年代，随着杂交水稻在单季中稻和连作晚稻上的推广，按照自然规律和经济规律对双季稻种植面积进行了调整。

旱地耕作，1950 至 1970 年代以甘薯为主。不同时期，在经济效益、生活需求和政府倡导等因素影响下，甘薯、大小麦、豆类、花生等几种主要旱作的种植面积升降变化幅度较大。1980 年代，由于水稻生产发展，以甘薯为主粮和搭配粮的农户比例骤降,以及降耕还茶、果、林和灌溉条件改善,旱地改水田,甘薯种植面积下降。

1982年调整耕作制度类型,乡村耕作制度有以下几种方式:

水田类(7种):稻—稻—闲,稻—稻—麦,稻—麦,稻—稻—紫云英,麦—稻,稻—甘薯,稻—闲。

旱地类(5种):甘薯—马铃薯,甘薯,麦—甘薯,麦—花生—甘薯,麦—豆—甘薯。

(二)品　种

乡村粮食作物品种:水稻、甘薯为主,小麦、大豆兼之,也零星单种或套种龙爪黍、小米、高粱、玉米等杂粮。

(三)收　成

1966年,据福安县统计局《1966年国民经济统计资料》统计,坂中公社粮食作物总播种面积17110亩,亩产298斤,总产量51026担(2551.3吨)。其中小麦播种面积2689亩,亩产150斤,产量4024担(201.2吨);早稻播种面积1388亩,亩产389斤,产量5397担(269.85吨);中稻播种面积527亩,亩产290斤,产量1530担(76.5吨);单季晚稻播种面积8423亩,亩产306斤,产量25801担(1290.05吨);双季晚稻播种面积1243亩,亩产235斤,产量2927担(146.35)。甘薯播种面积2840亩,亩产400斤,产量11347担(567.35吨);大豆播种面积694亩,亩产122.5斤,产量873担(43.65吨)。

1976年,据福安县革委会计划委员会《1976年经济条件资料》统计,坂中公社农作物总播种面积33114亩,总产量119850担(5992.5吨)。其中小麦播种面积4465亩,亩产148斤,产量6628担(331.4吨);大麦播种面积16亩,亩产125斤,产量20担(1吨);早稻播种面积10671亩,亩产480斤,产量51247担(2562.5)吨;双季早稻播种面积9535亩,亩产471斤,产量44890担(2244.5吨);单季早稻播种面积1136亩,亩产560斤,产量6357担(317.85吨);晚稻播种面积9938亩,亩产322斤,产量31952担(1597.6吨);双季晚稻播种面积8417亩,亩产290斤,产量24434担(1221.7吨);单季晚稻播种面积1521亩,亩产494斤,产量7518担(375.9吨);甘薯播种面积3727亩,亩产799斤,产量29792担(1489.6吨);杂粮播种面积116亩,亩产182斤,产量211担(10.55吨);大豆播种面积1144亩,亩产88斤,产量1005担(50.25吨)。

1981年,据福安县统计局《1981年国民经济统计资料》统计,坂中公社农作物总播种面积31760亩,粮食作物播种面积26058亩,亩产503斤,总产量131191担(6559.55吨)。其中大小麦播种面积3438亩,大麦亩产56斤、小麦亩产86斤,总产2927担(146.35吨);双季早稻播种面积9879亩,亩产419斤,总产41440担(2072吨);双季晚稻播种面积9456亩,亩产342斤,总产32305担(1615.25吨);单季稻播种面积9619亩,亩产481斤,总产46225担(2311.25吨)。甘薯播种面积5010亩,亩产662斤,总产33159担(1657.95吨);大豆播种面积1420亩,亩产101斤,总产1438担(71.9吨)。

1984—2017年,根据福安市(县)统计局统计,相关年份全乡粮食作物播种面积与产量的具体数据如下表。

表 2-11 坂中畲族乡相关年份粮食作物播种面积与产量(一)

单位:亩、吨、公斤/亩

年份	农作物总播种面积	粮食(包括大豆)总计			春收粮食			夏收粮食			秋收粮食		
		面积	产量	亩产	面积	产量	亩产	面积	产量	亩产	面积	产量	亩产
1984	29413	26999	136669	506									
1985	28786	26643	134052	503	1437	3616	252	7300	48900	642	17906	83536	467
1990	30878	29240	8206.1										
1995	50040	31280	8728	279	4720	955	202	5800	2026	349	20760	5747	277
2000	53260	33190	9312	281	4480	1052	235	6950	1881	271	21760	6379	293
2005	50930	29410	8268	281	2800	986	352	6730	2040	303	19880	5242	264
2009	41754	18999	5741	302	2000	430	215	5127	1458	284	11872	3853	325
2012	39579	15813	4141	262	2206	379	172	3385	871	257	10222	2891	283
2014	40450	18190	4260	234	2210	393	178	3220	636	198	12760	3231	253
2017	33049	14193	4166	271	2469	464	180	1121	295	281	10603	3397	291

表 2-12　坂中畲族乡相关年份粮食作物播种面积与产量(二)

单位:亩、担、斤;亩、吨、公斤/亩

年份	1.稻谷			①早稻			②中稻和一季晚稻			③双季晚稻			2.大、小麦		
	面积	产量	亩产	面积	产量	亩产	面积	产量	亩产	面积	产量	亩产	面积	产量	亩产
1984	19457	120697	620	7339	48366	659	4818	36908	766	5731	32594	569	1253	2668	196
1985	18991	116046	611	7300	46900	642	4857	34136	703	6843	35010	512	1437	3616	252
1990				6100	2174.1		5611	2673.9		6092	1948.1		2677	205.9	
1995	17000	6760	398	4800	1776	370	7200	3384	470	5000	1600	320	1920	115	60
2000	16500	6896	379	4300	1539	358	7200	3586	498	5000	1771	354	920	59	84
2005	15900	5633	354	4200	1576	375	7200	2505	348	4500	1552	345			
2009	9254	3236	350	3262	1151	353	5992	2085	348						
2012	6100	2256	370	1490	600	403	4610	1656	359						
2014	8510	2330	274	1340	422	315	6170	1608	261	1000	300	300			
2017	6725	2613	389	462	175	379	5687	2213	389	576	225	391			

表 2-13　坂中畲族乡相关年份粮食作物播种面积与产量(三)

单位:亩、担、斤;亩、吨、公斤/亩

年份	3.甘薯			4.马铃薯			5.杂粮			6.大豆		
	面积	产量	亩产	面积	产量	亩产	面积	产量	亩产	面积	产量	亩产
1984	2369	8561	361	151	604	400				3782	1431	100
1985	1873	10047	536	28.5	215	754				4343	4343	100
1990	4015	963.8		1638	335.8		645	9.3		4110	231	
1995	4360	536	123	3600	1082	301	200	8	40	4200	227	54
2000	4360	615	141	3510	1102	314	200	9	45	5000	354	71
2005	4300	860	200	4460	1363	306				3940	336	85
2009	4000	1040	260	3680	752	204				1544	661	428
2012	3102	807	260	3886	683	176				2195	339	154
2014	2850	741	260	3930	364	194				2380	369	155
2017	2401	641	267	2762	523	189				2305	379	164

注:以上三表计量单位,1984—1985 年是亩、担、斤/亩,1990 年以后是亩、吨、公斤/亩。

表 2-14　民族建制村相关年份粮食播种面积与产量

计量单位：亩、吨

村名	2000 年		2005 年		2010 年		2014 年	
	粮食播种面积	粮食产量	粮食播种面积	粮食产量	粮食播种面积	粮食产量	粮食播种面积	粮食产量
日宅	1941	515	250	80	270	80	270	82
林岭	1614	472	300	100	368	120	369	216
亭兜	680	198	420	90	365	135	320	62
和安	1834	481	745	280	466	175	480	283
彭家洋	1680	426	480	165	500	169	515	282
井口	1810	481	400	130	547	138	552	241
后门坪	1286	336	500	80	420	86	425	230
许洋	1680	449	720	250	830	270	650	253
大林	652	181	380	116	232	62	332	80
仙岩	1340	509	675	200	390	100	400	194
江家渡	1126	279	280	58	280	90	265	55

注：上表数据摘自《福建省少数民族乡村社会经济统计资料》相关年份统计数据。

四、经济作物

乡村经济作物主要有：甘蔗（糖蔗）、花生、芝麻、油菜以及蔬菜等。

蔬菜品种有：棱角丝瓜（藤瓜）、丝瓜（礼瓜）、南瓜、黄瓜（刺瓜）、苦瓜、瓠子（田瓠、芋瓠）、葫芦（白瓠）、茄子（紫菜）、佛手瓜、番茄、辣椒、马铃薯、芋头、萝卜、胡萝卜、蕹菜（空心菜）、芹菜、青菜（小白菜、油白菜）、大白菜（白菜）、芥菜、雪里蕻（俗称九心菜）、榨菜、擘蓝（芥蓝球）、苦卖菜、红番苋（红菜）、芥蓝菜、卷心菜（包菜）、花菜、苋菜、莙荙菜（钵匙菜）、菠菜（红头菜）莴苣、姜、扁豆（有扁豆、牛角豆之分）、蚕豆（茶豆）、豌豆（麦前豆）、金甲豆（有红玉豆、白玉豆之分）、豇豆、菜豆（四季豆）、刀豆、狗爪豆（傀儡豆）、葱、大蒜、洋葱、薤头（薤）等。

1978 年改革开放以前，乡村经济作物以自产自销为主，极少作为商品出售。随着 20 世纪 80 年代商品经济的发展，乡村经济作物作为商品走向市场,经济收入占总收入的比例逐年增加。基础设施的逐步完善,促进了辖区经济的发展。

根据福安市(县)统计局相关年份统计数据有如:

1966 年,坂中人民公社花生播种面积 50 亩,亩产 128 斤,产量 64 担(3.2 吨);甘蔗播种面积 80 亩,亩产 4300 斤,产量 3440 担(172 吨)。药材播种面积 4 亩;黄麻播种面积 25 亩,亩产 146 斤,产量 35 担(1.75 吨);席草播种面积 19 亩,亩产 221 斤,产量 42 担(2.1 吨)。油菜(籽)播种面积 5 亩,亩产 60 斤,产量 3 担(0.15 吨)。蔬菜播种面积 71 亩,亩产 1803 斤,产量 1280 担(64 吨),其中芋头 44 亩,亩产 1298 斤,产量 571 担(28.55 吨)。西瓜 46 亩,亩产 2000 斤,产量 920 担(46 吨)。马铃薯播种面积 60 亩,亩产 261 斤,产量 172 担(8.6 吨)。

1976 年,坂中公社花生播种面积 70 亩,亩产 336 斤,产量 235 担(11.75 吨);芝麻播种面积 13 亩,亩产 131 斤,产量 17 担(0.85 吨);黄麻播种面积 125 亩,亩产 356 斤,产量 445 担(22.25 吨)。苎麻播种面积 3 亩,亩产 100 斤,产量 3 担(0.15 吨);甘蔗播种面积 148 亩,亩产 3797 斤,产量 5620 担(281 吨)。晒烟播种面积 2 亩,亩产 50 斤,产量 1 担(0.05 吨);席草播种面积 22 亩,亩产 273 斤,产量 60 担(3 吨)。蔬菜播种面积 1115 亩,其中马铃薯播种面积 311 亩,亩产 422 斤,产量 1313 担(65.65 吨),瓜类播种面积 22 亩。

1984 年—2017 年,坂中畲族乡经济作物生产基本情况如下表:

表 2-15　坂中畲族乡相关年份经济作物播种面积与产量

计量单位:亩、吨、公斤/亩

年份	经济作物 1.花生			2.芝麻			3.油菜籽			4.甘蔗			其他农作物 1.蔬菜			2.瓜类(西瓜)		
	面积	产量	亩产	面积	产量	亩产	面积	产量	亩产	面积	产量	亩产	面积	产量	亩产	面积	产量	亩产
1984	39	135	346	6	6	100				208	40023	19242	1531			100		
1985	54	172	319	9	9	100	11	11	100	212	60166	28380	1271.5			120	1100	917
1990	100	325		30	34		60	42		957	79556		5147	70566		310	6170	
1995	150	27	180							1100	5942	5402	14800	12210	825	2200	3080	1400
2000	150	27	180				560	25	45	800	4350	5438	15900	14180	892	2200	2820	1280
2005	140	25	179										16600	16768	1010	2150	2540	1181

续表

年份	经济作物 1.花生			2.芝麻			3.油菜籽			4.甘蔗			其他农作物 1.蔬菜			2.瓜类(西瓜)		
	面积	产量	亩产	面积	产量	亩产	面积	产量	亩产	面积	产量	亩产	面积	产量	亩产	面积	产量	亩产
2009	145	33	228										18110	18587	1026	2400	3034	1264
2012	140	28	200										18911	18408	973	2510	3082	1228
2014	145	32	221							170	510	3000	19635	20781	1058	2400	2815	1173
2017	143	29	203							74	246	3324	16896	19887	1177	1067	1578	1479

注：表中计量单位：1984—1990 年是亩、斤、担，1995 年以后是亩、吨、公斤/亩。

五、水　果

1970 年之前，乡村水果种植范围小，多限于房前屋后，产量低不成规模。

1970 年以后，水果生产逐年增加，根据福安县统计局统计如下：

1971 年，坂中人民公社水果年末实有面积 124 亩，本年采摘面积 55 亩，产量 26.65 吨（其中李 4.65 吨、桃 22 吨）；1974年，年末实有面积 220 亩，产量 88.8 吨（其中李 55.75 吨，桃 6.65 吨，橄榄 25 吨，柿子 1.9吨）。

图 2-3　桃花树下

1976 年，坂中人民公社果园面积 453 亩，产量 49.95 吨（其中李 26.4 吨、柑橘 0.45 吨、橄榄 15.5 吨、柿子 1.5 吨）。

1978 年，年末实有面积 367 亩，产量 28.3 吨（其中李 6.55 吨，柑橘 3.7吨，橄榄 11.25 吨）。

1980 年代，全面推广水果种植，乡村开始大规模种植水果。

1984—2017 年，据福安市（县）统计局《福安统计年鉴》数据，全乡相关年份水果生产情况如下：

表 2-16 坂中畲族乡相关年份水果生产情况（一）

计量单位：亩、吨

年份	水 果				1.柑橘			2.龙眼		
	年末实有面积（亩）	其中：(亩)		产量（吨）	年末实有面积（亩）	采摘面积	产量（吨）	年末实有面积（亩）	采摘面积	产量（吨）
		采摘面积	新植面积							
1984	1083	919	146	2971	71	44	70	2	2	45
1985	605	362	243	3027	89	22	83	2	2	5
1990	2757	978	119	317	401		14	152		1
1995	3241	1848	10	740	438	315	37	152	6	4
2000	4145	2718		1091	438	390	60	152	112	20
2005	4100	2347	320	1017	529	440	62	166	12	7
2009	5008	2917	44	1297	595	519	9	176	36	15
2012	5034	2893	55	2419	581	460	336	176	36	15
2014	4474	2827		1630	580	489	223	176	36	11
2017	3124	2516		3302	534	503	148	88	38	23

表 2-17 坂中畲族乡相关年份水果生产情况（二）

计量单位：亩、吨

年份	3.香蕉			4.枇杷			5.橄榄			6.青梅、杨梅			7.桃		
	年末实有面积（亩）	采摘面积	产量（吨）	年末实有面积（亩）	采摘面积	产量（吨）	年末实有面积（亩）	采摘面积	产量（吨）	年末实有面积（亩）	采摘面积	产量（吨）	年末实有面积（亩）	采摘面积	产量（吨）
1984	8	6	6	341	326	429	53	53	622				26	11	216
1985	17	16	26	130	71	633	59	53	575				26	15	326
1990	109		14	754		66	240		49	219		11	92		23
1995	10	10	4	892	602	128	383	110	89	267	90	42	11	93	40
2000	96	96	40	892	730	175	383	250	150	267	120	60	328	280	135
2005	100	11	6	860	620	170	380	220	130	300	150	70	330	240	100

续表

年份	3.香蕉			4.枇杷			5.橄榄			6.青梅、杨梅			7.桃		
	年末实有面积（亩）	采摘面积	产量（吨）	年末实有面积（亩）	采摘面积	产量（吨）	年末实有面积（亩）	采摘面积	产量（吨）	年末实有面积（亩）	采摘面积	产量（吨）	年末实有面积（亩）	采摘面积	产量（吨）
2009			11	970	790	116	550	380	180	40	35	16	380	280	190
2012	5	5	2	970	790	336	550	380	404	40	35	24	380	280	293
2014	5	5	8	1060	720	229	550	380	191	160	138	136	380	280	190
2017	3	3	10	425	211	457	354	309	128	26	23	23	327	326	419

表 2-18　坂中畲族乡相关年份水果生产情况（三）

计量单位：亩、吨

年份	8.梨			9.李			10.葡萄			11.柿子			12.其他水果		
	年末实有面积（亩）	采摘面积	产量（吨）	年末实有面积（亩）	采摘面积	产量（吨）	年末实有面积（亩）	采摘面积	产量（吨）	年末实有面积（亩）	采摘面积	产量（吨）	年末实有面积（亩）	采摘面积	产量（吨）
1984	192	180	372	198	168	896	67	52	232	2	2	25	2		
1985	62	52	190	104	61	805	76	53	316	2	2	40	38	15	28
1990	61		2	347		93	98		23	44		6	106		15
1995	60	30	5	343	260	261	122	102	37	44	35	20	348	109	52
2000	60	40	6	743	413	360	122	120	55	544	100	30	120	67	25
2005				750	400	380	135	126	58	550	128	34			
2009				750	420	398	140	138	72	550	120	31	857	199	177
2012				750	420	551	175	168	250	550	120	31	857	199	177
2014				750	400	420	215	208	128	550	126	51			
2017				576	546	336	213	212	134	536	305	433	1694	1429	1336

表 2-19 民族建制村相关年份果园面积与水果产量

计量单位:亩、吨

村名	2000 年		2005 年		2010 年		2014 年	
	果园面积	水果产量	果园面积	水果产量	果园面积	水果产量	果园面积	水果产量
日宅		27.5	100	23	103		103	1
林岭		110	60	6	50	18	125	36
亭兜		60	120	3	165	35	242	65
和安		18	100	4	100	12	274	90
彭家洋		15		1		2	298	130
井口		108	500	108	500	108	391	70
后门坪		8	15	6	120	6	141	36
许洋		18	125	20	120	23	312	79
大林		16	120	15	120	18	187	53
仙岩		56	190	55	190	54	254	69
江家渡		127	260	80	260	60	1240	63

注:上表数据摘自《福建省少数民族乡村社会经济统计资料》。

六、林 业

(一)森林资源

坂中畲族乡地处交溪中游西岸,福安盆地西向。地貌特征为丘陵与河岸冲积平原交接,海拔在 20～679 米之间,山坡坡度在 10 至 25 度之间,山脉系洞宫山余脉——锣鼓山山脉延伸部分。地势以西北面最高,东面最低,地势起伏不平。气候温暖湿润,属中亚热带海洋性季风气候。由于所处地理纬度低,濒临东海,受季风环流影响,四季分明,夏季稍长,冬季稍短;光热充足,无霜期长,季风明显。年均气温约在 20℃～22℃。植物生长期积温在 5000～6650℃之间,无霜期可达 280～300 天。属于温凉丰水区,平均年降雨量约 1600～1850 毫米。降雨的年际变化也较大,枯水年降雨量只有平均年雨量的 60％左右,而丰水年则可达平均年雨量的 1.5 倍。

本辖区内土壤以红壤、黄壤为主,其次为潮土、水稻土,土层中等深厚。在热带海洋性季风气候影响下,区内原生植被主要由壳斗科、樟科、杜英科、毛竹等常绿阔叶树种组成。经过多年经营开发利用，原生植被群落已不再是植被主体，取而代之的是马尾松、杉木、柳杉等常绿针叶林，于是形成而今的针、阔叶混交林。具有代表性的草本为芒萁骨、混生芭芒、金茅等，湿润的地方生长有穗稗、石松、牡蒿、莎草、香附子等。林业资源丰富。

境内有国家一级保护植物南方红豆杉、珍稀植物水杉、水松、柳杉、粗榧、独蒜兰、台兰、金线莲、莼菜等，杜鹃科、壳斗科等珍贵植物资源，有珍稀动物白鹇、苏门羚、穿山甲（鲮鲤）、大灵猫（九节狸）、蟒蛇、山麂、猕猴等珍贵物种。

（二）林业规模

据福安县统计局《1966 年国民经济统计资料》统计：

1966 年，坂中人民公社当年造林面积 1740 亩（其中松木 1530 亩，杉木 110 亩，防护林 100 亩），育苗面积 27 亩。油茶年末实有面积 2074 亩，本年采摘面积 500 亩，产量 300 担；油桐年末实有面积 200 亩，产量 200 担。

据福安县计划委员会编《1976 年国民经济统计资料》统计：

1971 年，坂中公社当年造林面积 4821 亩（其中用材林 4403 亩，经济林 118 亩，薪炭防护林 300 亩），封山育林面积，3095 亩，育苗面积 43 亩，迹地更新面积 127 亩，幼林抚育作业面积 186 亩。

据福安县（市）统计局统计：

1976 年，坂中公社当年造林面积 2700 亩（其中用材林 2100 亩，防护林 72 亩，零星植树 0.5 万株）。育苗面积 17 亩，成林抚育面积 200 亩，封山育林面积 0.5 万亩。

1981 年，坂中公社当年造林面积 1540 亩（其中用材林 560 亩，防护薪炭林 980 亩）。育苗面积 16 亩，森林总面积 5.04 万亩。

1984 年，坂中畲族乡当年造林面积 4411 亩，其中经济林 2900 亩，防护林 1511 亩。

1985 年，坂中畲族乡当年造林面积（按年末实际成活率达到 40 以上面积计算）4115 亩（林业局统计 4900 亩），其中用材林 55 亩，防护林 20 亩，薪炭林 4040 亩。封山育林面积 3245 亩：育苗面积 25 亩，幼林抚育作业面积 21 亩。

1988 年，辖区林业站统计，全乡林业用地 61953 亩，其中用材林 11440 亩，特用林 305 亩，经济林 3824 亩，竹林 1058 亩，疏林地 1125 亩，未成林造林地 2219 亩,荒山宜林地 11036 亩。林木总蓄积量为 88904 立方米,其中用材林蓄积量为 29434 立方米。森林覆盖率为 48.10%。

1990 年,全乡当年造林面积 6854 亩。

1998 年,辖区林业站统计,全乡林业用地 63741 亩,其中用材林 19205 亩,特用林 2617 亩,经济林 10237 亩,竹林 2944 亩,未成林造林地 470 亩,荒山宜林地 663 亩。林木总蓄积量为 80764 立方米,其中用材林蓄积量为 44424 立方米。森林覆盖率为 60.60%。

2000 年,全乡当年造林面积 263 亩,幼林抚育作业面积 500 亩。

2005 年,全乡当年造林面积 440 亩,属于私有(个体)经济人工造林,其中用材林 34 亩,防护林 406 亩。当年幼林抚育作业面积 819 亩,年末实有封山育林面积 1816 亩。

根据福建省统计局、福建省民族与宗教事务厅编《福建省少数民族乡村社会经济统计资料》统计显示,2000 年,全乡有林地面积 41625 亩。2005 年,全乡有林地面积 42000 亩。2010 年,全乡有林地面积 59976 亩。2013 年,全乡有林地面积 59976 亩。

2014 年,坂中畲族乡生态公益林总面积 34055 亩,国家财政共发放补偿基金 45.225 万元。其中林权者补偿金 36.7453 万元,村级监管费 8.4797 万元。

2015—2017 年,相关部门不再统计相关数据。

表 2-20　坂中畲族乡 2014 年各类林地面积统计表

计量单位:亩

统计年份	总面积	林地										疏林地	灌木林地
		林地面积	有林地										
			有林面积	林　分					经济林	竹林			
				计	用材林	薪炭林	防护林	特用林					
1	2	3	4	5	6	7	8	9	10	11	12	13
1988	100245	61953	45895	41013	11440	1612	27656	305	3824	1058	1125	1172
1998	101000	63741	59976	46795	19205	3768	21205	2617	10237	2944		973
2014	100540	66380	62157	51386	15477	1876	31458	2575	7816	2955	3475	

表 2-21　坂中畲族乡 2014 年各类林地面积统计表(续)

计量单位:亩

未成林造林地	苗圃地	林 地									非 林 地		森林覆盖面积%
		无(立木)林地									合计	其中四旁树占地面积	
		计	宜林荒山荒地	采伐迹地	火烧迹地	宜林沙荒地	可封育成林地荒山	林中林缘空地	暂未利用荒山荒地				
14	15	16	17	18	19	20	21	22	23		24	25	26
2219	50	11492	11036	19	5	432					38292		48.10
470	60	2262	663		1492			51	56		37259		60.60
27	23	698		234					464		34159		61.97

表 2-22　民族建制村相关年份林地面积

计量单位:亩

村　名	2000 年	2005 年	2010 年	2014 年
日宅	1600	1700	2920	2920
林岭	2100	1600	2003	2003
亭兜	1630	1430	1880	1880
和安	1400	1200	2763	2763
彭家洋	2300	4000	1694	1694
井口	2100	2100	3711	3711
后门坪	1870	1800	500	500
许洋	1890	1890	3977	3977
大林	1680	1800	1835	1835
仙岩	1790	1778	2164	2164
江家渡	1760	1300	8795	8795

　　注:上表数据摘自福建省统计局、福建省民宗局编相应年份《福建少数民族乡村社会经济统计资料》。

表 2-23　坂中畲族乡相关年份主要林产品产量

计量单位:吨、立方米

年份	林产品采集产量	油桐籽	油茶子	棕片	竹笋干	木材(立方)	毛竹(万根)	茅草	其他木产品(立方米)
1985		67	168	27		57	0.4218		
1990				5	6.2	430	2.135		
1995									
2000			15	12	21	1892	64		1404
2005	100290	58	20	6	56	6925	5	5600	500
2009	16987	15		16	62			16220	565
2012	17750	29			85			16850	786
2014	6967	19			88			6860	
2017	6091				91			19800	

注:上表数据摘自福安市(县)统计局相关年份统计数据。

七、茶　叶

(一)生产环境

坂中畲族乡属高低丘陵地带茶区。海拔约在 20～679 米之间,为交溪水系西溪下游、富春溪上游,山峦起伏,沟谷纵横,除局部花岗岩外,多数为火山岩发育而成红壤和黄壤土。土层深厚肥沃,中等深厚,有机质含量约 1.21％～5.19％,pH 值约 4.9～5.9 之间。年平均气温约 20℃～22℃。10℃的总积温约在 5000～6650℃之间,无霜期可达 280～300 天,年降雨量约 1600～1850 毫米,属温凉丰水区。茶树生长期可达 230～250 天。

(二)生产发展

辖区种植茶叶历史悠久,据考证可追溯到隋唐时期,甚至到东晋时期。

1950 年以前,当地仅栽培"福安菜茶"。栽培地点多为山区梯田。田园内以种植甘薯为主,沿梯田边丛栽茶树为辅。这种老式茶园的篱笆茶,每亩不到 300 株。房前屋后菜地四周也零星种植茶树。茶树管理粗放，茶叶加工为个体手工制作。

1958 年，开始推广新式茶园，提倡条栽、密植，出现村队办场。同年使用人力、水力、木质、铁揉捻机制茶，乡村机械化制茶开始。

1960 年代，部分乡村茶业生产粗具规模。

1970 年代，开始推广"福安大白茶"、福云品系等新品种。

1980 年代初期，茶叶从二类物资改为三类物资，统销统购改为自产自销。茶叶市场发生变化，茶农自主权扩大，乡村纷纷办起茶叶加工。茶叶

图 2-4　畲族茶俗

鲜叶变成商品，大大刺激了个体茶农的市场积极性。乡间种植的主要茶树品种有：福安大白茶、坦洋菜茶、金观音、福云 6 号等优良品种。

根据福安县（市）统计局的统计情况：

1966 年，坂中人民公社年末实有茶园面积 1605 亩（其中当年新植面积 700 亩），本年采摘面积 462 亩，生产量 206 担，收购量 186 担。

1971 年，坂中人民公社实有茶园面积 3017 亩，其中当年新植面积 292 亩，当年采摘面积 2271 亩，总产 603 担，收购量 567 担（金额 7.70 万元）。

1976 年，坂中人民公社实有茶园面积，4515 亩，其中当年新植面积 488 亩，当年采摘面积 2426 亩，产量 1025 担，收购量 1015 担（金额 15.2460 万元）。

1978 年，坂中人民公社实有茶园面积，4685 亩，其中当年新植面积 430 亩，当年采摘面积 2892 亩，生产 1107 担，收购量 1027.15 担（金额 14.6852 万元）。

1980 年代初期，茶叶从二类物资改为三类物资，统销统购改为自产自销。茶叶市场发生变化，茶农自主权扩大，乡村纷纷办起茶叶加工。茶叶鲜叶变成商品，大大刺激了个体茶农的市场积极性。乡间种植的主要茶树品种有：福安大白茶、坦洋菜茶、金观音、福云 6 号等优良品种。

1984—2017 年,据福安县(市)统计局相关年份《福安统计年鉴》数据,全乡相关年份茶叶生产情况如下:

表 2-24 坂中畲族乡相关年份茶叶生产情况

| 年份 | 茶 叶 | | | | 1.红毛茶 | 2.绿毛茶 | 3.乌龙(青)毛茶 |
| | 年末实有面积(亩) | 其中:(亩) | | 产量(吨) | 产量(吨) | 产量(吨) | 产量(吨) |
		当年采摘面积	当年新植				
1984	5011	4511		1102		1102	
1985	4399	4399		1241		1241	
1990	5795	3590	755	104		104	
1995	7678	5920	5	292		292	
2000	7930	7600		500		500	
2005	8300	7650	150	530		525	5
2009	9120	8200	320	556	132	411	13
2012	9400	8200	280	742	258	439	45
2014	9100	8200		570	195	694	176
2017	7407	7122		543	159	341	43

表 2-25 民族建制村相关年份茶园面积与茶叶产量

计量单位:亩、吨

| 村 名 | 2000 年 | | 2005 年 | | 2010 年 | | 2014 年 | |
	茶园面积	茶叶产量	茶园面积	茶叶产量	茶园面积	茶叶产量	茶园面积	茶叶产量
日宅		19	300	16	120	8	120	6
林岭		6	40	2	40	8	140	8
亭兜		6	130	5	330	13	330	13
和安		43	300	30	300	30	710	42
彭家洋		27	500	15	290	23	720	58
井口		12	560	14	560	32	550	41
后门坪		12	120	16	124	20	645	30
许洋		22	370	25	380	31	605	41

续表

村 名	2000 年		2005 年		2010 年		2014 年	
	茶园面积	茶叶产量	茶园面积	茶叶产量	茶园面积	茶叶产量	茶园面积	茶叶产量
大林	13	210	12	220	12	360	10	
仙岩	17	362	18	363	75	440	25	
江家渡	24	320	12	260	20	320	30	

注:上表数据摘自相关年份《福建省少数民族乡村社会经济统计资料》。

八、畜牧业

坂中畲族乡辖区畜牧业生产,涵盖低丘牛猪禽蜂区和中低山役牛羊猪兔区两个区域。精饲料、青饲料和粗饲料资源充足。

辖区畜牧业生产规模的形成始于 1950 年代,以猪、牛、羊为主,以家庭为饲养单位。人民公社化时期,集体饲养牛、猪。人民政府的民族补助款和扶贫基金对畲村牧业生产发展产生直接作用。

根据福安县(市)统计局统计:

1966 年,坂中人民公社有:牛 367 头(水牛),其中能劳役牛 193 头,能繁殖母牛 98 头,仔畜 55 头;生猪总头数 2446 头,其中能繁殖母猪 74 头;山羊 435 头。

1971 年,坂中人民公社有:牛 460 头(水牛),其中能劳役牛 168 头,能繁殖母牛 149 头;猪年末存栏数 3315 头,其中能繁殖母猪 96 头;羊 518 头。

1976 年,坂中公社有:牛 416 头(奶牛 8 头,水牛 408 头),其中能劳役牛 206 头,能繁殖母牛 124 头;猪年末存栏数 2852 头,其中能繁殖母猪 83 头;羊 272 头。

1978 年,康厝公社有:牛 409 头(黄牛 399 头,水牛 10 头),其中能劳役牛 209 头,能繁殖母牛 79 头;猪年末存栏数 2722 头,其中能繁殖母猪 129 头;羊 451 头。

1980 年代后,出现牧业专业户。

1984—2017 年,据福安县(市)统计局相关年份《福安统计年鉴》数据,全乡相关年份畜牧业生产基本情况如下表:

表 2-26　坂中畲族乡相关年份畜牧业生产情况(一)

单位:头、只

年份	猪			牛			
	当年出栏头数	期末存栏头数	能繁殖母畜	当年出栏头数	期末存栏头数	能繁殖母畜	当年生仔畜
1984	2859	3491	115	42	263	83	11
1985	3491	3817	122	14	235	91	11
1990	5340	6735	161	135	411	174	156
1995	7502	9552	270	108	726	196	63
2000	10143	9800	210	46	491	164	56
2005	13200	8000	1100	3	165	55	30
2009	8750	6800	1100		35	13	6
2012	6680	7140	985		35	5	15
2014	7565	3635	420		12		
2017	3257	3646	380		6	2	1

表 2-27　坂中畲族乡相关年份畜牧业生产情况(二)

单位:头、只

年份	牛			羊			家兔(只)	
	黄(肉)牛	奶牛	水(役用)牛	当年出栏头数	期末存栏头数	能繁殖母畜	当年出栏头数	期末存栏头数
1984		21	242	355	281	47		
1985		14	221	116	393	223		
1990		3	408	933	1870	587		50
1995			726	902	5012	765		
2000	106	10	375	1178	2070	315	100	240
2005	59	10	106	1320	2010	150	22	260
2009			35	210	150		149	392
2012		8	27	256	360	81	400	850
2014		3	9	486	340	7	720	550

续表

年份	牛			羊			家兔(只)	
	黄(肉)牛	奶牛	水(役用)牛	当年出栏头数	期末存栏头数	能繁殖母畜	当年出栏头数	期末存栏头数
2017			6	850	680	305	1520	410

表2-28 坂中畲族乡相关年份畜牧业生产情况(三)

单位：头、只

年份	家禽		1.鸡			2.鸭、鹅	
	当年出栏头数	期末存栏头数	当年出栏头数	期末存栏头数	肉产量	当年出栏头数	期末存栏头数
1984	2859	15362					
1985	15362	13567					
1990		33760					
1995	68970	88580					
2000	106142	65024					
2005	37060	34000	8060	12000	`10	29000	22000
2009	33140	27722	10610	7020	15	22530	20702
2012	35682	19626	11072	5800	15	24610	13826
2014	14460	12876	5700	4940	7	8760	7990
2017	8770	11060	4100	5400	6	4670	5660

表2-29 坂中畲族乡相关年份畜牧业生产情况(四)

单位：头、只

年份	2.鸭、鹅	3.禽蛋(吨)			4.其他家禽		
	肉产量	鸡蛋	鸭蛋	其他	当年出栏头数	期末存栏头数	肉产量
1984			400				
1985			62				
1990			55				
1995			96				

续表

| 年份 | 2.鸭、鹅 | 3.禽蛋(吨) | | | 4.其他家禽 | | |
	肉产量	鸡蛋	鸭蛋	其他	当年出栏头数	期末存栏头数	肉产量
2000		110					
2005	35	30	50				
2009	28	56	84				
2012	33	110	107				
2014	14	10	25				
2017	9	18	9				

注:1985 年以前的总量单位为担。

表 2-30　民族建制村相关年份畜牧业情况

计量单位:吨、头

| 村名 | 2000 年 | | | 2005 年 | | | 2010 年 | | | 2014 年 | | |
	禽蛋产量	肉类总产量	肉猪出栏数	禽蛋产量	肉类总产量	肉猪出栏数	禽蛋产量	肉类总产量	肉猪出栏数	禽蛋产量	肉类总产量	肉猪出栏数
日宅	5		600	2	10	406	3	5	70	2	5	50
林岭	6		446	3	12	260	7	14.8	148	2	13	156
亭兜	6		324	2	10	350	2	2	30	2	8	58
和安	3		610	2	22	320	3	14.6	1981	2	179	2528
彭家洋	3		436	1	10	200	2	20	400	2	42	580
井口	4		320	3	28	300	3.5	87	1180	1	47	660
后门坪	3		480	4	30	460	5	39	520	7	42	500
许洋	4		480	6	43	460	8	36	500	12	25	287
大林	3		480	3	20	260	2	25	540	2	31	412
仙岩	3		138	3	16	200	1	2	40	2	16	230
江家渡	5.8		490	4	23	180	4	20	160	1	19	250

注:上表数据摘自相关年份《福建省少数民族乡村社会经济统计资料》。

第二节 工业经济

坂中畲族乡工业起步较晚，1970 年代前，基本上只从事农业生产，乡村企业主要是一些零星的由"四匠"（竹、木、铁、泥）组合的小规模手工业和建筑业，且尚未脱离农业成为独立的生产部门。他们大多以农业生产为主要职业，农闲时兼营手工业生产（当时称为副业）。主要的手工业种类有编制棕衣、裁缝衣服、剃头理发、木工雕刻、泥水建筑、打铁、竹编等等。畲乡多竹，竹编工匠也应运而生，竹编产品多为农家生产用具，如篮、笏、筛、筲、垫、箩等，也有绑竹床、竹椅等生活用品，井口村、后门坪村竹编就久负盛名。木工也是坂中畲族乡传统手工业的一大特色。木工有"细木"与"大木"之分，"细木"即家具木匠，以打家具为主；"大木"俗称"起厝"，即修建传统木构房屋。坂中畲族乡冠岭村、和安村的"大木"工匠就远近闻名。清末至民国时期，冠岭村曾先后出现 18 个"大木"大师傅，即能带领一班普通工匠独立"起厝"的"师傅头"，号称"冠岭十八斧"。和安村现今尚有诸多"大木"工匠从事祠堂、庙宇等传统建筑物的建筑。此外还有村民农闲时从事泥水建筑业，较为出名的有仙岩、和安等村。

稍具规模的乡镇企业，在 1970 年代以后才逐渐发展起来，直至 1990 年代初，乡村企业基本形成乡办、村办的集体企业为主体，多种成分，多种形式共同发展的格局，也初步形成以工业为主体，工、农、建、运、商等多行业发展的局面，乡村企业的劳动力已完成了由农业企业向工业企业的转移。

1990 年经济成分构成及劳动力就业情况，见下表：

表 2-31 坂中畲族乡乡村企业经济成分构成表

企业经济成分	乡办企业	村办企业	联户企业	个体企业	合计
企业单位数（个）	15	3	19	65	109
企业就业人数（个）	366	316	374	253	1309
企业产值（万元）	681	264	407	244	1596

1990 年坂中畲族乡乡村企业产业构成及劳动力就业情况如下表：

表 2-32　坂中畲族乡乡村企业产业构成表

企业产业构成	农业企业	工业企业	建筑企业	交通运输企业	商业饮食企业	合计
企业数(个)	1	87	1	5	15	109
企业就业人数(个)	7	1008	100	33	161	1309
企业收入(万元)	2	1016	102	61	140	1321

1990 年代初期,坂中畲族乡乡村企业的职工队伍文化素质相对低下,职工队伍以初中文化程度以下的工人为主要成分,有专业技术职称的管理人员少,专业技术工人也不多。以 1990 年为例,企业职工队伍文化素质构成,大专以上文化程度的仅为 3 人,占职工总数的 0.23%;初中以下(含初中)文化程度的 1099 人,占职工总数的 84%。

企业职工在男女性别上,20 世纪 80 年代以前以男性职工为主,特别是传统的农业企业、建筑企业、交通运输企业中尤显突出。20 世纪 80 年代中后期,随着电机、电子、食品、工艺美术等企业的兴起,吸收了大量的女性职工,女性职工队伍不断增大。到 20 世纪 90 年代初期,女性职工在乡村企业中几乎占据企业职工的一半。1990 年坂中畲族乡乡村企业职工文化素质、性别构成,见下表:

表 2-33　坂中畲族乡企业职工文化素质、性别构成表

企业职工文化程度	人数	比例(%)	企业职工性别构成	人数	比例(%)
大专以上	3	0.23	男	685	52.3
高中	207	15.8	女	624	47.7
初中	305	23.3			
初中以下	794	60.6			

表 2-34　坂中畲族乡企业产品投向构成情况表

企业产品投向	单位数(个)	从业人数	产品生产总值(万元)
产品出口企业	4	120	89
国内市场企业	105	1197	1507

　　乡村企业产品主要投向国内市场，但已经有了"外向型"企业，并具有一定规模的创汇能力。1990 年企业产品投向构成情况如上表。

　　2015 年，全乡乡村企业个数 426 家，总产值 363628 万元，净利润总额9388 万元，实缴税金总额 10900 万元。其中工业企业有 289 家，工业企业总产值 354153 万元，工业企业从业人数 6780 人，高级技术人员 12 人，高、初中文化程度从业人员已是企业职工队伍的主要组成部分。工业企业门类主要涉及电机电器、铸造、食品加工、茶业等等。1983 年至 2015 年坂中畲族乡乡村企业发展情况如下表：

表 2-35　坂中畲族乡乡村企业发展情况表

年度	企业个数	工业企业个数	企业从业人数	工业企业从业人数	企业高级技术人员	企业产值（万元）	企业利润（万元）	企业税金（万元）	企业出口产值（万元）
1983	10		605			127.1	15.95	2.52	1.5
1985	25		714			324.1	40.38	14.82	
1986	25		1053			425.1	43.30	20.60	1.8
1987	49		1627			404	60	28	2
1988	53		1557			716	69	36	9
1989	155		1508			1100	101	49	43
1990	109		1309			1596	104	62	89
1994			1459	532					
2000	366		4429			85057			
2005	410	134	6601	5474	2	132815	5130	4095	
2010	475	188	7442	6000	12	341184	10235	9894	
2012	480	202	8036	7096	12	533574	13343	16007	
2013	470	310	8116	7020	12	600138	14677	17927	
2014	465	302	8012	6987	12	530124	13687	15920	
2015	426	289	7736	6780	12	363628	9388	10900	

(一)规模以上工业企业

2000年后,工业企业向规模化发展。2010年,坂中畲族乡规模以上工业企业有32家,年营业收入290353万元。至2016年,有32家年营业收入196817.784万元。主要为电机电器业,也有部分铸造业、茶业等。

2010年至2014年,规模化工业企业发展出现一个新高潮,2014年以后有所收缩。企业更替比较频繁,以2010年至2014年为例,2010年规上企业有32家,2014年增至40家。但2010年的企业到2014年消失12家,占30%以上,2011年到2014年又新增19家。

2010年至2016年坂中畲族乡规模以上工业企业发展情况见下表:

表2-36 坂中畲族乡2010—2017年规上工业企业发展情况表

年度	企业个数	年营业收入(万元)	比增(%)	备注
2010	32	290353		
2011		415677.5	43.16	
2012	29	455502.5	9.58	
2013	35	534221.083	17.28	
2014	40	459264.442	—14.03	
2015	41	297106.999	—35.3	停产11家,倒闭2家
2016	32	196817.784	—33.75	停产3家,倒闭2家,脱壳6家,外迁1家

2010年,坂中畲族乡规模以上工业企业有福安市精艺电机有限公司、闽东兴鑫亚电机有限公司、星尔电器有限公司、福建闽东德丰电机有限公司、福建省福安市华微电机有限公司、福建福安东大电机有限公司、福建万达电机有限公司、福安市永业电机设备有限公司、福安市新光电机有限公司、闽东天宜电器有限公司、福安市环球电机有限公司、福安市多元电机有限公司、福安市理想电器厂、福安市三叶电机有限公司、福安市雄风电机有限公司、福安市闽东革新电机有限公司、闽东凯发电机有限公司、福安市东升电机有限公司、福安市达丰电气有限公司、福安市佳利达电工器材有限公司、福建一华电机有限公司、神洲(福建)电机有限公司、长水铸造、福安市同泰电气机械有限公司、福建隆源金属制品有限公司、同济机电有限公司、鑫

港电机有限公司、升明电机有限公司、鸿达电机有限公司、锐箭电气有限公司、茗春香茶厂、满园春茶叶有限公司等。

2017年，坂中畲族乡规模以上工业企业有福建闽东德丰电机有限公司、福安市森威机电有限公司（该年停产）、福安市来恩电机有限公司、福安市同济机电设备有限公司、福建福凯电气机械有限公司、福建天乙电机有限公司、福安市闽东一华电机有限公司、福建省宏港发电机有限公司、福安市新光电机有限公司、闽东凯发电机有限公司（该年停产）、福安市远东铸业有限公司、神洲（福建）电机有限公司、福安市神威机电有限公司、福安市精艺电机有限公司、福安市万里电机有限公司、福安市万达电机有限公司、安特洛（福安市）电机有限公司、福安市茗春馨香茶叶有限公司、福安市津怿电机有限公司、福安市安扬电机有限公司。

（二）闽东电机电器工业区

闽东电机电器工业区，1992年建立。在坂中畲族乡兴达路两侧，东至富春大道，西至闽东卫校、湖口村，北至满春街，南至湖口新村，占地面积近250亩。

1992年，中共福安市委、福安市人民政府认真贯彻中共中央1992年2号文件精神，进一步深化改革，促进福安市乡镇企业及电机电器行业的发展，推进福安市工业立市的进程，决定在坂中畲族乡建立"闽东电机电器工业区"。

5月11日，福安市人民政府召开关于建设闽东电机电器工业区第一次专题办公会议。会议决定：闽东电机电器工业区选址定坂中桥西、福穆公路（满春街）下侧。第一期投资对象安排乡镇企业，其他系统企业若条件符合，也可酌情安排。

6月11日，闽东电机电器工业区建设正式开工。

1992年，闽东电机电器工业区完成第一期征地122.137亩（其中道路建设面积42.46亩），入住企业36家。

1994年，闽东电机电器工业区完成征地72.64亩（其中路网用地9.6亩），入住企业25家，工业区内产值1.5亿元。

表 2-37　闽东电机电器工业区第一期入住企业名单

序号	企业名称	负责人	用地面积（亩）	序号	企业名称	负责人	用地面积（亩）
1	福安市益民电器厂	刘成容	1	19	福安市微型控制电机厂	池甘铃	2
2	福安市电器机电厂	郑石如	1	20	福安市华松电泵厂	林殷	2
3	福安市百花电机配电厂	林荣	1	21	福安市坂中彩印厂	林国强	2
4	福安市振兴电机厂	林长青	1	22	闽东电机配件厂	郭嫩妹	2
5	福安市坂中冲件厂	阮青仔	1	23	福安市电器制造厂	刘成华	2
6	福安市康华电子仪器厂	陈慕春	1	24	福安市铸造材料采购供应站	薛细容	2
7	福安市闽达电机厂	王瑞其	1	25	福安市通用机械厂	缪剑亮	2
8	福安市汽车电机配件厂	郭安	1.5	26	福安市福兴塑料工艺厂	丁强	2
9	福安市建材站电机厂	缪增贵	1.5	27	福安市汽车电器厂	杨学明	2.6
10	福安市闽东亚南电机厂	林宁华	1.5	28	福安市闽丰电器厂	黄玉珍	2.6
11	福安市实验电机厂	施松铃	1.5	29	福安市闽韩压铸厂	李毓松	2.6
12	福安市三格电机厂	林泽雄	1.5	30	福安市中达机电厂	张东浩	2.7
13	福安市闽东潜水泵厂	蔡祖荣	1.5	31	福安市智通电机厂	夏宝金	3
14	福安市闽丰冲压厂	王玉弟	1.86	32	福安市闽威电机厂	陈增兴	3.5
15	福安市东风电机厂	王泽清	2	33	福安市五金电器厂	李绍飞	3.5
16	福安市福穆电器厂	吴振参	2	34	福安市康复医疗仪器厂	林彬	4
17	福安市利民电器厂	王之瑞	2	35	福安市闽微电机厂	宋希文	4

续表

序号	企业名称	负责人	用地面积(亩)	序号	企业名称	负责人	用地面积(亩)
18	福安市兴隆机电厂	叶宏平	2	36	福安市闽通电机厂	林友文	5

表 2-38　闽东电机电器工业区第二期入住企业名单

序号	企业名称	用地面积(平方米)	总投资(万元)	编号	企业名称	用地面积(平方米)	总投资(万元)
1	福安市佳尔微电机厂	600	60	14	坂中湖口电器配件厂	1000	20
2	福安市闽微电机厂	300	50	15	华东电机厂	1800	60
3	闽东双达电机配件厂	200	15	16	闽通电机厂	1000	20
4	东门电机厂	350	40	17	福安市电机电器配件厂	1000	30
5	子荣电机厂	400	30	18	兴湖电机厂	600	12
6	闽东电机配件厂	300	35	19	福安市安盛电机厂	2000	50
7	光大电机厂	600	36	20	华光电机厂	500	16
8	长城电机厂	3000	120	21	红星配件厂	1100	30
9	福安市机电厂	400	30	22	金山电机厂	600	20
10	三相电机厂	500	30	23	华达电机厂	700	30
11	闽东电力电器厂	3000	300	24	顺兴电器配件厂	600	30
12	顺发电机有限公司	500	16	25	闽东安波电机有限公司	8000	50
13	信平海绵厂	600	30				

1995年,中共福安市委、福安市人民政府出台《关于促进闽东电机电器

工业区发展的若干规定(征求意见)》,规定对工业区实行更优惠的政策倾斜。

1.土地方面

(1)土地实行限价。第三期征地含培苗按 2.4 万元/亩标准,税费每亩1.5 万元包干上交市财政后,除耕地占用税外,剩余部分由财政按比例返还有关部门。

(2)凡到工业区投资者,可根据需要一次性取得土地使用权。征地及项目审批手续,有关部门要采取灵活变通办法联合办理。

(3)免交城市建设配套费,暂不收水、电增容费。

2.引进人才

(1)凡到工业区办厂的厂长(经理)及企业主要人员,由工业区出具证明,报公安、粮食部门办理农转非手续。

(2)对国家机关富余人员、科研单位专业人员及其他人才到工业区内企业工作的,其组织、人事关系允许转到人才交流中心,具体手续由人事局办理。

3.服务项目

(1)凡到工业区内兴办电机电器业的区内外、省内外企业,只要具备开工条件的,可先登记,其他手续随后逐步办理。

(2)积极鼓励发展股份制企业,促成全民、集体、私营、个体、三资企业共同参股,联合经营。

(3)计委、建委、税务、工商、审计、公安、土地、环保、消防、金融等部门及坂中乡、村都要把支持工业区发展当着解放思想、更新观念的重要举措,一路绿灯。在市计委立项、年度计划、土地报批、权证发放及财务审计等方面,进一步简化手续,放松放宽,先办后理,减少收费,特事特办,促进工业区的快速发展。

至 1995 年,闽东电机电器工业区一、二两期共引入企业 70 多家,投资近亿元,涉及电机、医疗器械、金属铸造、印刷装潢、建筑建材等等多个种类。区内涌现一批骨干企业,年产值超千万的有 7 家,超 500 万的有 8 家,其余投产的年产值均在百万以上,形成一个包括铸造、模具、注塑、包装、金属加工等专业化协作网络。双龙集团、闽东福星机电有限公司、闽东安波电器有限公司、大地电机厂、亚南电机厂、长城电机厂等企业已经成为福安市电机电器行业的排头兵。1994 年,大地电机厂、亚南电机厂、长城电机厂三家被

105

评为福建省乡镇企业出口创汇大户。出现一批科技技术含量高的名牌产品,ST系列单相发电机三度荣获国家金质奖,QD26、QD27型起动机等10多项新产品获部优、省优称号,并获得创新奖。20余项新、优产品属国内或省内首创,填补了福建省,甚至全国空白。涌现不少的科技人才,一些专业技术人员,与上海交通大学、浙江大学、福州大学等大专院校等科研单位建立了技术协作网络,成为科技攻关会战、开发名优特产品的主力军。5月7日,福建省科委主任吴诚考察闽东电机电器工业区后,对这里民营企业生产的高科技电机电器产品给予高度的评价。

工业区的创办,促进畲乡干部、群众思想观念的转变,人们商品意识大大增强,全乡20多个建制村都办起了工厂或公司,实现农村剩余劳动力的转移,全乡向第二、三产业转移的人口占总人口的20%以上。同时,由于投资软环境的改善,吸引更多外商、侨商来坂中投资办企业,进一步扩大畲乡经济总量。1994年,坂中畲族乡工农业总产值达2.12亿元,其中工业产值1.82亿元,被中共福建省委、福建省政府评为"明星乡镇"。

1996年,完成第三期征地54.8亩,入驻企业有华威、德丰、万达电机等10多家。

闽东电机电器工业区在发展的过程中,也有部分企业因更大的生产发展需要,迁出工业区。工业区在高峰时期达80多家企业。

第三节　商贸经济

坂中畲族乡毗邻福安城区,历来商贸比较发达,较为著名的街市有坂中街、松潭街等。尤其是松潭街,紧挨富春溪,水陆并进,南北通达。陆路:从韩阳坂(福安城区)出发,经岩湖坂,过渡到达松潭,再经长汀、南岸、龟龄、填头、社口等,通往寿宁、周宁等地;水路:凭借富春溪,上接上白石沙坑、寿宁斜滩,下连赛岐、黄岐港。水陆两道在此纵横交错,因此在古时候它也成为福安境内水陆交通的交结点之一。

旧时,闽东北交通闭塞,货运主要依靠肩挑、水运。周宁、寿宁以及福安部分腹地乡民的"山货"先"肩挑"到松潭,或经岩湖坂继续挑往韩阳市交易,或利用富春溪杨帆赛岐,再转运到福州、温州、宁波、上海;福州、温州、宁波、上海等地的工业品以及沿海地区的食盐、海货,也通过松潭转达广大山区。松潭街的商贸业也由此应运而生,使之成为福安古代的小集市,与松罗、龟龄、茜洋等集市遥相呼应。松潭街上茶肆酒楼、医馆药店、染布裁缝、南北干货等应有尽有。整个街市沿溪而建,依山一侧为商店铺面,临溪一面为风雨亭,供挑夫、商旅歇脚之用,建筑错落有致,一条石砌台阶蜿蜒而下,直达溪边码头。至今古迹犹存,仿佛在向人们诉说这里昔日的繁华。

民国时期,坂中、熙台、松潭、长汀等村落就有以经营生猪屠宰、烟酒业、油盐酱醋等生活用品为主的商铺。据民国二十七年(1938年)福安全县商号调查资料显示,当时较著名的商号有李晋记、薛仁记、英记、朱谦和、法成、书盛等等(《福安市商业志》,福安市商业志编纂委员会,1990)。其时商贸特点主要是经营方式分散,半农半商,亦农亦商,自产自销居多。经营范围主要是以人们生活需求为主。

中华人民共和国成立之后,坂中的商贸发展情况与全国各地一样,经历了曲折的发展过程。1950年到1952年,是国民经济恢复时期,商贸业有较大的发展,年销售额逐年稳步上升。1953年至1957年,第一个五年计划时期,全县有12家国营公司,1个供销合作总社,14个基层供销社,坂中占一个。这一阶段,物资充沛,市场繁荣,特别是工业品较多,供过于求。1958年至1962年,第二个五年计划时期,国家实行人民公社化,政企合一,各国营公司撤销,与供销社并入商业局,基本上形成县城商业网点以国营为主,乡镇以供销社为主的格局。由于过分强调国营和集体化商业,影响了商业的进一步发展。1960年至1962年,三年困难时期,物资奇缺,市场冷落。1963年至1965年,国民经济调整时期,国民经济得到较快的恢复和发展。1966年至1976年,生产力遭受严重的破坏,经济出现倒退。1976年至1980年,第五个五年计划时期,中共中央十一届三中全会召开后,制定了一系列方针政策,把全党的工作中心转移到经济建设上来,大大促进了经济发展。

1980年后,多种经济成分的商业,如生产大队(村)、工厂(企业)和个体经商者开办的商店大批涌现,主要集中在乡政府驻地,也遍及全乡各建制村和自然村。特别是20世纪90年代,坂中电机电器工业区的建立、福穆公路和坂中大桥的修通、职业中专的落成搬迁等,坂中逐渐步入城市化建设的进程,成为福安市城区不可分割的组成部分。坂中畲族乡政府所在地除了历史悠久的松潭街、坂中街外,又先后建设形成满春街、龙泉街、兴达路(街)、职专路(街)等。

一、街 市

（一）松潭街

位于富春溪西岸，具体形成时间不详，相传有松潭村就有松潭街，也有人说先有松潭街，后才有松潭村。松潭作为地名，最早见于南宋淳熙九年（1182年）梁克家编撰的《淳熙三山志》，又名船潭，可见在宋代以前就有松潭。松潭街依山傍水，紧临富春溪，街道依山而建，前为铺面，后为住所。临溪一面建为风雨亭，供商旅、挑夫歇脚之用。风雨亭下是码头，码头与街市之间有石阶通道相连。古时候这里是交通要道，福安通往寿宁、泰顺及柘荣的水路必经此处。福安城区经岩湖坂通往社口、寿宁、周宁部分腹地的陆路途经此地，松潭街市应运而生。这里往来舟车不断，商贾云集，有茶坊、酒肆、肉铺、糖糕饼店，有医馆、杂货铺等等。商店中绫罗绸缎、油盐酱醋、香烛纸马等行业应有尽有，铺面招牌旗帜，迎风招展，街市行人，摩肩接踵，川流不息，一片繁荣景象。

松潭街一直延续到20世纪80年代，坂岭（坂中至岭头）公路修通后，交通格局变化，松潭街才渐渐淡出历史舞台。如今这里仍保留有一条清朝、民国时期的古商业街道，繁荣虽已不复，旧貌依然存在。

（二）坂中街

位于坂中村中心位置，南北走向，分新旧街两段。新街宽约10米，长约400余米，1991年依旧街拓宽改造而成。旧街宽3至5米，长约400余米，保存原街状貌。坂中街也是历史老街，现有商铺66家（工商管理，市场监督部门注册登记）。经营范围有食品、粮油、医药、服装、百货、通信器材、化妆品、金银首饰等生活用品类，餐饮服务，保健、养生、美容、纹绣、美甲服务，推拿、按摩服务，保健咨询，通信设备维修，摩托车、助动自行车及其配件销售、维修，制冷设备安装、维修服务等生活服务类。文具用品、图书销售，教育信息咨询，教育产品开发、交流、推广等文化教育类；货物仓储，道路普通货物运输，汽车零配件、润滑油等生产服务类。广告设计、制作、发布，广告材料销售，品牌推广、标识设计，市场营销策划，商务信息咨询服务，市场调研、产品推广服务，电子商务咨询服务，网上贸易代理等商业服务类。

(三)职专路(街)

位于坂中村西面,起于满春街,止于职业中专公交车站。南北走向,宽18米,长600余米,形成于20世纪80年代中后期。现在工商管理市场监督部门注册登记的商铺有103家。经营范围有日用品、食品、粮食、服装,餐饮服务,花卉批发兼零售,农产品初加工、销售,化肥、饲料、种子、农业机械设备批发、零售,体育用品零售,场地出租,图书、报刊、电子出版物、音像制品零售,通信设备、电子产品销售,代办移动通信业务,装饰、装修材料零售,钢材销售,家用电器、摩托车、助动自行车维修,摩托车配件销售,电机配件加工、销售,畲族文化艺术传播、交流,美容咨询服务,美容美发服务,广告制作、发布、景观规划设计、包装设计制作、平面设计制作等。

(四)满春街

起于坂中桥头(坂中方向),止于"中石油"加油站。东西走向,宽24米,长1000来米,形成于20世纪90年代初,是坂中规模最大,最繁华的街市。现在工商管理市场监督部门注册登记的商铺346家(含电子商务),主要经营范围有食品、卷烟、家用电器等日用品,食用农产品批发兼零售,食品加工及销售,眼镜销售、验光配镜,手机维修及其配件零售和代办移动通信业务,代办邮政业务,金、银首饰销售,化肥、饲料、种子、农药、农业机械等农业生产资料,五金交电、水暖等建筑材料,照相摄影服务及摄影器材销售,电机、电器及其配件制造销售,汽车租赁、汽车美容、汽车配件及润滑油零售,助动自行车修理,摩托车修理,餐饮服务,广告设计制作,美发、美甲服务,瘦身、健身服务,推拿、按摩服务,美发用品零售,图书、报纸、期刊、电子出版物、音像制品零售,家政服务,服装干洗服务,道路普通货物运输,商务信息咨询等。

(五)兴达路(街)

在闽东电机电器工业区,起于满春街,止于湖口新村。南北走向,形成于20世纪90年代,闽东电机电器工业区建成之后。该街市现有商铺155家(以工商管理部门注册登记为准),除一些饮食、食品、日用品商店外,主要是部分企业设置的经营部,电子商务(网店)等。经营范围有日用品销售,药材零售,饮食、住宿服务,家用电器维修及安装等生活用品、生活服务类。更主要的是电机电器原材料供应，电机配件加工及销售，电子产品供应及销售。汽车维修、零配件零售、汽车租赁服务、汽车美容服务，钢材、水泥等建材批发销售，室内装修服务，农产品初加工，农业机械及配件批发、零售，商务信息咨询服务与互联网信息服务。广告制作服务与产品推广宣传服务，网站设计与开发等生产原料供应，生产、贸易信息服务。

（六）龙泉街

位于坂中村中部，起于坂中街，止于森林路。东西走向，宽 12 米，长 200 米，形成于 20 世纪 90 年代中期。现有商铺 43 家（以工商管理部门注册登记为准，含电子商务），经营范围以生活用品、生活服务为主，也有部分商店经营装修、装饰建筑材料，汽车配件、包装材料等生产资料。

二、商　铺

至 2017 年，坂中畲族乡在工商（市场监督）行政管理部门登记注册的商铺（含电子商务网店、部分企业设置的经营部）有 1207 家，总注册资金达 8813.1 万元，覆盖全乡 20 个建制村，1 个工业区，1 个社区，2 个居委会，覆盖率为百分之百。

营业范围涉及食品、蔬菜、水产品、水果、糖烟酒、粮食、家具、家用电器，家用保健电器、服装、鞋帽，化妆品、金银首饰，医药，小百货等生活用品；茶叶、蔗糖等农业产品加工与销售，五金交电、水暖零件、装修材料、钢材水泥等建筑材料采购与销售，装修装潢设计与制作，小工程承揽与实施等。化肥、农药、饲料、塑料地膜、农作物种子、农业机械等农业生产资料，机电配件加工与销售，模具加工，机电产品原材料采购与销售，电子产品配件、原材料采购与销售等工业生产资料。文化用品，体育用品，教育用品，音像制品，计算机、计算机办公软件、耗材等文化用品。餐饮小食、宾馆住宿、美容美发、推拿按摩、保健足浴、武术舞蹈培训，乒乓球、羽毛球指导培训、场馆出租，美容美体咨询服务，健康信息咨询，旅游咨询、策划，为老人提供照料、养护服务，家政服务等服务与设施。通信器材销售与维修，通信设备安装与维修，通信业务代理，汽车美容与维修、摩托车、自动车维修与零配件销售，农业机械维修与配件销售。文化活动传媒策划，广告设计制作，商务信息咨询，电子商务咨询，网络技术咨询服务，网站建设，计算机维修，应用软件服务，电脑网页制作，画册、商标设计。非生产性废品收购，道路普通货物运输，货物运输中介服务等 50 多个方面。

营销范围从一般生活需求拓展到更高级生活需求服务,从生活需要拓展到工农业生产需要,从生活、生产需求拓展到商业信息咨询与服务。营销模式从传统的实体店拓展到互联网网络营销模式,不但为当地人们生活服务,为当地工农业生产服务,也将当地特产推向全国各地。

各村商铺情况见表 2-39。

表 2-39　坂中畲族乡商铺分布情况表

地名	个数 (家)	注册资金 (万元)	经营范围
南岸	8	18.5	卷烟、食品、化妆品等日用商品;电费代缴服务、理发服务等
仙源里	12	53	卷烟、食品、家电等日用品;饲料、种子等生产资料,电子产品、电子元件、机动车配件等批发零售;代缴电费
长汀	23	163.6	日用品、家具、建材、办公品、体育用品、文化用品、教育用品、电机、电子产品、农产品、保健电器具、机动车配件;推拿、足浴、美容服务等
后门坪	6	13.5	日用品,家用电器、家用保健电器具、电机及其配件,建筑材料;家电维修,代缴电费
汤洋	7	37	日用品、电子产品、通信设备,道路普通货物运输,电子商务咨询,健康信息咨询
许洋	6	20	食品、日用品、办公用品,道路普通货物运输,文化活动传媒策划、广告设计制作、商务信息咨询
坑下	51	223.5	服装、化妆品、家电等日用商品销售,糕点、饼干加工销售,金属材料、建筑材料销售,网络技术咨询服务、网站建设、计算机维修、应用软件服务、电脑网页、画册、商标设计,电机配件、汽车配件、汽车用品,工程机械设备维修、租赁及其配件销售,化肥、农药、饲料、种子等农业生产资料批发、零售
井口	7	39	食品、文具、体育用品、办公用品、日用品,道路普通货物运输,代缴电费服务等
冠岭	1	2	水果等零售

续表

地名	个数（家）	注册资金（万元）	经营范围
大林	4	35	电子产品、家用电器、家用保健电器具，体育用品、美术工艺品、办公用品、日用品等
仙岩	9	25.2	日用品零售，道路普通货物运输，代缴电费；电子产品研发、销售，模具加工、销售等
彭家洋	4	46	食品、日用品零售，化肥、地膜等生产用品销售，非生产性废品回收
湖口	37	678	食杂、日用品、电子产品、家用电器等生活用品，金属材料、建筑材料、化肥等生产资料，饮食服务；道路普通货物运输，建筑工程，装饰工程等
铜岩	15	104.55	卷烟、食品、服装、五金、家电等日用品；农机、饲料、种子等生产用品，商务信息咨询；非生产性废旧金属回收
亭兜	41	314.5	食品、日用商品，办公用品；农业机械，旅游活动策划及旅游设备销售、导游服务；餐饮服务，健康咨询服务，推拿服务；美容咨询服务，为老人提供照料、养护服务，普通货物运输，美术工艺品、建材、装饰装修材料，建筑装饰工程设计及施工等
日宅	3	2.5	日用品、办公用品、监控器材，商务代理代办、商务信息咨询，平面设计，投资咨询，代缴电费等
江家渡	19	18.6	食品、日用品等生活用品，塑料机械设备，农产品初加工，文化艺术活动策划、传播，摄影摄像服务，广告设计、制作、代理，道路普通货物运输，非生产性废旧金属回收、销售，家用电器维修、办公设备维修，散冰制造销售（保鲜专用），餐饮、住宿服务
和安	17	132.8	日用品销售，饮食服务，电机配件、电子产品批发零售，建材、装饰材料零售，道路运输服务等
廉岭	10	44	烟草、食品、家用电器等日用品，不锈钢加工及建材商品，电器维修，电子商务咨询，普通货物运输，代缴电费服务等

续表

地名	个数（家）	注册资金（万元）	经营范围
松潭	34	297.3	卷烟、食品、皮具、家电等日用品营销,糕点、面包加工、销售,床垫加工、零售,化肥、种子、饲料、农业机械及配件等农业生产资料,石板材、不锈钢、铝合金门窗、玻璃加工等建筑材料,汽车、摩托车维修,工艺品加工、销售,乒乓球羽毛球室内场馆服务、体育项目组织服务、体育用品销售,网络技术服务、计算机软件设计、制作、广告发布
满春社区	85	783.9	卷烟、食品、五金交电等日用品,种子、化肥、地膜、农业机械,柴油机销售,钢材加工、木制品加工、建筑材料,家用电器维修、电机、电机配件、汽车零配件、家用保健电器具、电子产品、数码产品,电焊、气焊服务,餐饮服务,宠物用品,油画创作、漫画制作、工艺美术品,道路货物运输等
坂中	237	1341	食品、粮油、服装、塑料制品包装材料等日用品,书籍销售,中草药销售,金银首饰零售,面制品加工、销售,摩托车、助动自行车及其配件销售、维修,农产品初加工,食用农产品销售,制冷设备安装、维修服务,货物仓储,锁具、修锁,通信设备维修及零配件、受托从事电信代营、代维业务,电子产品,教育信息咨询,教育文化交流、策划,教育成果推广,教育产品开发,乐器及配件销售,文具用品、图书零售,道路普通货物运输,陶瓷制品、美术工艺品、饰品、门、窗、装修、装饰材料,汽车零配件、润滑油、饰品批发兼零售,广告材料批发兼零售,打字、复印服务,广告设计、制作、发布、品牌推广、标识设计、广告材料批发兼零售,蛋糕加工、小吃服务,推拿、按摩服务,餐饮服务,保健、养生、美容、纹绣、美甲服务,健康咨询服务,市场营销策划,商务信息咨询服务,市场调研、产品推广服务,婚丧用品出租,电子商务咨询服务,网上贸易代理等
工业区兴达路	155	1451.4	日用品销售,药材零售,饮食、住宿服务,家用电器维修及安装,电机原材料、电机配件加工及销售,电子产品、通信设备零售,汽车维修、零配件零售、汽车租赁服务、汽车美容服务,钢材、水泥等建材批发销售,室内装修服务,农产品初加工,农业机械及配件批发、零售,商务信息咨询服务,广告制作服务,美容美发用品批发,互联网信息服务,电子商务信息咨询服务,产品推广宣传服务,网站设计与开发,书画创作,美术文化艺术交流,舞蹈健身服务等

续表

地名	个数（家）	注册资金（万元）	经营范围
职专路	103	756.6	日用品、食品、粮食销售,餐饮服务,花卉批发兼零售,农产品初加工、销售,化肥、饲料、种子、农业机械设备批发、零售,体育用品零售,场地出租,图书、报刊、电子出版物、音像制品零售,通信设备、电子产品销售,代办移动通信业务,装饰、装修材料零售,钢材销售,家用电器、摩托车、助动自行车维修,摩托车配件销售,电机配件加工、销售,畲族文化艺术传播、交流,美容咨询服务,美容美发服务,广告制作、发布、景观规划设计、包装设计制作、平面设计制作等
满春街	346	2211.7	食品、卷烟、家用电器等日用品,茶叶销售,食用农产品批发兼零售,食品加工及销售,眼镜销售、验光配镜,手机维修及其配件零售与代办移动通信业务,代办邮政业务,金、银首饰销售,化肥、饲料、种子、农药、农业机械等农业生产资料,五金交电、水暖等建筑材料,照相摄影服务及摄影器材销售,电机、电器及其配件制造销售,汽车租赁、汽车美容、汽车配件及润滑油零售,助动自行车修理,摩托车修理,餐饮服务,广告设计制作,美发、美甲服务,瘦身、健身服务,推拿、按摩服务,美发用品零售,图书、报纸、期刊、电子出版物、音像制品零售,家政服务,服装干洗服务,道路普通货物运输,商务信息咨询

第三章

教育与卫生

坂中畲族乡的教育包括学前幼儿教育、初等教育、中等教育、特殊教育、职业技术教育等。畲族的传统文化教育均贯穿于以上教育过程。如幼儿教育有"畲趣自然"、"畲趣体育"、"畲趣体验",初等教育有畲族文化传承与保护,中等教育有畲族"春蕾班"、"春苗班",特殊教育有畲族银雕技艺等。

第一节　学前教育

坂中畲族乡的幼儿教育起步于 1960 年代。1959 年秋,中共福安县委号召在农村发展幼儿教育事业。次年春,中共福安县委发出"生产队,队队都办幼儿园"的号召。在这样的背景下,坂中畲族乡辖区内各主要行政村才陆续办附设幼儿班。但是这批一哄而起的幼儿园(班),一无合格师资,二无教学设备,三无场所,只由小学教师、农村妇女在较宽敞的民房内,集中幼儿加以看护而已。1961 年春,因粮食困难,农村生产队办的幼儿园(班)就基本解体。

1970 年春,福安县革委会再度抓幼儿教育事业。坂中畲族乡的幼儿教育事业有了一定的恢复。中共十一届三中全会后,福安县教育局加强对幼儿教育的领导,坂中学区把幼儿教育列入工作计划,幼儿教育开始走上正常发展的轨道。1976 年秋,坂中中心小学创办附属中心幼儿园。1980 年前后,坂中辖区内各完全小学相继办起附设幼儿班、学前班。

1986 年 1 月,国家教委下达《关于进一步办好幼儿学前班的意见》的通知,在端正办学指导思想、教育活动要求、加强学前班教师培训、努力改善办班条件、加强领导和管理等五个方面都做了具体指示。同年 6 月,福建省教育厅下达《关于搞好当前幼儿教育工作的几点意见》,在"切实加强对幼儿教育的领导和管理、全面规划,积极地有计划地发展幼儿教育事业、采取有效措施，建设一支合格、稳定的幼儿教师队伍、认真贯彻国家教育方针，不断提高保教质量、努力改善办园条件，把幼儿园办成幼儿的乐园、加强幼儿教育科研工作"等方面做了详细安排。坂中学区及时学习、贯彻这两个文件精神，这大大促进了幼儿教育质量的提高。

表 3-1　坂中畲族乡中心幼儿园(1991—2015)教育情况表

单位：个

年份	班级数	学生数	教师数	毕业人数
1991	3	108	7	38
1995	6	175	13	82
2000	6	191	13	96
2005	6	194	17	98
2010	6	236	18	106
2015	12	524	23	199

表 3-2　坂中畲族乡(1986—2015)幼儿教育情况表

单位：个

学年	班数	入园幼儿	离园幼儿	在园幼儿	教职工人数			
					总人数		专任教师	
					公办	民办	公办	民办
1987	8	305	353	412	3	5	3	5
1990	10	255	254	421	6	5	5	5
1995	41	432	264	1303	22	11	21	10
2000	54	680	495	1145	19	1	18	
2005	14	90	152	349	15		14	
2010	21	237	156	487	19		18	
2015	12	237	193	522	45		23	

注：1986—2010 年统计数据包括学前教育(托儿所)的数据。

2011—2015 年统计数据仅为幼儿班的数据。

　　1989 年，国家教委颁布了《幼儿管理条例》和《幼儿园工作规程》。福安县教育局根据这两项法规，对各类幼儿园进行分期、分批登记注册，促进幼儿园办园条件的进一步改善。

1990 年,坂中中心幼儿园经福安县教育局登记注册。据福安市教育局《普通教育统计简明资料(1990—1991 学年度)》统计,当年坂中中心幼儿园有 3 个班,108 个幼儿。全乡有 10 个班,421 个幼儿。此后,全乡幼儿教育不断发展。至 2000 年,中心幼儿园有 6 个班,191 个幼儿;全乡有 31 个班,729 个幼儿。

2011 年,坂中中心幼儿园被福安市教育局确认为"福安市示范性幼儿园"。

2012 年,坂中中心幼儿园被宁德市教育局确认为"宁德市示范性幼儿园"。

2013 年,坂中中心幼儿园从坂中中心小学中剥离出来,成为独立园,同时升格为股级单位。

第二节　初等教育

一、基础教育沿革

坂中畲族乡的初等教育可追溯至民国十一年(1922 年)。是年,福安县教育局称为第三科纳入县公署,由第三科派员下乡创办的 4 所小学,其中就有长汀村的"福安县立第三区第二初级小学"。

民国二十四年(1935 年),福安县开始实施《福建省义务教育实施计划》,在农村实行一年制的短期小学和二年制的简易小学。10 月,全县创办短期小学 13 所,其中有坂中辖区内的坂中、湖口、铜岩 3 所。

民国二十五年(1936 年)冬,又增办长汀、松潭两所短期小学。

民国二十七年(1938 年)夏,坂中短期小学升格为县立初级小学。

民国二十八年(1939 年)夏,日军飞机三次袭击福安,城关原设的城东、城西两所完全小学停办。在松潭村创办韩阳小学,以松潭村众厅、福庆阁、朱氏祠堂为校舍,开设小学高级部,并将岩湖初级小学作为韩阳小学的初级部。是年全县只有中心小学 4 所,完全小学 3 所。

民国二十九年(1940 年)春,福安县撤销区行政公署和联保办事处机构,建立乡公所,全县设 19 个乡镇。同时,根据福建省政府《关于推行国民教育的规定》,乡公所的所在地各设一所中心国民学校(六年制完全小学),

各保设一所保国民学校(四年制初级小学)。是年秋,全县只设中心国民学校6所,韩阳小学是其中一所,坂中、湖口则为保国民学校。

民国三十五年(1946年)夏,全面内战爆发,生产下降,货币贬值,民不聊生,农村小学相继停办。民国三十八年(1949年)三月开学后,福安县政府积欠教师薪水达3个月之久,农村小学瘫痪,六月全面解体。

1949年秋,福安县人民政府成立。10月8—10日,福安县召开第一次教育工作会议。通过会议,接管了当时的中心国民学校16所,保国民学校52所,韩阳、坂中、湖口、长汀、铜岩5所学校均在接管之列。

1951年春,在福安县第一届第六次各界人民代表会议上有45件要求设立学校的提案,占总提案的半数。福安县人民政府根据发展小学教育的需求和县一级财政的承受能力,提出两种形式办学:一是公办民助。对已恢复的63所公办小学,由学校向学生征收学杂费,以补助学校经费之不足。二是民办公助。由乡村群众自力办学,政府每月补助大米50市斤,作为教师生活补助。当年秋后,根据中共福安县委"维持巩固,改造提高,有准备、有条件地发展公办民助,民办公助学校"的决策,将原来的中心国民学校改称为中心小学,保国民学校改称为初级小学。因此,少数民族村仙岩也创立了公办初级小学。

1952年秋,韩阳、阳头、后垄3所完全小学合并,设城阳中心小学,校址从松潭搬到阳头。

1953年,增设后门坪畲族村初级小学。

1957年秋,坂中归属城关第二学区,学校有仙岩、湖坂、和庵、廉岭、井口、长汀、许洋、后门坪、坂中9所,另湖口、坑下、松潭设分班。

1958年8月,随着福安县区、乡行政区域的调整,为了加强小学教育工作的领导,根据新行政区调整了学区。调整后,坂中归属城关镇学区管辖。1964年春,成立坂湖中心小学(坂中学区),管辖下属各校。1966年,"文化大革命"开始。入冬,学校全面停课。

1968年4月,撤销学区制,成立坂中公社教育革命办公室。1970年1月,福安县革委会提出"读初小不出村,读高小不出队(生产大队),读初中不出公社"的号召,小学教育一度出现了盲目发展的现象,村村几乎都有学校。坂中辖区内有初等学校51所,其中坂中中心校1所,完小校14所(长汀、松潭、坑下、南岸、仙岩、铜岩、许洋、日宅、江家渡、和庵、桦坪、后门坪、汤洋、湖口),初小校9所,双人校7所,单人校20所,班级数146个,复式班41个,在校生 2255 人。

1978 年秋,恢复学区制。1979 年 3 月,福建省教育厅下达文件,指出:"经过拨乱反正,学校已逐步制定了各项规章制度,建立了正常的教学秩序,有了良好的条件。""当前,全党、全国人民最大的政治任务就是加速建设现代化的社会主义强国。学校必须坚持以教学为中心。"同年 12 月,福建省教育厅又提出巩固学额,提高普及率的要求。这使坂中的初等教育有了发展。

1981 年 5 月,中共福建省委下达《关于贯彻执行中共中央、国务院〈关于普及小学教育若干问题的决定〉的意见》,提出:按经济条件和教育基础,分期分批完成普及小学教育任务。全省分三批,福安等 34 个县属第二批,要求 1987 年以前完成。当时采取的措施是坚持"两条腿走路"的方针,充分调动各方面的办学积极性。坂中畲族乡的初等教育在规定的时间里实现了"一无二有",即"校校无危房,班班有教室,学生人人有课桌凳"。

1982 年春,福安县农村全面落实"家庭联产承包责任制"的经济体制改革,调动了农民的生产积极性,促进了农业生产的发展,也促进普及小学教育的进程。但是新形势出现新问题,生产责任制的实现,辅助劳动力的需求量增大,加以生产队集体办的民办小学,转变为"谁读书谁出钱"学费超过了农民的承受力。因此,坂中和全县一样,出现了许多流生。1983 年 6 月,福建省教育厅厅长傅宗弼来到福安,深入坂中、康厝等畲族乡调查,提出《关于加速普及少数民族地区初等教育的几点意见》。是年 9 月,中共福安县委、县府研究了《关于加速普及少数民族地区初等教育的几点意见》,决定对少数民族地区教育采取特殊政策,并制定了具体措施,督促有关部门落实。1985 年 6 月,成立坂中畲族乡教育基金理事会,多方筹措资金改善办学条件。因此,坂中畲族乡的初等教育得到长足发展。

1986 年春,《中华人民共和国义务教育法》颁布。2 月,仙岩民族小学升格为福安县民族实验小学,直属县教育局领导。1987—1988 年,坂中畲族乡上下一致,大力巩固小学"四率"成果,提高普及水准,改善办学条件,加强教学管理,大面积提高教育质量。

1990 年,根据福安市教育局汇编《普通教育统计简明资料(1990—1991学年度)》载,坂中畲族乡有学校 50 所。其中中心小学 1 所(坂中),完全小学 13 所(长汀、松潭、坑下、南岸、铜岩、许洋、日宅、江家渡、和安、桦坪、后门坪、汤洋、湖口),初级小学 9 所,双人校 7 所,单人校 20 所。140 个教学班(含 41 个复式班),在校学生 2255 人。入学率达 97.21%,年保留率

99.61％，毕业率100％。同年11月，全国人大少数民族视察团一行30多人到仙岩民族实验小学视察民族教育工作，并对坂中畲族乡的民族教育工作给予肯定。

1992年8月，坂中畲族乡宣布全面实施初等、中等义务教育。1993年5月，中共宁德地委、宁德地区行署授予坂中畲族乡"宁德地区重教支教先进集体"称号。

1996年，坂中畲族乡投资60多万，新建中心园幼儿活动室、坂中文技校，并对廉岭等8所小学进行修建、重建和改造，建筑面积达2848平方米。

1998年，坂中中心小学校址由坂中村坂中街17号迁至坂中村坂中街35号。同年12月，坂中畲族乡普及九年义务教育通过了福建省和宁德地区两级验收。

2001年9月，小学学制由五年制向六年制过度，小学一、二年级全部改为六年制。2002年秋季起四、五年级学生分三年升入初中；本年度秋季起，一年级入学年龄由原来的7周岁向前放宽4个月，逐年过渡到6周岁入一年级。11月，开始施行《福安市小学学校布局规划（2001—2003）》。2003年圆满完成了福安市小学学校布局规划。三年撤点并校后，坂中畲族乡学校数由1990年的50所整合成35所。其中中心小学1所（坂中中心小学），完小校10所（湖口、长汀、松潭、坑下、和安、南岸、日宅、许洋、后门坪、铜岩），初级小学6所（汤洋、江家渡、桦坪、井口、林岭、亭兜），教学点18所（岭头、彭家洋、大林、白岩下、下天池、崃头、冠岭、柳堤、步兜山、大洋、塔下、蒲头坑、月斗、上沃、朱家山、仙岭头、七淀、坑头），共112个教学班，3566个学生。教育教学资源得到了进一步整合，教育教学质量得到了进一步提高。

2004年7月，撤销学区制，改名为福安市坂中中心小学延续至今。2006年，福安市认真落实教育经费投入新机制。坂中畲族乡农村义务教育阶段学生与全省同步免除学杂费。2007年，进一步落实"两免一补"政策，除对农村义务教育阶段学生免除学杂费外，对农村低保家庭的学生不收课本费，还给困难寄宿生一定的生活补助。

2010—2015年，随着经济形势的发展，农村的剩余劳动力纷纷进城务工，子女也随父母进入城关的学校，或者集中到了坂中中心小学。现在坂中中心小学下辖中心校1所（坂中），完全小学1所（松潭），教学点3个（日宅、后门坪、长汀），60个教学班，学生2868人。

表3-3　坂中畲族乡小学教育基本情况表

单位:个

学年	学校数	班级数	学生数	毕业生数	招生数	教职工数			专任教师
						合计	公办教师	民办代课	
1987	43	140	2494	328	448	146	100	46	141
1990	50	140	2304	383	334	156	108	48	148
1995	50	140	2113	341	314	172	131	41	163
2000	44	139	2534	508	470	184	184		173
2005	30	104	3398	485	364	180	176	4	171
2010	17	73	2102	334	392	169	169		164
2015	6	56	2660	350	565	151	151		149

二、福安市坂中中心小学

坂中中心小学在坂中畲族乡政府所在地的坂中街35号,前身为创办于民国二十四年(1935年)的短期小学(一年制初小)。经过数十年的变迁、发展,1990年定为今名。1991年,学校有教学班10个,学生351名,教师36名(坂中学区有各种规模的小学50所,教学班140个,在校生2221人,其中少数民族559人;教师167人,专任教师161人,民办教师43人)。

2015年,坂中中心小学(包括中心校本部和1所完全小学、3个教学点)共有教学班60班,在校生2868人;教师152人,专任教师149人,其中本科学历34人、大专学历89人,中学高级教师1人、小学高级教师107人,省级骨干教师4人。学校占地面积54446平方米(81.67亩),建筑面积13288平方米。

学校除完成国家课程外,还开设德育、艺术、体育、经典诵读、科技创新等兴趣班。2011年建起的福安市第一家乡村学校少年宫,设有跆拳道馆、音乐室、舞蹈室、棋艺室、艺术室等20个活动场所,被确定为"全国级乡村学校少年宫"。

学校将传承民族文化与学科课堂教学有机融合,教学畲话、畲歌、畲舞、畲拳、畲药,是宁德市第一批闽东畲族文化生态保护试验区示范点、福安市畲族文化传承共建基地。歌舞节目"畲乡百鸟歌"、"快乐小山哈"等在福建

图 3-1　坂中中心小学

省和全国性少儿文艺赛事上多次获一、二等奖。学校 2008 年成为福建省新农村少儿舞蹈美育工程手拉手共建单位，2009 年获评第十四届全国中小学生绘画、书法作品比赛组织工作先进集体，2010 年获评宁德市小学艺术争先创优活动先进单位，2012 年获全国中小学生幼儿优秀美术书法摄影作品大赛中荣获团体三等奖，2014 年获第二十九届福建省青少年科技创新大赛优秀组织奖。

该校是宁德市跆拳道后备人才网点校，校跆拳队多次在全国和地方性赛事中获奖。学校重视普及足球教育，成立女子足球队，是全国足球特色学校。2010 年被确认为"国家青少年体育俱乐部"，2012 年确认为"福建省体育传统项目学校体育特色学校"。

1996—2015 年，学校多次获得全国、全省、设区市与福安市（县）各类表彰，主要包括"全国教育系统先进集体"（2007 年）、"全国特色学校"（2012 年）、"福建省中小学实施素质教育工作先进学校"（2009 年）、"省科技教育基地学校"（2013 年）、"宁德市文明学校"（第九、十、十二届）、"宁德市示范小学"（2006 年）、"实施素质教育工作先进学校"（2009 年）等。

三、福安市民族实验小学

福安民族实验小学在仙人峰半山腰的仙岩村,前身是坂中仙岩民族小学(属坂中学区的一所完小校)。1952 年 8 月,由福建省教育厅拨专款 1.5 亿元(旧币)建仙岩民族小学校舍一座,创办仙岩民族小学。1980 年春季以前,在校小学生 50 多人、教师 4 人。

图 3-2　仙岩畲族村的福安市民族实验小学

1980 年 9 月起,仙岩民族小学经过 5 年时间,在校学生从 62 人发展到 555 人,寄宿生从 0 发展到 418 人。

1983 年 9 月,中共福安县委、县府决定,对少数民族地区教育采取特殊政策,以促进"老、少、边"地区普及初等教育的发展。接着,由福安县教育局主持,在仙岩民族小学召开现场会议,贯彻落实少数民族地区初等教育的具体措施。

1985 年 11 月,福建省教育厅研究决定将"福安坂中仙岩民族小学改为福安民族实验小学"。1986 年在第 1 期《福建教育》杂志上,公布了这个命名。仙岩民族小学为全省第一所民族实验小学,1986 年学校被《人民日报》誉称为"畲山教育的明珠",1988 年中央国务院授予学校"全国民族团结进步先进集体"荣誉称号,1990 年定为"福安市民族实验小学"。

1991 年,学校有 9 个教学班(一二年级各 1 个班,三四年级各 2 个班,五年级 3 个班),在校生 359 人,教师 23 人,专任教师 21 人。当年毕业 97 人,招生 33 人。

2015 年,学校有 6 个教学班(一至六年级各 1 个班),在校生 103 人(女生 48 人），少数民族学生 85 人，寄宿生 61 人（女生 31 人）。当年毕业 19 人，招生 14 人。学校有教师 15 人，专任教师 14 人，本科学历 1 人，大专学历 13 人，宁德市骨干教师 5 人。校园面积 6408 平方米，建筑面积 2473 平方米。有澳门爱国人士捐建"光启综合教学楼"1 座，设有电脑室、实验室、图书室、多媒体教室等。

福安民族实验小学在办学历程中，受到了党中央及地方党政和教育、民族部门领导的关怀。学校自 1983 年被评为福建省"民族团结先进集体"之后，又先后八次荣获国家、省、地、县（市）的"先进集体"、"文明单位"荣誉称号，连续获得十届宁德市"文明学校"的桂冠，以及福安市"素质教育先进校"、福安市"平安校园"、福安市"农村示范小学"、福安市"民族教育先进集体"、福安市"德育先进校"、"平安先行学校"等荣誉称号。2010 年获得福建省"义务教育标准化学校"称号。《人民日报》、《中央电视台》、《民族画报》、《光明日报》、《中国教育报》、《福建日报》、《福建人民广播电台》、《福建电视台》、《福建教育》等新闻媒体，都曾报道过民族实验小学的办学业绩。被收编入《中国教育大辞典》、《福建小学名校》、《宁德地区教育志》，香港的外文版报刊也曾介绍过福安民族实验小学的办学情况。师生们很荣幸受到全国人大常委会、国家民委、教育部、省委、省政府、省教育厅、省民委、省军区、地委、行署、福安县委县政府主要领导的多次看望。

第三节 中等教育

坂中畲族乡中等教育最早当追溯到民国时期。民国二十七年（1938年）9 月，福建省立三都初级中学迁至福安，校址初在坦洋村，后定址在坂中村。民国三十年（1941 年）9 月，福建省立三都初级中学升格为完全中学，开始招收高中一年级新生。民国三十六年（1947 年）3 月，省立三都中学迁回三都，坂中的中等教育在民国时期结束。

一、福安市民族中学

中华人民共和国成立后，坂中乡的学生都到福安城关上中学。直到 1970 年春，福安县革委会提出："读初小不出村，读高小不出队（生产大队），读初中不出公社"的号召，坂中才增设小学初中班。

1972 年 1 月，坂中小学初中班升格为坂中初级中学。

1999年,坂中中学更名为福安市民族中学。

图 3-3　福安市民族中学

福安市民族中学在坂中畲族乡森林公园旁,是一所农村寄宿制民族初级中学。前身是1971年开办的松潭小学附设初中班,1972年更名坂中中学,1999年改制为"福安市民族中学",是全省19所民族中学之一。

1991年,学校有初中部12个班,在校生480人,住校生183人,当年毕业94人,招生200人。教职工师45人,专任教师37人,校办企业1人。2015年有24个班,在校学生874人,其中少数民族学生522人,占学生总数的59.73%;住校生近200人。教职工88人,专任教师86人,其中高级教师27人,一级教师37人。占地面积13934平方米,校舍面积9301平方米。生源以坂中畲族乡为主,同时面向全市招收畲族特困女童"春蕾班"和计生二女"春苗班"学生。

福安民中以"发展民族教育,培养民族人才"为办学宗旨,贯彻素质教育理念,持续开展"寻找身边的榜样"活动,塑造学生"榜样工程",进行"星级少年"评比,展示杰出校友和在校优秀学生的风采。学校学生在体育竞赛中多次取得好成绩,学生胡明珠获福建省尊老爱亲美德少年称号和"宋庆龄奖学金"。

学校按照"教坛新秀—骨干教师—学科带头人—走向名师"的梯次成长结构培养教师,通过与强校"结盟·重建"、小班化课改、课题研究、小片区教研和教师技能竞赛等活动平台提高教师素质,有10余名老师完成了从"新秀"到"名师"的角色转变。学校现有各级骨干教师 21 人，学科带头人 5 人，多名教师在教师技能大赛和公开课比赛中获奖，或获评"精品课程"。

二、福安市特殊教育学校

福安市特殊教育学校创办于 1997 年 5 月。创办之初合并坂中中小学、松罗中小学特教班，主要招收听障儿童。2009 年增设培智部，招收智障儿童。学校在原有的九年一贯制的基础上，办学规模向两头延伸：2008 年，增设高中职业教育，前后曾开设电机电器、美容美发、刺绣、缝纫、畲族银雕等专业。2009 年，开办聋幼儿学前教育。学校现有聋哑、智障两类残疾学生，是一所集学前教育、九年义务教育、高中职业教育为一体的综合性特殊教育学校。

图 3-4　福安市特殊教育学校

校园在坂中畲族乡熙台新路 21 号，占地面积 9570 平方米，建筑面积 4580 平方米，运动场面积 3600 平方米，绿地面积 2000 平方米，绿地覆盖率达 20%，拥有多媒体教室、计算机房、图书阅览室、语言评估与训练室、认知能力与测评室、感统室、心理健康室、福乐健身站、律动室、模拟烹饪室、模拟超市、美容美发室等现代化特殊教育设施。

2015 年，学校有 16 个教学班，166 名学生，教职工 54 人，其中专任教师 41 人。教师本科学历 12 人，专科 23 人，学历达标率 100%。教师高级职称

3人,中级职称29人,初级职称9人。教师队伍中有30多人次荣获省、市(设区市)、县级综合性表彰(省级5人,设区市级6人),2004年施少玉获福建省优秀教师称号,2007年陈洁获福建省优秀教师称号,王丰获宁德市十佳青年教师称号。20多人次在全国、省、市级多项竞赛中获奖,80多篇教育教学论文在国家、省、市级专业刊物上发表和交流,7人次在全国现代特殊教育论文大赛中获二、三等奖。学校承担宁德市2004—2006年基础教育科研课题《高年级聋生心理健康教育研究》,2007年又承担宁德市"十一五"教科研课题《特殊教育教师专业化成长道路的探索》。

学校以"培养残而有为的社会人才"为办学目标,以引导学生"求知、学艺、掌握本领"为宗旨,自办学以来,学校培养100多名合格毕业生回归社会,实现自食其力。吴含晖、张华伟、王晓辉、付志源、沈兴见、连蕊丹、蓝伏容7人考上长春大学、北京联大等本科院校,继续深造,部分学生进入如厦门大北欧通信设备有限公司、福安新华峰机电公司等名优企业,并成长为单位骨干或管理人员。

学校将学生兴趣爱好,心理健康教育,聋儿语言训练、智障儿童感统训练等作为教育教学重点项目,先后被确定为宁德市残疾儿童羽毛球训练基地、宁德市聋儿语言康复训练试验点,2010年被福建省残联认定为省级听力语言康复定点机构。学生参加福建省第五届"残运会",福建省第一届中小学生"残运会",福建省第四届特殊奥林匹克运动会,获两项羽毛球团体总分第一名,个人获3金2铜3银。聋儿手语舞蹈《爱的奉献》获宁德市少儿舞蹈二等奖,《山这边》获福建省第八届残疾人艺术会演金奖。2009年8月代表福建省参加全国第七届残疾人艺术会演获优秀奖。美术作品参加全国特殊教育院校学生美术作品大赛,获一等奖1人,二等奖2人,三等奖3人;参加全国"中小学、幼儿园优秀美术、书法、摄影作品大赛",获特等奖2人,金奖1人,银奖一人;两名学生入围"中华小书画家500强"。

学校先后被授予"福建省文明交通示范校"、"福建省陶研先进单位"、"宁德市关心下一代先进集体"、"宁德市平安先行学校"、"福安市文明学校"等荣誉称号。

三、福建省闽东卫生学校

福建省闽东卫生学校是宁德市主要的中专院校,也是宁德市唯一的一所医药卫生学校。闽东卫生学校的前身是创办于1958年的福安专区卫生学校,校名先后更改为"福建省宁德地区卫生学校"、"福建省宁德卫生学校"。1993 年 9 月,经省教委批准学校,更名为"福建省闽东卫生学校"。2017 年 9 月 5 日,由中共宁德市委办公室、宁德市人民政府办公室联合发文筹建"宁德师范学院医学院"(本科部),现为一校两牌。

　　福建省闽东卫生学校是宁德市唯一的一所医药卫生学校。建校 60 年来,该校先后开设专业有:护理、助产、医士、保育护士、妇幼医士、药剂、中医士、中西医结合、卫生保健、口腔工艺技术、药学、农村医学、医学检验技术以及医疗大专班、中医大专班、乡镇医疗大专班等。学校为闽东乃至全省培养了大、中专学历医学人才 3 万多人,其中大专学历 1000 多人,为闽东卫生事业发展和经济建设做出了积极贡献。改革开放以来,闽东卫校团结、求实、文明、创新,坚持"从严治校、从严治教、从严治学",学校办学水平不断迈上新台阶,1995 年被省教委确认为合格中等专业学校,2000 年被省政府确定为省部级重点中专,2005 年被教育部确定为国家级重点中专。1984 年 8 月,褚孝宗任校长;1996 年 12 月,郭尧允任校长。学校校址进行了搬迁,1992 年 9 月,学校从福安城关程家边(今南郊)迁至坂中新址办学。1995 年下半年完成全部搬迁工作,现校址在福安市坂中满春街 65 号。在完成迁址的同时,内设机构也进行了调整。1993 年以前,学校设办公室、教务处、总务处、政教处 4 个中层机构。1994 年设立办公室、教务科、学生科、总务科、财务科、保卫科等 6 个科(室),2008 年设立办公室、教务科、学生科、总务科、财务科、保卫科、人事科、招生就业成人教育办公室等 8 个科(室),组织机构更加健全。

　　该校的办学规模也在不断扩大。1991 年,闽东卫生学校共招收西医士、护士、助产士、妇幼医士专业学生 180 名,在校生达到 540 人。1993 年共招收西医士、护士、助产士、妇幼医士专业学生 270 名,在校生达到 640 人。1995 年共招收西医士、妇幼医士、护士、助产士 4 个专业 4 个班 180 人,在校生达到 739 人。1997 年增设四年制护理专业,首届招收 50 人。同年,为改变乡镇卫生院大专以上层次卫生人才数量严重不足的状况,宁德地区招收临床医学专业(乡镇大专班)50 人,实际招生 28 人。1998 年再招生 60 名,先后共两届毕业生。2001 年,增设计划生育技术、卫生信息管理专业。2002 年,增设卫生保健、药剂、中医针灸推拿专业。2004 年增设口腔工艺技术专业,先后招收四届学生。2005 年开设有护理(包括英语护理)、高级护理、助产、卫生保健、药剂、计划生育技术、中医针灸推拿、卫生信息管理、口腔工艺技术、现代卫生物流 9 个专业,同时,与福建医科大学、福建中医学院联办临床医学、中西医临床医学 2 个高职专业,与华中科技大学联办护理、药学、卫生事业管理、临床医学本、专科专业。现开设专业有护理、助产、农村医学、药剂、医学检验,并与福建卫生职业技术学院联办五年制药学大专和检验大专班。2008 年增设医学检验技术专业,在校生达到 3056 人。2009 年举办全省乡村医生中医学历班,首届招收 562 人。2010 年为解决农村地区卫生技术人才不足的问题,卫生部、教育部专门增设了中专农村医学专业。2011 年,学校首届招收 71 人,2012 年招收 153 人。

闽东卫生学校在扩大中职教育招生的同时,积极发展成人学历教育和在职培训,做大做强职业教育。2005 年以来,完成省政府和市政府下达的各种培训任务,承担全市乡村医生规范化培训和乡镇卫生技术人员培训任务,举办社区护理、计划生育技术等培训班,年均培训人数 3011 人。面向社会开展职业技能培训和技能鉴定,每年培训 1100 人次,培养大批高素质技术人才,为促进海西经济的发展贡献出力量。

1991 年,闽东卫生学校教职工 67 人,其中专任教师 39 人,高级讲师 4 人,讲师 9 人。1992 年,全校教职工 76 人,其中专任教师 45 人,高级讲师 4 人,讲师 15 人。1994 年,地区编委批复,同意核定教职工编制 135 名,另加实习人员编制 5 名,计 140 名。1995 年,全校教职工增至 92 人,其中专任教师 70 人,高级讲师 9 人,讲师 25 人。2000 年以来,闽东卫生学校根据师资队伍现状和专业教学需求,认真制订人才需求计划,通过考试录用、公开招聘等方式积极引进人才。同时加大师资培训力度,鼓励在职教师参加脱产、远程、函授等提高层次的教育;定期选送教师到上一级院校进修学习,提高教师的教学水平和科研水平,较好地解决了师资不足、专业教师偏少和职称学历结构不合理等问题,满足了教学的需要。2008 年,宁德市编委批复,统一核定教职工编制 203 名,其中管理人员 26 名、专任教师和教辅人员 162 名,工勤人员 15 名。2014 年,全校教职工 122 人,其中专任教师 100 人,高级讲师 20 人,讲师 37 人。学校现有教职工 133 人,其中专任教师 110 人,高级职称 24 人,中级职称 35 人。

1992 年闽东卫生学校迁址至 1998 年,先后建设综合实验楼、学生公寓楼、厨房、膳厅、礼堂、图书馆、教师宿舍楼,以及其他附属用房。1992 年,闽东卫生学校迁至新校址,新校占地面积 65.8 亩(其中旧校址面积 17.8 亩),总建筑面积 26249 平方米。新校于 1998 年先后建设综合实验楼、学生公寓楼、厨房、膳厅、礼堂、图书馆、教师宿舍楼,以及其他附属用房。2000年,学校将旧校转让给闽东医院,并于2002年在坂中校园西侧征地36.11亩。1999年后,学校先后建设田径场、羽毛球场,安装学生公寓太阳能供水系统等,改善生活服务设施。健全完善护理、外科、妇产科以及综合实验室,建成教学闭路监控系统和校园网,建设多媒体演示室,建立电子阅览室,购置图书等,改善教育教学条件。2008年购置与学校毗邻的福安五洲电子股份有限公司房地产,占地面积1.8亩,建筑面积2700多平方米,并改造为二号学生宿舍和食堂。2009年新建教学大楼,建筑面积8542平方米。现有校园占地面积86亩,校舍建筑面积3.5万平方米。现有解剖、生理、病理、药理、微生物与免疫学、化学等6间基础实验室和护理、内科、外科、妇产科、儿科、中医、检验、药学等8间专业实验室,并引进了一批国内领先的智能化仿真训练系统和模型,现有实验设备总值达1200万元。图书馆藏书11.3万册,各类书报刊153种,设有教师阅览室、学生阅览室、电子阅览室并实行网上阅读。有较先进的电教设备和实验实训场所,有较完善的文体运动场所和后勤生活设施。校园布局合理美观,花木葱郁,绿树成荫,绿化覆盖率高。完善的基础设施和先进的设备为教学质量的提高提供了可靠的保证。

自办学以来,为提高办校水平,闽东卫生学校着重从以下四方面开展工作:一来坚持以教学质量为中心,加强教学常规管理,强化技能培训,大力培养适应卫生改革发展和技术进步的高素质技能型人才。二来在保证普通文化课和专业理论课必需课时的基础上,学校开展课程改革,增加专业课实践技能课时,增加临床见习时间。三来强化技能训练,实行任教教师负责制和学生人人过关的办法。四来为保证临床实习的质量,确定了宁德市闽东医院、宁德市医院两所三甲医院和13所二甲以上综合性医院作为校教学医院,并认真安排好实习实施计划,加强实习生的组织和管理,确保实习任务的完成,为学生毕业后就业打下坚实的基础。

2005年开设有护理(包括英语护理)、高级护理、助产、卫生保健、药剂、计划生育技术、中医针灸推拿、卫生信息管理、口腔工艺技术、现代卫生物流9个专业,同时与福建医科大学、福建中医学院联办临床医学、中西医临床医学2个高职专业,与华中科技大学联办护理、药学、卫生事业管理、临床医学本、专科专业。现开设专业有护理、助产、农村医学、药剂、医学检验,并与福建卫生职业技术学院联办五年制药学大专和检验大专班。与此同时,积极拓宽毕业生就业渠道,加强毕业生就业指导和就业推荐工作,学校与区内

18 家二甲以上医院和省内外 60 多家用人单位建立了密切联系,由于毕业生素质高、动手能力强,得到用人单位欢迎,毕业生人数从 1991 年的 156 人,1992 年的 181 人增加到 2013 年的 941 人,2014 年的 908 人,毕业生就业率连续多年达 100%,取得了良好的社会和经济效益。

表 3-4 闽东卫校历届招生统计表

单位:个

年度	招生数	在校生数																合计
		护士	助产士	妇幼医士	医士	计划生育技术	卫生信息管理	卫生保健	药剂	中医针灸推拿	口腔工艺技术	卫生物流	医学影像技术	医学检验	中医康复技术	中医	农村医学	
1991	180	270	90	45	135													540
1992	191	229	86	95	139													549
1993	270	184	130	140	186													640
1994	186	186	175	191		186												738
1995	180	226	135	198		180												739
1996	200	280	97	198	130													705
1997	248	340	100	202	45													715
1998	197	348	150	193	45													736
1999	236	140	51	47														238
2000	253	399	195	179														773
2001	292	430	209	122		50			43									854
2002	322	447	212			89	82	108	40	41								1019
2003	581	714	337			92	80	414	128	65								1830
2004	541	610	283			77	64	532	186	93	102							1947
2005	890	659	192			124	106	463	180	103	150	33						2010
2006	735	968	149			113	88	431	21	167	35	15	50	40				2167
2007	1212	1381	306				148		372		7			25	129	21	312		2701
2008	1135	1618	362			41	39		389	40				66	189		312		3056
2009	1979	2094	556						595	5				264	562				4076
2010	966	2133	656						526					219			145		3679

续表

年度	招生数	在校生数																
		护士	助产士	妇幼医士	医士	计划生育技术	卫生信息管理	卫生保健	药剂	中医针灸推拿	口腔工艺技术	卫生物流	医学影像技术	医学检验	中医康复技术	中医	农村医学	合计
2011	937	2119	673						408					158		165	71	3594
2012	1080	1864	597						193					142		23	224	3043
2013	788	1691	543						196					167		23	339	2959
2014	904	1553	490						202					191			364	2800
2015																		

表 3-5　闽东卫校历届毕业生统计表

单位：个

年度	毕业生数																
	护士	助产士	妇幼医士	医士	计划生育技术	卫生信息管理	卫生保健	药剂	中医针灸推拿	口腔工艺技术	卫生物流	医学影像技术	医学检验	中医康复技术	中医	农村医学	合计
1991	45	45		66													156
1992	90	45		46													181
1993	90	45		43													178
1994	89																89
1995	50	40	45	43													178
1996	46	89	50	50													235
1997	89	47	45	85													266
1998	89		6														95
1999	100	50	44	44													238
2000	100	49	50														199
2001	47	49	45														141
2002	134	91					46										271
2003	134	91							46								271

续表

年度	毕业生数																
	护士	助产士	妇幼医士	医士	计划生育技术	卫生信息管理	卫生保健	药剂	中医针灸推拿	口腔工艺技术	卫生物流	医学影像技术	医学检验	中医康复技术	中医	农村医学	合计
2004	237	99			29	12	40										417
2005	292	143						290	68	30							823
2006	180	59						209	59	4							511
2007	208	48			25	7	186	51		35				10			570
2008	348	62			47	42		77	21		6	8	6	245			862
2009	293	49			41	39		98	36				50	40			646
2010	506	143						75						26	5	265	1020
2011	563	172							144					96			975
2012	859	280						282						86	142		1649
2013	651	212						46						39			948
2014	549	196						54						34	21	54	908

表 3-6　华中科技大学闽东医学教育中心网络教育招生、毕业生情况统计表（1991—2015 年）

单位：个

年度	招生数							毕业生数						
	护理大专	护理本科	临床医学大专	临床医学本科	药学大专	药学本科	合计	护理大专	护理本科	临床医学大专	临床医学本科	药学大专	药学本科	合计
2002	43	9	57	50			159							
2003	9	7			14	21	51							
2004														
2005								43	9	57	50			159
2006								9	7			14	21	51

四、福建省福安职业技术学校

福建省福安职业技术学校前身是创建于 1965 年的福安县城关中学。该校于 1980 年秋首创机械专业职高班。1985 年春,福安县城关中学改称福安县第四中。是年秋,校高中部转轨办职业高中。由于办学成效显著,被省人民政府授予"福建省 1985 年教育先进单位"称号。1989 年秋,校高中部与初中部脱钩,初中部仍名福安县第四中学,高中部升格为福安县职业高级中学,兼办初中,采取一个领导班子挂两个牌子的管理。1991 年 5 月,经省教委批准,福安县职业高级中学升格为职业中专,命名为"福安职业学校"。1992 年 4 月,经国家教委认定为省级重点职业高级中学。1993 年,学校定格为正科级单位。1995 年 3 月,改名为"福建省福安职业中专学校"。2004 年 3 月,更名为"福建省福安职业技术学校"。

该校原址在福安市阳头察阳东路 1 号,占地 56 亩,其中农场 30 亩,校办工厂 1.6 亩。2003 年 12 月,迁福安市坂中乡坂中村外岗森林公园旁。现校园占地面积 100 亩,农场实习基地 20 多亩,总投资 3000 多万元,是闽东地区职业中专类学校中的第一所百亩花园式校园。学校各类用房建筑总面积 20753 平方米:其中教学楼 5590 平方米,综合楼 4600 平方米,学生公寓 5063 平方米,食堂 1200 平方米,车棚 900 平方米,电子应用技术专业实习基地 2000 平方米,机电专业实习基地 1400 平方米,以及学生运动场所 4160 平方米(其中广场 2000 平方米,篮球场 2160 平方米)。校内开设电子、电工、电拖三电一体的实验室、财会模拟室、计算机网络室、多媒体电教室、家电综合测试室、美术装潢设计画室、钳工房、琴房、练功房、舞蹈厅、理化生实验室、图书馆、电机和电子两个实习实训基地。各类设备总价值 800 多万元。

学校建制设校长室、办公室、教务处、政教处、总务处、实训处。全校教职工 157 人,专任教师 128 人,其中基础课教师 89 人,专业课教师 39 人,学历达到本科的教师占 81%;高级职称教师 22 人,中级职称教师 55 人。两项占现有专任教师人数的 60%。

该校的校训是"笃学业,践技能,修品行、扬心志",遵循陶行知"爱满天下"、"教育是教人化人"的教诲,发扬"乐教、善教、求真、务实"的良好教风。20 世纪 90 年代以来,该校即实行"半封闭"的校园管理。学校严格按照上级颁发的教学大纲和教学计划设置课程,施行教学。学校同时结合当地经济和企业需求开设实用性课程,并组织相关专业教师深入企事业单位调研,编写出校本教材,如《电机生产产品工艺》、《按摩器安装工艺》、《彩色电视维修工艺》、《幼儿手工工艺》等。从20世纪90年代初至今,单是电机、电子专业的毕业生,已遍布于全市700多家的电机电子企业,绝大部分都已成为业务骨干。该校为福安全国闻名的电机电器城所输送的人力资本,已建构成福安市不可替代的智力财富。

表3-7　福建省福安职业技术学校毕业生情况表(2008—2009)

单位:个

班级名称	毕业人数	就业人数	稳定人数	双证人数	对口人数
2008届小计	671	657	549	644	603
财会电算化	149	147	121	142	128
电脑装潢设计	25	25	19	24	21
电子技术应用	63	61	48	61	60
电子商务	79	77	57	75	71
机电技术应用	44	43	38	43	41
计算机应用	223	216	185	214	195
旅游与酒店管理	30	30	25	29	30
幼教	58	58	56	56	57
2009届小计	636	601	508	615	526
幼教	36	34	33	36	31
旅游与酒店管理	22	22	20	21	22
财会电算化	131	125	107	125	112
电脑装潢设计	21	20	19	20	16
电子技术应用	71	65	53	68	56
电子商务	77	74	50	75	60
机电技术应用	59	54	50	57	53
计算机网络应用	33	33	29	32	21
计算机应用	186	174	147	181	155
2010届小计	643	614		617	599

续表

班级名称	毕业人数	就业人数	稳定人数	双证人数	对口人数
计算机应用	73	71		70	68
旅游与酒店管理	7	7		7	7
财会电算化	134	130		128	129
广告装潢设计	18	18		18	16
电子技术应用	65	61		62	61
电子商务	77	75		74	73
机电技术应用	101	93		96	93
计算机网络应用	50	47		48	41
数控技术应用	39	36		38	35
幼教	79	76		76	76
合计	1950	1872	1057	1876	1728
就业率	96％				
就业稳定率	84.7％				
取得"双证"率	96.2％				
专业对口率	92.8％				

该校毕业生的就业去向近五六年来呈现出"一增二转变"的可喜态势。20世纪90年代的就业率平均约为95％,2000年至2005年已达97.3％。就业去向以进厂务工、临时就业为主。21世纪以来呈现多元化就业趋向,进厂务工比例下降,从事服务经营、继续深造比重大幅上升。如2000年第三产业(服务业)就业率及深造率达65％,2001年达51％,2002年达63％。就业地域也打破90年代守土拒出趋势,前往福州、泉州、福清、上海、宁波、广东等省内外各类行业就业的毕业生,已呈批量化增长,从而拓宽了该校就业安排的渠道,也促进了招生的新一轮增长。该校曾在全省职校招生普遍低迷的1996年、1997年分别招到579名、634名新生而一举闻名,受到省教委的大会表彰。而进入新世纪以来的6年,招生数则呈跳跃式的增长:2000年361名(已比1999年的246名增115名),2001年484名,2002年746名,2003年858名,2004年1611名,2005年1297名。

1993年2月,福建省教委授予该校"省级重点职业高级中学"称号。2003年,省教育厅批准该校为全省具备"五年专"招生资格的学校。现为福安市职业技能培训服务中心(基地),全国计算机信息高新技术考试站点,职业资格全国统一鉴定报考点。

第四节　卫生医疗

一、医疗保健

清代"过溪坂"(坂中)曾出现擅岐黄、精医术的郑氏人房族人。据民国十四年(1925年)郭赞夏修坂中村《荥阳郑氏族谱·历代人物传》载,有三个享誉乡里的看病先生:

之良公,字维三,人房人,邑庠生。慷慨重义,英气峻增,生平学深岐黄,尤精女科,名噪一时。居乡排难解纷,里有猜嫌事,就质之,咸愧服。赞曰:"不为良相,当为良医。"仙心儒道,妙手扶持,医人耶、医俗耶!呜呼,此公其可师。

方策公,字大勋,人房人。正直刚方,少时应童试有声,赍志未售,壮岁得下游。人秘传精针灸,善治外科,所活人甚多。遇贫困辄不计资,以是乡里咸德之。晚年纳宠,举丈夫。子二,济美、象贤。论者谓为善获报云。赞曰:能博学,妙入神。能济物,手成春。如璞韫玉,如席藏珍。积善余庆,后有达人。

麟翔公,字玉佩,人房人,之良公次子。操行端方,秉性勤慎,得医学家传,女科辄随手奏效。生平以礼自范,无疾声遽色御下。待人之际,宽厚笃诚。凡所以施惠于宗族乡党者,惟力是视,以故仁厚之声溢里间。吾族自肇迁以还百余年,苦无宗祠。公依然倡始,偕同志数人鼎新创建,擘画经营,历酷暑严冬不少辍,为祖宗首建成,劳故不容湮没云。赞曰:不骛声华,不趋势利。淡然立志,卓然立志。爱物济人,急公好义。渊穆襟怀,练达才智。浑厚英明,翘翘特异。慷慨从容,乃见风致间里。遗徽称扬,不置我怀。斯人伟哉高谊!

但就总体而言,明、清、民国时期,坂中乡缺医少药现象还是比较严重的。1949年后,人民政府重视关心扶持畲区医疗保健事业,采取一系列措施改变缺医少药现象,提高畲区卫生、健康水平。1954年11月,成立少数民族妇幼保健站，又在畲族聚居地的坂中成立地段性卫生院。自 1960 年代起，省、地（专区）、县各级卫生部门与医疗机构陆续派专门队伍对坂中乡畲区进行区域性或专门化的疾病或健康水平的调查，针对病症采取治疗措施。历年查治的疾病有性病、妇科病，调查的疾病有结核病、胃癌，普查的内容有妇女围产期、围产儿和婴儿死亡情况，以及 7～18 岁其父母均为畲族的健康学生的身高、坐高、体重、胸围等形态指标的测试。1950 年代开始至 1960 年代，省、专区、县多次派巡回医疗队到坂中乡畲村为畲民治病，如 1962 年 2 月省少数民族医疗队深入坂中乡 8 各畲族大队治疗 600 人次，为期 10 个月。人民政府从每年民族经费中提取部分资金或拨出专款作为坂中乡畲民医疗补助和药费减免。1952—1957 年，卫生部门减免医疗诊治 1 万多人次，其中仅 1953 年坂中乡享受免费治疗的畲族群众即有 250 人，减免药费 569 元。1963—1964 年，畲族医疗补助款为 3500 元。1980 年代，地、县少数民族乡医培训班培训畲族乡医。坂中乡畲村抽调赤脚医生参加培训。1990 年，畲族村委会民有卫生所 88 间，其中包括坂中乡卫生所。

二、医疗机构发展

1950 年代之前，坂中乡只有一些中药铺，这几间中药铺往往医药兼营，如坂中乡村的养生店。早先坂中乡民，特别是畲民因没有钱，患病也难去住院，疾病得不到治疗，健康得不到保障。20 世纪 50 年代以后，该地的医疗机构才逐步发展起来。

（一）坂中畲族乡卫生院

1952—1957 年，福安县人民政府在坂中乡成立两所联合诊所，包括坂中联合诊所与松潭联合诊所。1958 年我国推行人民公社化体制，全县各公社的联合诊所、区卫生所、私营国营店合并，组成公社保健院，坂中乡成立了公社保健院。1968 年因行政体制改革，从城郊保健院分出设立坂中公社保健院，院址在坂中黄厝祠堂边，新建一座二层土木结构门诊综合楼，面积 300 平方米，人员 13 人。此外，松潭、长汀、铜岩等重点村相继建立 8 个保健站，实行院站统一核算。1972 年，坂中乡保健院扩建。1984 年，坂中乡保健院改名为坂中畲族乡卫生院。1988 年，院增设心电图室、化验室、中西药仓库。2005 年设置有住院、中医科、内科、外科、药房、注射室、妇幼保健科、公共卫生科、预防接种门诊、检验科、B 超室、心电图室、放射科等。

(二)福安市坂中卫生院

福安市坂中卫生院在福安市坂中乡满春街101～103号。1992年在编制床位15张,实际开放12张。1998年由福安市建设委员会审核,划拨用地面积406平方米,建设了一幢简陋的两层门诊楼。2005年,为改善就医环境、提高诊疗水平,在资金非常困难的情况下,经多方筹资10万元对门诊综合楼进行改造,科室进行调整充实,使全院的面貌得到初步改善。2010年,为落实省政府《关于进一步加强乡镇卫生院改革与发展的意见》精神,积极向上争取到"全省乡镇卫生院加强建设项目资金"及省民宗厅资助资会,对门诊综合楼进行四、五层的加层改建,累计投入资金120万元。现综合楼总使用面积2000多平方米,其中业务用房1600平方米。2012年,进行一楼放射科、配电房、中西药房、儿童保健室、预防接种室、收费处、全科诊室共计400平方米的改造。

2016年,坂中畲族乡卫生院在职职工30人(临聘人员10人),其中具有专业技术职称人员24人,只占全院职工的80%。高级专业技术职称1人,中级专业技术职称3人,执业医师11人,执业护士9人。现院内开设有住院部、中医科、内科、外科、妇幼保健科、公共卫生科、预防接种门诊、检验科、B超室、心电图室、放射科、注射室、中西药房等13个科室。拥有一台医用诊断X射线机、一台日本东芝B超诊断仪、一台优利特全自动生化分析仪、血球分析仪、全自动尿液分析仪等医疗设备,共设有住院病床15张。

坂中畲族乡卫生院认真执行12项公共卫生服务规范,为全乡居民建立电子健康档案23732份,建档率达85.11%;慢性病建档案2006份,其中高血压1714份、糖尿病2923份;重症精神病161份,老年人2159份。

新农合管理:新型农村合作医疗参合农民21695人,参合率达87.23%。卫生院全年为辖区内农民报账补偿人数达12148人,补偿金额达191.52万元,其中普通门诊报销11640人272679元,住本院病人报销192人273137元,住外院病人报销278人938906元,大病补偿38人430467元。

农村医疗管理:全乡共有注册管理的卫生所室19个,医生22人,其中有中专证书的4人。其余18人经过乡村医生规范化培训,取得中专水平证书。所有乡医工作年限均为10年以上,其中有8人达20年以上。村医年龄平均年龄为50岁以上,最大的69岁,最小的37岁。2013年开始实行国家基本药物制度,承担所在村基本医疗与公共卫生服务。

第五节　畲族医药

一、畲　医

坂中畲族乡畲族群众多居山区,交通不便;卫生医疗条件差。畲族群众为了繁衍种族、健康生存,充分利用了当地丰富的中草药资源。在长年累月与疾病斗争的实践中,畲族群众逐渐掌握了中草药的性味功能与治疗作用,形成了适合自己居住地域常见的疾病防治用药特点。畲族医生也在应用中草药为周围群众医疗疾病的实践中逐渐产生,畲医的传授是以家族传承为方式,父教子、子传孙,代代相传。畲医大多数没有文字记述,而是口传心授,耳提面命,以实践经验为方式传授医技。过去坂中乡畲医大多是亦农亦医,也有悬壶售药,设堂诊病,还有个别游走四方,治病卖药。畲医诊病以望诊、问诊为主。注重看神色,观舌、眼、形态等,偶有切脉,只分脉搏强弱,有别于中医脉象,但有些畲医也能分辨特殊脉象,这叫症脉合参,以辨病症。畲医只讲阴阳,不分血行,后来逐渐吸收中医诊病,也重视切脉,运用四诊八纲,辨证论治。畲医分科,大致分为内、外、妇、儿、喉、眼、骨伤、针灸、按摩、气功等。畲医特殊的疗法主要包括:

(一)治疗"痧"症

1. 捏痧(也叫抓痧);2. 抓筋;3. 挑痧;4. 刮痧。

(二)针刺疗法

畲医针刺疗法与中医的针灸不尽相同,注重部位而不讲究穴位,多用三棱针。医者斜扼银针,手指挟着针尖,露出半米粒长,在一定部位上挑针。分为轻挑与重挑两种,轻挑只是在表皮上,以不出稍为度;重挑在表皮上挑出血丝,有的挑后还要挤血,从针孔中挤出血珠,有的只挑针而不挤血。针刺部位视病情病种而定,各个畲医也不尽相同,比较一致的有前后心的"八卦针"。也有采用现代针灸中的针法,多为强刺激、不留针,极少数病情严重的才留针。

畲医认为人体生病是由于体内气血不调所致,轻针调其气血,放血去掉瘀血,能使血脉流通,有其独特理论。也有畲医采用针灸、按摩、拔火罐、气功等方法治疗疾病,其法基本与中医相似,但在取穴上有其特殊之外,仍以部位为主,有时同一种病症在不同经络上取穴,疗效也很显著。

(三)草药接骨

畲医接骨的方法是手法复位,小夹板固定(小夹板用鲜杉树皮、小竹片、小木片),草药外敷。采用的就是复位后,用小竹夹住固定,外敷草药,中草药要用糯米饭、茶油或蛋清捣烂调匀后敷上,开始不能酒调敷,后期改用黄酒调敷;初时强调"静",使部位固定,促进骨的愈合,三五天后出现"皮肤痒",表示气血已运行,可以适当"活动"。适时适度可达到舒筋活络,这就是动静结合,比单纯石膏固定强调"静"是不同的。有些病例还采用黑枣(去核)、鸡汁调草药外敷,有的还内服草药。

仙岩白岩下畲族村钟氏畲医世家被誉为"闽东四大畲族名医"之一。钟氏得俗称"南京婆"的江苏吴医真传,至今已传承五代。

图 3-5　识别畲药

此外,传统畲族医疗技能还有捏痧(也叫抓痧)、抓筋、挑痧、刮痧等治痧疗法。

二、畲 药

坂中畲族乡位于福安市西部，部分畲族山村处于海拔在 600～800 米的中、低山地带。这里山地是红壤、红黄壤、黄壤，主要植被为灌木、蕨类、藤本和针叶林以及针阔混交林，森林郁闭。分布在坂中畲族乡的药用植物主要有：

1.植物类药材：半夏、黄精、百合、仙茅、何首乌、葛根、天冬、土黄柏、土茯苓、四季开、白毛檬，狗脊、茯苓、木神、葵根、香附、覆盆子、麦冬、射干、鱼腥草、白毛藤、车前草、满山白、昆布、海金沙、马尾藤、威灵仙、仙鹤草、鹿草、益母草、淫洋藿、马鞭草、苍耳子、桑叶、乌梅、女贞子、谷精草、蒌实、荷叶、夜交陈、海风陈、厚朴、陈皮、扁豆、夏枯草、金银花、刘寄奴、鸡冠花、隔花、建砂仕、贯众、桃仁、桑皮、地夫子、青相子、褚实子、太子参、莲子、大青叶、云合子、木瓜、鸡血藤、青皮、毛冬青、艾叶、白术、六角莲、南天竹、厚朴花、芦根、谷芽、南星、百都、亥白、淮山药、干姜、南山楂、苦参、赤小豆、急性子、蛇床子、地丁、紫荆皮、柿蒂、天竹根、素苏叶、红花、水半夏、地骨皮、橘络、木贼、麦芽、菊花、莲心、双勾陈、木香、土白芍等 100 多种。

2.动物类药材：蜈蚣、地龙干、桑螺蛇、蚕沙、全农、土鳖虫、蜂蜜、蜂蜡、鱼舫石、龟板、鳖甲、白花蛇、折蛇、蚊蛇、鸡内金、穿山甲、海螵蛸、牡蛎、水牛角、猪胆、蛇胆、紫河车、蛇退。

3.矿物类药材：浮海石、赛水石、紫石英。

第四章

环境与建筑

　　狭义的民居,就是指普通百姓的住宅。传统建筑中最大宗的一类,就是住宅建筑了,当然亦可称为民居。在福安,人们对当地民居有不同的称谓,汉族称"厝",畲族则称"寮"。村落就是由一个由数座乃自数十座的厝或寮按照一定的宗法和空间秩序组成的聚落。村落形态、建筑形制与营造技艺等略有差异,前者凭借物理空间的平整与宽阔,创造了福安当地的典型河谷平原型民居;后者因为处在海拔较高、高差较大的坡地上,其造屋地基相当有限,故而营造出来的山地民居形态便显得自由而富有变化。

第一节　聚落环境

一、肇基选址

　　坂中畲族乡的村落主要分布在富春溪流域的河谷小平原与锣鼓山山脉延伸部分的丘陵与坡地上。许多族谱记录村落初设时,基本用"卜迁"、"卜室"、"卜居"等词,清乾隆四十三年(1778年)吴新命编修的《富坂陈留郡族谱序》云:"富春河西陈留郡姻,老友乔翁之盛族也。其先世由河南卜迁长溪,支分派衍。"清光绪六年(1880年)重修《长汀施氏宗谱》云:"宋绍定二年(1229年)七月,始迁坂头、桑岸、下巷,卜室栖身。面环溪,后台山,上底湾河,下金鸡坑,外直交溪长团头山地。八房合分,随其管业。"[1]《福安长汀施姓族谱序》载施氏先祖迁居时"雕塑评事公暨郑太君遗像,当卜居时供奉"[2],肇基祖在村落选址与布局时,按照觅龙、察沙、观水、点穴等规则"占

---

[1] 《长汀施氏宗谱》内载施宗椿《述志》。
[2] 清光绪六年(1880年)重修《长汀施氏宗谱》玉融高楼裔孙施百熏撰序。

卜"，确定最佳的村落位置与布局形式。由于村落始迁先民的文化素质、伦理观念与经济实力差异，家族迁居初始阶段，许多是仅在有限的空间范围，凭借自身的生存经验来选择住址。许洋村《荥阳郑氏宗谱》载："……传及思惠公，值唐五季之乱，随王潮渡江而至闽之福州，有孙、陈、李、郑为王潮内辅，居乌石山而家焉。后孙子复迁提刑衙前安泰坊，居有数世，易叶象贤。迨宋庆历三年（1043 年），文麟公行九一乃闽之高士也，素爱林泉，志怀泌水，于是游芳览胜，玩景寻幽，而至韩阳许洋之地，谅见其山环水秀，土润泉甘，足为远大之谋，贻厥孙猷之计，遂芟荆凿棘，结庐构厦而居者焉。迄今子孙颇盛，枝叶繁兴。"①下和安畲族村《和庵雷氏宗谱·创修和庵雷氏谱序》载："士旺公，清初之际始迁邑之溪塔，不数载择居于五都和庵。意其时荒虚旷野，人迹颇稀，而公于焉，相其山林，观其流泉，觉此地山环水秀，土泉润甘，于是结庐构厦，凿井耕田。"②

选择人居环境，既崇尚自然风土，也强调人居的需求，把人居的要素置于显著地位而加以考量。即要求"天人合一"，二者相辅相成。和庵畲族村（上和安村）《颍川钟氏族谱·山川引》载："观《易》'先天六子图'而知天地之气，必先钟于山川，而后及于人物。不独黄河为戒，为天下之形势而发育无穷，即一乡一邑亦自有形势之区焉。观阴阳而相流泉，斯足以鸠吾宗耳。虽然，山水钟人物，而人物亦足以显山水。禾庵（上和安）虽僻壤，而清泉、白石亦自有幽奇之境，为高人之所登游。传之异日，人往风存，即谓山川附之，以光辉可也。"③

坂中畲族乡的地形许多是海拔 500 米左右的丘陵山地，许多村落就因势造间，将民居定位于地形起伏的坡地或山麓上，因自然地理形势不同，民居村落会沿着等高线变化呈外凸或内凹的弯曲形式，错落有致地分布在山中。具体而言，坂中畲族乡的村落大多是选在内凹的山垄之中，尽管通风条件不如外凸地势通畅，却可借助山势屏障，符合风水藏风聚气的要求。较为典型的有冠岭村、日宅村。冠岭村坐东北向西南，三面青山环抱大多民居均发布于较为内凹的坡地上，重叠的建筑群前是一块长条状的山垄田。日宅村坐西向东，在青龙岗山垄内，房屋层叠，沿山垄而建。

---

① 清道光三年（1823 年）修《荥阳郑氏宗谱·新修谱文》。
② 清光绪五年（1879 年）庠生济川江汝楫撰《和庵雷氏宗谱》。
③ 清光绪十六年（1890 年）锦里庠生郑思诚修撰和庵村《颍川钟氏族谱》。

坂中畲族乡村落选址,许多村落选择交通便捷之处为村落地址。人们在富春溪小平原,便沿着富春溪西岸构建民居村落,较为典型的有南岸、长汀、坑下、松潭、坂中、湖口、江家渡等村居。也有在沿锣鼓山山脉蜿蜒而上的廉岭、栖云岭(铜岩岭)等通往溪潭、穆阳诸镇的古道旁构建民居村落,较为典型的有廉岭、亭兜、铜岩、彭家洋等村落。

溪流、山涧是村落居所环境选择的一个不可或缺因素。人们的生产劳作、生活起居就可以充分利用水资源,便于饮用、洗涤、灌溉等生活与生产之需。许洋村是穆阳溪支流下逢溪的发源地,村落坐西北向东南,三面依山,前面一片良田,名曰"洋中田",一道小溪从村前缓缓流过。井口畲族村主村(包括上、下、外三村)坐东北朝西南,在三山相拥的山坳中,上下村间有一涧流,俗称"蛤蟆口",是穆阳溪支流下逢溪的上游。下逢溪算是许洋村、井口村的生存、繁衍、发展的生命线。仙源里村坐西北朝东南,三面环山。该村处于山坳中,村前是一片开阔山地。从村内往外看,左右各有一小山脉绵延而下,仿佛双臂紧紧相拥,前有一半球形小山包,正对村落,寻龙先生(风水师)堪定曰:"双龙抱珠"之地。村中有一小溪涧,自北而南,穿村而过,于是构成有山有水的理想住地。有些村落缺乏丰富水源,人们便选择有泉水与小涧流(俗称"坑瓮")地方。汤洋村是坂中畲族乡海拔最高的一个村落,其四面环山,层林绵延,村落处于峻岭茂林之中。村左有一垄山田,水源充足,终年不涸。山田下有一岩石,村人称为"燕崎",又称"凤石"。岩下有一泉,汤洋村人奉为"风水宝地",林氏宗祠即建于此岩之前。大林村、仙岩村在仙岫山麓,坐西向东,地形逼仄,可利用的较为开阔的平地十分有限。仙岩村房屋沿山势造间,层层叠叠,错落有致。大林村则三三两两,独立而居,房屋插花似地"栽"在山间林丛里。在这里,泉水与溪涧是人们赖以生存的水源。

坂中畲族乡畲汉村落都有在四围种植风水林的传统,以樟树、榕树、枫树、柯树、松树、椿树等高大乔木,作为村落的庇护树木,以此作为"培荫风水"的主要手段,兴许也是补充环境的缺憾与"风水"的不足。上和安畲族村《颖川钟氏族谱》载《肇迁祖静三公家训·培居土》云:"人有栖身之地,方可安生乐业。大凡村落皆有树木环卫互荫,望之郁郁葱葱,称为胜地,即生聚绵长之道也。吾族后山奇险,更宜培植树木,以御风水。现在前人培植成材,可为百年之计。亟须协力保护,毋得妄为剪伐。"[1]下和安畲族村《和庵

---

[1] 清光绪十六年(1890年)锦里庠生郑思诚修撰和庵村《颖川钟氏族谱》。

雷氏宗谱·家范》载:"重培植。山内老树,祖宗手泽所存,原以护卫风水。任意砍伐,根株殆尽,知克肖子孙。嗣后务必惜,留篆成林,庶郁郁葱葱然一族巨观。"①

图 4-1　冠岭村口的榕树

坂中畲族乡民间还有流行选址于"牛眠吉地"的传说。虽然在一般情况下"牛眠吉地"是指阴宅(坟墓)的创设。但是坂中畲族乡的一些村落却流传着"看牛弟"(放牛娃)雪地寻牛的故事,即大雪封山,牛牯失踪,"看牛弟"多方寻找,只见一块雪地冒着热气,牛牯正酣然沉睡其中。于是人们遂将房子落址此处,并以此为中心,逐渐形成村落。

二、公共设施

村落的公共设施与建筑包括道路、码头、桥亭,以及书院、祠堂、神庙等,前者是村民物质生活赖以的必备基础设施,后者是村民精神生活的空间载体。坂中畲族乡古代书院仅存一座于南安村,村落中大量存在的是祠堂与神庙。这与闽人崇尚宗族、敬畏神灵的精神需求与文化传统相一致,坂中畲族乡的畲汉村落都有在村中鼎建宗姓祠堂、神灵庙宇的习俗,祠堂是村落宗族伦理的象征,神庙是村民宗教意识的体现。在坂中畲族乡各村各姓的宗谱中有许多齐心协力鼎建相关祠堂与神庙的记载,而保留至今的更大规模、更有影响力的住屋却几乎不存于宗谱中。下和安畲族村《和庵雷氏宗谱·祖祠志》载:

> 公历一九四九乙丑年,元亨利贞四房协共起建祖祠正座,于九月初二丙戌日午时上梁吉旦,以为日后子孙享祭无忘先祖。其各房所捐献金额以列于下:
>
> 元房共捐合谷叁仟肆佰肆拾觔
>
> 亨房共捐合谷壹仟零拾肆觔
>
> 利房共捐合谷肆佰贰拾肆觔

---

① 清光绪五年(1879 年)庠生济川江汝楫譔《和庵雷氏宗谱》。

贞房共捐合谷肆拾觔

系焉至各房支派复标出起提,分编汇集,庶源流本末,一览无遗。1955 年岁在乙未季秋之月毂旦,庐山在南氏雷其隐拜撰。

最早迁居到某地的始迁民,必先有祖屋(祖厝),随着家族的繁衍、人丁的兴旺、财富的积累,才有鼎建宗祠的动议。村民们认为在开基拓土的初始时期,神灵的护佑力比家族的亲和力更重。因此,人们最早建立村落神庙的行动都比较迅速,整个神庙可以较为简陋,有时仅凭小小空间,便可结庐为庙,并请进认为可以护佑自己族人的神灵。尤其是村民供奉亲民的"福德正神"土地庙,更是因陋就简,在一棵大树下垒起几块石头,便可以请进土地公、土地婆,便燃香祭拜,寻求庇护。构建祠堂则较为讲究,没有一定的时间积淀、经济支撑是完成不了的。一般而言,起建村落神灵庙宇的时间要早于鼎建族姓祠堂的时间。这就是村落神庙多于祠堂的原因,而且时至今日,坂中畲族乡有的村落仍然没建宗姓祠堂,但却或多或少都有神庙建筑。

村落祠堂是一处合族祭拜祖先的建筑场所,而庙宇则是全村诸姓供奉神灵的场所,祠堂与神庙的建设选址各自都有一定的讲究,但又各有不同,原因是二者的作用与功能是完全不同的。祠堂与民居的距离比较亲近,神庙与村落的距离比较疏离,祠堂与民居是血缘派生的空间关系,往往多建立在毗邻民居建筑群中。神庙与民居是神缘交会的空间契合,一般都稍稍远离民居。冠岭村陈氏宗祠建于清道光三十年(1850 年),"在光绪二年(1876年)十二月初六亥刻,村遭祝融之难,仅余边隅几家","当时之罹于火者,皆嗟无所以栖身,不得已尽归祠内,以正厅为火厢,楼上下为房木坚。三四年间,上被烟染黑坏,下被浊水浸腐。溯起建之日以迄今,兹上下仅廿余载"[1]。冠岭陈姓村民遭遇火灾,多座房屋被毁,就可以坦然自如地住进自家祠堂。如果是神庙一般是不敢、不会,也不容许的。村口水尾往往是神庙选址的理想之地。《冠岭本村水尾堂记》载:"堂在门前岭级下水尾,为一族之锁钥,号曰'福源堂'。前后有二座。大明成化十五年(1479 年)己丑刘氏起义之时,官兵剿贼,各乡遭寇,寺宇焚焉。其基尚存,俟后复建。"[2]

村落祠堂的建设严格按照传统祠堂的建制,分前后座格局营造。因为经济原因,可以先建后座,日后再续建前座。前座有戏台,用于祭祖(或祭

---

① 清宣统元年(1909 年)《颍川郡冠岭仁房宗谱》察阳镜芙氏重修本。

② 冠岭村《颍川陈氏宗谱》清道光九年(1829 年)修本。

谱)神戏;后座有祖龛,用于举办祭祖仪式。神庙的建设没有严格的规矩,较为大型的神庙也可类同于祠堂的规制,而小型的神庙就不拘一格,更强调灵异性。清光绪五年(1879年)庠生济川江汝楫编撰的下和安畲族村《和庵雷氏宗谱·神宫志》载:

> 道光二十三年(1843年)十一月初八丙子日丑时,起建神宫,坐壬向丙,并建塑五显大帝,为一乡保障,威灵显赫,泽荫乡间。迨至光绪五年(1879年),因其栋宇坏烂,宫墙崩颓,择八月十二日丑时又再重修,并装饰神像。咸丰年间,墙头突生一柏,非人栽插,乃天地自然生成之物,实属稀奇,因咏七一律,以志不朽云:

> 天然翠柏出墙中,应美栽培造化功。劲节迥殊堤上柳,蟠根偏似磡边松。后凋可耐三冬雪,不老长垂万古风。最是亭亭堪玩赏,聊将吟咏寄诗筒。

图 4-2 下和安畲族村村边五显帝庙宇里的大柏树

清光绪六年(1880年)重修《长汀施氏宗谱》载施仲连《继述记》:

> 粤稽旧谱,祖祠建于宅中,神宫移构上巷。出入路径有上中下三巷,均系先人创设于前。因乾隆十六年(1751年)孟秋,河伯为殃,神宫并门前举坂流荡无遗,神宫遂改于台演山下。乾隆四十三年(1778年)仲秋,祖祠暨祠旁人居惨遭回禄。然平安仗神明,发祥赖祖宗,故合族公众等继志述事于乾隆五十一年,仍旧址改移坐向重建。祖祠增高头门、坊表。乾隆四十八年(1783年),神宫因山崩推拆。嘉庆八年(1803年)绳故址更向,神宫亦为再新。随念孙子顽钝,欲延师训诲,遂于嘉庆十三年(1806年)构书斋于祠旁,庶桃李春风由此而肇。下巷路径颇圮,便为修砌。至于金鸡坑头宫址,系我祖椿公置买。左有神宫,右有佛堂。今宫堂俱坏,宫基吴、林、郭三姓架,神宫其梁书椿公喜舍。右堂

基仍我施姓管业。

上文可供若干信息：施氏祠堂长汀"宅中"，即施姓村民的住宅群中，祠旁边建有私塾书斋。而神宫、佛堂在下巷路径延伸的金鸡坑头，这里显然远离民宅。施氏祠堂由施姓子孙单独营造，而神宫的起建有吴、林、郭、施四姓人参与。

第二节　民居建筑

一、建筑形制

坂中畲族乡村的民居建筑形制，特别引人注目的是崇祀空间和建筑构件。

（一）崇祀空间

畲族村房屋前厅两侧的进宫柱旁设置"进宫"门，门上都有重要的构件，他们称之为"神堂"，又称"神龛"或"神厨"。左神龛立供奉福安各路神灵香位，包括佛道民间信仰的神灵，也有畲族独有的神灵。右神龛摆设远近血缘祖宗牌位。神龛的制作，有的十分讲究，精雕细刻，描金涂红；有的较为简陋，是一块木板加钉一个普通的木制框架。再有的就仅仅是两片红纸，上书写先祖与神灵神名贴在两边"进宫"门上端。但是不管如何，畲民都重视此举，借助"神堂"祭祀祖宗与神灵，丰富自身精神生活。"神堂"在畲族民居中，是不可或缺的。有的汉族村落民居中也有这种"神堂"，但是没有那么普遍，也没有那么看重。

（二）建筑构件

1. 照墙外门

在福安民居中正坐的院墙往往处理成"照墙"的形式，即围在房屋正座前面的粉墙，墙体呈"["形扣在房屋正座，"照墙"也被称为"照壁"。照墙与第一进大门之间狭长的过道在福安被称为"前庭"。一般而言，在院墙的一端会开设一道门，称为"外门"，或称"边门"、"小门"。在整幢房屋中，此门作用很大，它不仅是民居通向外界的重要出口，而且也决定房屋的朝向，因为房屋地基的有限性，房屋的内门朝向基本是确定的，很难满足理想风水朝向的预期,唯一的办法是通过外门朝向的移动,调节出有利于房屋主人命运的合理朝向来。房屋主人要求外门要合卦象之"字"。小村落院墙的外门制作还有讲究,其门楣与门框材料不能用条石,而只能用木材,如果用条石则村落会败落。

2. 木制桁鱼

坂中畲族乡村落的考究民居的正房屋顶两端会有一种木制的装饰品,名"桁鱼",俗称"悬鱼"、"栋鱼"。悬鱼大多用木板雕刻而成,得名与其形状有关。即因为最初为鱼形,并从屋顶悬垂,在悬山或歇山屋顶两端的博风板下,紧贴于正脊,故名"悬鱼"。悬鱼一说源于"佛门八宝"①之第七品"金鱼",金鱼喻佛法具有无限生机,如鱼行水中,畅通无碍。喻示那超越世间,自由豁达得以解脱的修行者。屋顶木悬鱼喻房屋主人能解脱劫难,游刃自如。在木作发展的过程中,桁鱼形象逐渐变异,渐渐变得抽象简捷,富有艺术和文化气息。

3. 工 具

(1)木槌、符板

房屋上梁(拵榈)时使用的木制避邪的吉祥物,包括一对木槌(鲁班槌)、符板(符咒牌),扶榈仪式后密藏于房屋的楼仓中,或者直接挂在中梁上,一般不会轻易取下。至今,畲族村落有人患病,还会把符牌取下,削一点木屑加红糖水让患者服下,畲家认为"药到病除",十分灵验。

(2)丈篙

丈篙,也称杖杆,一般为长条方木制成,是大木师傅营造房屋的具体尺寸记录,它类似现代的设计图纸。其总长度依据所建房屋的高度,即房屋多高,其丈篙便有多长。房屋建造完成后,丈篙一般会被收藏起来,为日后修理、扩建房屋的基本尺寸依据。在某些丈篙之上,除了记录基本尺寸数字外,还附带记录一些带有巫术的内容。

(3)石臼

石臼、木砻、风柜等都是农家必备的传统加工米谷的工具。本是普通农家物件,但是置于厅堂之上,也被赋予了神秘性。遵照一些神秘的习俗,有的家庭中将石臼摆在固定的位置,并要求一座屋子中仅能放置一口石臼,不

---

① 佛门八宝,包括法螺、法轮、宝伞、白盖、莲花、宝瓶、金鱼和盘长等八件宝物,又称为"八吉祥"。

能多放。

二、民居平面布局

　　坂中畲族乡民居与绝大多数福安传统民居一样,建筑布局严谨,左右对称,前呼后应,端庄稳重均衡,主次分明。大型民居以合院式为基本单元组合,以纵向多进式组合为主,四周用高墙围合,左右两侧常以各式封火墙高出屋面。一般民居整体平面布局以正座为中心,加前后天井及两侧廊庑。大型住宅在主体正座两侧还加建侧廊、侧天井,侧屋俗称"抱厦",均以正座为中心而向两侧及后面拓展成基本形式。小型民居以三合院式、小四合院式等为常态。正房是处整个院落中心,以数个榭架组合构成的房屋,福安俗称"正座"或"当座",完整一个院落常常设有前后天井与两侧廊庑。在历史上的福安乡间"六榭八廊庑"厝,是百姓追求的大房屋,正房六榭面阔五间,前厅俗称"厅堂",其左右两侧房间为"厅堂间",后厅左右两侧房间称"后厅间",正座一般有 8 或 10 间房间,前后左右各有 2 间廊庑,共 8 间廊庑,这就是福安民间俗称的"六榭八廊庑"大厝。当然,还有更多的面阔七间,进深八柱、九柱、十柱等,也有面阔三间,进深五柱,但比较少见。

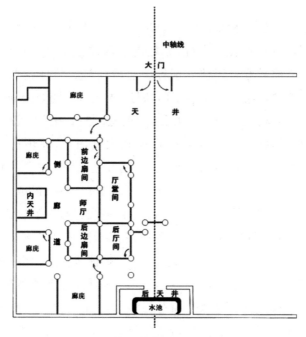

图 4-3　六榭八廊庑平面单边图

村落中的官宦财主人家，大门前还特建有让来访客人等候歇息的遮阳挡雨"门头亭"（也称"下轿亭"）。这些人家房屋厅堂建制特别宽敞，讲究稳重与豪华，雕梁画栋，装饰多以木雕、砖雕、灰雕彩绘为主，题材丰富，尽显传统道德和耕读家风。

火库，在房屋建筑中，不少有钱人家在正座中轴线上的最后面或或尾透的旁边设置相对独立的防火居室，称作"火库"。火库楼一般都是单体院落，与正房相邻处必有一个通道，且一般都留有相对较空旷的空间。火库楼与正房间必建有一道隔墙，这道防火隔墙一般用夯土墙砌筑得又高又厚，作为火库与正座建筑之间封火墙。

三、民居梁架主要构件

1. 榴料　是房屋正座纵向整体一榴屋架的统称。其主要由进深方向的数根立柱与柱间连接的梁、枋等构成，俗称"一榴料"。一般一榴架料有五根、七根、八根或九根甚至十多根立柱。传统民居整座梁架结构是由榴架与榴架之间以桁、梁、枋相串连接，形成整个屋架，榴架结构有二榴、四榴、六榴、八榴之分，四榴、六榴比较普遍，"六榴八廊庑"大厝是历史上民间百姓"达标"的豪宅。

2. 立柱　是支撑屋面重力主骨架。以四榴结构、一榴架为五棵柱子落地的民居为例，其中心柱为正柱，正柱前后两柱称作前步柱与后步柱，简称前步、后步。其前后檐口两柱分别称为前门柱与后门柱。当一榴架由七棵柱组成，相对五棵柱落地房屋多了两棵柱，从结构上恍如分别添加在正柱前后两柱，称作前充柱、后充柱，一般称作"前充"与"后充"。其他顺其位置，按部就班称步柱、门柱。若一榴架为九柱，依次前门柱、前步柱、前小充柱、前充柱，中间正柱，对应后充柱、后小充柱、后步柱、后门柱。一般常见一榴架柱网布局为五、七、八、九柱。正柱，也有称"当柱"、"中柱"或"栋柱"，"充柱"有称"川柱"与"穿柱"，皆福安话同音字。门柱也常称"檐柱"。

3. 榴架排列与特殊柱名　整个柱网按不同榴架编号，写上一榴前门柱、一榴前步柱、一榴前……二榴前门柱、二榴前步柱、二榴后……三榴前门柱……等榴架排列，以示好辨别各榴架不易混乱，便于顺利组装榴架。"八柱一榴榴架"结构，进深八柱，从前往后以前门柱、前步柱、前充柱、正柱、后充柱、后小充柱、后步柱、后门柱命名组装，再按一、二、三等排列榴架组合。整个房屋除正常榴架门柱、步柱、充柱、正柱外，还有几根特殊位置的柱子，

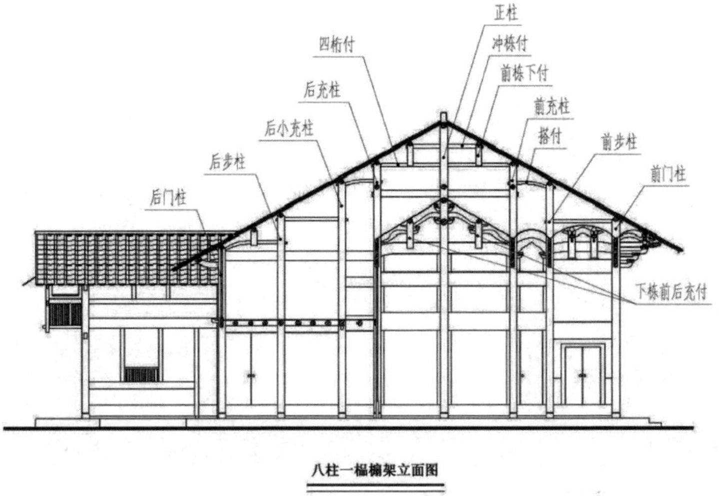

图 4-4　进深八柱榀架立面

其叫法特别。如厅堂明间前两檐柱（门柱）俗称“厅堂柱”，其柱比别立柱略大，直通檐下，显得独立魁雄。还有明间与中心两正柱平行且分隔前后厅之太师壁的两边立柱，称作“进宫柱”，也称“进金柱”，“宫”与“金”福安音相近。与进宫柱纵向平行相距约1米左右的立柱，被称作“转斗柱”（也称转宫柱），该柱与进宫柱一样也没通顶。不管转宫柱还是转斗柱，意在“转”字，指厅堂到后厅需要转个90°弯。一般在进宫柱与转宫柱安装有厚实的木板门，称为进宫门，其封闭前后厅之间通道。

整个榀架除立柱、梁、枋大件木构外，还有冲栋付、四桁付、前后栋下付、搭付等。厅堂假屋面梁架结构有下栋猫儿付，下栋前、后充付。

四、民居木构建筑局部构件

1. 进宫壁　也称“中庭壁”或“太师壁”。是指正座明间中心进宫柱间的隔断壁，把主屋明间分成厅堂与后厅。由于其位置居中，俗称中庭壁，为其威严，也称太师壁。厅堂有高堂之威，又宽敞明亮，常常被官宦之家设为临时办公场所。因其位置特殊与重要，长辈常常端坐厅堂的太师椅接受儿女礼拜，或训诫触犯家规成员，故有太师之尊威，故称太师壁。

2. 山山月景　木匠师傅把中庭壁两进宫柱上下枋间施加一组结构式样特殊的斗拱，称作“打山山”，民间一般称作“山山月景”（福安话音译）。这组装饰斗拱由中庭壁上方与两侧神厨之上共三个单元斗拱组成。主要由倒人字拱,上置放一斗三升斗拱和柱侧丁字拱组成,主要起装饰作用。

图 4-5　山山月景

3. 神堂　是进宫壁左右两侧进宫门通道上方设置的神厨,俗称"神堂"。正常左边供奉地方神灵,右边放置祖宗牌位。

4. 假头壁　应是"架头壁",也称"厅堂壁"。是指厅堂左右两侧的木板壁,一般厅堂壁由两块"假头壁"拼装而成。每块假头壁是由木板竖直按槽榫拼合一定尺寸后,再由周边四条厚实枋料围框镶嵌牢固其整块木板。其厅堂壁一层枋与二层枋之间的编篾抹灰壁称作"二行灰间"。

5. 罗腰壁　民居房间与通道等之间的隔断,常用常人腰高的木板壁。这种木板壁一般由地枋与腰枋做固定,中间竖直榫卯拼合的木板整体,称作"罗腰壁"。

6. 卷廊　前廊天棚饰作轩顶,俗称"卷廊"。有些大宅院民居檐口挑檐较长,挑檐也饰作轩顶,称之"卷挑"。这种在廊柱内外有做轩顶的俗称"双卷廊"。

7. 垂灯　垂檐柱,民间也称作"勾桐"。一般是在挑檐处的矮柱尾部雕刻成各种题材花灯款式,起装饰美观作用。

8. 礤柱石　俗称"算盘石",是指柱础底下铺设的方形青石。

9. 柱础　俗称"柱只",一般用青石錾雕而成,形状为圆鼓形、圆柱形、脸盆形等,放置礤柱石上支垫立柱,有阻隔地湿虫蚁直通木柱和防止腐烂作用。

10. 天井　有"前天井"和"后天井",前天井由主屋与两侧廊庑、大门内廊道屋面围合成一个方形空间,如一方井,俗称"天井"。下雨时屋顶上的水滴到此处,组成"四水归堂",寓意四方之财积聚的意思。

11. 封火山墙　或称"封火墙"。曲线封火山墙是福安民居最突出的地方特色。制作飘逸线条弯曲的封火墙,随着屋顶的高低而起伏,优美生动,勾勒出建筑的前后左右边界。其主要有弧形、弓形、马鞍形、折线形等形式。封火山墙曲线跌宕起伏,线条优美流畅,既有防火的实用功能,又具有艺术观赏价值。常见封火墙有"观音兜"、"马鞍形"、"如意花"等。

五、屋顶构造

1. 栋面　福安民间俗称民居青瓦屋面为"栋面"。两面坡栋架,民间俗称"人字栋",正屋屋架称作"正栋",屋顶架的前坡、后坡分别称作"前栋"与"后栋"。山墙一侧屋面称作"山栋",抱厦的屋面称作"厦栋",有廊屋的屋面称作"廊栋"。

2. 三栋造　也称"凤凰起翘"。同一座房屋栋面,中间屋面比两侧屋面高出 20 厘米左右,称作"三栋造"。据说木匠师傅根据敬祖尊神理念,认为大殿明间是安放祖先或神明香位的地方,应该高规格或以表崇敬特意抬高正中屋面,形成明间屋面高于两侧屋面,加上屋面两侧屋脊略作起翘造型,故被百姓称作"凤凰起翘"。

图 4-6　"猫咪栋"

3. 桁鱼　屋脊两侧垂鱼板,俗称"桁鱼"、"栋鱼"。多数木工师傅认为栋鱼主要作用是遮盖脊桁端头,也就是脊檩两头端面容易受雨水透湿,极易造成木料糟朽,木工师傅采用木板封遮雨水,最后演变成制作精美、文化含义丰富且起装饰作用的垂鱼板。

4. 垂带　在屋面山墙两侧边沿瓦凸上,从屋脊往下顺坡铺设青砖,形成一条青砖压条,被称作垂带,百姓美其名曰"官带"。垂带作用主要是沉压山墙屋面边沿瓦片不易被风刮起,二则直线式压砖在单调线状式平整的栋面有形成边框一样效果,大有美观屋面作用。

5. **猫咪栋**　为有效利用屋面空间，创建一个安全放心晾晒场所，一些房屋主人在自家住宅后屋面建一处小通廊，安放楼梯通往屋面，利用空旷的屋面晾晒谷物等农产品或衣服、被子等，也就是民间俗称的"猫咪栋"。

6. **护桁板**　俗称"护满"，是指钉在山墙两侧出挑的桁条间的长木板，一般是从脊桁到檐桁用整条木板钉作。起着保护桁条端口腐蚀，也起到美观作用，俗称"护满"。

7. **围帘**　是指钉屋面檐口椽条端口处的封檐板，使椽条头部不会出现曲翘，保持在一个平整面上，保证檐口屋面整齐。

8. **水辣**　是指钉在屋面檐口椽条尾端上面大约 2 寸宽且较薄的木条，起着平架作用，俗称"水辣"。

9. **重栋**　也称作"套栋"与"假屋面"。福安民居常常在厅堂位置的瓦垄下，用相对较薄木板拼合，且顺着瓦垄下的椽条架构一个全木板组合的"套栋"，遮盖栋下瓦垄，起美观、隔灰尘和雨毛。"套栋"所以称作重栋或假屋面，一般为单面坡和双面坡两种。

第三节　典型建筑

一、廉岭村钟细胀宅

廉岭村是典型的畲族村，分上、下廉岭，有钟、雷等典型畲族。廉岭村内仍有不少数座规模较大的宅院，其中在下廉岭村口就有一座规模颇大、造型奇特的大宅，现宅主为钟细胀等人。该宅相传建于清朝，至今已有三百余年历史。钟氏先祖曾是银匠，家财富足，但山间常有匪寇流窜，因而集资建起了这座寨堡式的民居留存至今，现已成为廉岭村的一景。

钟宅坐东北而朝西南，以厅堂为中心，依山就势建造于台地之上。平面布局也不规则，但规模颇大，总占地面积约 1000 平方米。建筑基座为卵石砌筑，厚重的夯土高墙将主体建筑全部围合，形成一座相对独立的寨堡。寨前大块条石铺就的埕地宽敞气派，厚实高耸的寨墙上开设开小窗或小孔，小孔外窄内宽，既可观察寨外动静，又能投射利器。寨门为石枢木板门，门顶有注水孔，可注水护门，以防火攻。寨内有一口古井，终年不涸；寨右墙下为小沟渠，用以防备。整座建筑外观最为重要的特征就是高耸的夯土墙以及连续变化的山墙形态，有拉弓形、阶梯状等，颇具特色。

钟宅主厅前有两座土木结构的碉楼,高十米有余,四坡顶,内部有木楼梯而上,四面厚重的夯土墙围合,仅在高处开设有券形、方形以及六边形的小窗,用于防御、瞭望等作用。主厅面阔三开间,明间为厅堂,两次间为卧室。明间宽大敞亮,中间设太师壁以及案桌。进深颇大,约七间十五椽,主厅两山披檐下空间与外墙之间为厨房以及杂物间等。主厅前后均有小院,右侧以及后侧均有楼梯可上楼,二、三楼多为储藏空间。

整座建筑的主体结构均为具有地方特色的穿斗构架,用材也颇大,体现出钟氏一族在建造时期的实力繁盛。建筑隔墙墙体多为竹筋灰泥墙或木板墙,屋面为传统的干铺小青瓦顶,局部已破损。夯土墙在历经数百年雨水冲刷后,局部也已开裂、倾斜,甚至坍塌。除主厅之外,该宅均有屋前后因地制宜地拓展,可能也是为适应不同时期的功能、空间需要的主动变化,依稀可追忆往昔的繁盛。如今的钟宅,早已人去楼空、繁华不在,仅有钟细脓一家四口仍留守居住在碉楼之内。

钟细脓宅为福安地区少见的寨堡式民居,与闽南客家地区的土楼、土堡有异曲同工之处,均是具生活、生产、防御等功能为一体的山地民居,因地制宜地建造形成,具有较高的研究价值。

图 4-7 廉岭钟细脓宅外景
(马子哲等摄,2015 年 8 月)

图 4-8 廉岭钟细脓宅外景
(马子哲等摄,2015 年 8 月)

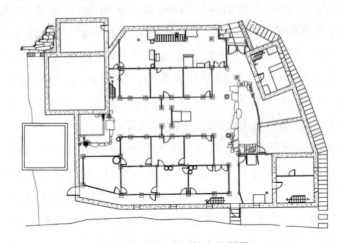

图 4-9　廉岭钟细脓宅平面图

（刘杰、林峰、马子哲等测绘）

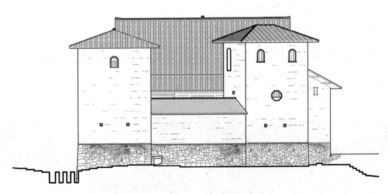

图 4-10　廉岭钟细脓宅正立面

（刘杰、林峰、马子哲等测绘）

图 4-11　廉岭钟细脓宅侧立面

（刘杰、林峰、马子哲等测绘）

图 4-12　廉岭钟细脓宅明间剖面
（刘杰、林峰、马子哲等测绘）

二、冠岭村陈氏大宅

冠岭村主姓陈，现村中仍保留了几座相对完整的大型宅第。其中陈氏大宅位于冠岭村中部，现房主为陈培林、陈龙、陈福金、陈福祥等人。该宅规模颇大，造型特殊，较周边民居显得格外突出。宅院建于坡地，前低后高，层叠而上，外观呈三段式，最下层是卵石台基。其上是夯土与木结构，再上就是多层的木结构。它是由两栋建筑错位组合而成，分前、后两个部分，前次后主。前部分是三开间，悬山顶、带披檐，外观为 3 层：1 层是夯土与木混合结构，2～3 层是木结构。后部分主体也是三开间，左右附不规则扩展空间，悬山顶、带披檐。外观为 5 层（含阁楼）：1 层是局部的架空层，2 层以上均是木结构。前后两部分相互连通。

该宅平面呈不规则形态，总占地面积约 350 平方米。后部分明间面阔约 4 米，次间面阔约 3 米，总进深（前檐柱距后檐柱中心距）约 9.4 米，1 层明间为厅堂，层高约 4.5 米。次间为卧室，2 层及以上设多个局部楼层，主要为储藏室等。前部分楼层分隔相对清楚，1 层为储藏、厨房等，2～3 层为卧室、起居室等。

由现场踏勘，可以看出陈氏民居特殊的外形及布局，显示出其建设过程中对山地地形的不断适应与调整，以及随家族繁衍生息的建筑有机生长。

离该宅屋后西侧不远，冠岭古樟树左侧，也有一座陈氏宅第，现房主系陈进松、陈成贵、陈锐孙、陈焕文等人。该宅因近年宅前道路建设，建筑局部已经被拆除或损坏。现存的陈宅主体为三开间民居，悬山顶，两山带披檐（现已不存，由痕迹推测）与前轩廊（柱已拆除，梁搁置在院墙之上）。此宅前有夯土院墙，但右段已因道路建设而拆除，而后紧贴路边全砌筑红砖墙。宅后数米外围一石挡墙,与之形成小庭院。卵石铺地,屋后有一木质楼梯可上旁屋二层。

主宅面阔 3 间,总面阔约 9.3 米,其中明间约 3.9 米,次间约 2.7 米。进深 4 间,总进深(前后檐柱距离)约 8.6 米,边帖五柱十一檩。明间依太师壁(当地语"中庭壁")划分前、后两厅堂,太师壁后数米处设"太平门"(当地语)。以太师壁为界,前后两堂进深大致相等,但前堂不设门,后堂设有大门。前堂三柱五檩,穿斗构架,富有地方特色的弯枋,屋顶设覆水椽(也称重椽),形成完整的双坡厅堂构架。厅堂内檩条替木雕刻精美,仍可见当时镏金残迹。后堂为 3 层(含阁楼层),层高约 2.2 米~2.7 米,穿过后厅经屋后楼梯可上二层,二层空间主要为储藏空间,设有多间仓室。阁楼层主要是空置或杂物间,无实用功能。主宅屋面为小青瓦干铺屋面,前坡保留尚完好,后坡右侧已有破损,其余尚好。右侧山面的屋顶悬鱼板尚在,长 1 米有余,其上圆框内镌刻有"日耀星辉"四字,下为双鱼。整个悬鱼雕刻精美,具有较高的价值。

该宅虽规模不及前宅,但其形式代表了该地宅第的一般类型,具有前庭后院、三间寮房的基本特征。

图 4-13 冠岭村村貌一角
(李建田摄,2018 年 12 月)

图 4-14 冠岭陈氏大宅
(曹晨摄,2018 年 12 月)

三、仙源里村苏氏宗祠(福安市文物点)

仙源里村是畲、汉合居村,有苏、王、陈、蓝等氏族。苏氏祠堂在仙源里村口,建于坡地之上,前低后高,逐级而上。相传始建于明代中期,清道光年间(1821—1837)重建。现祠堂为两进,前庭后院,平面呈规则矩形,总占地面积约 410 平方米,总面阔约 14 米,总进深约 29 米。祠堂门前拾 5 级台基而上是砖砌门楼,下为卵石墙,与台阶同高。其上为清水砖砌空斗墙,高约

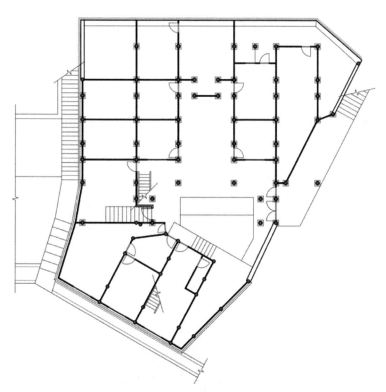

图 4-15　冠岭陈氏大宅平面图

（刘杰、曹晨等测绘）

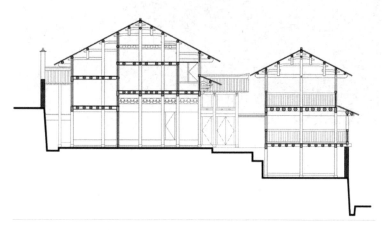

图 4-16　冠岭陈氏大宅明间剖面图

（刘杰、曹晨等测绘）

3米余。门楼为三段式，中间高两边低，砖砌、灰塑而成的飞脊翘角，檐下尚可见青花色的卷草纹彩绘图案。石门框正上方以及两侧上方均设字樘，上

161

图 4-17　冠岭陈氏大宅侧立面图

（刘杰、曹晨等测绘）

图 4-18　冠岭陈锐孙宅

（曹晨摄，2018 年 12 月）

方字樘内阳刻繁楷体的"苏氏宗祠"四字，左右字樘内分别墨书有"沧海日赤城霞峨嵋雪洞庭月潇湘雨广陵雾庐山瀑布合宇宙奇观绘吾家壁"、"少陵诗摩诘画右军帖左传文马迁史南华经相如赋屈子离骚收古今绝艺置我山窗"的对联以及"四乡主任题"、"秀山居士笔"的落款。相传此为清代书法家邓石如之笔墨。宗祠门楼集石、砖、灰等传统建筑材料以及雕刻、彩绘、书法等传统技艺于一体，具有较高的艺术、历史价值。

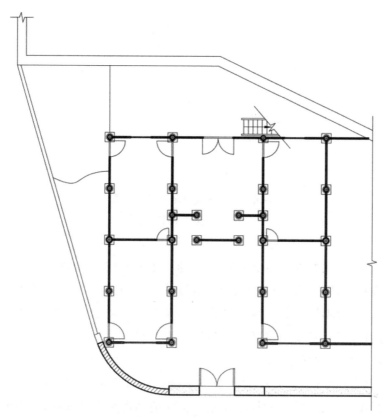

图 4-19　冠岭陈锐孙宅平面图

（刘杰、曹晨等测绘）

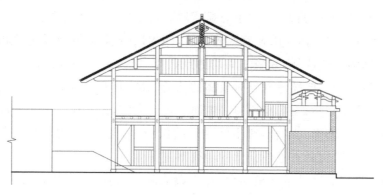

图 4-20　冠岭陈锐孙宅侧立面图

（刘杰、曹晨等测绘）

　　进入宗祠，即有一处数米余深的前庭。穿过此即进祠堂的前厅，明间上悬"解元"匾额，也为阳刻字体，笔法遒劲有力，周围雕刻有卷草纹饰。前厅

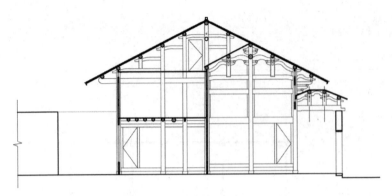

图 4-21　冠岭陈锐孙宅明间剖面图
（刘杰、曹晨等测绘）

开间三间,总面阔约 9.7 米,明间约 4.7 米;进深四间,总进深约 7.8 米。前檐上卷棚轩廊,跨过大门(门现已不存)门槛,为一屏门。绕行后进入前厅后半部分,该部分明间两榀各减一柱形成抬梁架,屋架上应用复橼,在室内形成完整两坡屋顶,营造出宽敞而完整的室内空间。

行数步于中庭甬道,拾三级台阶之上为正厅,正厅面阔与前厅一致,进深较前厅略深 0.5 米。正厅的四根柱子分布相对均匀,除明间两榀减中柱形成抬梁架外,其余均为四柱穿斗架。正厅前檐也为卷棚轩廊,后为彻上露明的梁架。明间靠后墙位置为祭祀案台,高约 1.8 米余,案台两侧后墙上开两后门。厅内两山墙上均设置有祭祀神龛,供奉着各个苏氏各族牌位。正厅整体用材较前厅偏大,空间也更显宽敞。出正厅后门为祠堂后院。

整个祠堂前后两厅由连廊两侧相连,四周以砖墙围合,仅设正门和左边门,除前墙为旧砖墙外,其余三面均为红砖墙,应为近年新砌。祠堂木构架部分保存尚完好,能够体现当时较高的技艺水准,具有一定的研究价值。祠堂屋面瓦作尚完整,无明显残损。屋面悬鱼尚完整,无缺损。主体建筑与两侧围墙间以披檐形式结合,对主体建筑的保护起到有利作用。祠堂内现有清代石碑两通,记载有重建祠堂的功德事迹等内容。

仙源里苏氏宗祠虽规模不大,却古典质朴,在传统木作技艺、人文历史方面均具有一定的研究价值。

图4-22　仙源里苏氏宗祠门楼

（曹晨摄，2019年7月）

图4-23　仙源里苏氏宗祠外景

（曹晨摄，2019年7月）

图4-24　仙源里苏氏宗祠梁架

（曹晨摄，2019年7月）

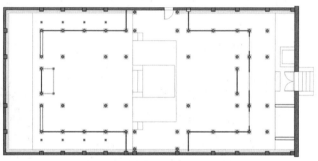

图4-25　仙源里苏氏宗祠平面图

（刘杰、曹晨等测绘）

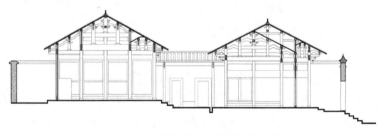

图4-26　仙源里苏氏宗祠明间剖面图

（刘杰、曹晨等测绘）

四、步兜山村朱宅

步兜山村主姓朱，相传为朱熹后裔。村中目前也有数座相对完整的宅第，朱宅在步兜山村口，现房主为朱飞光等人。该宅建于台地之上，平面呈矩形，总进深约22米，总面阔约18米，占地面积约450平方米。建筑主体为二进，主厅开间五间，两山带披檐与两侧外墙间又拓展出数米空间。进

图 4-27　仙源里苏氏宗祠正立面

（刘杰、曹晨等测绘）

深四间，但深度却达十一檩，总进深约 11.5 米。屋面前短后长，充分考虑到主次功能的设置。

正厅明间面阔约 4.3 米，次间面阔约 3 米，出檐为六踩斗拱。室内前檐带船篷轩廊，三进重椽屋面等，层次丰富，空间宏大。正厅中设太师壁，绕过太师壁，则有后堂。堂内两侧也设木门，为次间卧室边门，旧时靠边有楼梯可上二楼，但现已不存。主厅前后两侧带厢房，前厢房为两间，后厢房为一间，作为厨房、杂物等空间。前厢房

图 4-28　步兜山朱宅外景

（曹晨摄，2019 年 7 月）

与正厅之间设有木楼梯，可由两边上二层。

正厅前为小庭院，长 6 米余，宽约 4 米余，拾三步台阶而下，条石板铺设。厅前门楼造型独特，为回廊与两旁厢房相通，采用的是外坡顶、内篷轩顶的双重屋顶形式。木质板门依旧完整，门楣之上门簪雕刻精美。门楼外出檐也是六踩斗拱，内出檐则是五踩斗拱，梁架间驼峰等构件雕刻细腻生动。门前约 5 米处为一夯土照壁，现已部分塌毁，但进入户门仍需沿此照壁绕行侧边进入。正厅后也有后院，由左右单间厢房以及后墙围合而成，长约 8 米余，宽约 4 米余，碎石铺地，比较自然。

现在的朱宅在两侧均有改造或加建，已非往昔风貌。但其主体尚完整，尚无大的损毁与改变，现已空置。朱宅主厅和门楼的结构规模都颇具特点，有大宅大院的气韵。该宅除后墙是石挡墙外，其余三边均有厚夯土墙围护，勒脚部分为碎石垒砌，挡墙离地高约 3 米余，局部开方窗或券门，方便采光、

图 4-29　步兜山朱宅平面图
（曹晨等测绘）

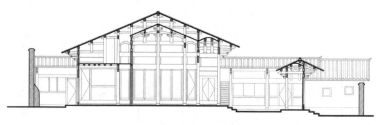

图 4-30　步兜山朱宅明间剖面图
（刘杰、曹晨等测绘）

通风等。夯土墙局部已残损坍塌或发苔开裂等。

朱宅规模虽不大，但从其构架特征来看，其建造的等级不低，其构造手法与福安阳头某大厝有相似之处，具有一定的研究价值。同时值得注意的是，清代福安名木匠朱绍然出自此村，其主墨修建的宅院遍布福安各地以及周边县市。据现房主讲，该宅系由朱绍然徒弟主墨建造，该朱氏一门与朱绍然所在氏族之间有亲缘关系。所以对于该宅以及步兜山村的其他宅第技艺以及工匠历史的研究,有助于厘清朱绍然等福安地方木作技艺传承等相关历史脉络。

五、步兜山村朱宅(二)

村中现存两座形制相似的民居建筑,均为清代中期坂中闻名的"大木"师傅朱绍然同时上梁(拣榴)起建而成。分别为在步兜山村口,步兜山村路41与42号民居。

1.步兜山村路41号民居

在步兜山村口,现房主为朱氏族人为主。该宅建于台地之上,平面呈矩形,总进深约26米,总面阔约21米,占地面积约530平方米。建筑主体为二进,主厅开间五间,三明两暗,两山带披檐与两侧外墙间又拓展出数米空间。进深四间,但深度却达十一檩,总进深约11.5米。

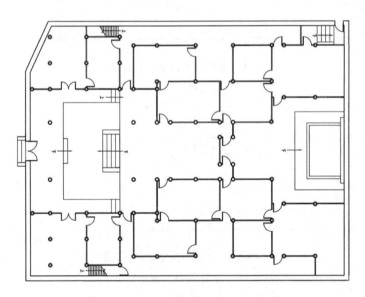

图 4-31 步兜山村路41号首层平面图

(缪远 郑钦泓 兰雯 赵项测绘)

正厅明间面阔约4.5米,次间面阔约3.3米,出檐为六踩斗拱。室内前檐带船篷轩廊,三进重椽屋面等,层次丰富,空间宏大。正厅中设太师壁,绕过太师壁,则有后堂。堂内两侧也设木门,为次间卧室边门,靠边有楼梯可上二楼。

　　正厅前为小庭院,长 8 米余,宽约 5 米余,拾三步台阶而下,条石板铺设。厅前门楼造型独特,为回廊与两旁厢房相通,采用外坡顶、内篷轩顶的双重屋顶形式,木质板门依旧完整,门楣之上门簪雕刻精美。门楼梁架间驼峰等构件雕刻细腻生动,有双凤朝阳建筑木雕。门前约 5 米处为一夯土照壁,现已部分塌毁,但进入户门仍需沿此照壁绕行侧边进入。正厅后也有后院,由左右单间厢房以及后墙围合而成,长 6 米余,宽 4 米余,碎石铺地。

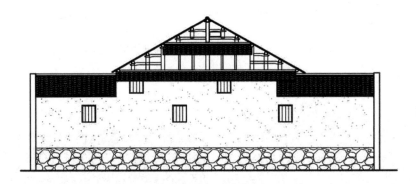

图 4-32　步兜山村路 41 号侧立面图

（缪远　郑钦泓　兰雯　赵项测绘）

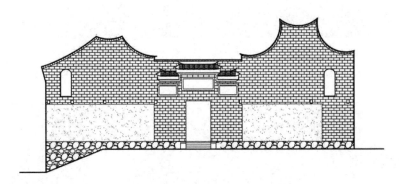

图 4-33　步兜山村路 41 号正立面图

（缪远　郑钦泓　兰雯　李晨晨　李景测绘）

图 4-34　步兜山村路 41 号明间剖面图

（缪远　郑钦泓　兰雯　邹明杰测绘）

图 4-35　建筑入口

（缪远　摄于 2019 年 11 月 2 日）

图 4-36　正房明间

（缪远 摄于 2019 年 11 月 2 日）

图 4-37　西侧山墙

（缪远　摄于 2019 年 11 月 2 日）

图 4-38　东侧山墙

（缪远　摄于 2019 年

11 月 2 日）

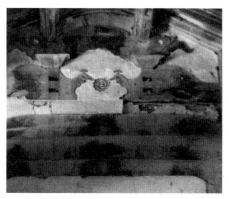

图 4-39　门口双凤朝阳图案

（缪远　摄于 2019 年 11 月 2 日）

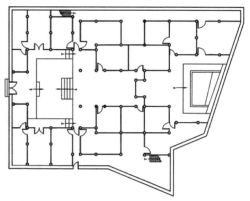

图 4-40　步兜山村路 42 号首层平面图

（缪远　郑钦泓　兰雯　赵项　许志成

李晨晨　李景　邹明杰测绘）

2.步兜山村路 42 号民居

位于步兜山村口,现房主为朱氏族人为主。该宅建于台地之上,平面呈不规则形,西进深约 30 米,东进深 20 米,总面阔约 24 米,占地面积约 545 平方米。建筑主体为二进,主厅开间五间,三明两暗,两山带披檐与两侧外墙间又拓展出数米空间。进深四间,但深度达十一檩,总进深约 11.5 米。

正厅明间面阔约 4.5 米,次间面阔约 3.3 米,出檐为五踩斗拱。室内前檐带船篷轩廊,三进重椽屋面等,层次丰富,空间宏大。正厅中设太师壁,绕过太师壁,则有后堂。堂内两侧也设木门,为次间卧室边门,靠边有楼梯可上二楼。正厅上方悬挂光绪十八年(1892 年)“祝应南山”寿匾,东面悬山屋顶留有木质悬鱼一件,约 1 米长。

正厅前为小庭院,长 7.5 米余,宽约 5 米余,拾三步台阶而下,条石板铺设。厅前门楼造型独特,为回廊与两旁厢房相通,采用是外坡顶、内篷轩顶的双重屋顶形式,木质板门依旧完整,门楣之上门簪雕刻精美。各厢房窗花保存较好。门前约 5 米处为一夯土照壁,现已部分塌毁,但进入户门仍需沿此照壁绕行侧边进入。正厅后也有后院,由左右单间厢房以及后墙围合而成,长约 6 米余,宽约 5 米余。

现在的住宅在两侧均有改造或加建,已非往昔风貌,但其主体尚完整,尚无大的损毁与改变,现已空置。主厅和门楼的结构规模都颇具特色,有大宅大院的气韵。住宅规模虽不大,但从其构架特征来看,其建造的大木作技术较高。

图 4-41　步兜山村路 42 号正立面图

（缪远　郑钦泓　兰雯　赵项　许志成　李晨晨　李景　邹明杰测绘）

图 4-42　步兜山村路 42 号明间剖面图

（缪远　郑钦泓　兰雯　赵项　许志成　李晨晨　李景　邹明杰测绘）

图 4-43　建筑外立面

（缪远　摄于 2019 年 11 月 2 日）

图 4-44　宅院外门

（缪远　摄于 2019 年 11 月 2 日）

图 4-45　木构窗花

（缪远 摄于 2019 年 11 月 2 日）

图 4-46　明间正厅上方

（缪远 摄于 2019 年 11 月 2 日）

六、南岸村书院

南岸村为汉族村,有郭、林、陈、吴、蔡等氏族,其中是郭氏一族是该村的肇迁族。现南岸村西有一座书院建筑,形似民居,但却小巧别致、独具特色,为福安地区所少见。书院建成年代不详,初步判断为清代或民国时期,20世纪曾被村民移作民居之用,现已空置。书院坐南朝北,平面近方形,总占地面积约 120 平方米。主体面阔三开间,总面阔约 8.8 米。进深四开间,总进深约 6.6 米。共 2 层,其中一层明间为厅堂,二层主要是住宿房间等。建筑用地虽小,但主厅前仍留有小前院。

书院建于台地之上,墙脚用卵石垒砌,其上是青砖砌空斗墙。大门在书院左前侧,拾三步台阶进入,门口两侧向外出两个精致的砖砌墀头,门头之上有一砖砌字樋,白底题字现已漫漶不清。进门穿过左侧耳房进入厅堂,该厅堂有别于一般民居的厅堂,层高不高、空间不大,稍显逼仄。厅堂靠后位置为太师壁,现已拆毁。地面是三合土地面,局部已长青苔或有积水。正房前两侧各接单间的两层耳房,除增加了功能空间外,也丰富了建筑的组合意趣。左侧耳房一层为穿廊,无围合。

书院主体框架为木结构,主要为五柱七檩、穿斗抬梁混合构架形式。木构架外围护以清水砖砌空斗墙,一檩多斗,砌法多变,南、北墙上还分别缀以方形漏窗,南北两窗纹饰各异。青砖砌墙檐,灰塑檐饰。东、西、北三面砖墙墙高约 3 米,南墙墙高直至檐口。建筑西山面出披檐,披檐之下为直上二层的木楼梯,楼梯宽仅约 0.67 米（合约 2 尺）。进入二层,其布局与一层类似,明间为厅堂,次间为卧室。其上屋架也比较明晰,替木等部件雕刻细致。厅堂后金檩两端各安置有神龛。屋檐出跳采用常见的六踩斗拱，是常见的福安地方做法。书院屋面采用小青瓦干铺屋面，保存相对完整，无沟头滴水。耳房屋顶下设腰檐，饰灰塑翘角，山面的悬鱼保存完整。

南岸村书院整座建筑造型简朴，用材自然，融于山间民居之中，是福安地区少见的教育类建筑，具有较高的研究价值。

图 4-47　南岸书院外景

（李杰摄，2019 年 1 月）

图 4-48　南岸书院外景

（李杰摄，2019 年 1 月）

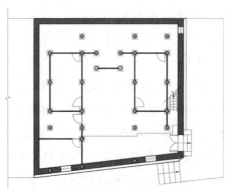

图 4-49　南岸书院平面图

（刘杰、曹晨等测绘）

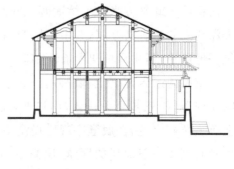

图 4-50　南岸书院明间剖面图

（刘杰、曹晨等测绘）

第四节　大木匠师

福安民间把从事木作者,通俗地讲"做木师傅",按制作成品种类的不同细分为三类,其中包括盖木房子的,称为"大木师傅";打木家具的,称为"细木师傅";制作木桶、木盆等圆状木制品的,称为"圆木师傅"。一座大型木构建筑(包括祠堂、庙宇)的竣工,单靠大木师傅一人是无法完成,便自然而然形成"斧头帮",即大木师傅群体。其中有一为首者,人称"师傅头",也有称"大师傅头"的,统筹工程全局,计算全屋尺寸,安排工序与人员分工,在关键的工序中身先士卒。在木作人群中,除了负责重要工序的协作伙伴外,"师傅头"手下还有若干徒弟。协作伙伴中有的也曾是"师傅头"的徒弟,他们经过若干年的木作历练,而"出艺(出师)"成师傅。这些人也可能具备了"师傅头"的潜质,在一定的契机下,他们也将成为"师傅头"的接班人。由于大木师傅平时的劳作,较之普通的细木师傅或圆木师傅的联系面、涉及面更广,工艺要求更高、更复杂、细致,制作时间更长,其影响力更大。因此,在民间工艺界,较之其他师傅,他们的地位更加凸显,名声更加响亮。

一、鲁班三郎

福安民间匠人有公认的祖师爷,比较常见的是张班一郎、邱班二郎与鲁班三郎。其中泥石匠祖师爷是张班一郎,竹篾匠祖师爷是邱班二郎,大木匠祖师爷是鲁班三郎。当然也有其他说法:其中一说认为以上三者的祖师爷都是鲁班,并不存在张班与邱班。又一说认为张班、邱班都是鲁班的兄弟,鲁班可以代表他们。不管如何,鲁班是以上各路匠人的祖师爷,鲁班在民间匠人的地位至高无上,无以替代。由于鲁班在木匠心目中奉为神明,因此,在其经业过程中,都会在关键的时刻祭祀鲁班,祈求护佑。除了拜师时有祭拜鲁班外,最主要仪式是房屋上梁(拼梼)的"祭鲁班"仪式。拼梼时辰一到,大木"师傅头"身着围裙,双手拿桌上的"鲁班槌",向鲁班拜道:"一拜东方甲卯乙,二拜南方丙丁年,三拜西方庚酉方,四拜北方壬子祭。手掏龙槌奉青天,奉请云头众仙师,奉请金班一郎师傅,奉请银班二郎师傅,奉请鲁班三郎师傅到。此槌不是凡间槌,那是鲁班师傅赐我槌。左手进天天赐福,右手放地地太平。打人人转生,打凶神恶煞归天庭。"然后师傅头走到已摆好"柴马"架上的两根进宫柱前说道:"鲁班师傅发槌。"并轻轻敲打三下,同时拿着桌上已祭过鲁班的一盘米谷撒在地面四个方向，念道："天青青，地明明，王母娘娘赐我一盘金。借问此金何处用，掏来此处填华堂。此米撒在东南西北中，万倾田庄从此置，儿孙个个做三公。"接着大放鞭炮，村中的年轻人与大木师傅一起同心协力，首先把二根进宫柱竖起，抬上"柱石"。接着，先把厅堂左边一榴竖起，抬上"柱石"。后把厅堂右边一榴竖起，抬上"柱石"。当厅堂左右两榴竖起之后与两根进宫柱，用枋梁连接固定住。依次再竖起左边一榴和右边一榴，抬上"柱石"，同样用枋梁固定之。仪式最后将一对"鲁班槌"与符牌，挂在梁上。还准备一担红布袋装的米谷，置于屋梁上，称为"压梁"。"师傅头"口念上梁吉词，如"主家今日屋上梁，喜逢黄道降吉祥。福星高照生光彩，金玉满堂百事昌"云云。畲族师傅会唱畲家歌言《祔榴（上梁）歌》。

鲁班祭毕，便办"梁下酒"，即办上梁酒席。这时，主人会请泥瓦、大木匠师坐"大位"，其中泥瓦匠师还得比大木匠师的座位显赫，因为砌地基、抹屋角（栋顶翘角），即最底端与最顶端的活儿都由泥瓦匠干的。总之，此刻起造房屋工匠与东家，以及东家邀请的客人都沐浴在鲁班灵光照耀的狂欢中。1950年代之前，"师傅头"在上梁（祔榴）屋架的中梁上留一小块杉树皮，不能刨除，要留下给东家，永久保留（这是老鼠走的路，如果完成刨光，老鼠就走不过了）。上梁的五枚梅花竹钉，居中的竹钉不能完全钉没在木料中，竹钉必须露出一半，为"师傅头"留"手尾"，即"师傅头"的手艺要"留一手"。

最有威信、最受尊敬的大木匠师除了技艺精湛外，还掌握"鲁班术"。"鲁班术"的获取得益于《鲁班经》。《鲁班经》是民间大木匠师的职业用书，主要包括营造尺法、相宅、选择方位、工序、祈禳、镇解等。该书主要流传于宋元以后的东南部分地区，是此流行地区历代工匠在实际工作过程中口授和抄本形式薪火相传、较为全面反映民间木作技术，体现了民间木作技艺的发展水平，同时记录了当时常用的建筑类型及相应的尺度。在福安一带流传的《鲁班经》，其前身为明万历年间刊行的《国史经籍志》中的《鲁班营造正式》，又称《匠家境》。全书分三卷：卷一叙述施工规范与要求；卷二专门论述社会公共建筑，以及建筑工具；卷三"相宅秘诀"。现存比较权威、正统的版本是宁波天一阁的明代藏本，全名为《鲁般营造正式》，编辑者为明代午荣、章严。民间《鲁班经》还有另一种特别另类的版本《鲁班全书》，《鲁班全书》舍弃了最有价值的营造技术部分，而大多篇幅描述与民间房舍起建相关联的巫术，即突出鲁班术的神秘性。流传民间的现存版本是明代方灵灵本，他认为他作为"写书人"与"传书人",《鲁班全书》的宗旨是"书到家中,人兴财发。千呼千应,万呼万灵,不呼自灵。做一家发十家,做十家发千家、发万家,四方得财归家。""鲁班书"是受鲁班圣人启示与授意的,也就是说《鲁班经》(《鲁班全书》)的最初作者是鲁班本人。相传鲁班写《鲁班经》的初衷,是为了工匠谋利益,他深知工匠们靠手艺谋生,无权无势,时常会受社会歧视、轻慢、欺辱,于是便留下秘术,助力他们,用以自保与惩恶。《鲁班全书》分上下两册,上册是治人法术,即"黑巫术";下册是"黑巫术"的解法和医疗法术,为"白巫术"。但除了医疗法术外,其他法术都没有具体、详细、直观的文字内容,而只有咒语和符箓①。俗话说"鲁班法,四百八",即民间手抄本繁多,大多为整人小术,称为"厝毒",即"厌胜"。民间流传说法,东家建房子,不能怠慢与得罪木匠和泥水匠,否则他们就会暗地里使出诅咒秘术,即"厝毒",使东家神不知、鬼不觉地引揽了灾难或败落。至今福安民间还流传许多活龙活现的关于下"厝毒"的故事。由此可见,《鲁班全书》所收录的秘术既可助益东家,亦可加害东家。

民间流传,学习《鲁班经》(《鲁班全书》)的人,因为可能施行黑巫术,煞气太重,必定会粘上"鳏、寡、孤、独、残"中之一项。也就是说,学习这本书的人,要么孤独终老,要么残疾一生,或者亲人遭殃。所以这种《鲁班经》又别名《缺一门》。学习此种"鲁班术",基本靠师傅口耳相传。拜师地点大多选择荒郊野岭的"秘境"。这时,师傅走在前面,徒弟尾随其后,师傅突然发问:"徒弟后面有人否?"如果徒弟说有人,师傅就不再吱声,也不会传授法术;如果徒弟说,背后无人。师傅觉得,此徒已经做好"绝后"的思想准备,便可教授。《鲁班经》(《鲁班全书》)中的大部分秘术,都只需修习七七四十九天,便可以速成。现有《鲁班经》为明代版本,虽然版本多样,但就总体而言,大致分为两类,其一是正统的直接记载木作技艺的建筑"经书",其二是非正统的借助鲁班的灵异、行民间巫术的旁门左道。1950年代之后,《鲁班经》虽然还密藏于个别大木匠师手中,但是只存在于他们的文化记忆中,充满神秘色彩的《鲁班经》已不再被青睐,也不再使用。特别是那害人的黑巫术,下"厝毒"行为,为他们所不齿。至于医病的白巫术,在医学不发达的偏僻村落,仍然有一定的市场。

---

① 符箓:亦称"符字"、"墨箓"、"丹书"。

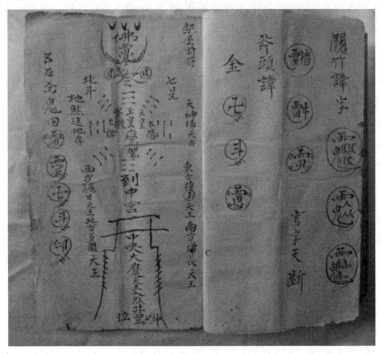

图 4-51　流传于坂中畲族乡民间的《鲁班经》文本

二、木作技艺

1950 年代之前，木作手艺人家境贫寒，不能进私塾，接受蒙学教育，许多人在学艺之初，都目不识丁。但是他们凭借悟性、记忆和多年历练，熟悉了大木技艺的复杂流程与实施尺寸。民间俗语："木匠无字，见叉（×）就是。"生动概括成熟、练达的大木匠师的聪慧与敏捷。大木匠师最主要、最基本的工具是曲尺与墨斗，是勾画房屋的要件，起建房屋的基础性工具。大木师傅除了运用自如地掌握诸种大木工具外，更应该熟练运用曲尺与墨斗。民间俗语：大木师傅"（墨）绳无乱弹，①（记）号不乱画"，表明上述二者结合使用须慎重其事，不可有一丝马虎与随意。曲尺，又称为"矩尺"，是木作师傅用尺。因其纵向尺与横向尺构成"L"型，故称为"曲尺"。纵横两向尺相加，曲尺全长三尺。按照《鲁班经》理念设计，"鲁班尺"的一尺相当于 30 厘

---

① 木匠"弹绳"，又称"吊线"，即顺着墨斗里的墨线在木料上弹出墨色线条，以便于加工成架屋的椆料。

米。墨斗是大木匠师弹画墨绳的储墨器皿,相传为鲁班发明。乡人认为师傅墨斗里神异墨水可以权当药水。新房上梁(袱榍)举行"祭鲁班"仪式时,师傅的曲尺、墨斗与围裙不可随意乱放,而应该置于平稳显著的位置。

大木匠师认为插在墨斗里,用来描画墨绳的竹制"墨签"(竹笔)不可苟且,"鲁班术"能真正发挥作用的主要靠"墨签"。对"墨签"的选材十分严格,非常重视。即要在农历正月初一日下半夜(子时)或七月十五日下半夜(子时),在竹林中选取无尾竹,用刀将竹节劈成七七四十九根签条,再将签条埋在三叉路口的泥土里,经过人踏、日晒、雨淋、风吹、霜冻,最终能够露出土面的一根将是理想"墨签"的用材。"墨签"须经过"祭鲁班"仪式后方能使用。这把"墨签"在大木师傅手里的发挥,有如神助,除了能在木料上直接准确勾画墨绳,用作加工各类榍料的线条与数字依据外,还可运用"鲁班法"刻画巫术中的符箓与各类象征物,以实施法术。师傅"墨签"描画在桁椽上的墨迹,非同小可,房屋竣工前,大木师傅必须刨除干净,不能留下一丝痕迹。否则东家会介意,而担心留下遗憾,埋下祸根。

在1950年代之前,按照《鲁班经》的理念,大木匠师使用的"柴马"(木马)被神圣化与神秘化。"柴马"即三脚木架,木工匠师用来支撑大木头,便于劈、砍、刨等操作的十字形中间带长把的三脚木架。"柴马"不能随便闲坐,万一被闲人一坐,就可能犯"煞气",给匠师工作带来麻烦。"师傅头"使用的"柴马"为"头马",木作群体中的第二位师傅的"柴马"为"次马",以此类推,不能僭越。大木匠师做工的场地不可轻易占用,旧时傀儡戏班演神戏想借用场地,要移动"柴马",清场搭(戏)台,必须征得大木匠师的完全同意,虽然傀儡戏班有戏神护佑,也具有巫术本领,但是在大木匠师面前,自然相形见绌。没有大木匠师的首肯,傀儡戏班终不得开坛演戏。

"师傅头"最重要的本领是在房屋起建中能够执掌"丈篙",即以此而掌握房屋起建的全部数据。福安俗语将主事者称为"掏丈篙的人"。"丈篙"亦称"杖杆",是传统大木匠师施工的度量工具。"丈篙"由量轻质软、不易变形的杉木等木头制成,"丈篙"一般是整根的断面为长方形的长条杉木,宽约7厘米,厚约4厘米。师傅将起建房屋的各种尺寸都写在"丈篙"上,这种将尺寸写在"丈篙"上的全过程,称为"排'丈篙'"。排"丈篙"前要计算建筑物的尺寸,并默记于心,之后在"丈篙"标画各类数字、线条与特殊符号。"排'丈篙'"包括记录起建房屋的面宽尺寸和檐椽位置,房屋进深尺寸、柱高尺寸、檐出尺寸和榫卯长度等等。"丈篙"的长度通常等同于房屋的高度。一般的

"丈篙"有四面或者单面，就房屋的总体尺寸而定。福安"丈篙"上端记录数字、线条、符号，而下端则记录以"压白尺法"推算尺寸的吉凶。在起建房屋的设计中，木作师傅与堪舆家风水观念相结合，将木工尺与阴阳八卦、洛书九宫联系，创造出刻有"一白"、"二黑"、"三碧"、"四绿"、"五黄"、"六白"、"七赤"、"八白"、"九紫"等字样的尺度，即"压白尺"，设计时建筑尺寸压白便是吉利，压白分为"尺白"与"寸白"，这种计算方法称为"压白尺法"。总之，"丈篙"上的数字、线条、字符，既体现房屋设计的科学性，也蕴含着古代建筑

图 4-52　标识在"丈篙"下端的"压白尺符号"

文化的神秘感。由于古代没有卷尺，福安大木匠师中还备有"六尺篙"，即总体长六尺（鲁班尺）的"丈篙"，便于进行房屋高度与榆料长度的丈量。

　　1950 年代之前，技术娴熟的大木匠师不仅地运用自如地掌握传统木作的全部技艺，还须懂得《鲁班经》，兼顾神秘色彩的"鲁班法"。畬族匠师还有一定的看家本领，即畬家拳术。只有如此，才能艺高人胆大，行走四方，立于不败之地。

　　传统木作技艺的传承方式不尽相同，父子、叔侄之间的血缘性传承的方式比较简单，没有预设的繁文缛节，基本上不必通过特定的仪式进行技艺传递。而没有亲缘关系的师徒传承就有一定的规矩。1950 年代之前，木作学艺的规矩是经人说合，写门生贴，立下 3 年出师的协约，然后选定一个好日子，徒弟在中人陪同下，向老师作揖磕头，行拜师礼。有的地方还祭拜木匠祖师爷鲁班。徒弟初入门后，不发给工钱，只管食宿。每逢新节，有的师傅会通过师娘给徒弟做件新衣，或者发个红包压岁。出于感情，在"一年一节一中秋"时，有的徒弟也会适时给师傅送猪脚，或鸡子，或条肉等。有的师傅会在次年就给徒弟少量的报酬，这主要看徒弟的本领、能耐或聪慧，能博得

师傅的认可、欢心,同时也要师傅的心意。平时,徒弟随师傅到东家处干活,一同吃住在东家家里。如果有心的东家给师傅送额外的红包时,他们也会相应给徒弟红包。学艺之初,徒弟先干粗杂活,担水、扫地、拉锯,磨刨刀、锉锯等,凭徒弟的悟性,师傅觉得时机成熟,才让徒弟跟着学"推刨"、"走凿"、"捉锛"、"抢斧"、"打线"、"开料"等本领。木作学徒三年,徒弟见识师傅施业的过程,学会工具使用与木艺制作技能,并明白行业事理。学徒满师,称"出师"或"出艺";对师傅来说,称"出徒"。徒弟"出艺"后,一定会给师傅奉送一份大礼,如猪脚、红酒等。"出艺"的徒弟一时还无法独当一面,往往还会留在师傅团队中,以一个协作伙伴的身份参与工作。这时,"师傅头"会时时给"出师"徒弟委以重任,他们的报酬也与一般的合作伙计一视同仁。

福安木艺界公认的技术难度最高的木作技艺是拵"洪楼"与"换四山"。拵"洪楼"是为道士上"洪楼"准备的道具,而上"洪楼"则是闽东道教闾山派清醮道场的仪式。即在平地上逐步叠起案桌,最高的"洪楼"是需要叠十三张案桌,俗称"十三司案"。十三张案桌象征通往云端的阶梯,巫师登上案桌的顶端就算登上云端,可与神交流,与神共舞,施行法术。1950年代之前的"洪楼"不像现在施行闾山巫法,把一张张案桌逐步重叠上去,而是先由大木匠师将十三张案桌叠好,平躺在地上,用四根竹子将十三张案桌的四角紧紧捆扎,并各自露出相等长度的四脚。再在地上挖四个洞,将坚硬的毛竹扎紧成圈,四个内空的竹圈插进土里,称为"牛腿"。"牛腿"能正好实实稳稳地套进捆扎好案桌的四脚,不可有丝毫松动。大木匠师先将两脚套进,再用绳子徐徐地将案桌拉起,巫师顺势爬上案桌,直到案桌("洪楼")拵正,"十三洪楼"(案桌)稳稳当当立于地面,而四根竹子正好插进"牛腿"里,严严实实的,不会左右前后摇动。

"换四山"即更换房屋中最核心的四根柱子,当那四根柱子有所损坏时,就需要以新柱子更换旧柱子。在保持房屋原状,不移动其他柱子的前提下,把旧柱子卸下,将新柱子衔接上,其技术难度可想而知。

三、传承谱系

坂中畲族乡汉畲村落中有代表性、典型的大木匠师群体集中分布在冠岭汉族村与桦坪畲族村。

冠岭村有"十八把斧头"之誉。在1950年代之前,出现大量的大木"师傅头",他们活跃在穆阳溪流域,当地的祠堂、宫庙、房屋许多都出自他们之手。他们还远走他乡,去福宁府(就在福安、宁德,这算远乡吗?严格意义上讲,坂中即属于福宁府)谋生,当时称为去"福宁山"做艺,有的人还客死他乡。冠岭村著名的五层民居等,共有6座"六榴厝",就是他们自力更生起建的。根据1989年郑绍康撰修的《颍川郡冠岭陈氏宗谱》,由当地部分陈姓族人回忆,冠岭村陈氏家族仁房中的大木匠师有:

1. 邦儒,俗名庆木。字朝学,号席珍,行绍六,生道光癸巳年(1833年)九月二十八吉时。生子三,自卒民国壬午年三月初三卯时。

2. 邦工,俗名毓桂。字朝岳,号飔臣,行箕六,生光绪己卯年(1879年)六月二十七亥时,生子三,自卒民国癸未十二月二十四午时。

3. 邦畴,俗名毓兰。字朝咨,号访箕,行箕三。生光绪丁丑年(1877年)十一月二十一吉时。生子三。

邦亮,俗名毓腾,字朝签,号少明,行裘六。生光绪甲申年(1884年)十一月十四吉时。以胞兄邦工次

图4-53 1989年郑绍康撰修的
《颍川郡冠岭陈氏宗谱》

子入继。自卒民国戊寅(1938年)十二月二十巳时。

4. 邦俞,俗名毓筹。字朝都,号君虞,行永八。生光绪辛卯年(1891年)六月二十五吉时,生子三。

5. 茂薰,俗名晋隆。字汝梅,号香林,行青十。生宣统庚戌年(1910年)八月初五午时。生子二,焕奎、焕璧。民国癸酉年至戊子(1933—1948年)翁任修谱总理。子孙三代木匠。

6. 茂兰,俗名晋易。字汝馨,号郁堂,号山二。生宣统辛亥年(1911年)八月二十五吉时。生子三,其中焕熙继承父业。

7. 茂智,俗名晋武。字汝慧,号乐川,行风六。生民国壬申年(1932年)八月二十五寅时。兄弟木匠。

8. 茂仁,俗名晋孙。字汝柔,号于安,行怀三。生民国戊寅年(1938年)三月初八丑时。

9. 茂崇,俗名佛松。字汝姚,号庚卿,行水十。生民国壬戌年(1922年)十二月初四辰时。生子五,长子焕恭。父子木匠。

10. 幹,国学生,俗名则恭。一名上英,又名嘉猷,字振宗,行云四。生道光己未年(1859年)十一月初九吉时,娶阳头庠生李丹山翁女寿珍,生子一:赞夏。光绪戊子十四年(1888年)曾任本祠修谱董事。自卒民国甲子(1924年)七月二十九子时。

11. 赞夏,俗名庆芳,原名邦骙,字朝璋,号禹卿,行箕二。生光绪乙亥年(1875年)九月十三吉时。生子一:茂椿。自卒民国乙亥(1935年)十二月二十三亥时。

12. 茂椿,俗名石青。字汝荣,号植庄,行青四。生光绪癸卯年(1903年)五月十七吉时。自卒民国丙戌(1946年)七月二十四酉时,死于福宁山。三代木匠。

13. 赞唐,俗名庆珠,原名邦彦,字朝琼,号陶生,行箕一。生光绪乙亥年一月二十二亥时。

14. 茂铨,俗名松青,字汝衡,号选卿,行月八。生民国戊辰年七月初五辰时。生子三:焕刘

15. 上发,俗名荣财,字振义。行牛五,生光绪丁丑年九月十三吉时。生子一:邦煊。自卒民国甲戌七月二十九卯时。

16. 邦煊,俗名阿兴,又名文轩。字朝旭,号炎齐,行荐五,生民国壬戌年三月二十三吉时,生子五,长子茂江。

17. 茂江,俗名瑞坤,字汝长,行浑七,生共和丙申年十月十七申时(师傅头)三代木匠。

18. 邦庆,俗名福森,字朝喜,号颂臣,行承八。生光绪丁未年七月二十五吉时。生子三:茂远(长子)

19. 茂远,俗名祥福,又阿春。字汝源,号流光,行怀四。生民国戊寅年三月十二子时。父子木匠。

20. 其寿,俗名燦宾,字可得,行傅三。生同治辛未年九月二十九,自卒民国丙子年九月初四辰时。

21. 上志,俗名则禧,字振立,号道卿,行雷六。生光绪戊申年十一月二十七亥时。生子一：邦韶。"师傅头"。

22. 上蕤,俗名则尧,字振滋,号萌秀,行霆二。生民国癸丑年二月十七辰时,民国庚辰二十九年出征开赴前敌,闻已殉国。主编者赠以言曰："义勇可嘉","兄弟木匠"。

桦坪自然村隶属于和安行政村,村落主要居住吴姓畬族。据吴姓畬族木作匠师介绍,至少在清代中叶,家族便出现许多大木匠师。他们饮誉福宁府,其技艺代代传承,延续至今。匠师们主要从事城乡包括祠堂、寺院等传统建筑的起建,他们与家族为基础组成建筑团队,业务涉及大小木作、彩画作、雕作、泥作等,以大木作为主。活动范围,以闽东各地为主,还遍及浙江等地。

2019 年桦坪村畬族工匠统计表：

表 4-1　2019 年桦坪村畬族工匠统计表

姓名	业务	大约人数	活动范围
吴奶云 （百年工艺建筑有限公司法人）	木作、彩画作、泥土作	30 多人	闽浙
吴晋金	木作	40 多人	闽东
吴石清	大木作	20 多人	闽东
雷祥明	大木作	7~8 人	闽东
雷石全	大木作	10 多人	闽东
吴成声	泥作	15 人左右	闽东
雷成勤	大木作	12 人	闽东
钟神云	大木作、泥作	15 人左右	闽东
雷廷木	小木作	7~8 人	闽东
雷祥华	大木作	10 多人	闽东
雷长华	大木作	10 左右	闽东

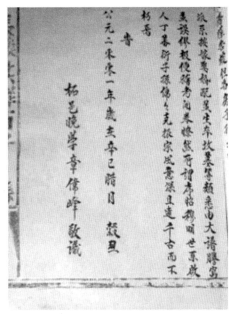

图 4-54　2001 年修《延陵郡吴氏房谱》

《延陵郡吴氏房谱(2001 年,岁次辛巳孟冬榖旦)》载:

十五世　瑞培,名李福,字国明,行珠六,生嘉庆壬戌年(1802 年)九月初一戌时。大木匠师。生子二:大铨、大鎽。

十六世　大铨,名开发,又名志铨,字彦衡,行洋八。生道光戊子年(1828 年)八月十七戌。大木匠师。

大鎽,名年郎,又名志魁。行浩七。字彦整,奏名法渡。生道光壬辰年(1832 年)正月初一戌时,卒光绪十六年(1890 年)九月二十五酉时。娶本村凤英,奏名宝鎍。乡村名医,大木匠师。生子四:荣源、荣洇、荣澧、荣淋。其中二子荣洇、四子荣淋为大木匠师。

十七世　荣淋,名芳淋,字世雨,行珍五。生同治甲戌年(1874 年)十月二十二卯时,卒民国二十二年(1933 年)十月。生子一:家招。

十八世　家招,奏名法宝,字永宝,行教五,生光绪乙巳年(1905 年)九月二十九丑时,卒 1992 年壬申十一月二十九日戌时。生子五:荫泓、荫洵、荫洺、荫淦、荫溅。

十九世　荫洺(松寿)、荫淦(松金)、荫溅(松玉)。

二十世　荫洺(松寿)子长福,荫淦(松金)子吴奶明,荫溅子奶如。

桦坪村畲族大木作传承:

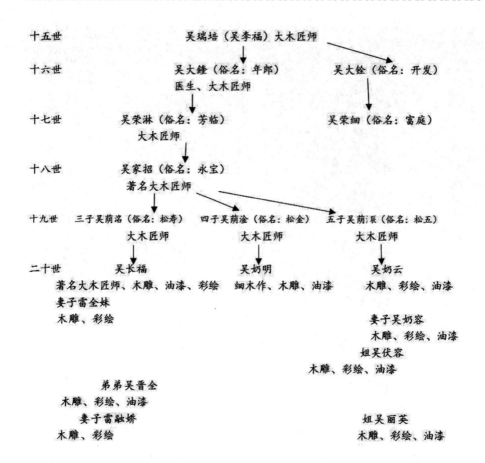

十五世　　　　　　　　　吴瑞培（吴李福）大木匠师

十六世　　　　　　吴大�（俗名：年郎）　　　　吴大铨（俗名：开发）
　　　　　　　　　医生、大木匠师

十七世　　　　吴荣淋（俗名：芳临）　　　　　　　吴荣细（俗名：富庭）
　　　　　　　　　大木匠师

十八世　　　　　吴家招（俗名：永宝）
　　　　　　　　著名大木匠师

十九世　　三子吴荫沼（俗名：松寿）　四子吴荫淦（俗名：松金）　五子吴荫辰（俗名：松五）
　　　　　　　　大木匠师　　　　　　　　大木匠师　　　　　　　　大木匠师

二十世　　　　吴长福　　　　　　　　吴奶明　　　　　　　　吴奶云
　　　　　著名大木匠师、木雕、油漆、彩绘　细木作、木雕、油漆　木雕、彩绘、油漆
　　　　　妻子雷金妹
　　　　　木雕、彩绘
　　　　　　　　　　　　　　　　　　　　　　　　　　妻子吴奶容
　　　　　　　　　　　　　　　　　　　　　　　　　　　木雕、彩绘、油漆
　　　　　　　　　　　　　　　　　　　　　　　　　　姐吴伏容
　　　　　　　　　　　　　　　　　　　　　　　　木雕、彩绘、油漆

　　　　　　　　弟弟吴晋全
　　　　　木雕、彩绘、油漆
　　　　　　妻子雷融娇　　　　　　　　　　　　　　　姐吴丽英
　　　　　木雕、彩绘　　　　　　　　　　　　　　木雕、彩绘、油漆

186

第五章

民生与风俗

第一节　畲族传统农事

一、田块的分类

（一）传统分类

畲山的耕地多在丘陵地带，经平土筑坝，依山而上，开垦修成许多高低不等，形状大小不规则的地块，使之上下相接，像阶梯一样，层层叠叠，蔚为状观，这种农田俗称为"梯田"。传统分类的依据主要有具体位置、土壤性质等，大致包括以下类别。

1."当岗田"

指田地的地理位置在凸出的山地上。这种田块阳光照射时间长，地面温度较高，田里的水温也相对较高，适应各种农作物的生长，俗称"当岗田"。这种"当岗田"，一旦遇到干旱年份，水源不足时，土壤表面会出现严重干裂，对农作物生长有一定的影响。

2."落坞田"

指田地的地理位置在两山相夹的中间，即深谷处。属于此处的田块都被山包围，再加上各种树木叶子遮挡，日照时间短，造成地表温度和田里水温较低，农作物光合作用时间不足，成熟之后，若遇大雨或台风来袭，容易倒伏，俗称"落坞田"，或称"垄田"。此类田块，如遇干旱年份，农作物的产量倒会比常年相对好些。

3."水　田"

指所耕种的田块，长年累月都被水淹泡着，水源充足，灌溉便利，是作为

187

种植水稻的理想田块,俗称"水田"。水田有两种类型,一种可"涝"干,另一种不能"涝"干。把可"涝"干的水田可种植旱地农作物,水田与旱地的反复轮作,能改善土壤的黏度,使土质更加疏松,有利于农作物的根系生长与养料的吸收。

4."旱　田"

指所耕种的田块缺乏充足的水源,纯粹靠天,在多雨的春季时,水源充足,但到了夏秋季节时,就因为少雨,造成干旱,水源难以保证。在山区,此类的田块甚多,俗称"旱田"。有的又俗称"旱田鬼"。

5."园　坪"

指所耕作的田块因缺乏水源根本无法种植水稻,只能长期种植番薯等旱地作物,俗称"园坪"。因长期无法进行水旱轮作,有的田块土壤板结,黏性重,不适合农作物生长。

6."大丘(块)田"

山区罕见大块的梯田,因此如在某区域出现某一块田面积稍大些,此类田块不仅可以用水牛耕作,省力、省工,也便于管理和收获畲族俗称"大丘田"。

7."细丘田"

指田块面积较窄小,有的甚至只能插种几棵作物。此类耕地仅限于人工耕作,水牛根本难于施展。此类田地不仅保水保肥能力差,而且费工耗力,本族俗称"细丘田"。

8."瘦　田"

指田地较为贫瘠,保肥保水差,农作物长势相比,不如肥沃的田块,俗称"瘦田"。

9."壮(肥)田"

指田地土壤较肥沃,能保肥保水,所种的农作物与"瘦田"的相比,长势较旺盛,方言俗称"壮田"肥沃的田块)。

10."千里块田"

指梯田不仅田块面积小,而且从最上方的田块到最下方的田块之间,岩壁高陡,重重叠叠,从田头到田尾相隔千米之远,在劳作时田上方的人说话,田下方的人往往听不见,此类耕地形容为:"田头做戏,田尾难听知。"在耕种过程中耗工费体力,所收获的农作物产量远不及几块面积大田块的收成,俗称"千里块田"。

11.“淜头田”

指水源引流到最上方的梯田,然后再均匀地把水分流到下方各片田中。此田块是起着连接流水作用,在没有特殊的情况下,此一田块是不"涝"干的,俗称"淜头田"。

12.“沙　田”

指所耕种的田块,其土质基本上是由沙子构成。属于此类的田块土粒之间黏结力低,土体多呈分散状态,白天土壤温度上升快,夜间土壤温度下降也快,土质较贫瘠,保水保肥能力都很差,容易漏水漏肥。所种植的农作物生长缓慢,容易枯死,俗称"沙田"。

13.“黄坭田”

指田块土质基本上是由黄泥土构成,含沙粒极少。此类的田块土质黏性度强,人工翻地时较耗体力(人们称其土壤为"土头重"),但保肥保水能力较好,土质较肥沃,适应农作物生长。其美中不足的是如果是水田,一旦遭遇干旱年份,田块土质表层易干裂,很难储水,并易造成坍塌,次年再耕作成水田时耗工费体力,此类田地俗称"黄坭田"。

14.“冷水田”

指所耕种的田块有地下泉水源源喷出。此类的田块对水稻生产有直接影响,在泉水直接渗透出的地方水温、土温较低,对秧苗生长有直接影响,造成水稻株型矮小,稻穗谷粒难以成熟,俗称"冷水田"。

15.“秧作田”

指在种植水稻的梯田中预留一片田块中,专门培育秧苗,这种田地俗称"秧作田"。选择此田时,不仅田块面积稍大,土质疏松,水源灌溉方便,而且不是冷、烂的田块,这样在收获稻谷时,也是打谷场的理想地块,在收获时稻秆就堆放于此焚烧,使得土质更加疏松、肥沃。这样反复利用,更加便于次年秧苗的培育。

16.“菜园田”

指在房前屋后,或靠近村落附近的田块,一年四季中专门用来轮种各种蔬菜,人们把它俗称"菜园田"。属于此类的田块,保水保肥能力强,土质比较肥沃与疏松。

17.“深浆田”

指某一块水田或连片的数块水田当中的某一小区域内的泥土,不仅喷流出的地下泉水直接到表面,有的还带有呈红斑色,造成周围的泥土非常柔软,有的其表面面积可达在数米宽不等,而且深度在 1 米以上,人根本无法踩入。因此人们在锄田、整地、插秧、中耕除草、收割水稻的过程中,只能事先在其泥土下方交叉横埋着很多树桠,耕作时踩着树桠进行各项农活,这类水田根本无法"涝"干,俗称为"深浆田"或"深洞田"。

(二)按田地所有权与用途的分类

畲族在明清时期迁入福安境内,不管是单户或者群体聚居的农人,大多靠租来的山地进行耕作,其次是租种少量的水田。畲族村民根据占有土地的不同,可分为财主、自耕农、佃农、"长年"工(长工)等几类。财主是指拥有很多土地,且靠租给他人去耕种来收取粮食;自耕农是指自家拥有田产的农民,可以自产自销,而自有部分农具。佃农依靠租种财主的土地为生的农民,"长年"是指几乎没有土地和生产工具,以出卖劳动力为生的农民。

1."财主田"

占据较多耕地资源,而本人不去耕种,仅租给其他人耕种,每年要按事先约定好的协议,从中收取田租,此类田俗称"财主田"。

2."长子田"

家庭分家时,由户主做主在家中所耕种的实际地块中,单独划出一些地块给长子作为他个人的私有财产,其余的再共同参与平均分配,民间把此类田俗称"长子田"。

3."祖宗田"

指上辈留下的土地,许多是由开基祖留下的,并且世代由家族成员延续耕种,民间俗称"祖宗田"。

4."众　田"

家庭分家时,为了日后不向后辈摊派钱款,视族内耕地面积实际情况,单独留出一部分耕地作为族内共同财产,每年由兄弟轮流耕种,所收获的粮食作两种用途:一是作为供养父母,减轻子女负担。二是把粮食换成钱款,为村中修建路桥、宗祠、宫庙等积累启动资金做好前期准备。民间把此类耕地俗称"众田"。宗族中也有类似田地,有祠堂专有,供祠内公益事业。

5."祭墓田"

是指村中的某一房兄弟间在分家时,单独划留少量水田作为公共固有财产,每年由房内亲人轮值耕种,用于明年清明节祭扫祖坟时的全部开销,祭墓回来后还要请亲房内的叔伯吃一餐。如尚有剩余,则归当年耕种者所有,与其余者无涉。此类耕地相似于"众田",但属于专门用途,即主要用于祭扫祖坟,俗称"祭墓田"。

6."随连田"

耕地面积较多的富裕户,其女儿出嫁时,除做一些嫁妆外,再由父母做主,选择靠近女婿村附近,又便于耕种的区域,单独划出一些耕地给女儿作为私有财产。女儿出嫁当天,把赠送给女儿耕地的契约压在箱底,随嫁妆一起抬送到夫家。民间把这种送给女儿作为嫁礼的方式,俗称"随连田"。

7. 加租田

指按耕地的肥沃贫瘠以及耕作时费时耗工程度,定以"三七分"、"四六分"、"对半分"等来收取田租,民间俗称"加租田",或称"分作田"与"寄作田"。

8. 开新田

指在没有土地纠纷的荒地进行开垦,构筑新的田地。在开垦过程中,须遵循以下诸方面进行开垦:

(1)选择山坡度比较平缓,能够集中连片,土壤较肥沃,适合农作物生长,具有保水、保土、保肥,便于灌溉,利于耕作的地块作为首选。

(2)在已选好的地块上,除清杂草与杂木,然后根据地形和土质情况进行开垦,即陡坡的山地所开垦梯田面积要窄些;土层薄的地方,梯田面积也要窄些,缓坡的可宽些;土层厚的地方,梯田面积要宽些。在开垦时要注意不可把小块梯田勉强凑成大块,也不必把能修筑成大块田地分割成小块,而应地形规划来筑修。

(3)梯田的修筑法,首先不仅要目测出山地面坡度,而且还要规划出田面宽度,再根据此处土、石构成情况来修筑石坝岩梯田或土坝岩梯田。当定好每块梯田基线和坝线后,就可以开始修筑。

如果此地石块多,必须把地基清理干净后,再往下挖出基座,接着从基座处开始用石块以里外交叉方法,叠砌起一面石墙,但不要太垂直。随后在石墙边角等处用土夯实,以防石墙倒塌。

属于是土坝岩的,也必须把地基清理干净后,把表皮的一层土挖成四方形方块,逐渐地叠筑成坝岩。但在叠筑土坝岩时,应注意边筑坝岩边夯实此处的墟土,以防土岩墙崩塌。

但不管在开垦过程中,是石坝岩或土坝的梯田,都要尽量把表层的土留在地表,特别在靠坝岩处内进行深耕,并结合多施有机农家肥料,促进土壤熟化,使生土变熟土,不断提高土壤肥力。同时注意随时养护,每次大雨过后都要认真进行检查维修,保持田块,田面完整,假如发现损坏,立刻修好。

(4)所开垦成的梯田地头要与道路相连。同时田块面必须平整,耕作运输方便,还应考虑日后如果水源充足的话,一旦要耕作成水田,使每块田都能顺利灌水。当新筑成的梯田经过数十年耕作旱地农作物后,在水源条件充足条件下,要改为水田种植水稻时,要预先浸水,并检查田埂处是否漏水。如发现漏水现象,应立即修补好再使用,因出现有很小的漏洞也很快就会塌毁刚浸有水的梯田。

9. 等级田

1950年代的定义。由于山区梯田的土质肥瘦、田块面积大小存在很大差距。因此,在同等管理条件下,不同区域方位的田块所收成的农作物产量出现很大差别。因此在当时为了解决上述收成差距问题,分土地把山区的梯田分成以下五个档次:即以1亩实际面积为例,收成在100市斤为一等田,收成在170市斤的为二等田(折算成1亩7分),收成在240市斤的为三等田(折算成2亩4分),收成在310市斤的为四等田(折算成3亩1分),收收成在380市斤的为算成五等田(折算成3亩8分)。当每年上交给国家的公粮时按实际收成来计算交纳。

10. 集体田

1960年初到1970年末的这段时间,将个人名下的耕田组织起来,由生产队统一支配,共同耕作,共同收益分配,俗称"集体田"。

11. "自由地田"

在生产队体制下,划出少量土地分给农户,供个人自由种植一些蔬菜,解决人们一日配饭的需求。另者,一些特别偏僻之处的零散旱地,无法进行统一耕种的,分配个人种植一些零杂农作物,这类土地统称"自由地田"。

12. 责任制田

1978年中国共产党的十一届三中全会召开后,农业生产体制改革,农民都以承包产量的形式进行耕种土地,每隔三到五年后再对土地进行调整一次,耕种者所收获的粮食除上交国家的税费外,其余的全部归个人所有,属于这种承包土地的模式,俗称"责任制田"。

(三)按耕作技艺不同的分类

山区的畲民在漫长耕作过程中,在不同类型的田块从事劳作,不同技艺派生出各种称谓。

1."田　神"

在水田最外端处,用土筑实起一条比原土面高约 25 厘米、厚约 18 厘米的拦水坝,便于将水蓄积其中,供水稻生长的需求,畲语俗称"田神"。

田埂不仅蓄积田水的重要构件,而且还是作为人们田间管理和劳作的主要行走通道。因此,要年年翻新、加固,防田水渗漏,便于农人行走。

2."陪　神"

在开垦水田时,有的水田靠岩壁体墙内处底部有自然松散碎石,或者有很多大小交错的缝隙。这种水田容易漏水,无法有效蓄水。所以在制作此类水田时,在底部先用实土夯实一层后,再用湿土涂刷一层,起着护水作用,使田中的水不易渗漏,畲语俗称"陪神"。

3. 山　淇

从梯田的上方山中开始,由高到低挖出渠沟直通小溪里,这样一旦下大雨或山洪暴发,山上大水,就可从这渠沟中分流到小溪中,为梯田起着防洪防涝作用,畲族俗称"山淇"。修筑山淇是每年农事活动中一道不可缺少的重要工序,人们在农闲或下大雨时都要进行检查,清除沟渠中的淤泥,确保水渠畅通无阻。

4."田　岩"

由于山区自然地理条件限制,人们所开垦成的田块是重重叠叠,这样使得上一块田的外沿与下一块田后壁之间,自然形成有一面稍斜的直坡体墙,畲族俗称"田岩"。田岩有高有矮,高的有 1 米以上不等,甚至更高;矮的也有 0.5 米左右,而且岩壁处还长着各种杂草,畲民每年在播种之前,要用"砍岩刀"除掉全部杂草,或者用砍柴刀或徒手除去石块狭缝中的杂草。

5."淇头水"

指梯田上的水源是决定水稻丰收的重要前提,特别是那成片的梯田,全靠山上各高处流出的点滴之水,经汇集到山涧低畦处,然后引流到田中进行灌溉,以满足水稻生产需求,俗称"淇头水"。

6."水　沚"

指水田里的水量达到一定容量,并能满足水稻生长需求时,必须把再流入所增加的,排放到下方一块田里。这样就要在每条田埂上开一个"凹"形状的出水口,一是防止整条田埂都被水泡浸,造成人无法行走;二是田埂经水长期浸泡,容易使田埂崩塌,无法蓄水。因此这个出水口俗称"水沚"。

7."盖 沊"

指梯田最上方的一块水田，或半腰处的某一块较长的水田，在新做田埂时开一个较小的出水口，并同时用一块小石头压盖其出水口上方做成一个闸口，使闸口只有通过下方所有水田的所需水量。田埂上要筑此沊，主要是防止下大雨或山洪暴发时，田中过多的水就会被此沊挡住，使过多的积水往尾端"叉沊"处，排放到山涘或山涧中流走，起着防洪防涝作用。

8."叉 沊"

指最上方的第一块田，或者下方半腰处的某一块较长的田块，在其某一尾端的田埂上，再打开一个较大水沊。但此沊口的底层上要比同一条田埂上的水沊稍为高些，平时里它不作为流水之用，一旦下大雨或山洪暴发时，田中所积满的水，少量从"盖沊"流到下方田中外，其余的全部水就可通过此沊，排放到已修的山涘或山涧中流去，起到排涝作用。

9."涘头田分沊"

指山涧的水源引入梯田最上方涘头田后，在下方有很多田块，有的是张三耕种，有的是李四耕种，在其田埂上必须开出几个大小不等的出水口，分别把田中的水流到下各处田块中，属于一条田埂上开出多个出水口，俗称"坝头田分沊"。

在开此水沊时，根据下层梯田面积多少来决定：一是下方的梯田是连叠一起，又是由一户单独耕作，其供水口就开一个水沊。二是下方梯田田块多，虽然是一整片连在一起，但是分别由几户以上共同耕作其中某一片，那在涘头田的田埂上都有属于自己一个水沊。三是每户所耕作的田块面积不相同，每个水沊所流的水量都由以前规定好流量进行供水，而不是平均同等来分配，这样能使每户所耕种的田里都有水源灌溉。

10."水冲塘"

指田埂上所开的水垫，当水经岩壁流到下一田块时，一旦遇到山洪暴发，上方田里的大水经水沊往下急冲，这样就会把下方一块田的泥土冲翻起后，连水流向别处，形成一个深宽大小不等的塘口，畲语俗称"水冲塘"。

11."作 崩"

指梯田的土岩因地基松软，或下大雨山洪暴发时，田埂经不住田中大量水的挤压，而遭受不同程度上破坏性崩塌。一旦田埂崩塌后，田中的水无法积存，造成水田崩坏，种田人无法行走，因此就要及时把田埂重新筑起，畲语俗称"作崩"。

12."漏　巷"

指某些田块的土壤层被老鼠、小螃蟹等动物挖成洞穴直通到别处,或者土表层下面已有自然形成的小洞穴,在耕作时没及时发现堵住,田中的水就会从这些洞穴中流往别处,造成下面的田块断了水源,畲语俗称"漏巷(洞)"。

13."沟　路"

指每一块旱田之间都顺着田埂开出水沟,一旦山洪暴发,田中多余积水及时顺着水沟排出,以免农作物受到浸泡,引起烂根、烂苗现象,畲语俗称"沟路"。

上述"沟路"有"正沟"、"暗沟"之别:"正沟"是指面积较大的旱地田块,在种植旱地农作物之前,除先在岩壁处挖出一条"沟路"外,还要在田块内再挖分几条浅沟,分成几块畦块,以便洪水暴发时,通过多条沟路及时地排放洪水。"暗沟"在积水较多的旱田已挖好所有"沟路"的基础上,再深挖出一条小沟,这样就可以把各处渗透出来的水通过这条深沟排出。

14. 水　路

指每一片梯田之所有水源的流向,每一个"水泄"的流水量,以及下大雨时为排洪涝的"山涧"方位走向等,统称"水路"。在耕作过程中,每个人都必须按照水路的状况,互相遵守,共同制约。如果出现干旱年份,田中水源紧缺时,必须遵守水路流量、走向等,不得擅自更改,把他人田中的水偷引到自己田中;下大雨时也不能把自己田中的大水,引拦到别人田中流。

15."田　面"

山区梯田在同等面积条件下,因土质肥瘦、水温差异,所收成的粮食产量各不相同。畲族人往往不习惯以亩的单位来计算其产量,而是以某一区域的田块的性质计算产量,并按照历年产量的平均值称其田块为"×担田面"。

二、苎布技艺

苎布是畲族在夏天做衣服穿的主要布料来源。按衣服功用,又可分为两种:一种叫作"苎布衫",是田间劳作时所穿用的;另一种畲族方言叫作"绸布",比较柔软,一般是做客人时或居家时穿。

再则,按其他用途,又可分为一种做蚊帐用,它的布眼稍大,布面宽;另一种做布袋的,小袋子的,它的布面稍窄,布眼细密(详见下面"花齿"说明)。

　　以上无论是哪种苎布，它的工艺流程都很复杂，从种植苎麻到织成苎布，一丝一线都是出于畲族女性之手，而且在过去女性目不识一字，居住深山偏僻的生活环境之中，女性的勤劳智慧可想而知，想纺织出布料确实是一大创举。

　　20世纪70年代以前，畲族人夏天衣服所用布料是自己纺织制成的。鼎盛时"家家种苎，户户织布"，房前屋后背为苎园，苎麻种植面积在经济植物种植面积中占有很大比例。畲族村苎布通常染成蓝色或黑色。制成衣服经久耐穿，通常一件"苎布衫"可穿二年之久。畲族妇女基本上都会纺织，到十五岁左右便学习捻纺线和织布了。织一丈布约需用苎麻一斤，花工11天半左右。

图 5-1　苎　麻

　　苎布生产完全是自给自足的，很少剩余产品出售，可是这种苎麻织布的独特手工艺，到了1970年代以后，随着生活水平提高，国产棉布、化纤布的大量投入市场，到了1980年代后期，苎布已成量少价位高的稀缺物品。到了1990年代，老前辈妇女相继去世，有的工艺流程日渐失传。通过口头形式采访十多位熟悉知这门手工艺术老前辈妇女，再经综合后，叙述如下：

1. 种植与收割

　　栽种苎麻一般在每年的清明节气前后。虽然旧的苎麻头能再生5至

10年左右,但实际上由于多年在原有的地块生长,不能很好地吸收土壤中的养分,影响植物的生长,所以需要更换地块,重新栽种。栽种时,选择通风向阳较肥沃的地块,将土地整平,然后撒下苎麻种子,盖上一层细土。经过两个多月的生长期,长势好的苎树可长至1.5米高,当年便可收割一季。年终入冬后,用干草铺上一层烧园,清除园中的杂草及寄生虫,并施以人粪尿,再盖上一层细土,在苎头上铺上一层干草,为其保温,期待来年有更好的收获。

由于地理环境、气候等因素的不同,各地收割的时间有所差别。每年可收获三季苎麻,且数年无需重新栽种。福安西部苎麻的首次收割时间是在农历五月"芒种"节气前后,第二次收割是在农历七月的"立秋"节气前后几天,第三次收割是在农历八月的"白露"节气前后几天。收割前要用一根竹片打落苎茎上的叶子。

2. 剥麻与刮麻

苎茎收割回来后,需要立即进行剥麻,以防止风干后增加剥麻的难度,因而畲民通常会选择晴天收割。剥麻畲语称"扒苎皮"。剥麻时,右手紧抓两根离苎茎头约15厘米的茎条,左手折断苎头,除去苎麻骨,使苎麻外层与可用的苎麻分离。随后,右手抓住已剥好另一端,剥去剩下的茎骨。苎条皮按×形叠于凳子上,大约叠至8厘米时,用绳子扎成一捆,放置清水中浸泡。由于缺乏实用的剥麻机械,传统的手工扯剥苎麻劳动强度大,效率低,技艺精湛者一次只可剥六片。

刮麻畲语称为"刮苎"。将水中浸泡的苎皮片捞出,置于凳子上,并将左手的拇指套上大约10厘米长的小竹管,4个手指握住一把外宽内小、长约15厘米的刮麻专用的"苎刀",右手拿起苎皮,在大约15厘米处抓紧,左脚踩住苎片尾,将青皮刮干净。剩下内里的白皮丝,挂在竹竿上晾晒成白中略呈黄色的干苎片。

3. 捻线与纺线

已晒干的苎皮条被取出,放置清水中浸湿,并用薄竹片将苎皮条扯成一根根小线,再用手工将小线扯成丝,这道撕扯苎丝的过程畲语称为"破苎丝"。尔后用线扎缚,挂于板壁待干后备捻。捻线的过程畲语称"借苎"。捻线时要坐在板凳上,将丝线置放于大腿上,丝线头朝左边,丝尾朝向右边,用竹做的苎笼放置于左脚边。左手抓住两线已合股粘在一起的苎丝头,右手不停地捻动两根丝线,使两根苎丝线均匀地缠合成一股线,左手将已缠合的线拉置苎笼中。

当苎线捻满一苎笼后，通常用一个竹管将捻好的苎线卷成直径大约 15 厘米、厚度大约 10 厘米的圆球饼。这种圆球饼，畲语称为"苎捡"。

畲语称纺线为"碰苎"。手工捻好的苎丝线容易松懈，需要将已捻好的苎线团在纺车上拧紧成线。纺线需要手脚并用，十分辛苦费力，通常由中年女性承担。

由于用手工捻好的苎丝线必然要松懈，需用把已捻好的苎线团在专制的防车上拧紧成线，它的工艺流程如图 5-2。

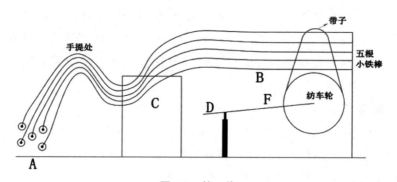

图 5-2　纺　线

在 A 处把五个线团放于注水的脚桶中，并从每个线团的中心拉出线头，经 C 处棒下过后，固定于 B 处的五根小铁棒中央毛竹壳上。

这样，的人坐于凳子上，双脚分别踩在纺车的 DF 本条棒上，使 DF 棒子带动纺车轮子，通过带子带动 B 处五根铁棒子，同时左手分别用竹壳夹住根线拉高，把线纺到一定程度时，右手拿一根小竹棒，拦下五条线，直接卷到五根铁棒的竹壳上。这样周而复始，使竹壳上的线卷有长 16 厘米左右，直径 0.5 厘米时，就取下，马上晒干，以免影响拉力质量。纺线时需手脚并用，很辛苦费力，通常由中年女性承担。

此外，畲族无论做棉布衣服或是苎布衣服，都是使用自己纺的线来缝纫衣服。畲民自己纺的缝纫线，畲语称之为"粗线"。其制作工艺过程称为"碰粗线"，或者称为"甲线"。

4. 织　布

织布机，畲语称为"楠机"。畲语称织布为"经布"。织布一般是在田间农作物收割之后的农闲季节进行。织布前，要估量线团的多少确定拉线的长度。

拉线，畲族方言称为"兴布"。织布前，先要估计一下，总共要有多少线团,就拉多长,也叫织几丈布。拉线一般在厅堂中进行,拉线时先在厅堂中摆上凳子,每条凳子的脚旁边分别缚扎上一根棒子。

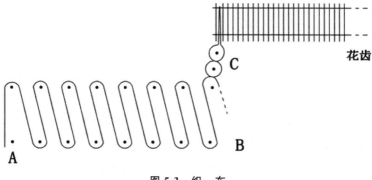

图 5-3 织 布

当拉线时,从图 5-3 的 A 处开始拉出线头,绕过每条凳子上的第一根棒子,直到 B 处。在 B 处上方的 C 处,要有二根棒子,线从旁边绕转进去,经花齿时,用铁线沟拉过去,再往相反方向拉出,经每根棒回到 A 处,于从 A 处拉到 C 处。这样周而复始,就拉成约 350～400 条的经线,构成布的宽度。当线拉完后,就移到织布机上,能把所有线分成上下两层线。

织布,畲族方言称作"经布"。当上面苎线按宽度拉完后,从 A 处的一头用竹片垫着卷起,移到织布机架子的上方固定住,B 处的一头固定织布机架子的下方,这样就从 B 处开始织布了。织布时,人坐于织面机的下方,双脚分别踩着地下的两根棒子,船仔(梭子)内装着丝线,把花齿推移上方后,船仔从左边穿到右边取出,上面的花齿这时用手向下压打一下,地下面一只脚踩一下,把织布机上的线,上一层拉到下面,下面一层线拉到上面。

这时,花齿向上推移,船仔再从右边穿越回左边取出,花齿用手向下压打一下,然后这锚地下面脚,换成另一只脚踩压下去,使织布机的线,上面一层线拉回下面,下面一层线拉回到上面。船仔中的线左右来回穿越,花齿更换打压,这样周而复始过程,直到把苎布织成,张经、穿梭、织布,这是纺织的最后一道工序。苎线按宽度拉好后,移至织布机架子上方固定。织布时,双脚分别踩在地下两根棒子上,梭子内装着丝线,将花齿推移上方后,梭子从左边穿行到右边取出,这时用手将上面的花齿向下压打一下,地面一只脚踩一下,将织布机上的线从上层拉至下层,下层线拉至上层。这时花齿向上推移,梭子再从右边穿越回左边取出,花齿用手向下压打一下,换一只脚踩压,使织布机的线上层线拉回下层，下层线拉回至上层。梭子中的线左右来回穿越，花齿更换打压，周而复始，直至织成苎布。畲族妇女基本上都会纺织，畲族少女 15 岁左右便学习捻纺线和织布了。苎布织成后，立即从织布机上取下，并拿到河溪中漂洗晒干。

5."绸　布"

绸布是畲族方言，又称"仇布"。但是以上所叙述的是一种平常"粗布"，一般织成后，是作为野外田间劳作时穿。而这种"绸布"是多了一道工艺程序，是以上所说的"苎捻"中丝线，在农历六月至八月的酷暑天里，既给苎线上浆，用地瓜（番薯）粉熬成糯糊，装于竹筒中，竹筒底下，穿一个小孔，把手工捻好的丝线穿过竹筒中的浆糊，挂于高处，苎线通过要装在大约距离 100米多远的两个特制转轮，黏过糯糊的苎线在抽转过程中，已经在阳光底下晒干，用上过浆的苎线织成的苎布比较柔软。然后，它的织布程序与上面已说过的"经布"过程中一样，这种织成后的布比较柔软，所做成的衣服大多是在夏天时，室内穿或外出做客人时穿。

图 5-4　蓝靛果

6. 染　布

畲民通常用自己种植并提炼的蓝靛（畲语称为"青"）给苎布上色。遗憾的是种植菁草与提炼蓝靛的技艺如今已失传，空留下染布时的畲族歌言。畲族歌言云：

布那经了(织完)便掏(拿)去,问郎穿白是穿乌(黑)?

郎那穿白娘会洗,郎那穿乌学染布。

布那染了(完)便剪衫(衣),掏布(拿到)贤娘面前抨(比);

你娘也买(不会)借(捻)娘芒,懒人不借(捻)毛(无)布经(纺)。

借(捻)芒歌言唱你知,芒布衫仔(衣服)绣花迷(鸟);

青衫加色红艳艳,腰缚罗带两边陈(垂)。

第二节　畲族传统服饰

　　畲族是一个迁徙的民族,也是一个以农耕为主的民族,大部分长期生活在条件艰苦的深山。他们由于散居且交通不方便,致使不同区域的畲族服饰呈现出多样的特征,虽同一民族,但同一年代的传统服饰却风格迥异,坂中畲族传统服饰按地域分属于福安式畲族传统服饰。

　　1960年代前,居住在福安坂中的畲族人民不管居家还是外出旅行都穿着民族特色的服饰,引人注目,也显示出畲族的人文精神和审美观念。到1980年代,流传已久的畲族传统服饰逐步退出人们视线,原因有三:一是随着我国经济不断

图5-5　福安式畲族传统女装

发展,生活水平不断提高,市面上布料品种的增加和服饰花样不断翻新;二是年青一代由于生活环境改变,受城镇化、现代化生活的影响,改变了自己生活方式,服饰更加多样化,流行已久的传统服装平时也就不穿了;三是因畲族传统服装大部分需要纯手工制作,一件传统畲族服装熟练师傅制作工期需要4天左右,一套需要更长时间,难以形成工业化生产。而学习好畲族传统服装制作需要3~4年时间,和更长时间的经验积累,学艺周期长且经济效益低,几乎没有学徒学习,后继乏人。

　　在畲族传统服饰中,男性服装与汉族男性服饰基本相同,女性服饰独具特色,富有民族色彩。随着时代的发展,现在畲族男女平时的着装已与当地

汉族基本相同。但是在畲族盛大的节日，比如三月三，有些畲民还是会自发穿上传统畲族服饰参加盛会。不过现代的畲族服饰大部分都是改良过的，款式丰富多样，刺绣也通常为电脑绣花，面料也不是传统的苎麻料。

坂中畲族男女老少所穿上衣畲语称"衫"。传统穿着颜色，女性布料以黑色为主，男性以蓝黑色为主。1970年代前，坂中的畲族裁缝师都是出于本族的专门男性来缝做，做衣服的整个过程称为"做衫"。做衣服裁缝师，称为"做衫师傅"。做衫师傅除做畲族人所有的衣服与日常布料用具外，还特别要精通女性的所有上衣、围裙的花鸟刺绣。

一、女 装

（一）上 衣

坂中畲族乡畲族妇女的传统衣服一般都用黑色或蓝色布料裁制而成，1970年代前大多数为苎麻料，款式主要为开襟右衽式，畲语称为"青衫"。上衣袖口的"贴边"与衣摆"衫岔"、衣领等处都用红布搭配，门襟有的还刺绣着花纹，从服装制作工艺的简单到繁杂、易到难又分为"里的衫"、"三步针衫"和"副牙衫"。还有一种是畲族父母专门做给女儿的嫁衣，即"靠仔衫"。

"里的衫"、"三步针衫"和"副牙衫"其实款式是一样的，只是工艺不同。"里的衫"做工最为简单，没有绣花和镶边，只是领口和门襟用红色斜布条包边，袖口的里处和两边的"衫岔"开口处，缝上一条3cm左右宽的红布条裹边。服斗缝制半个红色方形，"里的衫"这半个红色方形没有刺绣，肩膀处的里层缝订一块正方形的红布，土语称为"替肩"。据说服斗的半个红色方形和肩膀处里层的正方形是上古高辛帝敕封时盖的"金印"。"里的衫"没有绣花边，做工最简单，它主要作为平时野外劳作时穿用。

"三步针衫"相对"里的衫"做工细致些，因为它不是劳作时穿的，主要是居家穿。"三步针衫"做工比较讲究，整条衣领上下边沿用红、黄、绿三种颜色的花线，绣上马牙花纹在衣服底层在用黄、绿、红三种颜色的布条与白色布条交叉叠上，衣领中央也用红、黄、绿、白四种颜色花线绣上"米"字形一排，服斗的半个红色方形也有绣花。

图 5-6　里的衫

图 5-7　三步针衫

"副牙衫"做工最为讲究,只有少女出嫁时,做一二件作为嫁衣用,平时比较少穿,只有出门做客人时穿用。"副牙衫"的衣领中央,用红、黄、绿三种颜色的花线绣上花蕊等图案,花蕊的边沿再用两条白线打结成一条白线来裹边。右边衣襟先用红、黄、绿三种花线绣上马牙花纹,后用红、黄、绿三种花线绣上花蕊,边沿用两条白线打结成一条白线裹边,再用红、黄、绿、白四种颜色布条交叉叠上,边沿用红布条裹包着。服斗的半个红色方形中央处绣上些精致的花草。

图 5-8　副牙衫

图 5-9　靠仔衫

"靠仔衫"类似汉人的马甲,没有袖子,布扣子缝订于胸前的左右两边,而是由二层黑色棉布做布料,且分为有领和无领两种。其胸前左右两边都用红、黄、绿三种花线刺绣着花蕊,再用红、黄、绿、白的小布条交叉叠上。整件刺绣的工艺与上面所说的"副牙衫"相同。这种"靠仔衫"是少女出嫁时,父母专门做给女儿的嫁衣,必不可少。它的含义是女儿到夫家后早生贵子,传宗接代香火,以防老有所养。这种衣服平时很少穿,整件衣服的尺寸是平时穿的衣服,增大、增长 3 至 6 厘米之间,平时套穿在衣服外层。

(二)围 裙

围裙是坂中畲族妇女服饰上的必需品，穿上衣必须围上围裙。围裙又分为短裙与长裙两种：

1.短裙。简称"裙"或"围裙"，可分为裙头与裙身两个部分，裙头为红色双层布做，裙身用黑色单层布做。除没有刺绣花纹裙子作为野外劳作用之外，其他都要绣花。

图 5-10 短 裙

图 5-11 长 裙

2.长裙。又称"做生漂裙"。这种裙是少女结婚拜堂时，穿在下身的一种特殊长裙。布料为黑色棉布做成，长过脚背，分筒式和围式两种，皆系于衣内与上衣相配，显得古朴典雅，庄重大度。同时系束绸布腰带，只有拜堂时穿一次，平时不穿，但等到寿终时穿上入殓。

(三)字 带

"字带"，畲族方言又称"带"、"花带"、"裙带"。字带是女性自己动手编织的，它的制作流程是这样的：用棉沙线，牵拉成93厘米左右长（单条）、宽三指（6.6厘米），左右两边边沿全用白色棉纱线，中间用黑、红、蓝、白等色，有规则地进行交叉搭配，然后把牵拉完毕的线均匀分成上下两层。当编织开始时，一头固定于板壁上，另一方挂缚在自己的腰间正方，另外再用一根棉纱白纱，用一根扁形竹片。白棉纱线通过小扁竹片左右来回勾串，然后用竹片压实（整个过程相似于木制的织布机织布）。但是中间处要有技巧，才会显示出"田、由、甲、申、中、凹、凸、地、也、非、井、日、品、正、壬、古、目、已、十、止、千、百"等字样，并且有双棱形纹与几何纹相结合的花边。

图 5-12　字带

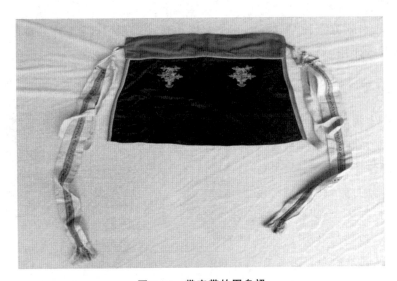

图 5-13　带字带的围身裙

　　编织字带是畲族女性的基本功,通常十几岁的女孩就开始学编织字带。

字带单独作为女性围裙腰带,是畲族女性不可缺少的装饰品,极富有本民族特色。

字带也是是畲族少女出嫁时的必备物品,故又称"山哈带"。用时缚在围身裙两边,并且将此带与小木条固定好,以便扎起来后腰带平整不卷。在固定腰带的小木条两边,再连上两条 50 厘米长、2 厘米宽的白布带子,用此布条穿过围兜裙头的布耳,就把围兜与腰带连接起来了。围兜围在身上时,腰带在身后交叉回绕至腰前,打个活结。

(四)裤子与脚绑

坂中畲族妇女的传统女裤多数用黑色棉布裁制而成,裤头宽 15 厘米,穿时用根白色带子做腰带,将裤头扎紧。传统女款主要由三块布缝成,畲族方言称"上裤头"裤,或者称"圆裤头"裤。由于以前祖上沿袭的习俗,凡属于女性已穿的裤子,男性忌穿,如穿了,会带来"污气"。因此民间有句口头语"冻死不穿女人裤"之说。由于传统女款比较宽大,与男裤相仿,为了防止同一个家庭中男女裤子有时会出现错穿,所以在缝做裤子时,男性裤子在裤头后背左边下方处缝订一个小口袋,取称"后袋",一来防止家庭中男女裤子混穿,二来男性裤子缝订口袋,为了讨吉利,意指世世有后代(因畲族话的"袋"字与"代"字同音)。

脚绑,畲族方言称"脚缚"。它是女性包裹在脚跟上装饰物,主要是冬天能起到保暖作用,通常以白色棉布做成。

(五)布 鞋

坂中畲族妇女布鞋为布底方头青色鞋面,是由传统的纯手工技艺制作而成。制作工序繁缛,耗时长,具体制作工艺可分为剪裁底样、工沿边、剪裁鞋帮、缝制鞋帮、绘制底花样、绱鞋、排鞋与修整、检验等工序。在这整个制作过程,鞋底是由布包裹着棕榈片,用米浆糊黏合,手工引线穿制而成,鞋帮

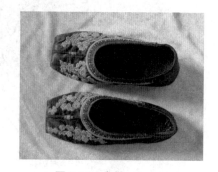

图 5-14 布鞋

也是由白棉线手工缝合。鞋口有花线点缀,鞋面绣花。鞋面由两片裁制而成,鞋中折一条中脊,俗称"单鼻鞋"或"单梁鞋"。

坂中畲族女子结婚时多穿单鼻"虎牙鞋",鞋头高昂一寸,做硬鼻,系红缨,四周用五色线绣"虎牙"花纹,故称"虎牙鞋"。"虎牙鞋"结婚当天穿后一般收起来用作寿鞋用。

二、男　装

(一)上　衣

坂中畲族男子传统服装主要有对襟式和开襟右衽式布衫,畲族方言分别称为"面前扣"、"烟铜扣"。色彩均以青黑或蓝色为主。

图 5-15　"面前扣"上衣

面前扣指的是整件衣服为左右各一块连体布,如布面窄的,袖子两边分别在缝一块布料。胸前一排 7个扣子用布绳缝订,右边一排为布扣子粒,左边一排为布扣孔。并在左右肩膀前后内层,在缝订一层圆形"替肩"布料,它的作用是挑担,有两层布能耐磨。下方左右两边各缝订一个大口袋,左胸位置上方缝订一个小口袋,叫作"三袋",意为香火连续传三代。衣服的左右腋下方两边处为开口,畲族方言土语称为"衫岔"。

"烟铜衫"是在"面前扣"衣服右手一旁再加上一块的布料,畲族方言称为"烟铜衫"。

这种衣服的特点是胸前没有订口袋,右手腋下的旁边内里订一个小口袋。扣子共订 5 个,A 处横订 1 个扣子,B 处竖订 1 个扣子,CD 线边处订 3个扣子。扣子粒数订于的这块布上,扣子孔订于对称的另一块布面上。这种上衣,主要特点是穿在身上,胸部不易透风能保暖。而且是上了五十多岁以上老人穿用,特别在冬天老人抱带婴儿时,解开扣子把婴儿抱藏里面,方便遮风保暖。这种"烟铜衫",又可分为以下款式:

1."长摆衫"。指的是在"烟铜衫"的款式完全相同的基础上,布料加长到膝盖处,或者到脚面处。这种"长摆衫",它主要是上了 70～80 岁以上的老前辈为主。"烟铜衫"的右片模样图示 7 的 CD 处为 5 粒扣子,或者 7 粒扣子。

2."双甲衫"。它的款式与"烟铜衫"完全相同,也是说在原有的基础上,

图 5-16　烟铜衫

里层在用一层布料缝订上，变成二层布做一件衣服，称为"双甲衫"。意为夫妻二人同白老。

3."棉袍衫"。款式与"双甲衫"完全相同，不同的是衣服外层与内层的中间处，再用棉丝铺订上一层，称为"棉袍衫"。它主要特点是寒冷的冬天能起保暖作用。一般外嫁的女儿等娘家的父亲做寿时都以做此衣服赠送父亲。

（二）裤　子

1960 年代前，坂中畲族乡畲族男人穿的传统裤子大部分都是"圆裤头"裤，裤子多数用黑色棉布裁制而成。裤子分为直筒式，裤筒大，裤脚小，而且不论短裤或长裤，裤头（裤腰）都要接上一块 15 厘米宽的布做裤头，穿时用根白色带子做腰带，将裤头扎紧。

（三）帽和袜

畲族男性帽子至目前为止，所能调查了解到的只有二种，分别称为老人帽与家仪帽。

1.老人帽。畲族方言叫老鸦帽（乌鸦帽），或者称为"凤罩"。"老鸦帽"由黑色的棉布缝制而成，为男性冬天保暖之用。这种帽子不是所有男性都有资格穿戴的，通常只有在村中有一定知名度和威望的人（如族长、好命人及五行先生）方可戴，而且年龄要在 70 岁以上。

2.家仪帽。家仪帽从清代流传至今,是畲族新郎拜堂和男宾喝家仪酒时所戴的专用礼帽。男青年在结婚时必做一顶,平时不戴,所以畲族人称之为"家仪帽"。家仪帽通常用棉布制成,整顶帽子用布料三尺左右。帽子分别由帽沿边与帽顶构成,帽沿边有内外两层,用两块布缝订而成,中央央一层比较厚(硬)布。帽顶的内外层分别也由4块布缝订而成,中央也是夹一层比较厚(硬)的布,戴在头上,有竖直坚挺感。

图 5-17　家仪帽

3.男袜。畲族用蓝或黑色棉布缝制袜子,以便冬天穿在脚在脚上起保暖作用。它有别于女性的"脚缚",模样如同现在的袜子。

4.衣裙。衣裙以蓝色棉布为主,它是男性野外劳作时穿挂于衣服外层遮盖胸部至膝盖的部位,主要是起着防止劳作时把衣衬裤弄脏。

三、盘发与凤冠

坂中畲族乡畲族妇女的发式叫"凤身发髻",也称"凤凰中"。16岁前少女用红绒缠辫子,盘绕头上,额前留"刘海儿"。到了16岁才盘"凤身发髻"的发式。畲族女子出嫁时必戴特造的帽子,称"凤冠"。凤冠是由打银师傅专制而成,做衣服师傅无法做。已婚发式跟未婚发型又略有不同,已婚妇女最明显的标志是发顶中央靠后横插一支银簪,未婚少女头上没有插银簪,以一根红线缠在右额前方的头发上,以示区别。妇女发式间环束着红色绒线,丧偶的妇女还会用绿色或白色的绒线环束。

(一)16 岁前少女发型

16岁前少女发式称为"布妮头",其梳理方法是用红色绒线与头发掺在一起,编成一条辫子,从后面向前盘在头上,做成圆形状,前留若干刘海。

另一种梳理方式是先将辫子盘在头上,再用红绒线盘在辫子之下。

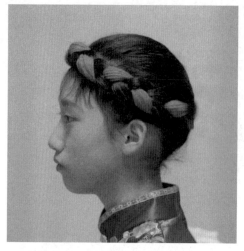

图 5-18　16 岁前畲族少女发型

图 5-19　畲族少女发型

（二）未婚发型

未婚发式的梳理方法是头发梳成斜筒高帽形状，但不向外扩张，而是把前面部分头发向后拢，与脑后头发合并后从脑后往左缠绕呈直筒型，头顶不压银簪，而是用红绒线代之。

图 5-20　未婚畲族妇女发型

图 5-21　已婚畲族妇女发型

（三）已婚发型

已婚发式梳理方法是先将头发梳分成前后两部分，将后面头发用红毛线扎成坠壶状向头顶方向梳拢，与前面的头发一起梳起来，沿前额从中间往右再经脑后梳成扁平状盘绕头顶一匝。头发不够长则需续上假发。绕头一匝的头发高达脸部的二分之一，中间用红色毛线缠绕固定，上部略向外张，故又称为"碗匣式"或"绒帽式"。为了使梳成的碗匣扁平挺直，则需用数只发卡夹住头发，顶部压一条两拍宽的银簪，并插银耳钯、豪猪簪各一支。凤凰中发式梳成后，正面宽大平整如黑色缎帽，侧面看如富贵凤身。

（四）凤　冠

凤冠是畲族少女出嫁时所必戴的。其遮脸部分俗称"圣疏"，戴在头上的部分称咄咄怪事"髻栏"。冠身以竹笋壳为骨架，外用红色布包缠后，缝成长方形的头冠。冠上缀以一片片四方形且轻薄如纸的银牌，银牌上錾有凤凰、蝴蝶等图案。凤冠四周有用红线

图 5-22　凤冠正面

穿成一串串的五色珠垂挂。冠的正面系有 7～9 条银链，链上再系上大大小小的凤凰，鱼儿之类图案的银牌与铃铛。凤冠戴在头上，珠串和链牌遮住脸部，直垂到胸前，走动起来摇摇晃晃，叮当作响，寓意"凤凰带仔又带孙"。凤冠作为畲族少女陪嫁礼物之一，在她逝世时，还要戴它入殓。

四、裁缝工艺

（一）裁缝师傅的工具

裁缝师傅的工具除主要木尺、画线袋、指、针袋、烫斗。

1. 木尺：是作为裁剪衣服时，量各处尺寸。

2. 画线袋：它是用蓝色布缝订而成（形状像"老鼠"）的，布袋中央塞有白色粉笔，用一条苎布粗线穿串两头，粗线通过中央处的白色粉笔，裁剪画图案用。用时将这一头的粗线拉出，粗线粘涂粉末，用完后，再从另一头拉出用，画剪时就这样周而始复进行拉画。

3. 针指：它是铁或铜打造而成，形状圆形，外壳处密密麻麻錾有小凹，用时戴在左手中指二节处。针线缝订布块时，针头顶在小凹中，左手用力把

针线推进后,把针线拉出。

5. 针袋:作为藏夹针之用。

6. 烫斗:它是用纯铜打造而成,形状像圆瓢形状,底部圆形光滑,用时斗中用木炭点火后加热,用来烫已缝成后的衣服边沿等。

(二)裁缝师傅外出联系方式

裁缝工匠大都是半工半农(极个别是全年外出)的,农忙时在家务农,农闲时要到外村上门为他人做衣服。做这种手艺之人,因所做过的村庄都有熟人作为落脚点,也称为"东家"。所以如其村人需要缝做衣服,就是通过认识的"东家"传信,不定日期起身去为他人做衣服。

但属于做婚礼服、做寿服、丧礼服、寿终服的人,先必须以红帖的方式,通过东家传帖告知裁缝师傅。之后,裁缝师傅必须放下家中的一切杂事,义不容辞地赶往他村,在选定的吉日里为他人裁缝衣服。这种方式做衣服土语方言称之为"做日子衫"。

(三)裁缝师傅的禁忌

1. 外出为他人做衣服时,忌在初一、十五、十三、二十三日外出(初一、十五日是家鬼回家行香日。十三、二十三日是民间讲的"双破日",不吉利)。

2. 初处外出时,忌没有衣服做(意为不顺利)。

3. 缝制"日子衫",忌事先没有红帖。

4. 缝制"日子衫"完后,忌东家没有红包"讨衣食"(意为"讨吉利")。如没有红包,怕日后"做日子衫"不吉利。民间有句口头语叫"红包衣食乇,讲钱乇咪乇",寓意是"红包是东西,不是钱多与钱少问题"。

5. 缝制"死人衫"时,忌自己的手痕迹留印在衣布上。

6. 忌自己的工具互相敲打(意为有争吵之事发生)。

7. 裁剪衣服时需量人体身高时,忌用木尺去量人体身高(是小孩量后,日后身体不长高长大,大人日后做任何事不会长进)。

8. 忌所用工具借给他人。

9. 忌所用的工具先做被他摸弄(意为民间有句口头号语叫"师傅家私,皇帝小姐)。

10. 忌同行之间争吵。

（四）工艺传承

畲族人所缝制的各种衣服等都是由本族男性人来完成，它的裁缝手艺都有它的奥妙独特之处，平常人如果会做一些，没有经过拜师也不一定能做比较像样的衣服来。作为裁缝工匠，最终都必须把自己的手艺传给后人，后辈们也想把上辈手艺继承下来，一是为他人上门服务挣点钱好度日，二来以防手工艺失传。学艺之人必须拜师，师傅也要根据徒弟的人品等条件来决定是否收留此人。师傅带徒时首先与徒弟、家人，以口头形式商谈协议事宜。在正常情况下，徒弟要跟随师傅 3 年，3 年期间除外出做手艺之外，闲时要帮助师傅做些家中零杂事。

古时属于手艺人都是被人请到家中，一天一人以做成品件数来计算。起初，徒弟根本无法做出件数来，因此徒弟初期的一段时间，东家只负责伙食，没有工钱，会做些活后东家才付给一半工钱。技艺成熟后，徒弟就与师傅以同等的工钱全额付给，这其中要看师傅本人的能耐，不管徒弟会不会做，师傅一人在一天内会做出二人的件数来顶替徒弟，那东家就付二人的工钱。

做徒的前三年没有任何报酬，到了年底师傅只给徒弟一套新衣服与鞋子过年。到了第三年，师傅会给点象征性补贴。徒弟出师后，必须送一只猪腿给师傅，作为师傅传授技艺的答谢。

如果徒弟出师后，师傅年老体弱，一天内师傅无法做出件数来，徒弟还要协助师傅做几年手艺，但工钱各归自己，师傅无权再收取徒弟的好处。

（五）坂中畲族传统服饰制作技艺知名裁缝师名录

坂中畲族乡畲族传统服装制作技艺历史悠久，制作畲族传统服饰的裁缝师大都是半工半农（也有个别全职当裁缝师），农忙时在家务农，农闲时到其他村上门为畲民制作衣服。畲女订婚后，父母会以红帖的方式请裁缝师傅到家为女儿制作嫁衣，这种在 1970 年代后慢慢没有了。以前制作传统畲族服装的裁缝很多，有的地方一个村就有好几个裁缝师傅。到 2018 年 8 月，坂中畲族乡制作畲族传统服饰的裁缝师健在的仅 5 人，而且 4 人已经很久不从事裁缝制作了。

表 5-1　坂中畲族乡不同时期知名的畲族裁缝师

村名	1910—1960 年	1940—1980 年	1960—2000 年	1990 年至今
大林			钟培四 （1935 年 8 月 21 日—2015 年 9 月 1 日） 钟银弟	
和安	钟光水	钟伏利 兰俊金 雷铃弟	钟伏淑	
廉岭			钟成章	钟进松
日宅			钟金明 钟伏周	吴旭忠 （1961 年 7 月）
井口	雷德秀	兰庆祥 钟禄松（赖头）	钟丛金 兰伏金 （1948 年 8 月 20 日）	钟桂梅 （1970 年 8 月）
后门坪	雷长波	雷伏如 雷伏敬 雷石木	雷铃树	雷长华
仙岩	钟住灿（磊石）	雷发祥		

第三节　畲族节日食品

一、糍　粑

　　畲族乡村中所做成的糍粑有糯米糍粑、黄金糍粑和春菊糍粑三种。纯糯米糍粑由精制的糯米和清泉水泡浸后舂制而成。之后，又与芝麻或地瓜粉作为防黏剂。主要祭拜神灵、馈赠亲戚朋友、丰收喜庆等之需。这种糍粑广布在福安畲族乡村，所制作的人群很普遍。黄金糍粑由精制的糯米与粳米混合，并用一种天然的碱水泡浸制成。因整粒颜色为黄碱色而得名。主要祭拜神灵、馈赠朋友和自家食用。与纯糯米糍粑相比，善于制作者相对少些。春菊糍粑在春季,从地里采回一种名叫春菊的鲜草与糯米混合制成。主要自家食用。这种糍粑只流行于个别畲族村庄。

群体性制作糍粑的时间主要集中在每年农历腊月三十、正月初五至十八(根据每个村寨的祭神时间不同而各异),立冬节气前的尝新节。是一年一度祭拜神灵必不可缺的祭品。由于糍粑在畲族人们心中是礼轻情义重的礼品,平时一旦某户喜逢婚嫁、建房、做墓、时岁节令等喜庆之日,东家都必须制作糍粑,以作为回赠给所有亲戚。糍粑在畲族村寨里,是一年中都会常见得到、吃得着的食品。

图 5-23 畲族节日食品
(钟楠拍 摄)

以糯米为主要原料做成的糍粑,其整粒外形为扁圆状,极相似于集市上以麦粉做的包子。刚制作的糍粑不仅很柔软,黏性强,表面光滑油亮,而且味道清香可口,多吃不腻,是人人爱吃的点心。如果一时吃不完,放于阴凉干燥处数日,虽变得有些硬,但不腐,想吃时放于铁镬里,经温火慢烤,又恢复原先的柔软可口。

糍粑是畲族传统节日的特色食品,其食用途径不仅广泛,而且在很多特定环境下是无法替代的食品。如在亲来戚往过程中,显示出主人对客人的尊重。凡届每年农历腊月三十日、正月初一日、正月初五至十八日,全村每家每户都要专制糍粑,以供祭拜村中各类神灵。在整个婚礼中为重要食品,每逢岁时节令、丰收喜庆时也离不开糍粑。

二、乌饭("乌饕")

1.起源传说

每年农历三月初三日这天,制作乌饭主要是作为缅怀本族先烈,准备春

215

耕,迎接丰收的基本意义。追其历史渊源,各村寨中有着各不相同的传说。

图5-24　2016年4月9日福建省第五届畲族三月三在坂中公园举行
（黄俊　摄）

传说一:

相传高辛帝的时候,朝廷遭到番边侵略,朝中文武百官都无人能抵敌。高辛帝皇榜告急,畲族始祖应征,一举平定了番邦,立了大功,封他为"忠勇王",并将三公主许配成亲,后生了三男一女。忠勇王一家人赤胆忠心,不愿在帝都王府里过安闲日子,便把家搬到山里,开山种地狩猎,发展生产。后来忠勇王年老多病,又经常爱吃一种黑色的米饭充饥,身体康健,其子孙发现是一种乌饭树叶采摘来做的乌饭。后来每年农历三月初三这天,乌饭就被当作祭祖供品,一直传到今天。

传说二:

以前畲族百姓都居住在山上,全年吃的都是番薯米。有一天,一只老鼠被猫咪追得没处躲,就钻到畲家寮里来。主人看见猫咪欺负老鼠,就把猫咪赶走了。从那以后老鼠想:"主人救我一命,还没有报恩。听说番邦有谷子,可煮成白米饭。不如去偷点给主人种。"第二天,老鼠就赶到番邦。当时正是收冬季节,它就偷偷衔了一穗谷种,走了不少路,到了三月初三这天才拖回来。后来经过主人种植,畲族百姓头一次吃上白米饭。农历三月初三也就成了米谷生日。后来人们给米谷穿衣

216

服,即加上一层颜料,人吃了上山下地干活不怕虫蚁叮咬。这种穿上衣服的米饭,就是乌饭树叶汁染成了乌米饭。

传说三:

相传在某朝,畲族先辈为反抗统治者的压迫与剥削,被当朝皇帝判罪下狱。狱卒不许送饭,百姓想了一个办法,用山上采摘回来的乌饭树叶汤汁做染料,涂于米饭上,骗狱卒是黑色蚂蚁生的"蛋"。当时狱卒见了没有禁止,使得被囚者天天都能吃到这种乌饭,伤势得到医治,体力得以恢复,出狱时精神得很。这种乌米饭经过一代又一代的传承,直到今天。

传说四:

相传唐高宗年间,畲族英雄雷万兴领导畲军反抗朝廷。他们被朝廷军队围困在大山里,这时完全失去外援,钱粮短绝。雷万兴吩咐士兵们,在大山里寻找食物。当时正是大寒天,山里各种植物都已经脱叶落果,唯有一种名叫乌饭树的野生植物,落叶后枝条上还挂着串串像珍珠一样的甜果。畲军采了一把,带回营中给雷万兴品尝,他尝后立刻感到很甜蜜,便马上传令大量采集这种野果充饥,军粮解决了。雷万兴于三月初三这天杀下山去,取得了反"围剿"的胜利。此后,雷万兴平日食厌鱼肉米酒,总感到口中乏味。在三月初三这天,就想起在大山里食过的甜果。于是便吩咐手下人去采些乌饭果给他开胃。可是这时正值春天,乌饭树刚刚长出嫩叶,哪里去找甜果呢?畲军只好将乌饭叶子采回军营中和糯米一走炊煮,结果糯米变成同乌饭树果一样的乌蓝色,其香无比。雷万兴吃了乌米饭,食欲大增,还将此法教给畲族百姓。后来,畲民为了纪念雷万兴率领畲军反抗官军的胜利,在每年的农历三月初三这天,家家户户都染制乌米饭,此习一直延续至今。

2.制作乌饭的主要原料

"乌饭树"叶是制作乌饭的唯一的辅助材料。乌饭树,本地称为"乌木念",学名"南烛",古称"染菽",属杜鹃花科常绿灌木。因每年农历三月初三用其叶蒸乌饭食用而得名。乌饭树一般生长在低海拔的向阳山土坡,或沟谷溪涧旁,无灌木遮盖的山上。常规树高约在60厘米左右,分枝多,陈年老叶为绿色。当年春后新长出的嫩茎与嫩叶呈淡红色或桃红色,且树枝与叶面油亮光滑。其头部只有少量几条浮根长在表面浅土层。

乌饭树有大号和小号之分,大号的其叶状为椭圆形,叶长约3～5厘米,宽约2～3厘米，叶片边沿带有细小齿牙。小号的也为椭圆形或圆形，叶会短些，叶宽窄，叶厚相对薄些。但不管是哪一种，在无人采摘的情况下，都会长到2米高以上。

乌饭树春季长嫩叶，四月份左右开花。浆果成熟由绿色转为红色，直到十月转熟为黑色。其再生途径有的靠鸟类觅食其成熟果粒后，将种子传播到空地土壤表层后长出。当年长出的嫩茎与嫩叶，在正常条件下一般大多数会长到20厘米左右就停止，不再继续生长。如果当年被采摘掉其嫩茎与嫩叶，就维持原状不继续生长。

3.制作乌饭的过程

每年农历三月初三的传统节日前，人们到山上采回当年刚长出的嫩茎叶（因陈年老叶所染做的乌饭，颜色不一定很好），捡掉其他杂质，待清水洗净，放到石臼里舂碎，将其嫩叶渣放于铁镬里，按嫩叶渣的数量多少，加入适量的清水，用温火稍为加热（以手触汤水不热为宜）。双手经反复磨洗一段时间后，用袋子把叶渣与汤全部装入袋子里，把汤水过滤到木桶里。已过滤后的紫黑色汤水汁经沉淀1个小时左右，然后将精选的糯米备好倒入到另一个木桶中，再将已沉淀好的汤汁倒进糯米中，泡浸十几个小时。初三早晨将汤汁捞起，将泡浸过的糯米放到木甑里蒸熟即成。

三、菅粽

1.菅粽的种类

菅粽，畲族俗称"五月粽"或简称"粽"。由于每人选择的佐料有所区别，所包裹的粽子可分为"糯米粽"和"豆粽"两种。糯米粽由纯糯米裹包而成，没有拌任何其他配料。而豆粽是在糯米中按自己的口味不同，分别渗入少许的豌豆、金甲豆、羊胡子豆、花生等一起包裹。

2.包裹菅粽的时间

由于粽子的用途不同，裹包粽子一般在农历五月的初二日至初四日这几天。其原因是农历的四月下旬到五月初这段时间正逢"芒种"与"夏至"节气，正是畲家人插秧和番薯的大忙季节。包裹粽子的活全由大人完成，小孩做不来。所以除个别家庭当年有女儿出嫁，须在初二包裹好粽子，在初三送给女儿过节外，一般没有特殊情况大都在初四日这天包裹粽子。另外，有的人在"分龙节"（即"夏至"节气过后的"辰"日称为"分龙节"）这天，为了祈求风调雨顺、五谷丰登，也有包裹粽子的习惯。

3.菅粽的用途

在端午节期间所包裹的粽子,主要有两种用途:

一是作为祭祖供品。畲族后辈对自家祖公神的祭拜有三个特定日子,即农历正月初一日(称"做年")、五月初五日(称"做五月节")、七月十五日(称"做七月半")。虽以上各个年节里所祭拜的供品大都相同,但单独属于稻米类做的供品又各不相同。例如正月初一日以糍粑当供品,七月十五日以米饭斋团当供品,而五月初五端午节祭祖时,必不可少地把已包裹煮透的粽子摆放于厅堂桌上当祭品,寓意保佑子孙在已播种下去的农作物能苗壮生长,来年有个好收成。

二是作为家庭食用外,还是馈赠亲朋好友的礼品。粽子主要作为祭祖供品外,有的人还把它馈赠给邻近村庄的汉族亲友。特别是按祖上传下来的习俗,村中不论谁家女嫁到夫家的头一个端午节,其父母一般会选择五月初三日把自己包裹好粽子和其他礼物一起挑送到女婿家给女儿过节(俗称"送节")。寓意夫妻俩心如糯米,越黏越紧;情如粽叶,越煮越香。也有的人在糯米中加入蜜枣、花生、红豆等,寓意早生贵子、多子多福。

第四节　畲族婚嫁习俗

畲族传统的婚嫁习俗有本民族的特点,也受当地汉人的影响。而且随着时代的变迁,发生的变化越来越大。

一、选亲与定亲

1.男方家父母委托媒人预选对象

当畲族男方家的孩子长到 10 岁左右的时候,父母就要为自己的孩子张罗亲事,预选配偶。预选配偶有的是通过亲戚、朋友熟人介绍,有的是委托媒人帮助寻找对象,还有以媒人出面帮助说亲。

媒人收取男方父母的路费后,有目标地寻找到两家门当户对,各方面条件相当的女家。并把男方的父母为人,孩子长相特征及家庭的基本情况等积极地叙述一番。

女方父母为了慎重起见,先答复媒人:"过几天再答复你。"随后,女方家父母通过亲朋好友暗地里打听男方父母为人,孩子长相特征及家庭基本情况,与媒人说的是否一样,如果属实,就等媒人登门。

2.媒人再次登女方家门,并开出"生庚八字"①

过了一段时间,媒人再次受男父母的委托去女方家,询问女方父母的意向。当女方家父母说:"女儿年岁小,寮里琐事靠她做,过几年后再说。"这意味着不同意。如果女方家父母说:"媒人公,你再等几天,我与你到他家看看。"这意味着女方家到男方家看家势(家庭状况),便有成功的希望。当女方家父母到男方家观察之后,都会告之媒人,如果满意这门亲事就告之媒人日后登门,不满意就到此为止。

当男方父母通过媒人得知女方家父母满意这门亲事后,男方父母带上线面、猪肉等礼物,与媒人一起到女方"讨生庚八字"。当日,女方家父母就把女儿的"生庚八字"用红纸写给他们。开"生庚八字",古老的畲族方言叫称"开生月"。开"生庚八字"时,男方父母要包一包红包给写字的人,作为笔资酬谢。

3."合八字"

在正常的情况下,女方父母开出女孩子的"生庚八字"首先是交到媒人手中。男方父母从媒人手中取回女方"生庚八字"比对自己孩子的"生庚八字"。当男方家父母从媒人手中取回女方的"生庚八字"后,并没有马上拿给算命先生推算,而是先把写有女方生庚八字的红纸条压在厨房间内的饭甑底下。经过3天后,家里没有出现不祥之兆,一切平安顺利,就认为女方八字好,可以将生庚送到算命先生处"合八字"。

相反,如果这三天中出现鸡狗乱叫,砸破碗,人生病等异常现象,就直接把女方"生庚八字"通过媒人退还女方,同时再到别处提亲。

通过以上的预测,认为女方八字好,也把自己的孩子"生庚八字"写在另一张红纸上,一起送到算命先生"合八字"。算命先生根据男女双方提供的"生庚八字",再通过甲子推算两者的相生相合或相冲相克情况,来定这门亲事。

很多人往往因为过不了"合八字"这一关,而抱憾终生。现在很多男女青年通过自由恋爱喜结良缘,逐步避开这一"合八字"的关。

4."打软帖"

"打软帖"是畲族方言,即"小定"。经过"合八字",男方父母认为女方的八字好,但一时又无"搭定"(正式订亲),这时男方父母就带上鱼2尾或线面

---

① "生庚八字",即生辰八字,指某人的出生年月日与时辰。

4斤,以及少量礼金,与媒人一起到女方家进行初步商谈孩子们的婚姻大事。

5."搭 定"

"搭定"是畲语方言,即"订婚"。男方父母经过一段时间的准备,选好具体吉日,通过媒人的传话,告知女方父母"搭定"的具体日期。随后男家向女家送礼物、下帖,对外宣布双方正式订婚,这个过程叫"搭定"。

男方家所筹备"搭定"的礼物:猪腿1只,衣服1套,鞋1双,银元4块,银镯1副,银戒指2粒至4粒,红帖2张,五色彩线2束,果籽4包,包括冰糖1包、桂圆1包、乌枣1包、红枣1包。礼金由双方父母通过媒人传说约定,用红纸包成1包。到了"搭定"日期,用礼盒装入以上的礼物,再用苎布的红布袋套外,然后由男方家房内的堂兄弟挑送到女方家。

妇方家收取"搭定"礼物之后,回赠如下礼物:女方父母从送来礼物中,除收取猪腿、礼盒、衣服、鞋、银元、银镯、戒指外,4包果籽,2束五色线,2张红帖各收取一半,其余一半按原来的礼盒放着,作为"答盒"。同时,女方父母事先已备好糍粑48个,"五代糕"48块作为"答盒",回赠给男方。

男方父母用女方家回赠的糍粑与"五代糕"分别赠送给自己堂叔、堂兄弟等房内亲人。这样消息一经传开,就意味着双方的子女婚姻大事已经正式定下来。其他人不再来求婚,男女双方便以亲戚的关系互相来往。

二、男方准备成亲的程序

1."讲杠"开生庚

当女方的少女长到19岁时,男方的父母要为儿子提亲。在成亲前,男方父母必须再次把女方的"生庚八字"再次开取回来,畲族称"讲杠"。过去,这种仪式一般要分三次进行。

头次"讲杠"。由男方的父母与媒人备2条白力鱼作为"手信"到女方家,与女方家父母商谈两人成亲的事。女方父母这次总是推三推四,不把自己的女儿"生庚八字"写出。这次男方父母到女方家,按传统惯例只是打个招呼而已。如果这次女方父母就轻易开出女儿的"生庚八字",将受村中人的闲言碎语:"你女儿放在家里,又没烂掉、臭掉……"头一次就把"生庚八字"开给人家,女方的家人会觉得没有脸面,很不光彩。所以无论如何都得走走形式。

第二次"讲杠"。隔了一段时间,男方的父母再与媒人备2条鱼做"手信"，到女方家后，共同商谈子女成亲的事。这次，好商量的女方父母，会直接提出要男方多少礼金，就把女儿的"生庚八字"开出。不好商量的女方父母，还是推三推四。

第三次"讲杠"。不好商量的女方父母还要再走这趟。这次，女方的父母没有理由再推三阻四。除了提出聘礼外，就开出"生庚八字"，还要包1包红包给写字人，作为答谢。

2."择日子"

把女方的"生辰八字"取来后，与自己儿子的"生庚八字"，同时送到择日先生处，选择出具体的日期，为孩子成亲。

"择日子"，除了选择成亲的日子外，还要注明女方父母为女儿备嫁妆的日子。

3."送日子"

当选定成亲日子后，逢偶日，用礼盒装米2升，线面12束，猪肉若干，红纸帖"日子单"1封，用苎布的红袋，套着礼盒送到女方家中。

女方父母除收猪肉、成亲红帖"日子单"外，其他各收一半，留一半"答盒"，归还男方。

女方父母根据送来的"日子单"，着手准备女儿的嫁妆等前期事宜。

三、女方父母备嫁妆

女方父母根据男方送来的"日子单"中所注明的制作嫁妆日期，请来畲族衣服师傅，请师傅时事先要以红帖1张延请。做这种嫁妆衣服有传统惯例。

1. 做"压箱衣"

师傅必须在开剪日，先做"压箱衣"。所谓"压箱衣"，又称"草头衫"。用白布或白色苎布做成1套衣服，出嫁时放到箱底，平时不许穿在身上，也不借给外人，用途是夫家的前辈和娘家的前辈老人去世时，方穿在外面，作为戴孝时孝服穿，等到自己去世时，贴身做内衣，穿在最里层。

2. 做三袋

即指大布袋、小布袋、红肚兜。三袋，即谐音三代。意为香火能连续传三代，三是虚数，意为代代。

(1)大布袋是新郎第一次做女婿时，用装礼物送给岳父之用。

(2)小布袋是出嫁当天，用来装"茶包"(果籽，取意开花结果)用的。

（3）红肚兜是出嫁当天,新娘穿在最里层,备装"凤凰蛋"之用的。

3. 做彩衣

即做 1 件绣花上衣,1 件花鸟彩裙。作为出嫁时穿的礼服,布料颜色为黑色。

此外,还要缝制一些平时穿的衣衫,和热天穿的苎布衣(畲语称"粗布衫")、苎布蚊帐、苎被套等。

4. 做"杠头"

即木料制成的室内用具。女方父母根据"日子单"注明的制作木用具的日子,以红帖 1 张延请细木师傅制作陪嫁用具,包括桌子、橱子、箱子,以及"三桶"木脸盆、灶头桶、洗脚桶。

5. 打造"凤凰冠"

"凤凰冠",畲族称"圣梳"或"圣梳头",即新娘结婚时头上佩戴的银冠。一般延请银匠专门定制,也有用银元到银匠铺兑换,或直接购买的。

四、少女"做客"

"做客"是畲族方言,指新娘在出嫁前一段时间里,要到所有亲戚家中轮流做一次客人,意味着将告别少女时代,向亲戚辞行问好。学术界称为"做表姐"。其实,少女"做客"时,岁数小她的男性,称叫她"做客表姐"。岁数大她的男性,称叫她"做客'布妮'(少女)"。

做客时是有一套传统惯例的,先到谁家,后去谁家,是有先后顺序的。

1. 先去母舅家

做客时,一定要从舅家开始,如舅舅家没请过,所有的其他亲戚都无权先请。

告知舅舅外甥女出嫁的具体时间。当成亲的日期确定后,由嫁女的父母把女儿成亲的日期写在红条纸上,再用红帖 1 封套着,带上线面或鱼做"手信",送到舅舅家。舅舅根据外甥女家的亲戚多少来安排,如外甥女亲戚少,就迟点安排;如外甥女亲戚多,就早安排,以便其他亲戚能轮流接下去。

舅舅请外甥女。舅舅事先选好吉日,带上线面或鱼之类礼物做好"手信",亲自到外甥女家(路途远的提前一天,路途近的当天),把外甥女接到家中住。

外甥女必须穿上绣衣与绣裙,双手佩戴手镯、戒指及耳环等银饰品。出行时,不管是晴天还是雨天,一路上都必须撑伞而行,路人一眼就能认出是

"做客布妮"。

在舅舅家住的时间。外甥女在舅舅家少则住十来天,多则住一个月不等。外甥女到舅舅家的当晚或次晚开始,舅舅村庄的表哥、表弟就与即将出嫁的布妮对唱歌言,这是少女时代学歌成绩的一次展示。对歌时,外甥女觉得自己具备唱上一晚的能力,就主动与表兄弟盘唱;如果不能唱一晚,一般不与对方盘唱,以防下不了台,怕被表兄弟嘲笑。需要说明的是,在畲族歌规之中,凡有亲戚关系的男女一般不能双方对唱歌言,唯独这次做客例外。

做客时,有所要注意的礼节。在舅舅家做客时,舅舅的房内亲都会请她吃一餐饭,畲族称"母舅寮下人"、"接饭顿"(吃饭)。当外甥女吃完饭后,自己必须亲手装满一碗饭,放在自己的桌位上,并摆在餐具后。下桌时对主人说一声"感谢××!",这种习俗叫作为主人"剩粮"。

舅舅送外甥女回家的礼俗。外甥女住了一段时间后,必须由舅母送她回娘家。在外甥女准备回去前一天晚上,必须"响雷公",即制作糍粑。所谓"响雷公",这是畲族客人往来中最大的礼节。这次做糍粑全过程,均由村里的表兄弟完成。舅母送外甥女回去时,带上糍粑 40 个、毛巾(这毛巾有的是舅舅送,有的是舅舅家房内亲赠送的)。赠送的毛巾用途,正好作为夫家婚礼的第二天酒宴时用。少女回家后,就把舅舅家赠送的糍粑分赠给自己的堂叔伯、堂兄弟等。

2.去其他亲戚家

嫁女去舅舅有红帖通知之外,去其他所有亲戚,一概不用红帖告知,所有亲戚是通过询问或打听,等舅舅请完外甥女回家后,自己登门请出嫁布妮前去。其过程与习俗,与上述的大抵相似。

3.自己父母家的房内亲"接饭顿"

出嫁少女在所有亲戚家中都轮流做完客人后,自家的堂叔伯、堂兄弟或左邻右舍都会请吃饭,此俗称为"寮下接饭顿",借以表达对待出嫁少女的重视与祝贺。以上所说到人家吃饭,又称"请做客布妮"或称"请布妮"。至此,嫁女做客的整个过程才算结束。

五、"亲家伯"、媒人公"担肉"(即挑肉担)

1."担肉"时间

男方在迎娶的前两天,要把给女方的全部礼物全部如数送上。

2.所送的礼物数目

所送礼物,由以前"讲杠"时,双方父母经媒人共同商议的约定。包括猪肉若干;鸡4只,其中会司晨的公鸡2只,没生过蛋的母鸡2只;鸡蛋40个;礼金,之前没有付清的礼金,这一天必须全部付清;鱼2尾;红烛2根;给女方父母红包;"做厨包",男方给女方操办酒席时,延请厨师的红包;拦旗包,花轿离开新娘村落时,族内父老在村口设香案,拦住"风水",新娘给父老们的红包;订铜包,男方给女方父母做木制嫁妆时给木工师傅安装铜锁的红包;花彩包,即给女方做嫁衣师傅,在出嫁当天为其负责捆绑桌子上的蚊帐、棉被等的红包;穿衣包:给女方父母、母舅帮外甥女穿衣上轿的红包;梳头包,即给女方父母、嫂嫂或"好命人"帮出嫁女梳头的红包;裹凤冠包:男方给女方父母送打造凤凰冠的打银师傅红包。

以上红包由媒人亲手交给女方的父母,到时再由女方父母为其打发理料。媒人掏伞包,即媒人随花轿回男方家,原来搁在女家的雨伞,女方父母家人要将雨伞还给媒人,媒人这时要给送伞人1包红包,叫媒人"掏伞包"。这个红包事先由男方预备给媒人的。掏肉篮包,即亲家伯挑肉到女方家,当天回去时有人帮亲家伯把装肉的篮子送到门外,这时亲家伯必须递给1包红包给送篮子的人,称为"掏肉篮包"。这红包也由男方事先给亲家伯准备的。

六、女方家"讲祖公"

女方父母在自己女儿出嫁的前两天晚上,用男方所送来的礼物做祭品,在自家厅堂桌上摆设香案,祭拜祖宗,畲族称"讲祖公"。桌上摆放的祭品,包括公鸡1盘,长条猪肉1盘,斋饭1盘(用糯米做成的12个糍粑,象征12生肖),鱼1盘,鸡蛋1盘(12粒),五代糕(12块),豆腐干1盘,正扣1盘,以上共8盘。同时摆酒10杯,茶水10杯,桌子内向左右两个点上红烛2根,桌子内向中间摆设斗灯1个,果品5件。出嫁女所穿戴衣物摆放,绣衣、裙子、鞋子、肚兜、银镯、耳环、凤凰冠等,摆放在净洁的米筛中,然后在桌子前中间处放一条凳子,再把盛物品的米筛摆放在凳子上。

七、女方家"讨出门正酒"与嫁女"讨数"亲戚、媒人

"讨出门正酒"是指女方父母在女儿出嫁的前一天晚上,为众亲戚与房内亲属操办酒席,款待所有亲戚及房内亲属。这种女儿出嫁的正酒,畲族称

"出门酒"，也称"扛(娶)女酒"。

"讨数"在畲语中有 2 种含义：在平常的时候，是指寻找某人、某物等。这里专指出嫁女，以歌代言，哭诉即将与亲人分开的哀情，哭诉父母养育之恩，以示对娘家的留恋，为娘家讨吉利。以及感谢对自己"做客"期间，亲戚给予的热情款待。这种以歌代言的哭诉形式，畲族亦称为"讨数"。出嫁女"讨数"何人，就以称呼对方来哭诉，民族学者称为"哭嫁"，所唱的歌言称为"哭嫁歌"。

八、花轿到女家的程序

过去交通不便，山路崎岖，一般都是轿夫把花轿抬到女方家过夜，单等女方家"正酒"宴完后，花轿才能抬进门口内。女方家"正酒"没完，花轿只能在村口外停放，轿夫进屋。饭后接着举行"撮草鞋酒"仪式，轿夫与女方的女众盘歌，如果双方都是好歌手，可一直盘唱到下半夜或次日凌晨。这种歌言又称"撬蚧(蛙)歌"。他们盘唱的歌词内容不是平常唱的，而是专门用于成亲仪式。新娘出嫁时，轿夫与女方姐妹盘唱的歌言有着固定模式，一直流传至今。现在交通条件改善，花轿当天即可回到男家，"撮草鞋酒"仪式就改在当天午饭前举行，流传已久的"撬蚧(蛙)歌"到了 1980 年代后期，虽仪式保留，但详细盘唱"撬蚧(蛙)歌"的已极少听到。

"撮草鞋酒"举行的整个仪式过程都以女方出嫁当天时间为准。所谓"撮草鞋酒"，指轿夫与女方的姐妹们盘唱一种成亲的传统仪式歌。

"撬蚧(蛙)歌"，则指女方以传统成亲的仪式歌把轿夫的"蛙"撬出来。这里的"蛙"，专指给女方姐妹盘歌后的红包钱。

嫁女"讨数"花轿。当花轿抬到门口时，嫁女必须即时"哭轿子"。畲家认为空轿子抬在路上，会带来一种无声无影的"煞"，一经"哭骂"就会自然避之。

村中姐嫂"结茶塔"。"结茶塔"即姐嫂们在茶盘中，先摆放一碗茶，再同时摆放三碗茶在原来茶盘中一碗茶之上，顶部一碗茶压放在三碗茶之上，形成上、中、下三层塔形的五碗茶结构，整个建构过程，畲族俗称"结茶塔"。

现在文人改称"宝塔茶"，名称虽优雅又好听，并作为招待贵宾的一种礼仪，又搬上了舞台。其实与原来意思不尽相同。

在畲族村里，无论来了什么客人，首先都要以茶待客，而山哈妇女"结茶塔"最原先出于婚礼场合中的一段小插曲，主要是刁难轿夫或亲家伯这两种人。一般接待客人时没有这种"游戏"。

当"结茶塔仪式"之后,还要进行"撮草鞋酒"仪式,即把轿夫的"蛙"撬出来,才能吃午饭。因此,这样的"撬蛙"盘唱有时间规定,有固定场所,有场所摆设,它不像其他歌场所无固定,无摆设,时间也有随意性。

九、嫁娘准备出嫁的程序

1."讨数"夺杠头

"撬蛙"仪式结束后,父母便理好女儿的嫁妆,今天要请本村的男性把所有的嫁妆送往女婿家,而女方的姐妹又故意把门关上,不让村中的伯叔、兄弟等人搬出房间。

抬嫁妆的人为了尽快把嫁妆搬出,以便快点上路,他们当中选出一两个手脚灵活的人,弄开房间的门,随后众人乘虚而入,把嫁妆搬出厅堂外,畲族称为"夺杠头"。

这时,嫁女见到嫁妆已被叔伯兄弟搬出房间,就唱《哭嫁妆》。如辈分比嫁女高的人,就必须给嫁女一包红包,随后才能搬出嫁妆。哭唱的时间从搬嫁妆开始直到抬出门上路为止。

2."讨数"吊杠头

当嫁妆被叔伯兄弟搬出房间时,其中的1件嫁妆,要单独由裁缝师傅来捆扎,畲语称"吊杠头"或"吊杠仔"。所谓的"吊杠头",即是裁缝师傅要在桌子上面用红绳子捆扎好棉被、蚊帐、脸盆、茶具等包裹。

裁缝师傅在捆扎时,嫁女开始哭嫁,如裁缝师傅是结过婚的,被她拉住衣服,师傅就得给她1包红包,算了结;没有结婚的,就凭嫁女哭嫁而已,她不敢拉他的衣服,师傅也不给红包。当裁缝师傅捆扎完所有物品后,女方的父母这时把男方已送过来的"吊杠仔"红包拿给师傅,作为报酬。

尔后,等其他嫁妆都已捆扎完毕之时,由嫁女的兄弟将事先写好的"百子千孙,五代全堂"红纸封条,贴在嫁妆上,鞭炮一放就抬到男家。抬嫁妆的一帮人是不与花轿同行的,他们提前到男家。

这其中补叙"被蛋"这一环节,也就是说,当陪嫁的新被即将从房间搬出时,女方的父母已经在被子的里层4个角落分别藏放着4个已染红煮熟的鸡蛋,畲族称"被蛋"。其中2个鸡蛋归捆扎被子的裁缝师傅所有,另2个留着给抬桌子的两个人。这种"被蛋"的习俗还保留至今。

3.“讨数”梳头

当以上嫁妆抬走后,轿夫及媒人多次催嫁女梳头上轿,嫁女留恋家里,执意不肯梳妆打扮,不管谁替她梳头,她都不顺从,遇见姑母,就对姑母哭诉衷情;遇见母舅,就扑在母舅怀里边哭边闹。因此这时梳头人必须是内亲的阿嫂或阿婶来担任,或请村内“好命人”(即三代同堂的妇女)来完成,大伙要先解去她头上环妆的红绒线发圈(少女发式),把她的头发梳成已婚妇女的凤凰头。出嫁女一边假装不梳头,一边哭唱“梳头歌”,并在哭唱过程中梳好头,戴上已祭拜过祖宗的凤凰冠。然后,女方的父母把男方已送过来的“梳头包”(红包)拿给梳头人,作为酬谢。为了讨吉利,避免日后夫妻不和,禁忌戴孝未满或怀有身孕的人为其梳头。

4.“讨数”穿衫

当嫁女戴好凤凰冠后,接下来是穿好祭拜过祖宗的拜堂时的外衣。因母舅是外甥女最尊敬的内亲,所以拜堂外衣必须由母舅为其穿上,这时女方的父母把男方送来的“穿衣包”(红包)拿给母舅,作为酬谢。同时,嫁女要把肚兜穿好,在没出厅堂前,放进两个凤凰蛋,到夫家时,取出给“食家仪酒”的众子弟食用。

5.“讨数”穿裙子

母舅替外甥女穿好上衣后,梳头的阿嫂必须接着替她穿上已祭拜过祖宗的下身裙子,并在右边腰间所结的飘带留出 2 条 1 尺长的带子,主要作用是与新郎官拜堂时,两人脸向厅堂外拜天地时,两人两根飘带互相对称,意为夫妻两人双双相随,永不分离,白头偕老。尔后,再帮她围扎上腰间的已祭拜过祖宗的刺绣花鸟的裙子,并双手戴上耳环、手镯、戒指等,并穿上黑布鞋。

当嫁女礼别祖宗后,转过身子,脸朝厅堂外,与兄弟“分酸”。畲语“分酸”即“分散”之意。这时,由厨师煮两碗带骨肉的线面,摆放在红漆樟木八角茶盘中,并放着 2 双筷子,兄弟手捧木盘,在嫁女面前。出嫁女站在米筛内,兄妹各人手抓 1 双筷子,一边把碗内肉面分一半到另一碗,又从另碗的肉分一半到前碗。连分 3 次,预祝日后两家常来常往,并表兄妹之间难舍分离之情。“分酸”完毕,嫁女用自己的私房钱包 1 包红包递给兄弟,祝愿兄弟家日后财源广进,蒸蒸日上,在这分酸过程中唱《分酸歌》。

6.“讨数”上花轿

当嫁女与兄弟“分酸”之后,走出米筛外,由阿嫂扶她上轿。嫁女这时觉得自己真要远离家人了,心潮翻滚,伤心地哭唱着《上轿歌》。

7."讨数"撒米谷

上述仪式结束,接着由房亲的另一位前辈,手捧茶盘,茶盘内放着米谷(一半谷,一半米),递给花轿里的新娘。新娘手抓盘内的米谷三把,撒在厅堂中的左边、右边和厅头处,祝福父母家日后五谷丰登,年年有余。尔后,轿夫把花轿顶盖上,并在花轿门贴上"煞"符,抬轿上路。

至此,嫁女在娘家的一整套"讨数"礼俗圆满。

十、"随　连"

新娘在出嫁的当天,父母除了已备好给女儿日常用的嫁妆外,再"随连"一小部分财产给女儿。畲语"随连",指新娘属于比较富裕家庭,必须从家产中单独取出一小部分给自己的女儿作为陪嫁,俗称"随连"。古时"随连"有三种形式:

第一种是部分现钞送给女儿,在出嫁的当日,锁在箱子内带到夫家。

第二种是把田地或山林的契约,赠送给女儿,出嫁当日锁在箱底,一同抬往夫家。这种"随连"要考虑女儿出嫁的到村庄离这些田地不远,日后方便耕种与管理。

第三种是把家里的牲口做"随连",比如牛、羊、猪等,赠给女儿饲养,这种"随连"不方便随带,要等成亲后,选择吉日回娘时牵回饲养。不管是哪种形式的"随连",娘家所赠送的钱物,都是作为夫妻婚后的私有财产,夫家的其他兄弟无权分割。

十一、轿夫抬轿的礼仪

四个轿夫一同抬花轿,走在前面的轿夫称为"轿头",见到路中有障碍物,要及时告知后面的轿夫,及时避之。"轿头"这样边走边传报路况,称为"报路"。一般轿头是其他三个轿夫中的师傅。

畲家对四个轿夫有不同称谓,走在前面的"轿头"又称"头牛",他是抬轿的指挥,后面的三个轿夫行路,全靠他调节。前面之二者,称为"头柱子",意为轿担撑第1根楮杖。走在后面之一者,称"二柱子",意为撑第2根楮杖。走在后面之二者,称"拉尾"。他是"头牛"的好帮手,前头怎么叫,后面就怎么走,起轿担的协调、稳定的作用。轿夫们行走在平坦的大路上,轿夫四人随着步伐节奏,花轿上下簸波起伏,称为"打轿浪"。抬轿的礼仪包括:

图 5-25　廉岭畲村娶亲花轿

（黄俊　摄）

（一）花轿抬到女方家的礼仪

当空轿抬到女方家的大门口外停下时，两根大棒杠子同时向着女方的大门内的方向拔出，停靠右边墙壁处。

当新娘子的嫁妆捆扎完毕抬出上路后，这时花轿才能从大门外抬进女方的厅堂。此时抬花轿的四个轿夫只能用双手搬进女方厅堂（因前面已经把棒子解下），这时花轿的门必须朝向大门外。两根杠棒子拿进屋子时，也要放于大厅右边。当出嫁女撒完米谷后，盖上轿顶，在花轿门处贴上已经画好的"轿符"。然后，轿夫拿起两根杠棒子，第一根先从左边的厅尾方向，向厅头方向内串进去。第二根从右边的厅头方向内，向厅尾方向串出来。

（二）花轿抬出新娘家大门口的礼节

1. 出嫁女送回"回头包"

花轿抬出一段路不远处，暂停下来，这时娘家的一位堂嫂，送出一块四方形的红布，红布的每个角上系着两枚铜钱，叫作"盖头布"。当嫁女收到"盖头布"（到夫家时盖在凤凰冠上）后，就把事先备好的"红包"，从花轿内递出，由堂嫂带回娘家，分给家中内亲的前辈、弟妹，以及亲戚中来娘家做客的表弟表妹。这包红包,畲族俗称"回头包"。

2. 村中埠老(村里有德行的长辈)路口"拦旗"

"拦旗",畲族又称"拦路"、"拦门"。指花轿抬到村口时,村里的董事事先在路口摆放一张桌子,桌上摆放着五盘果籽、三杯茶、三杯酒,桌上再插着一面旗子,点上香火,意为"拦风水"。

族内的董事们的怕村中的"风水"被嫁女带走,所以在村口搭上香案拦住。当花轿到此时,男方必须向"拦门"者交给"拦旗"红包,交了"拦旗包",意谓拦住了风水。否则,董事们不移桌子,轿子就无法通过。"拦旗包"的收入归公,用于村里公共事业开支。现在"拦旗"这个习俗已经不存在,但男方还有"拦旗"红包,也归女方家所有。

3. 抬起花轿上路的礼仪

当花轿准备妥当,四个轿夫起轿时,轿夫们同声开口:"先大后细(小),两家平平发(两家同时发),八角雅桥八人抬"的吉利语。然后,轿夫起步,四个轿夫同时向前走三步后,又向后退三步。这时,"头牛"轿夫开始"报路"。

花轿走过女方家大门时,"头牛"喊道:"看上,看下,看两边。"后面三个轿夫就领会,到大门时,花轿不要碰到大门的左边、右边和上下任何地方。

花轿过烂泥路时,"头牛"喊道:"滑了,又滑了。"后面三个轿轿夫,就知要过很滑的烂泥路,倍加小心,以防打滑。花轿过水沟时,"头牛"喊道:"过沟路。"意为将要过一条水沟。道路的两边都是岩壁,道路狭小时,"头牛"喊道:"两边碰,大边细边挡腰。"后面的轿夫就知前面将要行走狭小的路,以防花轿碰到岩壁。

花轿要转大弯路时,"头牛"喊道:"弯事大。"(路的弯度大)后面的轿夫就知道,将要走一种很急的弯路。花轿转小弯路时,"头牛"喊道:"弯带小。"后面的 3 个轿夫就知道将要走一种小弯路。

花轿过小河溪时,"头牛"叫道:"过坑路。"后面的轿夫就知道将要过小河溪。花轿走上坡路时,"头牛"喊道:"步浿步。"后面的轿夫就知道将走上坡的路。花轿走下坡路时,"头牛"喊道:"下浿步。"后面的轿夫就知道将要走下坡的路。

花轿遇到路中凸出的石头时,"头牛"喊道:"地下挡底。"后面的轿夫就知道前面路中将有一块石头凸出,到时以防轿的底部碰着。花轿遇到路中的塌方时,"头牛"喊道"过空路",后面的轿夫就知道将要过已塌方的路。

花轿经过有树枝垂横的路面时,"头牛"喊道:"看上面,柴树拦路。"后面的轿夫就知道路的上面有树枝垂下，到时避之。

4. 媒人路中行走时撒"分花钱"

"分花钱"是畲语方言，有的地方称"买路钱"。

裁缝师傅在"吊杠仔"之前，用红纸与白纸混合剪成小圆圈形状，中间剪一个小孔用红线条串成串，称为"花钱"。当花轿在行走在路上，经过三岔路口、溪河桥亭或路中阻碍物体时，媒人一路上提着"花钱"，紧随花轿之后，一经碰见三岔路口、溪河桥亭等，要及时撒几片"花钱"，以驱鬼避邪。此俗为"分花钱"。新娘走嫁时，行走路中，同样要"分花钱"。

此外，新娘子在行走过程中，不论是雨天或晴天，一路均须撑伞以辟邪。

十二、讲祖公

在成亲的前一天晚上，在自家的厅堂桌上摆放香案祭品。祭拜祖宗，畲家称"讲祖公"。

桌上祭品包括公鸡 1 盘，长条猪肉 1 盘，糍粑 1 盘 12 个，两尾鱼 1 盘，鸡蛋 1 盘 12 个，五代糕 1 盘 12 块，豆腐干 1 盘，正扣 1 盘，果籽 5 件，红酒 10 杯，茶水 10 杯，红烛 2 根，桌子中间摆放斗灯 1 个，桌子前面围上围罩。

以上祭品摆完后，在桌子上的左边外处，再摆放着新郎官明天拜堂所要穿的长摆衫、帽子、鞋子，及一条红布（蚊帐连）。

等点上香案后，由家族亲房的老前辈走到桌前，双手合拢，站着拜三拜，开口说："孙子择的好年好同好日好时辰，扛生漂，今天请祖公祖婆转来食欢喜酒，食添丁酒，保护子孙以后添丁又添财！你祖公、祖婆好名声。"

十三、女方"杠仔"抬到男方家的礼仪

女方的嫁妆要比花轿提前到男家，当嫁妆到男家厅堂时，要放鞭炮迎接。并由事先已选好的"家仪头"（司仪）和两位"子弟官"来负责，把女方抬来的部分嫁妆搬进房间，布置好洞房。女方家抬嫁妆来的人，每人线面 1 碗，鸡蛋 2 个，外加酒菜招待。

十四、男家厅堂的摆设

新婚当天，屋子里所有柱子上的楹联都是新写的，中厅正壁楣梁上贴着"凤凰到此"4 个大字，两边中柱贴着"功建前朝帝喾高辛亲敕赐，名传后裔皇子公孙免差徭"的对联。一般钟氏畲族没有这副楹联，左右两边的神龛及

祖宗牌位也重新写过。

在厅堂左右的板壁上,挂上亲戚贺联,贺联按辈分称呼大小前后排列。(晚上喜宴的座位,就按此排列来坐)。

厅堂桌子上的中间摆着一个"斗灯",内向左右红烛各 1 根。"斗灯"前面供着茶。酒各 10 杯,果籽 6 件。桌子外处左边摆放新娘子刚刚抬过来银茶壶,盛 1 壶冰糖茶,桌子的外向围上桌罩。

厅堂中壁贴有 4 个大字"凤凰到此"的上方,挂着 1 块长条猪肉,以趋避传说中的"白虎精"与"煞"。

在桌子左边的靠壁处装上 1 箩稻谷,再插上 1 把大称,右边靠壁处摆放1 桶清水。

桌子的前面用"好命人"已扎好的崭新稻草席铺在地面上,再上铺 1 张新的草席。

以上摆设好后,就等新人拜堂。

十五、花轿到男家时程序

当轿夫把新娘抬到男方家门口的时,在拜堂之前要经过的程序:

"烧火避邪",即花轿到男方大门时,轿夫必须停轿,让男家人用干火柴绕花轿四周转一圈,以驱除邪气。当花轿抬进厅堂正中,轿门必须向着厅堂内,轿夫将 2 根轿杠同时朝厅堂内的方向拔出。之后,打开花轿门与花轿顶盖。这时,女家陪新娘来的人必须全部回避,离开大厅,以免新娘拜堂时若被他们看见。取井水让新娘子喝下,男家必须事先把村中所有井水里的水都取来混合一起,下轿前给新娘喝下,以防日后克夫,畲族称"祭路"。

十六、新郎官拜堂前后的程序

1. 取下新娘子的红盖头

新娘子下轿前,坐在花轿内,由好命的前辈用小称钩钩起新娘子凤凰冠上的红盖头,说:"何重,毛(无)重?"旁边人答道:"毛冲。"(因山哈话"重"与"冲"是同音),后面的"毛冲",意为新郎官与新娘子间不会相冲相克。

2. 新娘子下轿

新娘子下轿必须由伴娘牵着,新娘子用红手帕遮住脸,脸朝厅堂内,站在右边的草席上,伴娘用手扶在新娘子的腰间,等待拜堂。伴娘,畲语称"兴生漂女"(意为牵护新娘子的布妮),也必须是上有父母,下有兄妹,没有戴孝的少女来担任。

3. 母舅帮新郎官穿上新衣服

母舅亲手把昨晚新郎官已祭拜过祖宗的衣服穿上，再用"帐连"的红布，从左肩至右肩斜扎起来，并在左边腰间所结带子留出二根飘带，在拜堂时，新人脸向厅堂外拜天地时，俩人的2根飘带互相对称，意为夫妻俩双相随，白头偕老，永不分离。

4. 老前辈走到厅堂提醒观看者注意

老前辈走到厅堂提醒观看者注意，说"今天天气暖，在厅堂的所有人"有"烤火笼"的人，请马上把"火笼"拿到外面去，有戴帽子的人也请马上到外面脱掉。烤火笼比喻怀孕，戴帽子指戴孝，意即在场观看者中如有怀孕和戴孝的人须自动离开，拜堂即将开始。

5. 新人拜堂

一切都准备妥当，两位"子弟官"头戴"佳仪帽"，各人手提两盏贴有"百子千孙，五代全堂"的灯笼，一前一后，用另一只手把新郎官从后厅的左边牵请出厅堂，站在厅堂左边的草席上，脸朝着厅堂外站着，两个"子弟官"分列新郎官左右两旁。其中两位"子弟官"必须是上有父母，下有兄妹，没有戴孝的青少年来担任。

这时，新娘子也转向身子，脸朝厅堂外，与新郎官并立排站着，两人的腰间2根飘带互相对称。新郎官双手合拢成圆形，先向天拜三下，再跪地拜三下（意为先拜天，后拜地），连续3次，即向天地行三拜九叩礼，畲语称"向天地许愿"。

随后，新郎官与新娘子同时转过身，脸朝厅头供着祖宗神位的方向，新郎官同样也双手拿拢成圆形，站着先向祖宗拜三下，再跪地下拜三下，连续三次，称为向祖宗行三跪九叩礼。新娘子只是陪同站立着，对天地、祖宗都不行跪拜礼。传说新娘子是高辛帝公主，"大粒"（高贵之人）不行跪拜礼。这就是畲族拜堂中"男拜女不拜"的习俗。

6. 进入洞房

拜过天地、祖宗后，左边的1个"子弟官"手拿灯笼与1根花烛走在最前面，随后是新郎官，新娘子由伴娘牵着。第4个是老前辈，双手捧着"斗灯"跟随。最后是右边的1个"子弟官"，他双手也提着灯笼和另1根花烛，一起慢步从左边进入洞房。

十七、进入洞房

进入洞房后,斗灯摆放在桌子正中间,两根花烛放在斗灯两边,两个灯笼分别摆在花烛的前面。新郎官解下扎在身上的"帐连",横挂在蚊帐上,衣服帽子也挂在蚊帐上,等酒宴之后再穿上,准备吃"家仪酒"。

小孩子"抢米波"。所谓"米波",是用糯米稻谷与豆,在铁锅里迅速加热膨胀后的爆米花,畲语称"米波"。

当新郎与新娘拜完堂,进入洞房后,原先准备好的"米波"放在米筛里,拿到厅堂,分发给前来观看新郎拜堂的小孩子品尝。小孩子为了能取到吉祥物,便争先恐后去抢,结果"米波"撒了满地,意为"大大发"。象征新郎、新娘早生贵子,田园五谷丰登。

其余观看拜堂的人,品尝桌上的已备好的糖茶,祝愿新郎、新娘生活甜如蜜。

"拿茶包","闹洞房"的一种举动。这里的"茶包"指新娘子家用糯谷、豆、花生、芝麻、高粱等"五谷"与茶叶炒熟混合,带到夫家,畲族称"七宝"。

闹洞房时,观看拜堂的人进入洞房"拿茶包"说:"凤凰巢穴内真暖。新娘子头戴金贵,身穿龙袍,腰缚罗带两边垂,脚穿雅鞋,真作佳(漂亮)。"这时,送新娘子来的专门司仪,就会分给说吉利话的人"茶包"。畲族意为"开花结子"(即意新娘早生贵子,开花结果)。

品尝"茶包"的人必须说:"凤凰府内真真宝。"

拜堂之后,厅堂上举行喜宴,款待所有亲戚和房内亲。在酒宴中必须单独在厅堂内方摆放一张桌子,作为母舅与媒人坐,其余按顺序两张并排着,畲族称"讨正酒"或"扛生漂正酒"。

在畲族婚礼"正酒"之后,以男家户主的名义,单独设宴,邀请村中的"好命人"前来,宴会全过程从午夜到天亮。整场酒宴,以舞中有歌,歌中有酒,酒中有歌的形式为东家贺喜,强调吉祥如意,祝愿新人早生贵子,白头偕老。畲族俗称"家仪酒"。"家仪酒"的人选,在新郎官拜堂成亲的一个月前就已经确定,事先选定房内亲一个专门负责酒宴仪式的司仪(又称"家仪头"),他以红帖的方式单独邀请好村中九个"好命人"(有的畲村为8人),包括子孙满堂的长辈者两人,上有父母,下有子女的中年人六人;上有爷爷、奶奶、父母、兄姐,下有弟妹的少年一人。

拂晓,酒宴的整个仪式也将结束,新郎官须由众人簇拥送入洞房,俗称

"送房"。

十八、"讨生漂饗"

婚礼次日早上,继续操办酒宴款待亲戚客人,其主要区别于前晚是以新郎官的名义款待亲戚,次日早上是以新娘子的名义款待亲戚客人。

凌晨,新娘必须下厨,亲自生火做饭。等锅中的米半熟之时,用笊篱捞起3笊篱的米粒倒入饭甑里蒸煮,以备早宴食用。早上在厅堂中摆宴,桌子的摆放同于昨晚"讨正酒",昨晚以新郎官的名义操办酒宴,母舅坐"大位"。今早以新娘子的名义办酒宴,媒人坐"大位"。宴会中斟酒、食酒、食菜的仪式,同于昨日的"正酒"。宴席上,媒人"食双杯",仪式同于"正酒"。

当酒宴至一半时间,在厅堂左边的尾处摆放洗脸架。脸盆里盛满热水,放着毛巾(此毛巾是新娘子在"做客"期间,亲戚等赠送的),给亲戚们洗脸。

洗脸时,从第一桌的母舅先开始,随后按称呼的大小,凭顺序接下去,直到所有的辈分大于新郎官的人脸洗完为止。当某人走到洗脸处时,陪娘代替新娘子,把备好的毛巾拧干,送到手中。洗完脸后,必须把已备好的红包,压放在毛巾之上,作为答谢。并说:"龙潭里的水真暖,脸洗后真白。"语毕离开,回到酒桌。

洗脸时的规矩,一条毛巾只能用一次,到第2个洗脸时必须再用1条新的。辈分小于新郎官、新娘子的人,无须洗脸。娘家送嫁妆过来的叔伯兄弟无须洗脸。

十九、亲戚们回家的礼俗

亲戚们参加婚礼不分前后,但次日早上酒宴结束时,母舅没有回家之前,其他亲戚不敢提前上路。因此,众亲戚只能等母舅上路回家之后,方可上路回家。

母舅回家时,东家答谢猪脚1只,糍粑8粒,并贴上红纸条,燃放鞭炮送至门口处。其他亲戚回家时,东家答谢1块猪肉,8粒糍粑,也贴上红纸条,燃放鞭炮送至门口处。

媒人回家时,东家赠送猪脚一只(畲家专称"媒人猪脚"),糍粑数粒,红包一个。这次的红包,按市场的稻谷价来折算,一般为一至二担稻谷。

轿夫的报酬是按路途的远近来衡量,一般说,男方都是用红帖请自己村的人,酬谢的红包大约在1担稻谷以上的价格来计算。

抬嫁妆人的报酬,畲家专称:"杠仔红包。"因他们是女方的堂叔伯、堂兄弟,他们的报酬,一般一天帮工的工钱的时价来计算,每人按来回两天的工钱计算给他们。

在亲戚当中,小孩随大人,第一次到新郎官家做客,回去时,东家与新娘子包一小红包给小孩"压袋",畲家称"寄路钱"。

二十、"做女婿"

新郎官成亲的次日酒宴结束后,第一次到岳父家做客,畲族称"做女婿"。礼俗比较隆重,必须挑着1担红布袋,内有礼盒(畲语称"女婿盘"),装上猪腿一只,线面12束。除岳父的礼物之外,其余从岳父家分家的男户也要有相当的礼物。

新郎"做女婿",要请1位懂礼仪、擅唱歌的机灵男子陪同,畲家俗称"伴衬",以应付礼仪过程。到了1950年代后,"伴衬"随行的习俗逐渐式微。

女婿到岳父家门口时,待鞭炮响后,由岳父家人接入厅堂。这时,有人故意把凳子放在左边让女婿坐。女婿必须即时把凳子移到靠厅堂右边下方坐下,原因是按畲家规矩,女婿是女方村中的"门下婿"(辈分最小),不能坐在厅堂的左边,或右边上方。

当晚,岳父为女婿设宴接风洗尘。酒宴设在厅堂正中,入席作陪的都是岳父亲房叔伯等长辈。虽然女婿辈分是最小,因为是主角,仍然"坐大位"。其余内亲按辈分的大小入座,此俗畲家称"女婿坐大位"。开宴后的斟酒、饮酒、食菜、敬"双杯酒"等礼俗,均与结婚的"讨正酒"相同。

次日早,女婿要跪拜岳父、岳母,以表感谢。女婿回家前,除给岳父母、姨舅等红包之外,还要分发给女方村中老人、小孩零钱,畲家称"女婿分花钱"。这里的"女婿分花钱",与上面所说的媒人在花轿后面撒的纸币"分花钱"不相同。

1980年代中期前,畲家"做女婿"都只是新郎独自一人前往岳父家,新娘子没有陪同。到1990年代后期,新郎"做女婿",往往新娘子也随同。

当新郎官去岳父家做完女婿回家后的当天晚上,夫妻俩共同吃下盘中的双杯酒(交杯酒)和两个鸡腿、两个凤凰蛋。其意为夫妻俩日后生活甜蜜,所生的男孩如龙,女孩似凤。这两杯酒、两个鸡腿、两个凤凰蛋,忌分给了别人品尝。

二十一、新娘子"做头客"

畲族人"做头客"有二种含义，其一是平常人头一次到亲戚家做客人，称为"做头客"。其二是专指新娘子嫁到夫家一段时间后，头一次回到自己的父母家，也称"做头客"。新娘"做头客"，是在新郎"做女婿"时新娘没有随同的情况下。

新娘子头次回娘家，都由夫家的姑姑或妯娌陪同，并带上"手信"，即一般带鱼若干或线面若干，回娘家日子必须是选好吉日。

当新娘子回到娘家已住了一段时间后，要回到夫家。其回娘家住的天数加来回路上时间必须是偶数，忌奇数。

第六章

宗族与信仰

第一节　宗谱与祠堂

一、宗　谱

坂中汉畲村民都注重修纂宗族谱牒,正如修于清道光三年(1823 年)冬月许洋村《荥阳郑氏宗谱·议修志》云:

夫宗谱之修,何为而作也? 盖上古圣人每无姓氏,夫无源流而非也。自三皇分姓,五帝传宗,源流传绪,国史以及家谱,无一毫苟简者也。迨至七雄末矣,遭乎暴秦失政,侯土煨烬,非惟国史、家谱无所稽考,经书典籍尚尤缺也。故人生源流紊乱,亲疏莫辨,大小弗知,尊卑失序,一家之人,变为阋墙瘠沟者矣。虽然,中兴之世谱学犹未尽废,故设中正之官,置谱局,校编族氏,以清世系,以明支派,是以谱之道愈明愈新。故汉有王氏、贾氏,唐有高氏,宋有欧、苏二氏,汇纂谱牒,分姓别氏,谱学迭然,阀阅相传久而愈彰也。然其文也,而文所以载道也。道也者,孝义□慈之心所由生也,尊卑重敬之礼所由行也。是以谱之道,有关人伦,有裨世教。自公卿大夫以及士庶之家,不可不作,作之不可不备也。是故志启。

时大清乾隆二十九年(1764 年)甲申岁春王月毂旦

为首等志启

(一)谱　局

谱局是负责修纂宗谱的专门机构,由宗族内德高望重、热心公益的若干人组成。其构成人员在所属宗谱中都有不同程度的记载,如修于清道光九

年(1829年)冠岭《颍川陈氏宗谱·冠岭陈氏宗谱原委》记载若干时段,陈氏修谱组成人员:

为首:

元兴,乾一公;尚明,乾二公

乾隆四十八年(1783年)癸卯岁寿宁学增广张广张四维重新增订

为首:

国清,策八公;从秀,策三公;从经,秉九公;从绪,策六公;士富,颜三公

共事:

从绩,策十公;国霆,策四公;国云,秉七公;从统,秉五公;从铭,秉十公;国富,策七公;从红,宣三公

同知荣士;廷魁颜一公;维怀,会三公;士叶,颜三公;士泰,颜八公;士发,会九公

清莆田县儒学郑公讳维斗

男,宸城邑儒芳菁,暨邑庠生吴观乐重修校订

总裁:

国安,宣五公;国定,宣六公

协办:

士宪,颜七公;士燦,会三公;士御,思三公;士齐,思十公

兼理:

维琦、维珠

道光九年(1829年)乙丑岁夏六月榖旦修

修于清光绪十六年(1890年)湖口村《清河张氏宗谱·纂修考》载:

乾隆十七年(1725年)

纂修　闽清学庠生陈质中

董修　五世金四、六世珠六

嘉庆三年(1798年)

纂修　苏江庠生刘士周

董修　俭房七世序五、贞房七世序六、元房八世恭一、亨房八世宽二

道光二十四年(1844年)

纂修　环溪庠生杨师程

董修 亨房八世宽九、俭房八世信十、贞房九世志七、元房九世德一

光绪十六年(1890年)

纂修 城东庠生陆景孟

董修 俭房九世仁九、元房十世发六、亨房十世刚八、贞房十世毅三、元房十世孝二

修于1949年的《湖口王氏宗谱·纂修考》载：

本届重修宗谱董事

二十七世 为密、为瀚

二十八世 尚鹰、尚暹、尚夔、尚珩、尚察、尚玛、尚潭

二十九世 存献、存焕、存惟、存夏、存卫、存锦、存利

三十世 祚祁

(二)行 第

在坂中家族宗谱中,所记载的男丁有谱名、俗名、字、号等。特别强调每一个入谱者,在宗族中所处的行第,按照行第所处的位置、字头,确定谱名。如修于清道光九年(1829年)冠岭《颖川陈氏宗谱·近代字头指掌》所载冠岭村陈氏宗族男丁自第二十八世至第三十四世入谱者谱名的"近代字头"：

二十八世

讳:元、尚　　字:亦、若　　行:乾、坤、清、静

二十九世

讳:从、国　　字:宗、玉　　行:秉、策、宣、猷

三十世

讳:士、维　　字:又、廷　　行:颜、曾、思、恤、周、程、张、朱

三十一世

讳:日、为、德　　字:允　　行:翰、苑、琼、琚、簪、缨、组、绶

三十二世

讳:积、登、其、家　　字:可　　行:羲、和、夔、龙、禹、稷、望、召

三十三世

讳:上　　字:振　　行:云、汉、何、岳、星、辰、斗、牛

三十四世

讳:邦　　字:朝　　行:箕、裘、永、绍、兰、桂、腾、芳

241

编修于 1949 年的《湖口王氏宗谱·行第考》湖口村王氏宗族男丁自第二十二世到三十二世入谱者谱名的字头：

二十二世

开国元勋

二十三世

乾坤清宁关雎

二十四世

智廉勇艺庠序学校春诵夏弦

二十五世

琼瑶献彩奎璧联辉金生丽水玉出昆冈日升月恒

二十六世

云蒸霞蔚鸢飞鱼跃文理密察庄恭敬温良俭让宽裕和平（另）承

二十七世

纳麓宾门徽典时叙宣猷考绩亮采惠畴皋夔稷契龒歝斐章喜举赓赞裹左右（补）继

二十八世

河洲琴瑟钟鼓铿锵音谐律吕韵叶宫商蠡斯衍庆麟趾呈祥（补）增荣益长乐永康

二十九世

腾蛟起凤紫电青霜层峦耸翠千峰环拱鹤汀凫渚桂殿兰亭物华天宝人杰地灵

三十世

支蕃派盛源本当旺彝伦敦纪重道尊师瞿塘滟滪巫峡峨嵋樵吟峻岭渔唱莲天津

三十一世

鲍昭词摩诘画右军帖左传言马迁史辋川图聚古今妙艺绘兹谱乘

三十二世

述祖德孝双亲爱兄弟信朋友钦儒士睦乡邻循规蹈矩整顿村居

（三）凡　例

修纂宗谱时预先必须订立一定的准则，以确保编纂过程的一致性。清道光三年（1823 年）冬月本的许洋村《荥阳郑氏宗谱·讳字排行》云："传世

242

久远,则子姓蕃衍,分居散处。斯少长莫辨,非视为涂(途)人,即忘其尊长。故家之作名讳,设立字首、行第,取以成语,俾子孙依谱以取名。而排行第,偶而一询,而世次尊卑明若指掌,而字首所关,甚大焉。按本谱先世,字首雷同甚多,层层叠同,前修之家不为摘正,未知作何意见?即甲申年叶生重修,(文、子)又加重叠,更见涂鸦之甚。今见前后旧谱俱载,难以更易,强从书之,以为后之贤修谱鉴诸。"

清光绪十六年(1890年)本的湖口村《清河张氏宗谱·修谱凡例》载:

编谱之道咸有定规,须得其法。但谱例甚多,难以尽举,其最要者数条,录之于左[下],令后贤观览,悉知族谱重大,关系非小。

谱以纪实事,非可以妄记述也。苟杜撰不经,不惟无以传后,且以滋惑焉。务要明其履历实事,令后人观瞻了然,知其本末也。

谱有二式,纲目分载者,欧苏之法。纲目并举者,朱子之道。虽则殊途,其实同归。且分载或难以查阅,并举则易于辨明,用是遵乎朱子纲目并举之式。

民国三十八年(1949年)本的湖口村《湖口王氏宗谱·旧例》载:

谱式有欧阳永叔、苏氏明允、曾氏子固、刘氏青田,各成其是,惟欧、苏之式为最。欧仿年月,表书法,世经人纬,条理分明,脉络贯通。苏依家礼,宗图系,联派属,高曾云礽,一堂如见。后人遵而守之,未有易也。

纲目之法,昉于《春秋》,纲犹《春秋》之经,目犹《春秋》之传。然分叙别书,难于披阅,观者未免起厌。兹谱大书其纲,目则只低一字以别之。阅者寻源竟委,开卷了然。

血线牵连,乃取一本血脉绳绳勿替之义。五世一提,九世再提,十三世三提。其同胞起提处虽远隔数页,亦必以雪线牵之,所以别亲疏也。

纂修谱牒,必严书法。凡已故者,男称"公",女称"妣",书"继妣"、"副妣"。其无子者,于生卒、葬所下书"止"字。若行义可风者,特为传载。妣与继妣、副妣有妇德者,亦为立传。凡生存者,书名,书娶及继侧室。妇无子而出,不书,义可绝也。出而有子,不得不书,恩无可绝也。

谱书例用大名,边旁分注,先字,次号,次行,次配,次子女,次生卒,而终坟兆。先后有序,生人之道备焉。

名登仕籍,身列黉宫,用朱书。余以墨写,分明晦也。耆老膺受恩荣者,如之贵年尚齿之意也。

243

家谱首系图，上下以分。父子旁行以列兄弟，长房居先，不得下移。次房居后，不得上僭，先后分定而众著，于昭穆之义昭矣。

纪载行实，例在男女备书，先男而后女者，男以嗣续为重也。女子从人者也，生卒所以不书也。妇之父、婿之父，绅衿则书，重门第。惟婿亦然，庆门楣也。现在守节矢志无他之妇必书，维风化也。

礼戒乱宗，律严冒姓，非为子孙，为祖宗也。何也？神不歆非类。倘异姓承祀，鬼其馁而矣。故不幸无子而立嗣者，必求伦序相当，昭穆不紊。先择同父周亲，次求五服缌功。如俱无，即于族内择立，异姓抱养。毋许混宗。

名号因族姓蕃衍，无论本支、他支，不无犯复。其在已故者，难以尽更。现存者，勿拘伦次，唯以年齿为序，少者更之。但日后子孙益蕃，名愈难避。从今之议，无论他支、本支，而服已尽五世，名有单字，义别而音同者，亦有双字而一字同者，考礼经"二名不偏讳"，并韩文《讳辨》之意，当不为犯也。惟字亦然。

谱中有扬善，并无阐恶，存忠厚之道也。娼优隶卒不书者，遵谱法，重本支，激劝之义昭矣。

祖遗地基、田园、山场亦必录，载谱末，示祖泽所存也。若坟山各有买卖契，据界址管业，勿任豪强侵占。

斯谱之作，天叙民彝，于焉攸寓，诚为传家之宝。告诸后人，珍而藏之，勿使污坏，间有水火不虞，尤宜谨慎。三十年为一世，随世一修，则事皆见闻所及，子孙其勉之。

1985年本步兜山村《沛国朱氏宗谱·凡例》载：

辛际盛时，重熙累洽，文教覃敷，敦孝悌而叙彝伦，谱牒尤重。所有圣讳御讳字样，悉遵定例敬避。

谱纲目之法，昉于《春秋》。纲犹《春秋》之经，目犹《春秋》之传。然必分纲别目，未免繁赘，观者难于翻阅。兹则用纲目并举之法，纲则高提一格，目即从旁小注字行，生娶适卒葬，一一备载，俾观者一览无遗，不至翻阅之劳。

谱五世一提，乃不易之法。将五世之名再提页首，旁注某公第几，以便观览，使承上起下，上下贯通，络绎不绝，以取血脉之流通也。由五世至九世一提，由九世至十三世一提，下皆仿此。

谱系图上下以分，父子旁行，以列兄弟。故以同胞兄弟越数页，亦必牵以血线，取其血脉之相连也。

万物本乎天，人本乎祖，祖宗虽远，皆当追溯源流，但传世久远，上代祖宗难以备详，故但首提熹公为鼻祖。如孔子删书断自唐虞始之意也。次提景福公为肇迁之祖，不忘本也。至各房裔派，复标出房号，并详载分迁各处，俾后人一览了然，不至数典忘祖。

谱必严书法，已故者，男称公，女则称妣，继室则称继妣，副若妾，则称侧室，所以定名分也。妇无子而出不书，例有可绝也。妇有子而出者，不得不书，恩无可绝也。使后人当知自励，所以明褒贬，别善恶也。

书谱之法，必先男而后女也。男以嗣续为重，女子从人者也，生卒所以不书。妇之父、婿之父有绅衿，则书红名，重门第。如婿亦然，庆门楣。现在守节矢志无他之妇，必书，唯风化也。

谱内凡有仕宦绅者，名用朱书，所以别贵贱也。盖以重朝廷之名器，亦以勉励后人也。

嗣续最重要，必昭穆相当。先立同父周亲，继则从堂伯叔，于某嗣父名下书立某第几子为嗣，于某嗣子名下出绍，某伯叔彼此参观，可以互见。至于螟蛉之子，不许登谱，所以防乱宗也。

名字最忌犯同，但族姓繁衍，其间不无同复之患，其在已故者，难以尽更，现存者，惟以年齿为序，少者更之。至于五世服尽者，名有单字，义别音同，亦有双字，而一字同者，考之于礼"二名不偏讳"之义，当不为犯也。惟字亦然。

谱原所以信今而传后，要必据实而书，岂容虚载。但近今俗例，多以添丁为吉，习俗移人，贤者不免，姑亦仍之。惟添丁者，用朱笔载"添丁"两字以别之，庶免混同之弊。

谱内有名而无字者，亦有行而无名无字者，世远年湮，难以稽考，旧谱皆然，姑其旧，阅者原之。

清道光三年(1823年)冬月本许洋村《荥阳郑氏宗谱》载《条例》云：

名讳最重，忌重复，有犯祖讳。查旧谱内每多雷同叠犯，古牒皆然，难以一起更易，以后摘正，不得如前草篆犯讳。

直图乃苏公之体，横图乃欧氏之式，兼二家之格，纲目并书，凡讳字排行庚年寿纪及坟茔分注某公名下，俾一览了然。

五世一提者，以某名重起，以便易览，世代联续。孟夫子云"君子之泽"，凡五世也。

立嗣宜以亲支，嫡派应立，以免后来争竞之端。否则立爱、立择，亦凭公议，毋得偏私。若无嗣母，例无与立，以为不娶者惩也。

名达天朝，齿德扬芳，及妇女忠节孝贤者，讳用朱书，以扬朝廷旌奖之意。

承绍继嗣当于某公名下注出，某公名下注立，使彼此兼融互见，以知血脉之流贯。

男女婚娶某处，当纪其地址及姻翁女婿名姓，俾将来知所认识。

修谱当以三十年为准，倘延迟久远，未免老成凋谢，不无残缺失次之患。

家谱犹如国史，宜玉韫珍藏，夏伏晒曝，毋致风雨、虫蠹、霉湿之毁。

清道光九年（1829 年）本的冠岭村《颍川陈氏宗谱·颍川郡陈氏族谱凡例》载：

谱者，传信之书。不得诬冒，以诳其祖。若先世莫知其详，当效老泉谱法，以所知为始。如能详其原本，当备纪之以见，毋忘厥自云。

谱以收宗族、明世系，以子系世。无子者，许立本宗之子为后，仍书其下，曰：承继。以子为本宗嗣者，则曰出绍某嗣。有官书官。迁居者，书迁某处。加以红印，令后代以易知也。

祖父出仕，补员于庠，并承皇恩，冠带兴于宾筵，及郡邑掾吏者，名字俱以朱书，重名器也。

祖父恬退不仕，隐遁丘园，其文学懿行可以溉迪后人，卒则求名公作传以表扬之。

士、农、工、商，民之本业。男子不务本业，出家为僧道者，不书其名系，恶其不类也。

妇人孀居守志，其孝行贞节可称道者，为之作传，以表扬之。

立例之意，世次不备，而失讳字行实者，不敢妄加补注，所以传信字讳、生卒、履历者，详始终也。书行次者，辨昭穆也。书配，书子女娶者，重宗姻也。书性行者，昭先德也。书有详略者，不敢诬也。书葬地及坐向者，详先茔也。女子不书生卒者，妇人内夫家也。书赠送诗文者，验交游也。书墓铭哀挽者，启余晖之可仰止也。书家世旧事者，重先人之格言也。凡此皆窃先人之法而损益之，非杜撰也。

疑者阙之，谓世远而疑者。阙而不书，如先正文简公谱，程氏言为忠庄公之后，不可书也。

实者详之,谓世近而实者,则详纪之,如苏老泉谱,明允断自眉州府君为始祖之意也。

本谱五世一连,以高曾祖父己身为五服相属。以第五世之傍印以重揭者,则再提以己身,亦系后来之高曾祖父合两提为九族。如无红印"重揭"二字,并于中间不能连以五世者,非出绍过房,即未娶难续,细目自明,无疑义也。

本谱并无错落裁补,间有无碍之处。因多一字,则印以小红圈。少一字,则旁添细写。不敢涂抹改易,防后弊也,慎宗图也。

读谱之后,先查目录几条,则知谱中几事,观原委则知谱之来由,然后依照目录之先后,查阅谱中之纪载。谱内页边,加有小字,将指拨看无差误也。

查谱之法,首观头页,红印所盖,载有页数。次看册内,夹缝印有"缄封"二字,如或页数不符或缄封走作,即系藏谱之例不严。理当公议。

斯谱所修二本,其式虽则仁义分为两房,其原均属一祖。故此谱有二本,皆作一样。分房收藏,恐防漏落,虑有弊端。续后子孙,当知防微杜渐之意,勿以将亲易疏为言,岁时众务议于公所。

忌晨(辰)祭祀,会聚宗祠。欲观谱,则二本同进。有查阅,则两检点以共明。向后重修,亦如是焉,庶无异视之见,常存亲亲之义矣。

乾隆四十八年(1783 年)孟夏毂旦　张四维奉三志

(四)族规(祠规)家范

坂中村落诸姓的宗谱中一般都记载着传统的宗族伦理道德标准,族人的行为准则,以及宗族活动过程中必须遵循的规矩等。如清光绪十六年(1890 年)本的湖口村《清河张氏宗谱·祠规》载:

1.洁祠

祠宇期于肃洁,先灵所以妥安。故《诗》咏《閟宫》是依有溢(洫),《礼》志修庙特严厥司,岂可不时洁埽,致尘秽之多污,至于漫以喧嚣,使清穆之无象。尚钦庙貌,勿忘戒心。苟有违规,必加严罚。

2.蒸尝

建庙之初,必资大费。议行各事,助辨是依。且众子孙,意在全其义。举用遵祀典,咸为致厥深情。故所入蒸尝,特允从薄减。嗣后进主，捐资不得执前端为例。烝尝入祀，必期依后数充公。银以十两库纹，田须一亩腴地。

3.祀典

《记》曰："内则尽志，外则尽物。"孝思不笃，陈设固虚。仪典有亏，几筵亦裒。尚苾芬以献用，昭孝祀之诚，勿苟简以将致裒。荐馨之典，如其侵蚀，必倍数罚锾。或有疏违，亦会公议责。

4.仪节

对越神明，肃将礼意。既齐既敕，福乃如几。时怨时恫，咎由不惠。凡当承祭，务矢敬心。奏格无言，凛商诗之至教。执事有恪，尊古训之芳规。如主祭不虔，即行扣胙。若赞襄弗谨，亦照加惩。

5.像贤

祀事孔明，必由式礼。孝孙有庆，端在克虔。故选士泽宫，尚且非贤弗与。岂主司大典，可容不德是为？吾宗主祭重规，相期缙绅臀典。上则举人贡士，次或庠宾耆民。若生监，必会众公推。余子孙，惟引年陪祭。

6.报功

主必以功，宗惟在德。辛勤建庙，诸人公议。于其终日，族众就祠。制主通同，报厥勋庸，且复免其捐置。烝尝遇祭，给以公分福胙。凡以劝后，匪独光前。苟在将来，有能继美。下为功于族姓，上克显乎祖宗。亦照本条，为荣祀典。

7.燕礼

肆筵设席，以燕父兄。洗爵奠斝，用祈黄耇。岂兹小子，可以乱行。今立成规，务明礼教。散斋设燕，止于榜内。宗亲晚辈，少年不许庙中饕餮。若子弟贪杯自肆，定与痛惩。倘父兄携属纷临，亦加责罚。

8.藏谱

谱牒所关，本支是保。其难其慎，几费细核而成。一字一言，皆会公论而订。若不知顾惜，致虫蚀而秽污，或妄有改移，漫混淆以异姓，即属妄宗逆子，尚何立世为人？藏谱之家，作奸之人，各议公罚，并加重责，令销旧谱，再造新图。

该谱另设《家范》云：

孝顺父母

羊跪乳，鸦反哺，物类尚存天性。人灵万物，岂反不如。《诗》云生我鞠我，顾我复我。我欲报之德，昊天罔极。[1] 罗仲素[2]云："天下无不是底父母。"孔子曰："父母之年，不可不知也。"又云："五刑之属三千，而罪莫大于不孝。"凡人子者，宜重思之。

友爱兄弟

世间最难得者兄弟，一体同气，情亲手足。乌可路人相视，或听信妇言而乖骨肉，或因财、因气而失友爱。而于外交时有亲厚，实为背德背礼。《诗》云式相好，无相尤。所谓兄弟，睦家之肥也。处兄弟者，亟宜念之。

和谐夫妇

阴阳和而后雨泽降，夫妇和而后家道成。妇人未尝读书明理，为夫者，宜以大义开导之，晓谕之，使知守妇职。内主中馈，言不出于阃，足不移于外。相敬如宾，好合不啻琴瑟。斯不贻父母之戚，而衍螽斯之庆矣。

敦睦宗族

范文正有云：吾吴中宗族甚众，于吾固有亲疏。然以吾祖宗视之，均是子孙。固无亲疏也。尝以俸赐均于族人，并置义田宅，是则同宗共族，非我伯叔，即我诸兄。敦睦宜亟人能体祖宗之心，以待族众。则宗族兴，且外侮可御矣。

恭敬尊长

徐行后长，敬其所尊，书有明训。尊等父职，长犹兄属，年倍父事，长十兄事，礼则然矣。昔人云莫笑他老，终须到我。人而不敬尊长，曷不返诸？卑我幼我者，还愿望其敬抑乐受其慢乎？

隆慎师友

民生于三，师居其一。人有五伦，友处其一。师教之，友辅之，二者关系匪轻。人家子弟，材质非必不美，而无所严惮，鲜有劝惩，未免流于比匪。为父兄者，能不吝脩脯，延名师，以道义训其子弟。又常示其慎交游，敬贤士，则诱掖奖劝，陶成德行，子姓皆善良，斯成望族矣。

---

① 《诗经·蓼莪》载："父兮生我，母兮鞠我。拊我畜我，长我育我。顾我复我，出入腹我。欲报之德，昊天罔极。"

② 罗从彦（1072—1135），字仲素，世称豫章先生。宋南剑州剑浦罗源里（今福建南平市延平区东坑罗源村）人。

笃好诵读

人生惟有读书好，目不接书，质虽英慧，终是坐井观天。知识不广，材而愚昧，甚至如处暗室，所见茫然。盖腹有诗书，小而保身持家，大则显亲扬名。即荣宗耀族，皆惟是赖。昔贤云此生不学可惜，尔后生宜早思之。

勤务稼穑

民生在勤，勤则不匮。农为国本，力稼有秋。无游民，无旷土，圣朝有嘉。劳思善，逸思淫，古训是戒。诚能耕三余一，耕九余三，岂但见仰事俯畜已乎？千仓万箱可仁立以俟矣。

崇尚俭朴

俭可成廉，朴无僭分。嫁娶丧葬，与奢宁俭，与易宁戚。圣有明训，索重资，计厚奁，奚若求淑女，觅贤婿？无臣不安为有臣，父为士葬亦有士。矧嫁娶之礼，俭则婚者以时。丧葬之礼，约则终者掩藏乎。至理名言，昭昭可溯。崇俭约，禁奢华。尚朴素诚，防僭妄，其可忽诸？

急早完课

画野分疆，任土作贡，而税敛以兴。凡国之制，官禄给，兵饷备，荒歉皆于此赖焉。吾族食旧德，服先畴者，固不乏所有。名下课税，当依限急输，甚勿挂欠，俾免追呼。则村坛昼静，鸡犬夜安，共享升平之福，岂不美哉？

止息斗讼

孟子谓：世俗不孝，好勇斗狠，以危父母。朱子云：居家戒争讼，讼则终凶。好斗好讼，曷不思终身让路，不枉百步。终身让畔，不失一段。能让人，才是占便宜乎！且不思讼累悠悠。匍匐公庭，抛弃本业，纵赢了官府，不已输了钱乎？至于恃强凌弱，捏指诬告，蔑法昧良，莫此为甚。凡属旁观，尤宜切责。

痛戒鸦赌

赌博之害，破家荡产，甚至流为盗贼。即或徼幸取胜，锁营成家，非义之财，理无久享。若沉溺吃鸦，消精耗气，即勤谨惜身，难免抛业促命。凡在合族有蹈前非，切宜痛悔强改。

1985年续修的步兜山村的《沛国朱氏宗谱·家范》载：

1.尊祖宗

万物本乎天，人本乎祖。人之于祖宗，犹水之有源而木之有本也。

建祠宇以妥先灵,营窀穸以藏形骸。须朔望焚香,春秋祭祀,则报本追远之道尽矣。

2.孝父母

孝为百行之先,《诗》曰父兮生我,母兮鞠我。父母之恩,终天莫报矣。顾孝道难尽,而孝者顺也。人心能顺父母之心,无违父母之志,则可谓孝。

3.和兄弟

兄弟乃同胞一体之亲,犹一身之手足也。《诗》曰:岂无他人,不如我同父。必兄爱乎弟,弟恭乎兄。切勿煮豆燃萁之致叹,斗粟尺布之贻讥。尝见世人因听妇人之言,致伤手足之谊,岂得谓之丈夫哉?

4.睦宗族

宗族乃一本之亲,虽分支别派,溯厥由来,皆同出一祖。《诗》曰:岂无他人,不如我同姓。甚勿以富欺贫,以贵凌贱。要必喜相庆,哀相吊,守望相助,疾病相扶持,则宗族亲睦而世代兴隆矣。

5.善治家

二南之化,本乎齐家。齐家之道,要内外严肃。父慈子孝,兄友弟恭。男耕女织,夫倡妇随。男女交修,内外整齐。则家道兴隆矣,齐家所以为治国之本也。

6.教子孙

劳则思善,逸则思淫,人之常情也。子孙虽愚,经书不可不读。间或有资质鲁钝,不善读书者,亦当教其学习农工商贾,不可任其游手好闲,终成匪人。司马温公云教妇先求教子婴孩,此语诚是也。

7.戒争讼

讼则终凶,文公已有明训。尝见世人多因些小之事不肯让人,致起松(讼)端,则官事攸攸,莫可底止,甚至破家荡产,方知今日如此,不如当初让人。则悔之莫及矣。古人云世事让三分,天宽地阔是也。

8.戒赌博

士农工商各有正业,若赌博,则非义之财,终无了局。引盗藏奸,伤风败俗,非细故也。况赌博场中赢输有常,赢时则呼朋唤友,输时则抛妻别子,竟一饭而难支。凡我族人要必父戒其子,兄勉其弟,而且随时申禁,以杜其弊,则风俗纯美矣。

9.戒溺女

女儿乃父母所生，父母既生之而又欲杀之，本是投生，反至投死。彼虽赤子无知，而亦上干天地好生之德，忍心害理，莫此为甚。凡有生女皆当抚养之，待其成人，为择佳婿，不必厚奁，世人因恐厚奁。以致溺女，则厚奁乃溺女之厉阶也。

10.培风水

风树乃先人之所培植，以荫卫风水，意欲谋久远之计也。吾族祠后祖山，一派留绿，风树现已成林，为一乡之保障，荫万年之风水，岂不盛哉？凡我族人，须体先人之美意，同心保护，毋得蓦地砍伐，以损坏风水。昔召伯游憩甘棠，后人尚不忍伐，况祖宗手泽之所留贻，而忍一旦弃之哉？

该宗谱中还附上了著名的《朱文公家训》：

君之所贵者，仁也。臣之所贵者，忠也。父之所贵者，慈也。子之所贵者，孝也。兄之所贵者，友也。弟之所贵者，恭也。夫之所贵者，和也。妇之所贵者，柔也。事师长贵乎礼也，交朋友贵乎信也。见老者敬之，见幼者爱之。有德者，年虽下于我，我必尊之。不肖者，年虽高于我，我必远之。慎勿谈人之短，切莫矜己之长。仇者以义解之，怨者以直报之，随所遇而安之。人有小过，含容而忍之。人有大过，以理而喻之。勿以善小而不为，勿以恶小而为之。人有恶则掩之，人有善则扬之。处世无私仇，治家无私法。勿损人而利己，勿妒贤而嫉能。勿称忿而报横逆，勿非礼而害物命。见不义之财勿取，遇合理之事则从。诗书不可不读，礼义不可不知。子孙不可不教，童仆不可不恤。斯文不可不敬，患难不可不扶。守我之分者，礼也。听我之命者，天也。人能如是，天必相之。此乃日用常行之道，若衣服之于身体，饮食之于口腹，不可一日无也，可不慎哉！

明崇祯七年（1634年）利溪李东泉集谱，清乾隆四十九年（1784年）寿宁县学张四维增订本的柳堤村《陇西李氏宗谱》记载了《禁族内莫非为》：

不许逼寡改适，族中有贞节之妇愿一醮终身者，任从自守。宜捐银谷，以资之，助坚其志，乃兴夫门增光。故云忠臣不事二君，烈女不更二夫，正此之谓也。

不许逐孤儿，族内勿论亲疏，兄弟勿计远近，孙侄或有寿夭长短不齐者，勿顾利己，不念祖宗一脉。此行宜禁，勿论贫富，教养成人，乃为是尔。

不可恃恶凌善,所以莫行奸习也。

不可恃强欺弱,所以莫使凶顽也。

不可恃众欺寡,所以莫使斗殴也。

不可恃富欺贫,所以富而无骄也。

不可以贵压贱,所以勿用时势也。

不可以下慢上,所以要知敬老也。

不可以长欺幼,所以知有爱恤也。

不可以暴辱贤,所以知敬斯文也。

族内凡有公务之事,不可多派少支,所以戒其徇私也。

族内凡有屋基、仓舍、园地等,与人交连者,勿可恃势侵占,所以戒利己损人也。

族内凡有祖坟之山,后裔附葬者,切勿冒上扦穴,即在左右两旁,亦勿损坏旧冢,所以防有伤害也。

上数条陈于谱内,令后贤、孝子、慈孙宜遵斯言。自然有关人伦,有俾世教,而族无争斗,风气悠然淳厚矣。

(五)畲族宗谱

基本同于汉族宗谱,许多宗谱的修纂得益于汉族先生,民国时期坂中乡畲族村落的修谱先生中也有畲族人,如月斗村雷一声、井口村蓝宗山等,但是他们修纂畲族宗谱的指导思想与方法,都是沿用汉族修谱先生的。如清宣统元年(1909 年)本廉岭《钟氏宗谱·颍川钟氏宗谱序》》记载了畲族村民延请汉族先生修谱过程:

己酉之秋,八月既望,余与吾二友,乘玩月之余兴,以追探十景之故踪。于是过舟渡,登廉岭,俨然人烟稠密,鸡犬相闻,而孤树则渺然而无踪矣。有一耆老问曰:"先生因何来也?"余曰:"游山水耳。"耆老曰:"吾侪家乘前葺于道光庚寅,阅今七十余载矣。先生此来,殆为吾家之幸也。"于是邀至庐舍,出其旧牒以相托。余曰:"诸君虽治本于农,而尊祖敬宗,敦伦睦族之念,固人人有存心之美。"夫谱者,通诸史。史纪国家之盛衰,政治之得失。而谱则上溯祖宗之缘起,下分孙曾之流派,且编年纪月,因人纪事,事虽与史殊略,实与史通。笔非司马,何敢率尔?然既殷勤以相托,自应如愿而肩承。乃披阅其旧牒,始识乃支祖月隆公由大岚而来,肇迁廉岭。生子四人:长曰鸣连,原迁廉岭;次曰鸣响,分迁赛岐、大岚；三曰鸣城，四曰鸣生，分迁金斗洋等处。散处虽云殊方，肇基实自廉岭。孙曾云礽，颇觉子姓之殷繁。昔人所谓叶落九州，根同一处者也。然考庚寅新辑，臻详备者，只二十七下，惟廉岭与赛岐，其上代远人湮，分支派者，不无残缺失次之嫌。昔人谓三世不修谱，为祖宗罪人，不诚然乎？今依前葺，参互考订，信以传信，鲁鱼亥豕，不贻其误。疑以释疑，夏五郭公，宁阙其文。并不等于世之攀援大族，依附名流，欲以光家乘而反致辱谱牒者。比洽月而成，窃谓胸鲜宿墨，虽操彤管之笔以增辉，而乃念诸君尊祖敬宗、敦伦睦族之至意。当弁数言于首，用佐饮水思源、登枝寻本之鉴者，亦以识玩月时游览古迹之一至云尔。

　　时宣统元年岁在屠维作噩仲秋下浣穀旦

　　咨部优行韩阳官学堂掌教邑廪生陈兆琮拜撰

该谱还记载畲族人协助先生修纂宗谱：

　　宣统元年（1909 年）修辑

　　廪膳生总纂　怡玉　陈兆琮

　　邑俏生誊正　听春　雷一声

　　上舍生协修　新齐　钟祖馗

民国十八年（1929 年）清俏生、福安保卫团甲长钟肇基编修的《和庵雷氏宗谱》内载有《敕封祖图公据》、《会稽山七贤洞记》、《龙首师杖记》等有关畲族盘瓠文化的篇什。

二、祠　堂

村落宗族的公共建筑，为议事、祭祀等宗族活动的特殊空间。民国三十八年（1949 年）本的湖口村《湖口王氏宗谱·祠堂志》云：

　　《诗》曰："似续祖妣，筑室百堵。"《书》曰："既勤垣墉，惟其涂既茨。"祖宗作之于前，子孙承之于后。宗祠之设，固将合一族之人。以祀其始迁之祖，而后人皆得进其祖考之主以祔食，典至重也。王氏自分迁湖口以来，传世二十，遭明季兵燹之厄，流离失所，未建祖祠。薄积蒸尝所入，不敷所出。至道光壬午（道光二年，1822 年），合族欣然庀材鸠工，兴役起架后座。越丁酉（道光十七年，1837 年），而前座成。外而屏墙坚固，内而檐宇轩朗。美轮美奂，焕然一新。己亥（道光十九年，1839 年）之秋，八月乙丑，进主入祠，虽刻木角（桷）雕楹，未遑藻绘，西序东房，有待经营。而入庙思敬，如在其上。明伦者于斯，教孝者亦于斯，斯

图 6-1　大林畲族村钟氏祠堂内祖牌

（黄俊　摄）

为寝室之孔安矣乎？抑在天之灵有默相也乎？余思君子将营宫室，宗庙为先，大《易》"萃"焕假于有庙。斯祠之建，礼以义起，而是役亦以见王族人文之盛。遂以成寝庙奕奕之观，庶几丹艧既茨之意，可告无惭于先人焉耳。因笔之为记，以传厥后。（林一枝谨志）

清光绪十六年（1890 年）本的湖口村《清河张氏宗谱·创建祖祠记》云：

本族一世龟涯公因外地遭海变，播迁宸城东门。至二世仰峰公，复相度发祥，肇基此地。迄今历年所三百矣，子姓颇为蕃衍，而历祖精魂竟阙祀，遥遥事孰急于此乎？苟非善筹以创垂，亦终至有怀而莫遂。所幸鹊起有人，迩年承理族务，协办兴厥土木，历艰辛，费图度，縻金钱缗，不数月，垣墉堂构巍然、焕然。忆曩日荒草寒烟，方痛祖魂无托，胡转瞬披荆斩棘，顿成庙貌？……

本祠坐庚向甲，加酉卯分金

时光绪十二年四月二十二日子时起架巳时上梁

丙戌　乙酉　辛巳

董事

亨房依一　俭房仁九

1985 年续修的步兜山村《沛国朱氏宗谱》（总纂陈昊民、誉正陈松青）之

255

《建立宗祠记》云：

　　宗祠之设，先祖灵爽凭依。为人子孙，感春露秋霜，谁无水源木本之思。况岁时伏腊，燕饮为乐，诸子姓咸在于序昭穆，别尊卑。缘情制礼，因礼起义，而是役亦足以见人文济济之盛，遂以寝庙奕奕之观。爰将前后方圆丈尺备载详明，而董事廷滨、廷瀚、廷垲踊跃办公，以竣乃事，尤为合族中之仅见。其协理诸人，皆得而并书于后。

依旧谱录

　　祖祠一座，坐落五都埔头山樟树边安着。阔五丈四尺，深一十二丈左右。更余旷地八尺，又坐边有三角埕深三丈三尺，阔三丈三尺，后地埕亦余四丈。祠堂门首旷埕东至路，西至集体仓库，南至培椿厝北，北至祠堂为界。深二十六米，宽一十二米。该祠系道光十九年三月起建，光绪五年奉主入祠，享祀千秋。

　　协理　瑞达、瑞鋐、瑞思、瑞河、廷汉、廷镰、廷逮、廷焻

清宣统元年（1909 年）夏月，察阳镜芙氏重修《颍川郡冠岭仁房宗谱》记载：

冠岭陈族起建祠堂记

　　吾族自肇迁以来，迄今三十余世，而寝庙并未起建者，必因蒸尝未设，而族小户寡，难以措办，以致年深月久，莫能创举者也。德耀等孝思念切，痛祖宗之灵爽，无所凭依，用是集我族人再三商议，将上中下三户派捐钱文，以及工食。遂于道光三十年（1850 年）五月初七日午时，鼎建祠宇正厅及前厅于村内左边，坐甲向庚加寅申。越至咸丰四年（1854 年）十一月初三日卯时，遂设立烈祖神牌入庙配享。寝庙之工，亦始告竣完成。除花用外，更剩钱若干，自后经德耀渐积渐丰，始置买蒸尝，以为千秋祀典需用。斯举也，虽由祖宗有灵，亦幸族内子姓念深报本，同心协力，共成美事，庶几吾族子子孙孙克继克绳，体前人创造之难，愿永久勿替焉。可因书其本末于简端。

　　时同治元年壬戌岁次修谱毂旦

　　义房三十一世孙德耀、仁（房）（三十）二（世孙）登钧同志

重修祠堂记

　　今夫事贵有创之于前者，尤贵有继之于后者也。苟后不能继，虽前有所创，终亦必至于废坠。古所谓创业难，而守业尤难者，如吾族之祖祠是也。慨我祖祠起自道光三十年（1850 年），德耀等虽为创建倡首，

亦全族内上中下三户齐心协力,捐派按其数,上户则愿捐钱文约有廿余千,中户愿捐亦约有十五六千文,下户虽不能捐资,亦各愿助工食若干,庶于祠宇始得苟合而苟完。不幸至光绪二年(1876 年)十二月初六亥刻,村遭祝融之难,仅余边隅几家,即祖祠虽幸保无危,而当时之罹于火者,皆嗟无所以栖身,不得已尽归祠内,以正厅为火厢,楼上下为房木坚(樫)。三四年间,上被烟染黑坏,下被浊水浸腐。溯起建之日以迄今,兹上下仅廿余载,何其将废如斯耶? 更率子姓助力,遂于光绪十二年(1886 年)六月二十九日起造照墙,设立左右门径。修腐朽而除黝垩,筑基址而葺垣墉。此祠宇所以不至废坠者,虽由祖宗之灵爽不昧,亦足验子姓之孝思不匮,岂创之者所能保其足长哉? 等特为记之,亦唯愿世世子孙能俾勿替焉。可敢云守业之善哉?

时光绪十四年岁次戊子修谱縠旦

总理:仁房登桂、瑛　义房可昇、可同

协办:义房上应

共事:义房允祚

同志

三、祭　祀

祭祀是传统宗族活动中最重要的事件,每年固定时间的祭祀仪式,既对列祖列宗的怀念,又有宗族发达与族人安康的远景,以及祝愿村落的风调雨顺、五谷丰登、六畜兴旺。

清嘉庆十二年(1807 年)熙台村《熙台陈氏宗谱》载:

祠堂记

《礼》曰君子营建宫室,祖庙为先。《诗》曰寝庙奕奕,君子作之。吾族祠宇,每岁二月恭迎威惠侯宝像,祭祀其上。或命梨园以庆之。皋老率诸族人,列长幼,序昭穆,拜而谒之。尤为班济升降拜跪,赞扬如礼毕,读祝,焚帛,具状不忒。尊者先,卑者后,随行有齿。老者出,幼者继,皆大礼也。世之人惟知清明上家,而简祖宗。岂知神栖于庙,魄归于土,又何俟浮屠作兰盆而孝思哉? 夫礼莫大乎祭,祭可俭不可缺。春秋有祭而四时有荐,虽频繁蕴藻,可以荐之于鬼神,羞之于王公。不闻《凫医》之诗曰:"尔酒既清,尔肴既馨。公尸燕饮,福禄来临。"是为记。

时乾隆二十八年(1763 年)岁在癸未麦秋縠旦

裔孙端珏、双玉氏谨识

清道光九年(1829年)本的冠岭村《颍川陈氏宗谱》云：

冠岭陈氏蒸尝记

蒸尝一件，乃世代承流集聚建立，为万载之纲纪。从前上祖已设，逮后屡毁，因之而废。乾隆二十二年(1757年)，二十九世仁房秉三、秉九公议，将祖山场承判租钱积起，及秉三，故义房策一同事，至乾隆三十五年兼以策三经理共管。积后，仁、义两房统族承继。透年公顶以有此需用，三月十八收取清算。祭祖之日，各家均受胙肉二斤，盈余钱谷即将此而增产，毋使废坠，毋许徇私。其所有批据，即在掌谱管事轮流收藏。

乾隆四十八年(1783年)癸卯岁次三月十八日榖旦

仁、义两房同志

另胙辨贤志

祭祀之礼，分发执事。宗庙序事，所以辨贤。子孙祭祖，应有执事。绅衿高下，各有等伦。况祖宗声灵，耀在名贤。缙绅科甲，当厚赉之。蒸尝既设，合另志焉。

一、业儒童生逢院试年，将蒸尝内每名捐仪，赆仪一千文。及入泮在庠者，文学、武学各受胙肉五斤。至有前列补廪受膳者，受胙肉给以八斤。

一、庠生有志举业入闱赴试者，每名赆银五两天平。如有中式身为举人，则递年均受胙肉十斤。

举人赴京会试者，每名授以蒸尝十两纹银。及进士回日谒祖，赞仪如前，递年胙肉仍给十斤。

仁、义二房统族会志

仁房另设蒸尝记

家礼大宗祠外有小宗祠，则大蒸尝外有小蒸尝，所宜然也。

冠岭大众蒸尝已见上篇，记之详矣。乃仁房复有蒸尝，夫岂无自而立此乎？

乾隆四十一年(1776年)客居方圣珠兄弟愚暧，将墓林祖山上祖坟陵混行种作，被秉九、策三二人查获。经公罚钱修墓外，余钱房内递年照家乾一、乾三、乾七、乾十、坤二、坤三、坤六(刚好七个人)七人轮流使用，加二赢息，不许徇私。翼将来之创建，为本房之纲纪。惟是雍六派下,始末无与,本乡七户,均属一体。眼前充积虽则无几,应当叙此,令后来之知所昉。

乾隆四十八年(1783年)修谱榖旦

仁房二十九世秉九、第三同志

清光绪十四年(1888年)本冠岭村《颍川陈氏宗谱》载:

进主条例

一、族内嗣后子孙有奉其祖考神牌入庙者,牌位上户出钱五千文,中户出钱三千文,下户出钱二千文,归祠以为蒸尝之用。

一、进主之日,当祠必设酒席二筵,以请诸户衿。无论上中下户,皆不得减省。

第二节　宗教与民间信仰

一、道　教

(一)闾山教派

《淳熙三山志》中说,在长溪县的僧道人口中,僧人1257人,而道士仅有1人。长溪县的寺院共138座,而道观1座都没有。当时,福安尚未设县,即仍归长溪县版图。《三山志》的说法是有局限的,据明万历《福安县志》载,北宋时期,福安的道教事实上已经存在,主要是指南中国,特别是闽、浙、赣三省民间,极为兴盛的道教支系,即闾山教门。同时,出现于宋代著名的术士道人,人称"三仙师"。三仙师分属詹、张、陈三大著姓,为三姓族人所敬仰膜拜的偶像。三仙师,皆传法于闾山,成了闾山教的门徒。闾山教是南中国民间道教的分支,由闽越巫法闾山法、道教正一符箓派再加佛教世俗化的瑜珈教,三者合一发展而成的一支教门。闾山教是福安历史最悠久、信众最广泛、生命力最强的民间道教。正如《福安县志》所云:"邑中诸巫至今多传其术。"[1]"三仙师"均住在福安寺院里,其中姓詹的仙师住在坂中的栖善寺,即现存的西兴禅林。

闾山,是闾山教的本山,是闾山教门的传法圣地。按照民间说法,闾山

---

① 明万历《福安县志》卷之九,《杂纪志·仙释》。

是沉于水底的仙界法坛。清乾嘉年间的《闽都别记》记载：闾山本为一座山峦，在福州台江南台的龙潭壑、番船浦一带，那里有白龙江环绕，与天宁寺对峙。后被闾山教门徒的杵臼无意间沉入江底。从此，闾山陷落江底，而白龙江河床却上升成陆地。从此，福州民间便流传着"沉闾山，浮南台"之俗语。所以在闾山教道坛科仪本里，每说到闾山时，多与江、海、池联在一起，如"闾山水府"、"水国洞中"等。水中的闾山增加了求法者的难度，况且，横在闾山门前还有一道险阻——沉毛江，只有渡过了沉毛江的人，才有机会敲开闾山之门。专家考证，根据道坛中关于"江州府闾山法院"的说法，历史上的闾山应在江西，并与江州府相关联。而江州府治所，在历史上原在豫章（今南昌），后移浔阳（今九江）。在豫章与浔阳之间的名山就是庐山，庐山与闾山谐音，人们心目中向往的真正闾山应该就是庐山。而庐山下的沉毛江当指九江，也就是古浔阳江州府的长江水域。闾山即为庐山，明代万历年《福安县志》便持此说："宋时，詹、张、陈传法庐山。归，詹寓西善寺……"①

关于闾山教主，在道坛中称许九郎，在道书中称许真君。许真君名叫许逊，字敬之，号旌阳，为东晋时道士，原籍汝南，后移居江西。据说他曾拜豫章吴猛为师，后举孝廉，晋太康元年（280 年），他担任旌阳县令，并创立"太上灵宝净明法"。东晋宁康二年（374 年）八月初一日，在洪州西山，许逊举家四十二口，拔宅飞升。此刻，仙雾缭绕，许家犬吠天上，鸡鸣云中，许真君成了"一人得道，鸡犬升天"的又一典范。许逊信仰本为魏晋南北朝以来江南流行的巫术性民间信仰，到了唐代，其中一支与道教汇合，至北宋开始成为净明道，注重伦理道德的修炼。另一支便是以庐山为发祥地，保留南方巫术特点，注重科仪与法术的闾山教。许逊被尊为闾山法主，始于闽、浙、赣三省民间道坛，后流行于广东、台湾等地。

闾山法为巫法之首，其他如灵山法（或称"金山科"）、盘古法（或称"车山科"）等，都为闾山法所包容。在闾山道坛中最有代表性的是闾山、横山、蒙山（或称茆山）等，均以闾山为主导，统领三山的就是"江州府闾山正堂"。元代中期以后，福建成为闾山教的中心区域。

闾山派道师亦称"师公"，因为旧称闾山法科为"打尪"，故还称他们为"尪师"。道师根据年龄与道行，在不同阶段与仪式中有不同称谓。道师设在家庭中的道坛，称"家坛"，系道师居家供奉法坛神灵之处，坛上设神龛，以

---

① 明万历《福安县志》卷之九，《杂纪志·仙释》。

红纸书写本境与本坛所祭祀的主要神祇。每个家坛都有固定的坛号。家坛是道师为村民举行小型法事的坛场，信众到家坛，主要是求讳惊茶、卜问吉凶、联络道务等。道师大量的法事在法坛举行，法坛根据法事的内容与形式的不同而设立在村落宫庙或村民家中。

(二)全真派

福安全真派出现于民国时期，大多出自福安上十都松涛洞。据社口镇《汾阳郡郭氏宗谱》民国残本记载，族人郭燦坤，乳名细妹，"自幼持斋吃素，矢志念经，守成坚体，经承社口郭氏支祠喜舍地基，亲自筹资建筑松涛洞一所，守松堂一座，如仙阁一座，以遂其志。胞弟郭燦隆，步其后尘，弘扬道法，与兄同修于松涛洞，二人羽化后均进塔松涛洞"。民国二十年(1931年)，松涛洞全真龙门派弟子已达50余人。民国十七年(1928年)11月，国民政府内政部颁布《神祠存废标准》，将三官、太上老君、关帝、城隍、文昌、龙王、土地等神都列为废弃之列，此政令遂使福安道教的元气大伤。安邑秦溪《秦源连氏宗谱》有民国秦溪宫庙被拆毁并改为他用的记载："民国二十五年(1936年)，(秦溪)下宫两座及南宫下座为县长高诚学所拆。该令先拆城墙石，继拆宫庙殿宇，将屋材搬往修建县立城西小学。同日秦溪各宫神像悉被砸毁，全村宫庙遂废。"[①]民国三十年(1941年)之后，佛教分会理事长盛慧在福安弘法，在他的动员下，松涛洞道人中之多数更易道门，归入佛教福安分会。建架于民国二十五年(1936年)的社口长坪三清观二座，"承佛教支会示，改名'三官堂'"，[②]归为佛寺。

(三)青松观

福安青松观，在坂中畲族乡富春溪畔。创建于1978年，是改革开放之后，闽东新建的第一座道观。当年，自幼秉承宿慧、在家持斋修道的李氏两姊妹虑及福安城内的道教宫观没有恢复，来往道众无处挂单修持，便许下宏愿，欲筑新观。她们省吃俭用，并帮人缝制衣服，积攒资金。在道友们鼎力襄助下，新构落成，取名"青松观"，喻"善似青松恶似花"之意。1991年，福安市成立了有史以来的首届道教协会。青松观住持李菊英当选为市道协会

---

① 秦溪《秦源连氏宗谱》，1989年重修。
② 社口《汾阳郡郭氏宗谱》，民国残本。

长,青松观确立为市道协办公地点。自此,青松观成为闽东道教重镇,当下福安全真龙门派道观的住持大多来自青松观。李菊英会长协助政府落实宗教政策,在她的奔走与努力下,多座沉寂多年的福安道观得以恢复。同年,香港道教界遥闻福安青松观的奉道精神,香港青松观观主侯宝垣道长便通过中国道教协会与福安青松观取得联系,并商议结为同名兄弟道观。香港青松观是境外重要的道教弘法圣地,位于香港九龙西部屯门的青山麒麟围。道观创立于1949年,属全真龙门派,道派可溯源至广东省广州市至宝台。香港青松观内,殿宇巍峨,风景清幽,是极富中国古典园林色彩的道教建筑。侯道长精通斋醮科仪并致力于弘扬道教文化,自1981年起,香港青松观先后在加拿大、美国、澳大利亚、新加坡等国家建造了5座青松观。从1994年开始,香港青松观先后捐资人民币数百万元,用于内地二百多间道观的恢复与维修之需。1995年,福安青松观斗姆殿的修建,得到了香港青松观的直接资助,福安青松观为此立下《功德碑》以做永久的纪念。

福安青松观有斗姆六十甲子殿,内有威灵的三眼王灵官把门,神龛中祀三清教主、斗姆,左右神龛是六十甲子太岁神像。斗姆元辰殿内楹联有"无上三尊乃乾坤之主宰,混元一炁为造化之根源"、"著书传道涵开初夜,历宗开教紫气东来"。右边的三清殿尚在建设中,左边是办公楼与厨房。青松观在福安的诸座道观中并不算规模宏伟、气度非凡,但是在新时期福安道教文化进程中,却有着特殊的历史地位。

二、佛　教

据《淳熙三山志》卷三十三《寺观类一》记载,唐大中三年(849年),福安始有寺院,即处于归化西里的栖善寺。次年,长溪县建善寺始开坛度僧三十人。唐咸通年间,懿宗崇佛,几近痴迷。据《唐会要》载:"咸通二年(861年),上以志奉释氏,怠于朝政。"[1]有唐一代,福安建寺以咸通年间为最多。在唐懿宗、僖宗、昭宗三代,包括长溪县在内的福州,其寺院的营建,是"殚穷土木,宪写宫省,极天下之侈矣"。民间建寺之风"浸入骨髓,富民翁姬,倾施资产以立院宇者无限"[2]。僖宗光启二年(886年),福安归化西里建崇福寺。

---

① 《唐会要》卷四十八,《议释教下》。
② (宋)梁克家:《三山志》卷三十三,《寺观类一》。

光绪《福安县志》载:"栖云寺,在西郊隔溪,唐时倡建。"①上述可知,唐季福安建寺 15 座,其中坂中境内有 3 座,即崇福寺、栖云寺、栖善寺。

图 6-2 西兴禅林

(吴昌耀 绘)

(一)主要禅寺

1.西兴禅林

西兴禅林,古名栖善寺,又名崎头庵、西兴堂,在坂中畲族乡长汀村,地理坐标为北纬 27°07′59.9″,东经 119°37′34.7″,(测点说明:三门前 1 米处)以大雄宝殿为中轴线,坐北向南偏西 10°。宋《淳熙三山志》载:"栖善院,归化西里,唐大中三年(849 年)置。旧产钱三百六十四文。"②明清地方志书都将栖善寺等同于栖云寺,如明万历《福宁州志》云:"栖云寺,在西郊隔溪,唐创建。为诸寺先。一作'栖善'。"③明弘治《八闽通志》提出不同的说法,"栖

① 张景祁:《福安县志》卷三十二,《古迹·寺观(附)》,光绪十年(1884 年)。

② (宋)梁克家:《淳熙三山志》卷三十五,《寺观类三·长溪县》,南宋淳熙九年(1182 年)。

③ 殷之辂主修:《福宁州志》卷之十五,《杂事志·寺观》,明万历二十一年(1593 年),日本尊经阁文库藏。

善寺，在旧归化里。唐大中三年建（849年）。……县志作'栖云寺'，恐误"。①《淳熙三山志》中既有栖善寺，又有栖云寺，檀越主是长汀村施氏族人。关于栖善寺的营造，民国《长汀施氏宗谱》中作于清雍正九年（1731年）的《历代创业垂统记》详细记载："将所建龙山游亭舍为僧舍，名栖善寺，立石碑开载甚明。……兵燹屡变，碑遭沉没。庵寺叠经建造，改称西兴禅林。虽檀越之名仅就后代所遗者书梁，将我先世舍寺情阙焉。"②该禅寺又一檀越为长汀吴姓，据《武德大夫文质公开基仕坂自序》（唐大中八年，即854年）云："余永贞间（805年）逢命巡闽时，过长溪，至一地曰'长汀'。罗山三面，长河左绕，土深而固，野旷而平，以为是可族也。于元和三年（808年）别伯兄揭眷而来，家仕坂焉。""武德公迁居仕坂凡十一世余，生齿繁集，人物代兴。"③《肇基重金祖令史惟凯子华正四公重修家史自序》（元至正元年，即1341年六月）云："皇庆二年（1313年），余得术者谓：重金山下，地脉凝聚，万水汇归。面五马而负双桃，前三山，后三山，兴居聚族于此宜。乃复买地构室，创始图新。……复改仕坂旧庄为招提，招僧供奉武德大夫像，用以永香火报大宗也。……正四公创立西兴庵。盖即序中所说之招提，奉祀文质公遗像。……康熙四十四年（1705年）重建中座五楹，旁座二楹，左边静室三楹，又附二楹，仓三木坚，又附二楹。右边静室四楹。四围俱墙。"④明代洪武年间，曾遵旨将栖善寺、石门寺、崇仁寺、崇福寺、祥云寺、仙圣寺、龙岩寺、南峰寺等八寺并入龟湖寺。⑤随后，俗名"崎头庵"的"西兴禅林"一直为信男信女们所推崇。1980年代，西兴禅林是福安较早恢复宗教活动的场所之一。寺宇于1988年重修，住持僧释定慧，俗名施朝清，僧尼6人。⑥不幸于正当山林重整之际，一场不该发生的变故，使得西兴禅林被逐渐遗忘。近年又有立志于弘扬三宝者，想恢复道场。寺中有一株古老的铁树，有1口石槽，有镌刻文字曰："崇宁元年（1102年）壬午岁十月九日造，初□□当住持僧南宗赐紫海希。"地面石料中有"化缘嘉靖"字样。

① 陈道监修、黄仲昭编纂：《八闽通志》卷之七十九，《寺观》，明弘治己酉年（1489年）。
② 民国丙戌年（1946年）《长汀施氏宗谱》。
③ 《溪柄茜洋延陵罗圆吴氏家史》（1986年）。
④ 《溪柄茜洋延陵罗圆吴氏家史》（1986年）。
⑤ 陈道监修、黄仲昭编纂：《八闽通志》卷之七十九，《寺观》，明弘治己酉年（1489年）。
⑥ 福安市公安局政保科：《福安市宗教资料汇编》，内部发行，1992年版。

2.栖云禅寺

栖云禅寺,在坂中畲族乡湖口村仙岫山下,何乔远《闽书》云:"栖云峰,有栖云寺,唐时建。"①地理坐标为北纬 27°05′08.8″,东经 119°37′34.3″(测点说明:大雄宝殿前 1 米处),以大雄宝殿为中轴线,坐西向东偏南 28°。始建于唐大中八年(854 年),清代地方志言之"为诸寺之先"。《淳熙三山志》载:"栖云院,在归化西里。旧产钱三百七十三文。"②全国政协副主席、中国佛教协会会长赵朴初题"栖云古寺"。

据民国十一年(1922 年)修财洪薛家垄村《韩阳湖滨林氏宗谱》载,湖滨林氏族人为栖云寺檀越,但宗谱所叙,却语焉不详。如"宋景定甲子东林十世孙士衍撰"《原修谱序》云:"犹记吾父照甫前云某代某舍田并山,起建栖云寺,即今归化里之栖云寺也。真君并不知其处,旧有石刻详载东林名字。"关于东林者,其后裔为龟湖山支派族人,字里行间所言及,林氏所居之察阳、湖滨等地,其人修筑栖云寺似有地理上之便利。如"康熙九年庚戌东林派居龟湖山下二十二世孙县州学廪生才鼎撰"《原修谱序》,文曰:"……余族林氏姓所自始,前序详明,固不必

图 6-3　栖云古寺

（吴昌耀　绘）

赘。但始于阙下东林降臣公,由阙下拆居长溪赤岸太五公讳宗传,由赤岸拆居宸邑之察阳太六公讳杰,即太五公长子也。又由察阳分居土交上,即今湖滨之始祖。原藏有《世德录》、《诏诰》、《志铭》,罔不备载。维冈公、以仲公曾加修补。不幸三遭兵火,湮没无传存。族兄讳元琳,字时锵,号玉文,抄有小

---

① 《闽书》卷之三十一,《方域志》,明崇祯元年(1628 年)。
② 《淳熙三山志》卷三十五 ,《寺观类三·长溪县》。

谱,仅存一二支派。余因而更订之,明其世系,图其纪录,制与旧本稍异,但中多遗缺,不能无憾然。虽未能获览全集,犹使余得识其源流,别其支派,知其万殊一本。此不幸中之大幸者也。"据明清《福安县志》记载,南宋绍兴年间洪水没城,仅存韩阳龟湖山,灾民过万,浮尸遍野。栖云寺僧众尽力收埋无主尸体,并立塔碑于寺左侧。[①] 清光绪《福安县志》载:"流骸冢,在五都栖云山下。宋绍兴四年(1134 年),邑水灾,溺死者流尸聚山下,僧秉大罄捐衣钵资,募工埋葬。"[②]寺庙在明清一度荒废,民国十八年(1929 年)本邑洋头居士李登坡热心扶持修复寺宇。民国三十年(1941 年),释瑞亮率门徒释广慈卓锡于斯,十方善信,诸山长老,鼎力修葺,寺院逐步恢复。1951 年,住持僧转达(俗名钟聚庆),时有比丘 5 人。1959 年寺宇被占用,改为福安县精神病院,佛像法器被毁,僧人被逐。寺僧广慧法师流落湖口渡船头村,在一棵古榕树下的茅草房中艰难度日近三十年。他心存菩提,以小木凳迎晨星礼佛。改革开放后,广慧法师经多方努力,于 1986 年 1 月寺宇归还,同时赎回精神病院建造的 4 座房屋。1989 年 4 月 3 日,广慧法师率众重返栖云寺,重振宗风。1991 年 5 月定为开放寺院。现有大雄宝殿、安养楼、净业楼、香光楼、僧舍等建筑。1951 年 11 月,住持僧释转达,时有比丘 5 人。1990 年代,住持僧释广慧,有僧众 6 人。现今寺内有常住僧 7 人,住持僧释道良。

广慧法师(1921—2009),俗名阮善康,1921 年生于福安市城关南湖街。14 岁出家于阳头过溪栖云禅寺,礼瑞亮和尚为师。16 岁到鼓山涌泉寺圆瑛法师座下受具足戒,此后长期驻锡栖云寺,任住持。1953 年被推选为坂中乡人民代表,1956 年被选为第一届县人民代表,1995 年被选为福安市第十一届人民代表,同时被选为第二、三届政协常委,为福安市佛教协会第一、二、三届副会长,第四届名誉副会长。2009 年 2 月 14 日在栖云寺圆寂,僧腊七十七,戒腊七十三,世寿八十有九。

3.崇福禅寺

崇福禅寺,在坂中畲族乡步兜里村龙岗山麓,地理坐标为北纬 27°06′

---

① "宋绍兴二十年(1150 年),大雨连旬,东、平二溪水涨,没邑。龟湖寺顶仅容数百人,忽长蛇突出,人皆惊溺。田庐漂尽,浮尸数百,积于栖云寺前,僧立流骸冢埋之,碑存。"[明万历《福安县志》卷之九,《杂纪志·祥变》;《福安县志》崇祯十一年(1638 年),巫三祝修,黄启仕纂。康熙二十年(1681 年)整理、刊布]清光绪《福安县志》载:"绍兴十六年,大雨连旬,东、平二溪水溢淹一县。龟湖山仅露山顶,容数百人。大蛇突出,人皆惊溺。浮尸聚栖云寺前,僧立流骸冢埋之。"

② 光绪《福安县志》卷之六,《田赋》恤政(附)。

52.9″,东经 119°37′09.3″
（测点说明：大雄宝殿前 1
米处），以大雄宝殿为中
轴线,坐西北向东南。清
乾隆《福安县志》载："在
五都。唐光启三年(887
年)建,明成化间修。"①
《淳熙三山志》云："崇福
院,归化西里。……旧产
钱一百三文。"②陈姓族人
为檀越主。据周宁礼门
乡溪兜村《陈氏宗谱》内

图 6-4　崇福禅寺
（吴昌耀　绘）

刊载,宁德石堂先生陈普(尚德)作于宋咸淳八年(1272 年)孟秋的《陈氏源流序》云："第七公,讳聪,字敏,唐宣宗十年丙子岁(859 年)七月初七日巳时生,于后五代唐庄宗时同光二年(924 年)避世隐居长溪。原配夫人张十六娘,有行庄在温州张家深奥,后移入闽;次夫人王氏二十六娘,母家倾替,婆将地喜舍崇福寺,在福州府长溪县(以县置州,以州置府,即福宁府)。法堂上塑佛像七尊,舍一十二顷充为中元兰盆胜会,追荐本宗祖祢,聊为报本之仪。勒有石碑存于寺,后子孙咸赴证明。"

又林氏族人为崇福檀越,据清光绪三十一年(1905 年)上白石东坑村《东山林氏宗谱》载："二十六世敞迁船潭井源,捐舍田地,创建崇福寺,以事佛养僧。公在船潭开支传后,粮立林万春户。"清乾隆壬子(五十七年,1792年)年修《东山林氏宗谱·产业类》云："山场地基并两檀越寺产,乃祖泽所贻也。若不登载谱帙,后代或茫然失守者有之。爱因修谱,备录传后。本地福庆堂田亩数开后……大唐光启三年(887 年)舍建五都崇福寺,所有山场界址田号亩数开后。"但是根据清同治十二年(1873 年)修福鼎市翠郊《林氏宗谱全录》载,林氏原居莆田,后"十三公遂移入于长溪县(归)化西里之船潭仙峰境。峰前架请山水,深住居。……夫岁咸平四年(1001 年)缘三公谪议于

---

①　清乾隆《福安县志》卷二十三,《寺观(附)》。明万历《福安县志》载："崇福寺,五都,唐光启创。"清道光《重纂福建通志》载："崇福寺,在八都。唐光启三年(887 年)建。"

②　《淳熙三山志》卷三十五 ,《寺观类三·长溪县》。

崇福寺,抽出资财架造,计产银一百二十两有零,安养僧行,充当影堂香火。流传万代,永为檀越。近年七月二十日山门修设大斋,以为寺承公、记承公之墓。在崇福院菩萨泉之前,有读书堂,刻石碑为记焉。"对比以上二文,林氏舍地应是宋咸平年间。

明初洪武年间,崇福寺遵旨被并入龟湖寺。[①] 明正德十年(1515年)、嘉靖三年(1524年)重修。今存明嘉靖十三年(1534年)石刻《重建崇福寺记》(尺寸:195厘米×28.5厘米)详叙此事。清乾隆年间,僧录司僧官释碧溪圆寂,其骨殖安葬于崇福寺,今存墓碑(尺寸:197厘米×67厘米)云:"清恩荣授僧录司碧溪师塔,徒源芳、(源)蕙偕孙祖述同立。乾隆十四年(1749年)十一月□日吉旦。"

民国二十一年(1932年),崇福寺住持僧某,人称"癫和尚"放火自焚,殿宇被化为灰烬。崇福寺僧转备与之为师兄弟,他临危受命,拟募款重修,却受阻于坂中村龙华道道徒,龙华道徒强占寺址。僧转备投诉于国民政府,争取权益,未果。遂投闽侯雪峰寺僧慧广为师,在中国佛教协会福建省分会的斡旋下,终于胜诉。民国二十三年(1934年),僧转备重建大雄宝殿与天王殿,时僧众达30余人。民国三十四年(1945年),崇福僧众着人延请雪峰寺喜广上人住持寺务,与喜广法师随入崇福者有瑞森、传和二人。民国三十六年(1947年)冬喜广法师圆寂,之后,仍由转备上人主持寺务。喜公骨殖安放于崇福石塔中,塔碑云:"临济正宗第四十五代喜公老和尚三会塔,本山坐乾加亥分金,民国三十六年十月□日立。重建崇福寺住持释转备暨徒等同立石。"挂锡此寺者尚有释转清、释瑞兴、释瑞良、释传和等弘法一方的高僧大德,时称福安禅宗临济法系"崇福派"。

新中国成立后,崇福寺有住持僧释转备,还有比丘3人,先后两度被改为地方劳教所与茶场。转备法师(1895—1973),俗名陈乌妹,赛岐镇人。出家于闽侯雪峰崇庆禅寺,拜上喜下广为师,回乡后任崇福寺住持,主持修建崇福寺,建海会塔1座,1973年圆寂于该寺。僧瑞恒继任崇福寺住持,并重修寺宇。1980年代初,落实政策后,禅林恢复。1981年4月,列为福安第一批开放寺院。1984年,香港东普陀寺瑞源长老回归故里,请回《大藏经》。此时,瑞成上人任住持,有僧众18人。2002年开始全面鼎新寺宇,现有大雄宝殿、天王殿、山门殿、弥陀殿、观音阁、法堂、毗卢阁、钟鼓楼、客堂、斋堂、

---

① 《八闽通志》,卷之七十九《寺观》。

图书楼、云水楼(客舍)、日照楼(僧舍)、荼毗化坛、海会塔等建筑,另有菜地,山林等。寺内常住僧人 6 人,住持师释广学。

4.福庆禅寺

福庆禅寺,原名桥头阁,又名福庆阁、福庆庵。在坂中畲族乡炉洋村象山之麓。清乾隆《福安县志》载:"福庆阁,在邑北三里芦阳。"[①]地理坐标为北纬 27°07′02.6″,东经 119°37′25.7″(测点说明:大雄宝殿前 5 米处),以大雄宝殿为中轴线,坐南

图 6-5　福庆禅寺
(吴昌耀　绘)

向北偏西 10°。原有佛堂,始建于明洪武二十六年(1393 年),万历年间遭洪水冲毁。清康熙四年(1665 年)重建,更名福庆阁。由檀越主吴氏重修。清同治炉洋《吴氏宗谱》载:"(吴氏)前塘,乡耆宾,娶罗氏,生子仲仁、仲义、仲礼、仲信,康熙二年(1663 年)由永定迁福安六都芦洋兴居立业。以四子立元、亨、利、贞四房发派。……前塘公喜舍福庆阁地基一所。嘉庆十一年(1806 年)回禄,十四年贞房廷镛公独力倡捐,重新鼎建。"[②]清代末年,赛岐杨厝龙华道道徒金沃弟占据该庵,号"中华堂",并大传其术。民国十一年(1922 年)再遭水毁。次年起,经福州鼓山涌泉寺住持妙莲长老嫡传弟子心亮、心圆诸长老十数载的躬营奋筑,重起大雄宝殿,观音阁、斋堂等相继落成。后又经历史变革,至 20 世纪 70 年代末,大雄宝殿年久失修,濒临破废,仅遗观音阁。1980 年,住持释净芳发心重振禅林,同门师兄台北县佛教会理事长净良长老、福安市佛教协会会长净慧法师鼎力相助,新建梵宇巍然庄严。1991 年 5 月定为开放寺院。现有大雄宝殿、观音阁、藏经阁、念佛堂、讲堂、斋堂、僧寮、客堂等建筑,另有山地、松树林地、菜地等。1951 年 11 月,住持尼师释净芳,有僧人 5 人。20 世纪 80 至 90 年代,住持仍是净芳,有

①　清乾隆《福安县志》卷之二十三,《寺观(附)》;光绪《福安县志》卷之三十二,《古迹·寺观(附)》。

②　坂中乡炉洋村《吴氏宗谱》,清同治五年(1866 年)。

僧尼 20 人。现今寺内比丘尼 12 人，住持尼师释坚松。

净良长老(1930—2021)，俗名雷钟盈，法名果忠，字净良，号寿光楼主、逸云山人，别号弥陀侍者，福安市坂中畲族乡桦坪村人。1946 年农历九月十九日，投礼福庆寺释清亮和尚座下剃度。是年十月，于福州鼓山涌泉寺释福腾座下受具足戒，随后即入禅堂学参。1949 年农历二月，随心悟、心然二师进入台湾佛学院，亲近慈航法师研习佛典。1952 年主理金山寺务，1953 年兴建弥陀寺，1956 年创立三重市佛教讲堂，1962 年重整弥陀寺，1973 年 7 月担任台北县佛教会理事长。1974 年，参与台湾第八届"中国佛教会"改组，重整会务。1980 年，以"中国佛教会"常务理事兼代秘书长。1981 年，受白圣长老的倚重，接临济宗第四十二代嗣法传人，赐法名定绍。协助筹办世界佛教僧伽会第三届大会，兼任副秘书长。参与主持世界佛教华僧会议，被举为主席团主席之一。1982 年，出任台北市佛教会理事长。任内创办《台北佛教》杂志，举办仁王护国法会，出版《仁王护国法会专集》等。1992 年，创立台湾"中华佛寺协会"，担任两届理事长，发行《佛寺季刊》。2001 年 11 月，担任台湾"中国佛教会"第十五届理事长。

5.华严禅寺

华严禅寺，原名龙飞万寿庵，俗名水晶庵，在坂中畲族乡亭兜村，地理坐标为北纬 27°04′21.3″，东经 119°37′58.4″(测点说明：大雄宝殿前 1 米处)，以大雄宝殿为中轴线，坐西南向东北。清乾隆《福安县志》载："龙飞万寿庵，在阳头过溪。隆

图 6-6　华严禅寺

(王锦钦　绘)

庆元年(1567 年)建。"①明万历《福宁州志》载："龙飞万寿庵，在二三都洋头

---

① 清乾隆《福安县志》卷之二十三，《寺观(附)》。光绪《福安县志》卷之三十二，《古迹·寺观(附)》。

过溪,天堂山半。穆宗登极年创(隆庆元年),故名。隆庆间知县李有朋重修。"①万历年毁于洪水,渐趋破败。1978 年,福州鼓山寺僧释有请及门徒释妙田重修大殿。1980 年代,住持妙田,有清众圆芳、圆音、圆慧等 7 人。现有大雄宝殿、天王殿、斋堂、僧舍等建筑,寺内有比丘尼 6 人,当家尼师释成声。

图 6-7　福兴禅寺

(王锦钦　绘)

6.福兴禅寺

福兴禅寺,原名紫华庵,又名福兴庵,在坂中畲族乡下洋村,地理坐标为北纬 27°06′22.7″,东经 119°37′13.6″(测点说明:大雄宝殿前 1 米处),以大雄宝殿为中轴线,坐西北向东南。该寺始建于清季,兴盛时僧众达数十人。民国时期,庵堂被毁。20 世纪 70 年代,庵址做厂房。1984 年,释云开、释贤参诸法师,黄苹、李秀玉诸居士重兴禅林,改名福兴庵。1999 年,禅林开始全面鼎新。现有大雄宝殿、斋堂、僧寮等建筑,内有常住僧 5 人,护法信众374 人。尼众中多人就读于闽南佛学院、五台山戒律学院、福建佛学院女众部、北京大学等。住持尼师释妙觉。

7.定慧禅寺

定慧禅寺,原名仙峰禅寺,在坂中畲族乡仙源里村,地理坐标为北纬 27°08′27.7″,东经 119°36′55.1″(测点说明:大雄宝殿前 1 米处),以大雄宝殿为

---

① 明万历《福宁州志》卷之十五,《杂事志·寺观》。明万历《福安县志》卷之九,《杂纪志·寺观》载:"龙飞万寿庵,穆宗登极年创,洋头过溪。"

中轴线，坐西向东偏南 15°。该寺始建于宋代，明清略有修茸，民国时被毁。1980 年代重起伽蓝，释传量尼师住持寺务。2004 年传量西归后，释道参继之，以净土宗为主修法门。现有大雄宝殿、天王殿、斋堂、僧舍等建筑。寺内有比丘 3 人，当家僧道参。

图 6-8　灵岩禅寺

8.灵岩禅寺

灵岩禅寺，原名文岩寺，在坂中畲族乡铜岩村，地理坐标为北纬 27°04′44.5″，东经 119°36′04.4″(测点说明：大雄宝殿前 3 米处)，以大雄宝殿为中轴线，坐东向西偏北 22°。该寺修建于民国二十一年(1932 年)，2000 年后重修。现有大雄宝殿、佛堂、僧舍、斋堂等。寺内有常住僧 3 人，当家尼师释德提。

9.弥陀禅寺

弥陀禅寺，在坂中畲族乡坑下村莲峰山麓。地理坐标为北纬 27°07′32.7″，东经 119°37′23.6″(测点说明：大雄宝殿前 1 米处)，以大雄宝殿为中轴线，坐北向南。该寺修建于 1976 年，由释世泉、释世尧、释世香诸法师共襄善举，鼎建寺宇。现有大雄宝殿、天王殿、斋堂、僧寮等建筑，还有山地、松树林、竹林、菜园等。寺内有常住僧 6 人，当家尼师释常文。

10.兴国禅寺

兴国禅寺，兴国禅寺，又名清莲禅寺，在坂中畲族乡南岸村，地理坐标为北纬 27°09′46.9″，东经 119°37′30.2″(测点说明：大雄宝殿前 1 米处)，以大雄宝殿为中轴线，坐东向西偏南 18°。该寺始建时间不详，1980 年重建。现

图 6-9　弥陀禅寺

图 6-10　兴国禅寺

有大雄宝殿、斋堂、天王殿等建筑。1951 年 11 月,寺内仅有 1 位比丘释心光。现今寺内有常住僧人 2 人,当家僧释传辉。

11.福麟禅寺

福麟禅寺,在坂中畲族乡长汀村西部麒麟山上,地理坐标为北纬 27°08′00.9″,东经 119°37′42.2″(测点说明:地藏殿前 1 米处),以地藏殿为中轴线,坐北向南偏东 20°。该寺修建于 1992 年,现有大雄宝殿、地藏殿、藏经阁、斋堂、客堂、库房等建筑,建筑别致紧凑,功能齐全。正座下层为地藏殿,上层为大雄宝殿。两侧为僧舍,东侧有斋堂。前有一石阶蜿蜒而上,西有盘山路直趋寺前。山上茶园翠绿,花卉点染,有佛教小园林之韵味。附有福德正神

（土地）庙，后山有缪仙宫，另有菜地。寺内有比丘尼 4 人，式叉尼 1 人，当家尼师释德闻。

图 6-11　福麟禅寺

（王锦钦　绘）

图 6-12　龙华禅寺

（王锦钦　绘）

12.龙华禅寺

龙华禅寺，原名神仙堂，在坂中畲族乡长汀村长园头，地理坐标为北纬 $27°04'21.3''$，东经 $119°38'52.7''$（测点说明：大雄宝殿前 3 米处），以大雄宝殿为中轴线，坐西向东偏南 $32°$。该寺修建于 1993 年，现有大雄宝殿、罗汉殿（2 座）、地藏殿、天王殿、念佛堂、斋堂、僧舍（3 座）等建筑，另有山林、居士楼。寺内有比丘 4 人，当家僧释德量。

13.灵福禅寺

灵福禅寺,在坂中畲族乡留安九龙山,地理坐标为北纬 27°06′22.0″,东经 119°37′04.9″(测点说明:大雄宝殿前 3 米处),以大雄宝殿为中轴线,坐西向东。该寺修建于 1995 年,现有大雄宝殿、五观堂、僧舍等建筑。寺内有常住僧 7 人,当家僧释功成。

14.香云禅寺

香云禅寺,又名香云阁,在坂中畲族乡大洋村牛姆岗,地理坐标为北纬 27°07′56.2″,东经 119°37′05.9″(测点说明:大雄宝殿前 1 米处),以大雄宝殿为中轴线,坐西向东偏北 18°。该寺修建时间不详,1998 年重修。现有大雄宝殿、旧大殿、天王殿、观音阁、僧舍等建筑,另有耕地。寺前有将爷庙。1951 年 11 月,住持尼师释进禅,有比丘尼 4 人。1990 年代,当家师释世安,有僧尼 4 人。现今寺内有常住僧人 3 人,当家僧释法净。

(二)香花调与禅和调

福安民间存在香花和尚,他们主要从事超度亡灵的香花佛事。民间佛教香花派始于明代,从洪武十五年(1382 年)开始,明太祖朱元璋将佛寺设为三等,即禅、讲、教。其中之"教者,演佛利济之法,消一切现造之业,涤死者宿作之愆,以训世人"。[①] 佛教中之热衷经忏法事者,即始于明。由于清代中叶废除了度僧制度以后,僧人素质发生变化,存世者更多为经忏僧。诚如徐珂《清稗类钞》所云:"寺院遍郡邑,供奉文殊、普贤、释迦、观音诸像。晚近信徒多乏知识,但业忏醮为生计。"[②] 客家地区认为佛教香花派之创始人为何南凤(1588—1651),他法名牧原和尚,广东梅州兴宁市石马镇马下村人。明万历三十四年(1606 年)中举,曾创立禅门临济宗"横山堂"派。"横山堂"在闽、粤、赣以及东南亚一带均有门徒,主要传播香花佛事。[③] 闽南反清复明的天地会创始人道宗禅师提出"佛事以香花为本,"并立临济宗所属之香花宗。闽南发现了《古来寺赞集》,被学者命名为《香花僧秘典》。[④] 清光绪二十三年(1897 年)的台湾《安平县杂记》云:"大约台之僧侣有持斋与不持斋之分,佛事亦有'禅和'、'香花'之别。做禅和者不能做香花,做香花

① （明）葛寅亮:《金陵梵刹志》卷二。

② 《清稗类钞》"宗教类·释教"。

③ 参见房学嘉:《客家民俗》,广州:华南理工大学出版社,2006 年,第 198 页。

④ 参见曾五岳:《天地会起源新考》,福州:福建人民出版社,2008 年,第 150～152 页。

者不能做禅和，腔调不同故也。禅和派惟课诵经忏，报钟鼓而已。香花派则鼓吹喧阗，民间丧葬多用之。"①福安的经忏僧中亦有吟诵禅和调者，而香花僧所从事的香花佛事更随处可见。

福安民间超度亡灵的香花佛事，在家有亡者的信众屋内厅堂进行。厅堂四壁张挂标识各方菩萨神灵的神画，一般佛事执行者有仨，立中者香花和尚，两旁是道士。民间认为，这些道士都是没入道门，却有道心，尚不得志之读书人，他们为佛事协助者，俗称"道代"。②佛事从傍晚开始到凌晨结束，通宵达旦。傍晚先"净坛"、"发奏"、"招魂"等。晚饭后演绎"头时"，坐地念《普庵咒》，"五方结界"。午夜前，"请圣"，即"上供十方佛，中奉诸圣贤，下及六道品"。献香花，十供养。午夜时分，为香花佛事的高潮，包括"关灯"、"施狱"、"布施"、"鬼道"、"劝灵"、"土主"、"送圣"、"拜谢"等程序。民国时期，福安香花佛事最著名者有"石门科"与"锁泉科"两种，二者所从事的佛事，内容基本雷同，但形式各有差异。民间俗语"城里重石门，农村重锁泉"。其代表人物是"锁泉科"之狮峰寺静绳、龟龄寺静绍，"石门科"之石门寺慈心、天堂庵慈德。"石门科"是以福鼎瑞云寺派系石门寺僧金丹为首，随着瑞云派系的福安的式微而力量渐弱。而"锁泉科"由于人数多，势力大，逐渐占上风，成为福安香花佛事之主流。

香花科仪经书，内容庞杂，丰富多彩，虽亦释亦儒、亦佛亦道、亦僧亦俗，但仍以释教经典为主。其经书所涵盖之范围，似可目为小型的"水陆法会"之经文。香花佛事的经书传承较为严格，今存香花僧释尘法师之传承手谕云："应赴者，原出自云栖和尚，实为入世之谋。若后学应赴者，应以弘扬佛法为重，莫作贩卖之具也。"香花僧中，静绳、伯圆师徒二人唱念之功饮誉安邑，民间流传他们的袈裟内藏有"万千世界"。民间认为香花僧有观想"密语"，高明者能"长光"（即"重光"）之术。据称通过法术，能再现已然发生之人事。今民间尚流传清末民初唱本，存伯圆、伯祈等人誊写之香花经文。

坂中畲族乡崇福寺僧人擅长演唱"禅和调"，指参禅人所唱奏的佛曲。为唐代梵呗的遗响。民国时期，福州地方宗教组织的"斗堂"在民间演奏这类乐曲，并义务为斋主诵经、拜忏、祈福等。所唱的词赞，旧称《禅和赞》。福安"禅和调"演唱相异于闽省会的曲子，但是有渊源关系。

---

① 佚名：《安平县杂记》，台北：成文出版社，1989年，第31页。
② 道代，道士的区域性称呼。一说香花僧不足，以道人代之。

黄道供（选段）

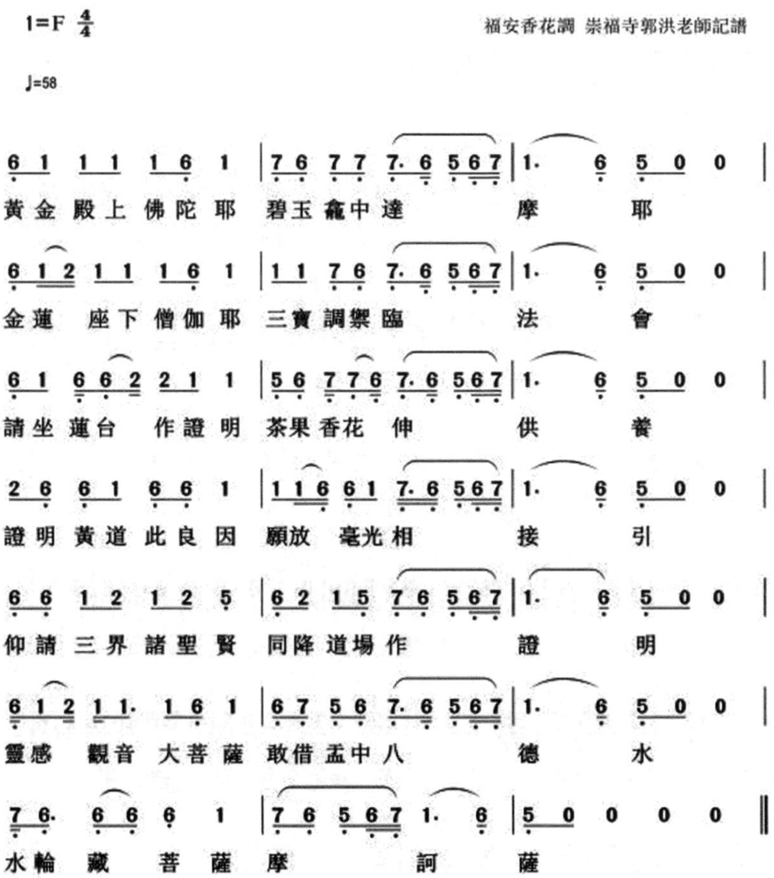

1=F $\frac{4}{4}$

福安香花调　崇福寺郭洪老师记谱

♩=58

图 6-13　福安香花调

炉 香 赞

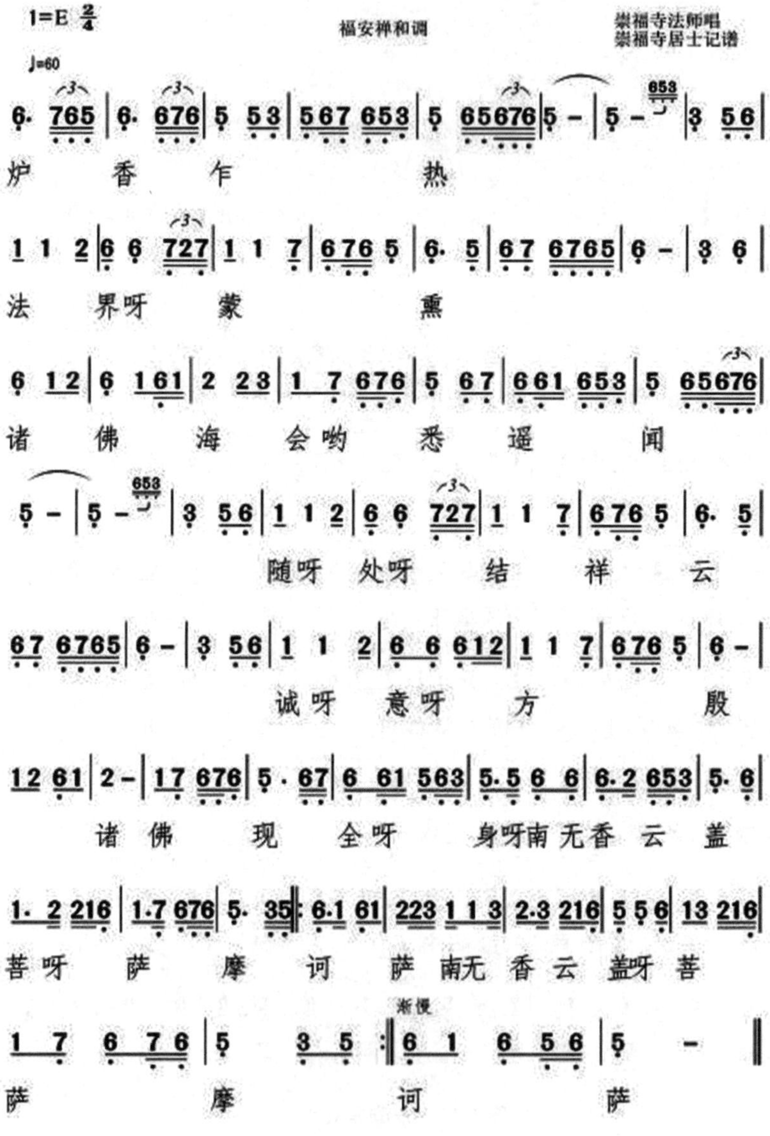

1=E 2/4

福安禅和调

崇福寺法师唱
崇福寺居士记谱

♩=60

炉　香　乍　热

法　界　呀　蒙　熏

诸　佛　海　会　哟　悉　遥　闻

随呀　处呀　结　祥　云

诚呀　意呀　方　殷

诸　佛　现　全呀　身呀南 无 香 云 盖

菩呀　萨　摩　诃　萨　南无 香 云 盖呀 菩

萨　摩　诃　萨

图 6-14　福安禅和调

278

（三）碑　刻

重建崇福寺记[1]

浙江湖州府德清县儒学训导㞋南林应芳撰

崇福，六大名山之玄幽也，在五都龙潭乡，距邑治数里许。寺额锡自唐光启三年（1887年），古碑足征也。第□住持者艰获人，故历唐而宋而元，逮我皇明兴□□废。成化间□以频，四周为墟。仅存者，说法之堂。□□无炉，鼓钟无声，厥由若园惟民之有□弗可支矣。惟上人景需，柯氏黄崎人，自成童入龟湖寺，师事僧会永高。嗣□□听，出崇仁习经典。若干年领荣度牒削发益清戒行，缁流之迈者过斯寺，□□志存起废。正德辛未，都正锡子轸，洎檀樾林三公重孙知之，白于邑令安仁刘公璹，允入住持。励俭勤以理倾□，以复田园，恒□日改作□□□也。志□克若抑奈何哉？永高闻而嘉之，忻然募缘以助。乙亥春，鸠工经始，移南向之东殿堂楼庑，门□佛像□。夫百尔器备，次第悉举，黝垩丹漆熠然焕然□。嘉靖甲申成事，文以势，弗拓则害，成山西□故物鬻而有之，□松万株接两旁竹木，结翠联苍，以辅以翼，经理之谟□且远矣。嗟夫！寺之兴废，管于天□□，而天之兴者，存乎人。景需志以定天，事以发志，其功足多哉！嗣徒德广请记于余，真贞珉，实光昭□□□□许以勿坠也。裔是者，盍念诸？

嘉靖十三年甲午岁春二月之吉

当山住持僧景需嗣徒德崇、广……

知福安县事程志洛记[2]

余侧室葛氏，越之东瓯人也。幼从父来闽，遂家于榕城。乾隆戊寅年，余任㞋山尹，阅二岁，纳之乃归，未半载而辄夭折。余缘之悭，抑氏福之薄耶！溯氏性贞静，工女红，虽未敢遽云贤淑，而内言不出，亦忿尤之或鲜焉。余籍隶秣陵，梯山航海，殊难载旅椟以归。又恐他日迁调，仓卒不能入土，爰效髯苏谋葬朝云于惠州之意，于邑之崇福寺旁购地一区葬之。更致田二亩，坐落六都卢洋地方，土名陆祖堂，载租二十秤大，付居常诚实可托之陈金荣、陈崇兰，作每年修坟并岁时纸钱之费。春雨

---

① 碑存坂中崇福寺内，碑体尺寸195厘米×28.5厘米。

② 碑石原在坂中崇福寺内，今在富春公园。

杜鹃，秋山枫叶，惟寄有情于无情，一任浮云散去而已。后之令尹惟悯而存之，是即记此者之厚幸焉。

大清乾隆二十六年（1761年）岁次辛巳腊月　日吉旦立

重修福兴寺碑志

福兴寺，地处福安市坂中乡境内，占地13360平方米。东朝富春溪，西邻狮子峰，南接仙岩峰，北枕熙台村和尚岭山脉。群峰环抱，清幽祥瑞，实乃一方福地。其址原为紫华庵，始建于明末清初，民国年间遭毁，并建为大队碾米厂房。1984年岁次甲子秋，乃有霞蒲籍云开、贤参二师，率黄萍、李秀月及诸善信，集资向坂中村委购得弃地及碾米厂房一栋，于其址重建禅林。福地建蓝，以兴正法，乃占名曰"福兴"。

1996年夏，学人自闽南佛学院毕业归来，与同参顿依、律严二法师，率诸护法弟子，多方筹资，并得海内外信士襄助。历时五载，大雄宝殿竣工（内奉铜佛像三尊）。复于2002年，于大殿左侧建成综合楼一栋。楼分四层，分设佛堂、斋堂、寮房等，面积约1300平方米。中供奉铜造铸西方三圣、玉观音、木雕地藏菩萨像。此工程有赖福安林氏家族巨资相助，以及诸信众捐资，并得到苏氏精心设计，以传统风韵融现代工艺获大众赞赏，具功德无量也。另有众信弟子于2006年，捐资于寺山门侧，塑造露天十八罗汉雕像，以示众生断恶行善，结菩提缘，亦使法门增辉。

当处明时，政通人和。得三宝加被，慈风拔处，河海澄净。赖众信齐力护持，终使梵宇重光，宝刹生辉。妙觉愿与四众弟子携手同心，荷担正法，弘通圣教，利及一方。以此功德，上报四恩，下资三有，法界众生，同趣菩提。

时维佛历二五六〇年，公元2016年

三、天主教

明崇祯五年（1632年）①7月，西班牙多明我会（Dominicans）马尼拉圣玫瑰省的意大利籍传士高琦（Angel Cocchi）在福安文人天主教徒的陪伴下来到福安传教。在福安知县巫三祝的默许下，在10多位福安籍教徒的帮助下，极其顺利地传布"基督福音"。到翌年11月，高琦病逝，被他施洗的教徒

---

① 一说高琦于明崇祯四年（1631年）农历六月初一日到福安。

达百人。他在福安城内建起了西班牙多明我会在中国大陆的第一座教堂圣母堂,并开始兴建顶头村教堂。同年,多明我会教士黎玉范(Juan Bautista de Morales)与意大利方济各会教士利安当(Gntonio de Santa Maria Caballero)继续传教,穆洋、顶头等 7 个村落有教徒数千人。自此,以福安为中心的闽东天主教是中国天主教的重要活动区域。

(一)礼仪之争

崇祯八年(1635 年),黎玉范、利安当在穆水流域见当地教徒祭祖、尊孔,便指责耶稣会宽宥此事,罗马教廷遂介入调查。由此爆发了一场牵涉中西、持续三百余年的"中国礼仪之争"(The Chinese Rites Controversy)。这场争论不仅涉及天主教在华的多明我会、方济各会与耶稣会等,还直接影响了中国王朝与罗马教廷的冲突。

(二)乾隆第一教案

乾隆十一年(1746 年),多明我福建教区会长华若亚敬(Joaquin Royo)、福建教区主教白伯多禄(Pedro Feliu)等 5 人在穆阳被当地官府拘捕。次年,白主教被斩。翌年,其余 4 人也被秘密处死。此为"乾隆朝第一教案"。

(三)第一个中国籍主教罗文藻

罗文藻,乳名罗才,又名火沼,字汝鼎,号我存,拉丁名 Gregorio Lopez,明万历四十五年(1617 年)生于福建省福宁府福安县罗家巷村(今属闽东赛岐罗江村罗家巷)。崇祯六年(1633 年)秋,由利安当领洗入教,以"额我略"为洗名。康熙二十四年(1685 年)四月八日,罗文藻在广州由方济各会意大利主教伊大任(Bernad inus Della Chirsa)为其祝圣,成为第一个中国籍主教,掌中国北部诸省教务。康熙二十九年(1690 年),罗马教皇宣布在中国成立北京和南京两个主教区,与澳门分立,罗文藻为南京教区主教。康熙三十年(1691 年)罗文藻病逝,葬于南京雨花台。

(四)熙台行堂

成立于明末,意大利修士高支等来到福安,住附近的溪东天主堂。随之,到熙台村传教,但影响力有限。清光绪二十四年(1898 年)天主教城关堂主教拨款在熙台村建立行堂,隶属于福安总铎区。场所仅容纳百余人,每年由城关堂神父行教两次。1950年后停止活动。1985年12月批准开放，恢复宗教活动。

四、民间信仰

坂中畲族乡畲汉村民间信仰神灵多样，包括比较普遍的福德正神（土地）、观音（慈航菩萨）、猴神、财神等，还有里域神灵有土主、林公、奶娘、马仙、白龙、苏八、潘七等。坂中畲族乡各个村落或多或少都建有神庙供奉其中的神像。

清光绪十四年（1888年）本的冠岭村《颖川陈氏宗谱·冠岭本村水尾堂记并忠平王庙记》载：

> 堂在门前岭级下水尾，为一族之锁钥，号曰"福源堂"。前后有二座，大明成化十五年（1479年）己亥二月吉旦建。大清顺治六年己丑，刘氏起义之时，官兵剿贼，各乡遭寇，寺宇焚焉。其基尚存，俟后复建。观基一坪，坐落本处土名庵下。庵基二坪，在本处横地坵大路下。

> 道光二十二年（1841年）九月十三日午时，又国、又运、允恒、允灼等建有林公忠平王庙宇一座，于村外右边，坐艮向坤加寅申。宫外余有旷地一坪，以为后日再建，庙宇需用族人，不得蓦地私占肥己。

> 同治十二年（1873年）又六月二十四日辰时，又怀、德耀、登镳、源恩、习翰、学麟、干、余明等将前所余旷地一坪改建林公大王庙宇一座，坐癸向丁。宫门外余前庙基一坪，以为后日再建前座需用。切记。

2015年5月，福安市民族宗教局调查坂中畲族乡民间信仰宫庙情况，全乡有宫庙90所。分布如下：

表6-1　建制村民间信仰神灵庙宇统计表

社区、居委会、建制村	座数
满春	1
松潭	4
坂中	7
大林	1
和安	2
亭兜	5
日宅	5

续表

社区、居委会、建制村	座数
仙岩	4
坑下	7
江家渡	6
冠岭	1
廉岭	10
彭家洋	10
铜岩	1
汤洋	1
湖口	3
后门坪	4
井口	5
许洋	4
仙源里	3
南岸	2
长汀	4
总计	90

在 90 座宫庙中,供奉的林公大王的宫庙 42 座,临水夫人(奶娘)的宫庙 38 座,福德正神(土地公)的宫庙 38 座,五显帝的宫庙 31 座,平水大王(大禹)的宫庙 12 座,各类土主的宫庙 10 座。

表 6-2　坂中畲族乡各个聚落民间信仰活动场所登记表

序号	村居(社区)地址	名称	主要神灵	配祀神灵	神缘来历	占地面积(平方米)	建筑面积	建设时间	资金	信众来源	活动时间	管理方式
1	坂中居委会江竹下自然村	忠平侯王宫	林公大王(林亘)	虎马将军、土地公	周宁杉洋林公祖庙	160	160	民国	村民集资	本村村民	农历正月,每月初一、十五	福首轮值

283

续表

序号	村居(社区)地址	名称	主要神灵	配祀神灵	神缘来历	占地面积(平方米)	建筑面积	建设时间	资金	信众来源	活动时间	管理方式
2	坂中居委会江竹下自然村	五通侯王宫	五郎神	无	无	130	130	道光八年1828年	村民集资	本村及周边村民		福首轮值
3	坂中居委会江竹下自然村	吴仙宫	吴公真仙(岩说)	无	无	180	120	1988年	村民集资	本村村民	农历正月初五每月初一、十五。	福首轮值
4	坂中居委会江竹下自然村	齐天大圣宫	孙悟空	观音、南极真君、土地公	花果山	670	430	1982年	村民集资	本村村民	终日开放	福首轮值
5	坂中居委会江竹下自然村	东岳大帝庙	东岳大帝	黑白无常	天马山城隍庙	160	120	1998年	村民集资	本村村民	终日开放	福首轮值
6	坂中居委会江竹下自然村	临水宫	奶娘(陈靖姑)	济公、三十六婆神	古田大桥临水祖殿	510	150	1988年	村民集资	本村村民	农历正月初五每月初一、十五。	福首轮值
7	坂中居委会熙台自然村	威惠宫	陈将军(陈儒)	林公大王、虎马将军	周宁杉洋林公祖庙	160	110	民国十七年1928年	村民集资	本村村民	农历正月初五每月初一、十五。	福首轮值
8	大林村	钟熙侯王宫	钟熙	奶娘、土地公		40	40	1950年前	村民集资	本村村民	农历正月初五	福首轮值
9	冠岭村	忠平侯王宫	林公大王	五通侯王、奶娘、土主陈八公、缪仙公、土地公	周宁杉洋林公祖庙	260	220	乾隆年间	村民集资	本村村民	农历正月初五每月初一、十五。	福首轮值
10	和安村福阳新村	黄三公宫	黄三公(黄槐)	奶娘、田公元帅(雷海清)	寿宁托溪黄三公庙	120	90	2012年	村民集资	本村村民	终日开放	福首轮值

续表

序号	村居(社区)地址	名称	主要神灵	配祀神灵	神缘来历	占地面积(平方米)	建筑面积	建设时间	资金	信众来源	活动时间	管理方式
11	和安对面村	永镇侯王宫	林公大王、奶娘	土地公,周程、杨、柳四位将军	周宁杉洋林公祖庙、古田大桥临水祖殿	60	50	清代	村民集资	本村村民	农历每月初一、十五。	福首轮值
12	后门坪南极自然村	忠平侯王宫	林公大王	虎马将军	周宁杉洋林公祖庙	60	35	1985年	村民集资	本村村民	农历每月初一、十五。	福首轮值
13	后门坪村	魏公侯王宫	魏姓兄弟	奶娘、潘七公、周程杨柳四位将军		180	160	1950年前	村民集资	闽东各县畲族村民	农历每月初一、十五。二月二	福首轮值
14	后门坪江洋自然村	魏公侯王宫	魏姓兄弟	奶娘、潘七公、周程杨柳四位将军		160	100	清代	村民集资	本村村民	农历每月初一、十五。二月二	福首轮值
15	后门坪池坵自然村	五通侯王宫	五通侯王	周程杨柳四位将军		60	50	清代	村民集资	本村村民	农历正月初五,每月初一、十五	福首轮值
16	湖口村	土地宫	土地公			30	30	清代	村民集资	本村村民	农历每月初一、十五	福首轮值
17	湖口村	五显大帝宫	五显帝	石公、石婆		80	10	清代	村民集资	本村村民	农历正月初五,每月初一、十五	福首轮值
18	湖口村	忠平侯王宫	林公大王	虎马将军、锤锣将军、法喊将军、周程杨柳四位将军		600	600	清代	村民集资	本村村民	农历正月初五,每月初一、十五	福首轮值
19	江家渡旗顶山村	马氏真仙	马仙	文曲星、奶娘、杨五郎		480	300	2013年重建	村民集资	福安城关居民	终日开放	专人管理

续表

序号	村居（社区）地址	名称	主要神灵	配祀神灵	神缘来历	占地面积（平方米）	建筑面积	建设时间	资金	信众来源	活动时间	管理方式
20	江家渡柳堤自然村	奶娘宫	奶娘（陈靖姑）	三十六婆神、马德夫人、二位将军爷公、土地公	古田大桥临水祖殿	650	650	光绪年间	村民集资	本村村民	农历正月初五,每月初一、十五	福首轮值
21	江家渡柳堤自然村	平水大王宫	大禹王	林公大王、周程杨柳四位将军		200	60	光绪年间	村民集资	本村村民		福首轮值
22	江家渡下天池自然村	平水大王宫	大禹王	林公大王、虎马将军、周程杨柳四位将军		80	80	光绪年间	村民集资	本村村民	农历正月初五,每月初一、十五	福首轮值
23	江家渡上天池自然村	忠平侯王宫	林公大王	虎马将军	周宁杉洋林公祖庙、	80	75	光绪年间	村民集资	本村村民	农历正月初五,每月初一、十五	福首轮值
24	江家渡村	永镇侯王宫	林公大王、奶娘	五通侯王、土地公	周宁杉洋林公祖庙、古田大桥临水祖殿	220	220	2010年	村民集资,高速公路补偿金30万元	本村村民	农历正月初五,每月初一、十五	福首轮值
25	井口上村岭头	玉清殿	玉皇大帝	南北极仙翁、太上老君、土地公、缪仙公、田公元帅		430	230	1990年	村民集资	周边村民	农历正月初九,每月初一、十五	福首轮值
26	井口下村	忠平侯王宫	林公大王、奶娘、五显大帝	雷大三公、土主、土地公	周宁杉洋林公祖庙、古田大桥临水祖殿	230	230	道光九年1829年	村民集资	本村村民	农历正月十三,每月初一、十五	福首轮值

续表

序号	村居(社区)地址	名称	主要神灵	配祀神灵	神缘来历	占地面积(平方米)	建筑面积	建设时间	资金	信众来源	活动时间	管理方式
27	井口外沃自然村	忠平侯王宫	林公大王、奶娘、五显大帝	土主、土地公	周宁杉洋林公祖庙、古田大桥临水祖殿	205	180	民国五年1916年	村民集资	本村村民	农历正月十五,每月初一、十五	福首轮值
28	井口朱家山自然村	忠平侯王宫	林公大王	奶娘、土主、土地公	周宁杉洋林公祖庙	370	160	咸丰六年1856年	村民集资	本村村民	农历正月十五,每月初一、十五	福首轮值
29	井口碳头自然村	忠平侯王宫	林公大王、奶娘	土地公	周宁杉洋林公祖庙、古田大桥临水祖殿	210	130	道光十六年1836年	村民集资	本村村民	农历正月十五,每月初一、十五	福首轮值
30	坑下村	龙虎宫	田公元帅(雷海清)	奶娘、黑白无常、土主(黄金龙)、白马大王		300	120	2002年	村民集资	本村村民	农历正月初五,每月初一、十五	福首轮值
31	坑下村	兴隆宫	五显大帝、奶娘	三十六婆神、虎马将军、土主、张氏完主、土地公	古田大桥临水祖殿	612	300	1949年前	村民集资	本村村民	春节、农历每月初一、十五	福首轮值
32	坑下村步兜山自然村	奶娘宫	奶娘		古田大桥临水祖殿	80	60	清代	村民集资	本村村民	农历正月初五,每月初一、十五	福首轮值
33	坑下村外芦洋自然村	元帅宫	田公元帅	奶娘、五显大帝、林公大王、虎马将军、土地公		160	160	1949年前	村民集资	本村村民		福首轮值

续表

序号	村居(社区)地址	名称	主要神灵	配祀神灵	神缘来历	占地面积(平方米)	建筑面积	建设时间	资金	信众来源	活动时间	管理方式
34	坑下村外芦洋自然村	土主宫	威惠侯王(陈儒)			60	23	2003年	村民集资	本村村民	农历正月十五,每月初一、十五	福首轮值
35	廉岭上村	池坵宫	五显大帝	林公大王、千里眼万里耳		130	90	道光十五年1835年	村民集资	本村村民	农历正月初一至十五,每月初一、十五	福首轮值
36	廉岭七斗岗自然村	大王宫	平水大王	土主(雷法天)雷大三十二公、土地公		120	60	2001年	村民集资	本村村民	农历正月初五,每月初一、十五	福首轮值
37	廉岭七斗岗自然村	七斗岗宫	平水大王	林公大王、土地公		80	60	2001年	村民集资	本村村民	农历每月初一、十五	福首轮值
38	廉岭洋家山自然村	平水大王宫	大禹	土主、土地公		120	80	民国三十七年1948年	村民集资	本村村民	农历正月初一、初五,每月初一、十五	福首轮值
39	廉岭村	雷姑婆宫	雷姑婆仙姑	林姑婆、九将军		30	15	民国七年1918年	村民集资	本村村民	终日开放	福首轮值
40	廉岭村	五谷仙宫	五谷仙			80	60	2002年	村民集资	本村村民	终日开放	福首轮值
41	廉岭村	西山保障宫	五显大帝	林公大王、土主(蓝法天)		80	60	同治四年1865年	村民集资	本村村民	农历每月初一、十五	福首轮值
42	廉岭村下村	西山保障宫	五显大帝	林公大王、土地公、千里眼、万里耳		140	100	1949年前	村民集资	本村村民	农历每月初一、十五	福首轮值

续表

序号	村居(社区)地址	名称	主要神灵	配祀神灵	神缘来历	占地面积(平方米)	建筑面积	建设时间	资金	信众来源	活动时间	管理方式
43	廉岭下洋中自然村	下洋中宫	雷姑婆仙姑			80	40	清代，2015年重修	村民集资	本村村民	终日开放	福首轮值
44	廉岭村	牛角垄泽阴里阁	惕九公	林公大王、蓝法天		80	60	1963年	村民集资	本村村民	农历每月初一、十五	福首轮值
45	南岸村东口洋自然村	陈氏祖宫	陈四师公	林公大王、济公、奶娘、土地公、五谷仙、叶大元帅		200	200	道光年间	村民集资	东口、东口洋村民	农历正月十五，并祈福14次	福首轮值
46	南岸村	福山宫	潘七师公(潘祐民)	奶娘、平水大王、虎马将军		448	448	光绪年间	村民集资	本村村民	农历每月初一、十五	福首轮值
47	满春社区	龙头山大圣宫	孙悟空	五显大帝、文昌帝、林公大王、土地公		330	450	1997年	居民集资	留安附件居民	农历每月初一、初五、十五	福首轮值
48	彭家洋村	城隍庙谢范将爷庙	城隍、谢范将爷			100	90	2014年	集资		周末或有关时辰	福首轮值
49	彭家洋洋坪自然村	二郎神真君宫	二郎神真君	观音、真武大帝		130	100	1949年前	村民集资	本村村民	农历每月初一、十五	福首轮值
50	彭家洋唐家厝自然村	彭公宫	彭七公、彭五公	奶娘		80	60	清代	村民集资	本村村民	农历每月初一、十五	福首轮值

续表

序号	村居(社区)地址	名称	主要神灵	配祀神灵	神缘来历	占地面积(平方米)	建筑面积	建设时间	资金	信众来源	活动时间	管理方式
51	彭家洋青元自然村	平水大王宫	大禹	土地公		120	100	民国十九年1930年2月	村民集资	本村村民	农历每月初一、十五	福首轮值
52	彭家洋栖云岭	观音亭	观音			150	150	清代，2011年重修	村民集资	本村村民	农历每月初一	福首轮值
53	彭家洋村	水尾土主宫	彭七公、彭五公	观音、五谷仙、奶娘、真武大帝、土地公		298	290	明崇祯十一年1638年	村民集资	本村村民	农历每月初一、十五	福首轮值
54	彭家洋仙岭下自然村	万云宝洞宫	田公元帅	郑一郑二郑三相公、南北极仙公、观音、张天师、黄三公、土地公、黑白无常		560	560	1996年	信众集资	福安周边	终日开放	专人管理
55	彭家洋仙岭头自然村	万家相公宫	万相公	钟熙侯王、奶娘、林公大王、土地公		230	136	崇祯十一年1638年	村民集资	本村村民	农历每月初一、十五	福首轮值
56	彭家洋村	仙岫山仙云观	太上老君	陈岳仙		1666	1500	1967年	信众集资	福安周边	终日开放	专人管理
57	彭家洋仙岩下自然村	忠平侯王宫	林公大王	奶娘、黄三公、土地公、钟熙侯王	周宁杉洋林公祖庙	60	40	1982年	村民集资	本村村民	农历每月初一、十五	福首轮值
58	日宅吴厝下	大帝宫	五显大帝	平水大王		50	50	清代	村民集资	本村村民	农历正月初五,每月初一、十五	福首轮值

续表

序号	村居(社区)地址	名称	主要神灵	配祀神灵	神缘来历	占地面积(平方米)	建筑面积	建设时间	资金	信众来源	活动时间	管理方式
59	日宅刘伯岐自然村	五显大帝宫	五显帝	林公大王、奶娘、土地公、蓝法天师公		60	40	清代	村民集资	本村村民	农历正月初五,每月初一、十五	福首轮值
60	日宅礼门自然村	五显大帝宫	五显帝	林公大王、奶娘		50	45	清代	村民集资	本村村民	农历正月初五,每月初一、十五	福首轮值
61	日宅凤头自然村	五显大帝宫	五显帝	大禹		50	45	清代	村民集资	本村村民	农历正月初五,每月初一、十五	福首轮值
62	日宅村	五显大帝宫	五显帝	林公大王、奶娘、土地公		300	260	清代	村民集资	本村村民	农历正月初五,每月初一、十五	福首轮值
63	松潭居布兜里自然村	林公大王宫	林公大王	奶娘、土地公	周宁杉洋林公祖庙	80	50	1949年前		本村村民	春节,农历每月初一、十五	福首轮值
64	松潭居松潭村	林公大王宫	林公大王	土地公	周宁杉洋林公祖庙	80	70	清代	村民集资	本村村民	春节,农历每月初一、十五	福首轮值
65	松潭居松潭村	肃公侯王宫	孙悟空			400	400	1949年前	村民集资	本村村民	春节,农历每月初一、十五	福首轮值
66	松潭居松潭村	众厅(奶娘宫)	奶娘	三十六婆神	古田大桥临水祖殿	760	700	1949年前	村民集资	本村村民	农历正月初五,每月初一、十五	福首轮值

续表

序号	村居(社区)地址	名称	主要神灵	配祀神灵	神缘来历	占地面积(平方米)	建筑面积	建设时间	资金	信众来源	活动时间	管理方式
67	汤洋村	通灵显赫宫	林公大王	土地公	周宁杉洋林公祖庙	280	150	民国	村民集资	本村村民	农历正月初五,每月初一、十五	福首轮值
68	亭兜村秦阳小区	金阙云宫	五显帝、平水大王、林公大王	土地公、黄三宫、林四使	周宁杉洋林公祖庙	328	216	1949年前	居民集资	小区与亭兜村居民	农历每月初一、十五	福首轮值
69	亭兜村村尾	奶娘宫	奶娘(陈靖姑)		古田大桥临水祖殿	80	80	民国十九年1930年	村民集资	本村村民	农历每月初一、十五	福首轮值
70	亭兜村塔下自然村	五显大帝宫	五显帝、平水大王、林公大王	奶娘、土地公	周宁杉洋林公祖庙	260	150	民国三十年1941年	村民集资	本村村民	农历每月初一、十五	福首轮值
71	亭兜村	忠平侯王	林公大王	五显帝	周宁杉洋林公祖庙	100	200	清代	村民集资	本村村民	农历每月初一、十五	福首轮值
72	亭兜村楼下自然村	忠平侯王	林公大王	五显帝、奶娘、土地公、钟熙侯王、黄凌天师公	周宁杉洋林公祖庙	600	260	清代	村民集资	本村村民	农历每月初一、十五	福首轮值
73	铜岩村	五谷仙宫	玉帝、	炎帝、南极真君		60	30	清代	村民集资	本村村民	农历每月初一、十五,九月初九	福首轮值
74	仙岩白岩下自然村	五显帝宫	五显帝	林公大王、奶娘、钟熙侯王		108	80	1949年前	村民集资	本村村民	春节,农历每月初一、十五	福首轮值

续表

序号	村居(社区)地址	名称	主要神灵	配祀神灵	神缘来历	占地面积(平方米)	建筑面积	建设时间	资金	信众来源	活动时间	管理方式
75	仙岩村	五显帝宫	五显帝	林公大王、奶娘、钟熙侯王、土地公、虎马将军、三十六婆神		460	400	康熙五十一年1712年	村民集资	本村村民	农历正月初五,每月初一、十五	福首轮值
76	仙岩南垅自然村	五显帝宫	五显帝	林公大王、奶娘、土地公、三十六婆神		160	90	现代	村民集资	本村村民	农历每月初一、十五	福首轮值
77	仙岩叠石自然村	五显帝宫	五显帝	奶娘、钟熙侯王、土地公、彭相公、贾相公		200	60	民国十七年1928年	村民集资	本村村民	春节,农历每月初一、十五	福首轮值
78	仙源里村	白龙仙宫	白龙仙公	田公元帅、土地公		90	45	1993年	村民集资	本村村民,以及周边村民	农历每月初一、十五,二月初二	专人管理
79	仙源里村	苏八公宫	苏八公	林公大王、奶娘、土地公		500	380	1949年前		本村村民	终日开放	福首轮值
80	仙源里村岭头自然村	兴隆宫	黄三公	奶娘、潘七公、土地公		800	300	1949年前		本村村民	农历每月初一、十五,八月十五	专人管理
81	许洋村坑头自然村	龙波宫	林公大王、奶娘	苏公公	周宁杉洋林公祖庙,古田大桥临水祖殿	460	360	明末	村民集资	本村村民		福首轮值

续表

序号	村居(社区)地址	名称	主要神灵	配祀神灵	神缘来历	占地面积(平方米)	建筑面积	建设时间	资金	信众来源	活动时间	管理方式
82	许洋村水尾	平水侯王宫	大禹	奶娘、苏八公（苏惟忠）、郑仙公、虎马将军		150	90	康熙十八年1679年	村民集资	本村村民	农历正月十六，每月初一、十五	福首轮值
83	许洋村	许洋众厅	永镇侯王			300	260	康熙二十三年1684年	村民集资	本村村民	农历正月初五，每月初一、十五	福首轮值
84	许洋村月斗自然村	月斗宫	林公大王、奶娘	土地公	周宁杉洋林公祖庙，古田大桥临水祖殿	80	30	2008年	村民集资	本村村民	农历正月初五，每月初一、十五	福首轮值
85	长汀村长仔头自然村	白马大王宫	白马三郎	九天玄女、三十六婆神		600	300	清代		本村村民		福首轮值
86	长汀村后山	缪仙公宫	缪仙翁	风伯雨师		240	180	2001年		本村村民	农历正月初五，每月初一、十五	福首轮值
87	长汀村	奶娘宫	奶娘	五显帝、林公大王、土地公	古田大桥临水祖殿	800	460	不详	村民集资	本村村民	农历每月初一、十五	福首轮值
88	长汀村	细投宫	五显帝			120	120	清代	村民集资	本村村民	农历每月初一、十五	福首轮值
89	坑下村步兜山自然村	五显帝宫	五显帝			200	130	清代	村民集资	本村村民	农历每月初一、十五	福首轮值
90	坑下村步兜山自然村	朱文公庙	朱熹			150	120	1998年	村民集资	本村村民	农历每月初一、十五	福首轮值

(一)林公大王信仰

林公大王是坂中畲族乡畲汉村民民间信仰中主要的神灵。其俗名林亘，号"忠平侯王"，俗称"林公大王"。据清乾隆《宁德县志》说："林公宫，在北门外，一在碧山樟树下，一在周墩东门，一在周墩西门，一在十四都杉溪。相传神为宋时邑杉洋人，善搏虎。没后能御虎灾，故祀之。"[①]相传其幼时命运多舛，5岁丧母，12岁失父，依附芹洋村（又说吉坑村）族亲家中，17岁时投周宁杉洋村詹兆源家放牛。林亘年轻时孔武有力，又懂医道，常怀济人之心。南宋嘉定年间，闽东山间虎患频仍，乡里瘴气流行。平日里，林亘设坛驱疫，诊病救人。相传嘉定十一年（1218年）23岁的林亘只身入山，独闯虎穴，连毙三虎。又传咸淳五年（1269年），杉溪（杉洋）水尾有白马大王化为鬼魅，作祟为害。时年73岁的林公化为乌鸦与其相搏，终将白马大王打败，乡村复归太平。但林公也因这次搏斗负伤，一病不起，于是年十月初九日归天。林公仙逝后，其神迹在民间广为流传。宋元之际，闽东地区的林公信仰已很盛行。明成化八年（1472年），明宪宗敕封林亘为"杉洋感应林公忠平王"，下诏在杉洋建忠平王祖殿崇祀。自此，周宁县杉洋村"林公宫"则奉为祖殿，每年正月初六至十五日，各地信众均到杉洋祖殿迎请林公香火，以求佑护。畲族村民信奉林公大王，事出有因：(1)畲族历来从事狩猎活动。(2)小说歌唱本就有众多打虎英雄，诸如雷万春、钟景期等。(3)畲族大多生活在偏远山区，饱受兽害之苦，对捍患御灾的林公大王情有独钟。(4)周宁县杉洋建制村所属南洋自然村是畲族村，早在明代林公大王祖殿建成时，畲族村民就参与祖殿管理，现有的8位董事中有2位是畲族。

(二)陈靖姑信仰

陈靖姑，俗名奶娘，又称陈十四娘、临水夫人、顺懿夫人、通天圣母、太后元君等。她与另两位女神林九娘、李三娘并称为"三奶夫人"，其中陈靖姑称"大奶夫人"，是闽东最有影响力的女神。

根据民间传说，陈靖姑出生于闽县下渡，出嫁于古田中村，羽化于罗源西洋。陈靖姑原为女巫，升天为神，主司保护凡间妇女儿童，同时还具有祈福禳灾、惩恶扬善的法力。《宋史》说，天圣二年（1024年），朝廷下诏禁止福

---

① 卢建其修、张君宾纂：《宁德县志》卷二，《坛庙》。

建巫觋挟邪术害人。此时大量
巫觋被禁,大量民间俗神的庙
宇都被当作"淫祠"而焚毁或冷
落。陈靖姑的女巫身份在相当
长的时间内受到压抑。因此,在
《淳熙三山志》中,没有找到陈靖
姑祠庙。陈靖姑信仰的真正兴
起是在明代,明代文人著作逐
步提高陈靖姑的神灵地位,侯
官人陈鸣鹤《晋安逸志》认为陈

图 6-15　坂中居奶娘庙祭祀
（钟楠　摄）

靖姑是五代时期闽王国师陈守元道人的妹妹,是一位影响八闽的坤道。为
此,陈靖姑由巫成道,又由道成神。明朝王应山《闽都记》所说的福州府临水
夫人的宫庙仅3座,包括位于古田县的祖庙与在罗源的功德庙西洋宫。明
万历道教经典《道藏》中记载了陈靖姑的神迹,这时朝廷对临水夫人陈靖姑
进行了叠加封号,定格为"天仙圣母碧霞元君"。传说到了清代雍正朝,太后
将陈靖姑封为"天仙圣母太后元君"。福安最终奶娘庙在洋头,万历《福安县
志》云："顺济行宫,唐大历中,传庐山(闾山)术,居古田临水殿,封崇福广利
太后元君。正统初,建祠洋头湖上。"①随着民间陈靖姑影响力的逐渐扩大,
以临水夫人陈靖姑为法主的闽东闾山夫人教逐渐兴起。明清时期,陈靖姑
信仰传及海外,成为中国台港澳地区、东南亚地区重要的民间信仰神灵。
2008年,陈靖姑信俗文化被列入国家级非物质文化遗产名录。

(三)五显帝信仰

五显神灵遍及福安城乡,五显帝信仰之风炽烈。据明万历《福安县志》
记载,五显帝系徽州府婺源(今江西婺源)人,姓萧,玉帝封为"佛中上善天下
正神五显灵官大帝",法名华光,是5位神灵组合体。宋朝分别赐封五位神
灵为"显聪昭圣孚仁福善王"、"显明昭圣孚义福顺王"、"显正昭圣孚智福应
王"、"显直昭圣孚爱福惠王"、"显德昭圣孚信福庆王"。因为五圣属性为火,
故祭祀仪式都在江之南岸进行。在民间话本《南游记》中,"五显华光"五兄
弟各有其名,依大到小排列,分别名"萧显聪"、"萧显明"、"萧显正"、"萧显

① 万历《福安县志》卷二,《营缮志》。

志"、"萧显德"等。五显进入道教神祇时,五圣成了一圣,姓马。原为燃灯古佛琉璃灯的灯花凝结而成的火娃,后投胎马耳山马家。道教经典《道法会元》言,五显姓马,名灵耀,又称"灵官马元帅"、"马天君"等。马元帅与赵元帅(武财神赵公明,又名赵玄坛)、温元帅(温琼,东岳大帝部将)、关元帅(关羽)并列,为道家护法四圣,而马元帅为四圣之首。佛家对五显也青睐,而源自燃灯古佛琉璃灯盏的火娃本为佛胎,将五显命名"五显华光帝",与关帝一样,被奉为护法神。农历九月十八日为五显华光神诞日,俗称"华光诞"。农历九月二十六日为华光大帝受玉皇封神日,民间拜祭五显华光帝的吉日,除了"华光诞"外,还设于农历九月二十八日。福安"各乡隅皆祀"[①],民间俗语称五显帝为"舍投公","舍投"即指道教神祇"灵官"。福安民间称灵官老大为"大舍投"。

(四)齐天大圣(猴神)信仰

神灵源于明代话本小说《西游记》的主角齐天大圣孙悟空。研究者认为原先猴神并不是齐天大圣,而是恶神猴精。因为福建地区山林很多,猿猴众多,诸多地方史料均有猿猴为祸的记载。当时,对猿猴恶神的崇拜是源于畏惧、无奈,祭祀猴神希望能消弭其祸害。在猴神发展的过程中,由于《西游记》出现之后,齐天大圣刚正不阿、降妖除魔的形象逐渐深入人心。于是以《西游记》齐天大圣为神灵主体的猴神崇拜,吸收了其他神灵元素,其中包括福州地区祭祀的"五帝信仰"以及被临水娘娘陈靖姑收服的千年猴精丹霞大圣。所以福建等地的猴神庙里便大部分祭祀齐天大圣,但是也有小部分祭祀丹霞大圣等其他猴神。随着时间推移,丹霞大圣的庙宇也被齐天大圣的庙宇所替代。清代李家瑞《停云阁诗话》云:"闽人信神,甚于吴楚。其最骇人听闻者,莫如齐天大圣之祀孙悟空,自省会至各郡皆盛建祀庙。"清末在北方地区甚至出现义和拳"一请唐僧、猪八戒,二请沙僧、孙悟空"的结拜仪式。[②]

猴神宫庙在福建一带在在有之,数量繁多,以福建为中心,大圣信仰扩展到了粤、台一带,并辐射到全国,还被华人扩展到海外,大圣成了一位受到全球华人实际香火供奉的神灵。由于民间道教仪式的渗入,齐天大圣信仰

---

① 万历《福安县志》卷二,《营缮志》。
② 邓之诚:《骨董琐记》,北京:中国书店,1991 年。

也形成了生日仪式、符箓神咒、游神仪式、对联文化等一系列的神灵信仰系统,并且多在道士或者当地民众组织下进行,形成较强的道教地域神灵的一些特点。坂中畲族乡是福安大圣(猴神)信仰比较普遍的地方。

图 6-16　坂中居齐天大圣宫

(五)马仙信仰

又称马仙、马氏真仙、马仙姑、马孝仙、马元君等,俗名马五娘。福建民间或云马仙建瓯人,或霞浦人,或永安人等。比较有影响力的观点认为关于马仙的记载,最早有文献资料是《护国马夫人庙碑记》(唐李阳冰题字撰刻),到清代景宁鹤溪人潘可藻《马孝仙传》的传世。因此,一种重要的说法是马仙为浙江省景宁畲族自治县鸬鹚乡人。今存"圣地鸬鹚殿(马仙祖殿)",在鸬鹚横山西麓。马仙在唐、宋、元、明诸代皆有敕封,封号如"马氏护国夫人"、"护国嘉佑真仙"、"灵泽感应真人"、"懿正广惠马氏真人"等。据何乔远《闽书》、冯梦龙《寿宁待志》载,马五娘出嫁前夕,未婚夫突然去世。她发誓不嫁,奉侍公婆至孝。民间传说马五娘待公婆终其天年后,就飞升而去。当地百姓遇到旱灾,常请她祈雨,据称随祷随应。马五娘去世后,当地人奉之为神,立庙祭祀。马五娘的生平在永安民间则另有传说,相传马五娘不愿婚嫁,在九天玄女的指导下,吃了桃源洞百丈岩的仙桃而成仙。冯梦龙《寿宁待志·香火》指出:"民间佞佛者,男奉三官,女奉观音,他非所知矣。惟马仙则不问男女,咸虔事焉。……今建中名山,所在有香火,而寿宁尤盛,凡水旱无不祈焉。"马仙信仰肇始于唐中叶,盛行闽浙,影响赣粤、台港澳乃至东南亚。福安处处有马仙遗迹,如明万历《福安县志》云:"仙岭山,邑郊西,又名龟仙山,俗呼仙岭鼻。为邑巨镇,上有马仙遗迹,旱祷雨,以空瓶塞口悬崖,水忽内溢,迎归而雨。"①俗传元宵节为马仙生日,故正月十五日到马氏真仙庙进香礼拜者云集。

(六)平水大王信仰

平水大王,又称"平水明王"、"平水圣王"、"平水王"、"平波大王"、"平水侯王爷"等。关于神的来历有多种说法,比较著名的有二种:其一,指大禹,姒姓夏后氏,名文命,字高密,号禹,后世尊称大禹。夏后氏首领,传说为帝颛顼的曾孙,黄帝轩辕氏第六代玄孙。他的父亲名鲧,母亲为有莘氏女修己。相传禹治黄河水患有功,受舜禅让继帝位。禹死后安葬于浙江省绍兴市南的会稽山上,现存禹庙、禹陵、禹祠。从秦始皇开始,历代帝王都有到禹陵祭禹。大禹是上古部落联盟领袖,是治水英雄,民间传说大禹是天地水三界解厄水官的化身,因为是治水英雄,所以俗称"平水大王"。十月十五日是禹王的诞辰日,亦称下元节。其二,指西晋临海郡(辖今浙江台州市、温州市、丽水市全部及闽北一部,属扬州。)治水先贤周凯,据民国《平阳县志》载:"周凯,字公武,世居临海郡之横阳。……时临海属邑,曰永宁、曰安固、曰横阳,地皆濒海,海水沸腾,蛇龙杂居之,民罹其毒。神(指周凯)还自洛,乃白邑长:'随其地形,凿疏之。'遂使三江东注于海,水性既顺,其土作义。永康中,三江逆流,飓风挟怒潮为孽,邑将陆沉,神奋然曰:'吾将以身平之!'即援弓发矢,大呼,冲潮而入。……俄而水势平,江祸乃绝。邑长思其功,号其里曰'平水里',建祠庙祝祭之。"②明御史宋濂(1310—1381)的《横山仁济庙记》,亦记述了多起平水王神威灵显事件。除外,神来历还认为平水大王即是击杀恶蛟龙的东晋名将周处,或南宋抗金名将杨从仪,或东汉道士东阳人赵炳等。福安民间认定的"平水大王"多指大禹,明万历《福安县志》载:"禹王庙,洋头水浒,万历年建。联云:'环溪会温洛余波,一代图书看马瑞;平土溯玄奎茂积,八年疏瀹自龙门。'"③

(七)苏八公信仰

苏八公,闽东方言区又称为"苏北公"。据传说,苏氏家族迁徙周宁苏家

① 万历《福安县志》卷一,《舆地志》。
② 民国《平阳县志》卷四十七,《神教志三》。
③ 万历《福安县志》卷二,《营缮志》。

山,当时无一寸土地可耕种,苏八公便率族人开山造田。有一天,苏八公挖到地门的门闩,打开地门便遇到白头老翁,他传授苏八公"串龙"技术。于是苏八公在深不见底的直通东海宁德"官井洋"的"象地龙井"(周宁称为"八蒲龙井")里将东海逃出的九金鳞龙的鼻子串起来,像使唤耕牛一样,拖着九龙开山造田。苏八公将牛象山、仙岗、麻岭顶等推成平地,变成良田。据说今天山区的梯田就是得益于当年苏八公的"龙田种"技术。后来,苏八公在象地龙潭岸边寻回九龙,此刻九龙化为岩石,而苏八公则在龙潭边羽化成仙。人们为纪念苏八公修建了"苏八宫",把他活动的村落名曰"龙溪村",水漈(瀑布)名曰"九龙漈"。后人为了纪念他,每逢农历正月十一都要到龙井里祈请龙王、苏八公,保佑风调雨顺,五谷丰登,国泰民安。每逢大旱之年,更有村民到龙井求雨,并祭祀苏八公。经过考察,人们在周宁苏式祖陵地发现苏八公坟墓,并对墓穴进行修复。

(八)白龙女信仰

闽浙边山区流传着"白龙女祭母"的传说,有一位乡村美少女到溪边浣衣,与兄嫂嬉戏时,因误吞龙珠而化成小白龙。其母见其化身后,惊吓而亡。母安葬于三丈漈瀑布旁,龙女守墓三年,因上游水浊,乘风北去,飞离故乡。此后,每年清明节都会回乡祭母。这种传说以福安坂中畲族乡仙源里村龙女祖庙"白龙仙宫"为中心,形成白龙女信仰圈。于是仙源里村素有重孝传统,每逢清明节和九九重阳节都开展春秋两祭的白龙信俗活动,把龙女信仰与传统孝文化有机地融合在一起。已故著名安邑诗人、画家王卉为仙源里的白龙女传说留下诗句:"白云仙子白云衣,放鹤归来意不迷。携得春风苏带绿,谁倾佳酿醉长溪?"

(九)钟熙侯王信仰

钟熙侯王为畲族神灵,据宣统元年(1909年)本的廉岭村《钟氏宗谱》载,钟氏"十七世熙公,字和春,号枫亭,行路四。原娶雷氏,生子盛九,继娶刘氏。公能正直为神,敕封侯王。十八世,盛九公,字乃刚,号西棠,行盛九。娶雷氏,生子进。公生丙子年七月十四日午时,公同父为大林开山地主,永祀香灯,置买山场,创屋居住。肇迁大林祖。"坂中畲族乡大林畲族村是闽东畲族钟姓的主要发祥地,其十七世钟熙为大林村土主,村中建有钟熙侯王宫,为福安畲族钟熙侯王信仰的源头。

(十)雷大三十二公信仰

雷大三十二公为畲族神灵,俗名雷国楚,奏名法传,号"豹子师傅"。钦德里十五都金斗量村人(康厝畲族乡金斗洋村人)。清初时人,擅长武术,急公好义,名闻遐迩。族内称之"雷大三十二公"。金斗洋村民缅怀,奉为神明,为之盖庙宇,塑金身,镇于村口水尾,以做永久祭祀。今庙宇已焕然一新。闽东畲族村民神堂上均供奉雷大三十二公。

(十一)黄三公信仰

黄三公,又称黄山公,寿宁县韶托村人,原名黄槐,北宋徽宗政和二年(1112 年)进士,宣和二年(1120 年)任徽州知州。在任上,他开仓放粮救灾。后挂印弃官遁隐托溪 36 年,他创办学堂,狩猎除害,采药疗疾,抗旱防涝等,为民做好事善事。绍兴三十二年(1162 年)农历九月初九,黄槐羽化升天,其石棺葬托溪乡圈石村七星岩下。邑人奉为神灵,建庙祀之。黄三公信仰影响包括坂中畲族乡在内的闽东北。2017 年,黄三公民俗文化被列为省级非物质文化遗产名录。

(十二)自然物崇拜

因为某种特殊原因,将自然界的物体,如石头、树木等神灵化,作为村民崇拜的对象,寄托村民希望,希望能得到庇护,实现某种理想。如柳堤村的"樟树先生",村民把村口的樟树神化为"教读"先生,保佑村里学子获取功名。据明崇祯七年(1634 年)利溪李东泉集谱,清乾隆四十九年(1784 年)寿宁县学张四维增订本柳堤村《陇西李氏宗谱》记载:在柳堤村石桥头的平水大王庙旁有一棵大樟树,樟树曾变为人,以章为姓,号"章先生",到漳浦县教读。之后,有门人登第者,寻至柳堤村,想答谢章先生。但是柳堤村并无姓章之师,唯有桥头一棵老樟树。后人名其树曰樟先生。因为樟树灵验,清初曾受御封,之后被砍运为战船之木料。清咸丰四年(1854 年)环溪郑家荣编修本的柳堤村《陇西李氏宗谱》内有《樟树先生记》文云:

> 盖闻神者,阳之灵也。天非神则化不宣,人非神则福奚求?柳堤乡内石桥头有老樟树,神圣异常,自昔相传能变人,往漳浦县教读,号曰"章先生"。后门徒登第,特来拜谢,寻访到村,询无章姓之师。生徒游览乡景,观桥头老樟树枝上挂有手巾,不胜骇异,回思曩日送师出门时

赠一手巾。取而验之，即系此巾。方悟章师乃树所变，诚神灵精气之所
钟也。此树至国初犹存，惟翼阖乡立祠享祀，以垂永远护卫村境，为通
乡之保障，则神得其所，人享其康祥。因善庆福有攸归矣。

时咸丰甲寅岁姑洗月既望穀旦

环溪郑家荣盥手拜志

第三节　畲族道场与法事

一、巫师（做尪先生）

在民间神事活动中，
扮演沟通人鬼神的主要
角色就是巫师。民间巫
师畲族称为"做尪先生"
或"做文师先生"、"做武
师先生"、"做尪师父"，汉
人尊称为"法师"。

在畲族民间信仰中，
做尪先生和做会暝先生
有较大区别，前者请的神
是三清教主，后者请的神

图6-17　畲族巫师奶娘行罡法

是三衙教主。做尪先生为活人驱鬼超度，做会暝先生则为死人驱阴魂超度

（一）师爷坛

做尪先生设置的法坛又称师爷坛。如在清末民初后门坪村有3坛，即
普扬法坛、感应灵坛、通应灵坛。现在仅剩下1坛。以下为后门坪村雷氏巫
师"普扬法坛"神灵：

普扬法坛

间茆二洞万法宗师扶吾坛

载鼓三召法坛兴

右边进宝童郎

本家奉祀司命六神位

五营兵马九州神兵十召营军

紫荆山中通天达地五通舍投

堂基宫中五王慈尊大帝神位

通天侯王潘七师公盘龙将军

巫流界内三元收瘟起土仙师

本坛教主(师爷)随身师公雷法晃、雷法祺位

南朝殿上七五大王七五相公

白云胜境缪从龙大德真仙位

龙虎玄坛关赵马李四位元帅

敕封杉洋感应林公忠平侯王

玉封芙蓉洞五显灵官长生大帝

瑜伽正教诸大吏兵坛尊教主位

乾元四品三元三品三官大帝位

三衙教主张李梁灵宝三大天尊

南无大慈大悲灵感观世音菩萨

金莲台上金鼓楼前二十四位诸天

三界伏魔忠义仁勇关圣帝君位

敕封护国通天圣母太后元君

白鹤宫中独脚楼台鲁班仙师

龙虎山上传法仙师张天师位

武当山北极驱邪玄天真武帝

玉岩胜境钦封灵泽马氏真仙

敕封崇广福应魏公二位侯王

寿宁县托溪洞主黄三相公位

福安县城隍柯老爷谢范将爷

杭州府风火院田陈马元帅位

同茆二洞万法宗师都坚元帅

当境土主里域正神位

左边招财童子

法角一声闰山至

303

盘古初开三教九流传万载

大林村钟氏巫师"感应灵台"神灵：

感应灵台

听则无声叩则灵

当境土主里域钟熙侯王

钟法湖、钟法寿、钟法庆

杭州府风火院天都田公元帅

通天圣母位下三位尊神

本县谢范二位将爷师公

金斗洋雷大三十二师公

里沃同坑宫雷法有先生

本家门灶奉祀福德正神

视而不见求而见

井口村蓝氏巫师"闾山法坛"神灵：

南无大慈悲降吉祥灵感观世音菩萨

江西龙虎山中正真人张天师

敕封通天圣母太后三位元君

敕封屏南扶胎救产虎马将军

敕封护国岐岩宝洞显应侯王

玉封浙江杭州府田公大元帅郑一、二、三相公

敕封杉洋感应林公忠平侯王

玉封南天门胜佛齐天大圣

三界伏魔忠义仁勇关圣帝君

敕封北极玄天驱邪真武大帝

敕封寿宁托溪洞主王三师公

敕封盘蓝雷钟四位侯王

白云山上缪公道德真仙

上界云头李太白真仙李仙元帅

上八洞月老先师和合真仙

蜀觉楼台宫中鲁班三位仙师

儒门教主大成孔子文昌帝君

南极北极星主紫薇长生大帝

太上三元三品三官大帝

昊天金阙玉皇至尊高上帝

上八洞蓬莱山中德道八位神仙

王母娘娘台前七仙女何仙姑

神农教主五谷大道五位真仙

鸬鹚宝洞马氏大德七位真仙

金莲台上灵威二十四位诸天菩萨

九天玄女仙娘三台北斗星君

三界大朝神兵猛将

九洲兵马十兆营军

玄坛元帅普庵祖师

间山九郎茆山三郎

间山教主万法宗师

三衙教主张、李、梁三大天尊

间山法教晶洋师主

武打走马黄聪舍神

前传后教列位师公

钟法传、钟法杨、钟法明

雷大三十二公、雷法圣、蓝法天、雷明生、雷法我、蓝法灵

做尪先生作为神鬼人的沟通者,法力的拥有和施行者,他与平常人有所不同,通常在自家的厅堂正中板壁上所设的"间山法主"神坛,即民间俗称"师爷坛"。不但初一日、十五日必须上供,就是每次出外行法前后也要供祭一番。由于各处的师承派系不同,所以法坛摆设,所供奉的神灵也有所区别,因此民间俗语有"一样尪师一样法"之说。

(二)做尪先生的"下神福"(又称"出门福")

据传说,各路神灵在上一年腊月二十四日晚上祭灶后,就回到天庭过年。在新的一年正月初四日晚子时后又要回到凡间,管理各境的日常事务。因此,每年正月初四傍晚子时,家家户户都要焚香、燃烛、烧元宝纸钱,并摆上供品请神,做下神福。这时,做尪先生在自己的师爷坛前开坛(出行前)许愿,迎接自己所要敬奉的神灵到法坛上就食,保佑其弟子能在新一年中,行走各村各境时,能得其神灵的鼎力相助,并让更多的生意让弟子去赚钱。做

尪先生这种许愿方式,叫作"下神福",也有的叫作"出门福"。

在师爷坛前所摆放的福头为:茶水 10 杯,酒 10 杯,半灯 1 个,果子 5 件,菜 5 件,猪头 1 盘,公鸡 1 盘,鱼 1 盘,鸡蛋 2 个,米饭糍粑 1 盘(形状为三角形三粒),豆腐 1 盘,并在桌子的里向左右两边点上两支红烛。

然后,做尪先生把外出的施法道具摆放桌案上,自己穿上武身打扮的法衣施行法术,并奉请上界神、中界神、下界神到师爷坛前"施食",祈求弟子在新一年中,诸事平安,事事如意。

(三)巫师的法冠、法服、法器

畲族闾山派做尪先生施法过程中有文场、武场之分,其常用的法器均在罗天诰牒中——经本师传给,其名称被写入诰牒,以示受命于神,合法使用,郑重而有神力。

1. 法　冠

法冠分为头红、头额、天尊。

(1)头红:即为一块 3 尺见方的红布,做武场时和头额一起绑扎在头上使用。

(2)头额:通常用皮制成,上绘符咒等神秘图文稿。做武场时,经符水咒语点化,与头红一起佩戴使用。

(3)天尊:用金属或硬木雕镂而成,有类于戏剧中太子冠饰,做文场时单独戴于头部上。

2. 法　服

法服分为神裙与龙袍。

(1)神裙:是用苎布染红制成,镶以蓝边,做武场时与头红、头额配套穿用。

(2)龙袍:是用苎布制成,斜襟、直领、大袖。袍身彩绘有金龙图案的袍服。两手横向平伸,其袖宽大着地,做文场时与天尊配套穿用。

3. 法　器

(1)演奏类法器

龙角:简称"角",是木料制成的吹乐器,长约 65 厘米,外端口径约 6 厘米,在很多神事活动中的一种常用法器。为文武场兼用。

五雷尺:木料制成,一般正面刻有五雷号令,背面刻"总召万灵",两侧刻二十八宿名称,以五牙纹、背纹若一坐虎形。在施法中击打念白,用以召集神将或驱赶鬼怪之用。

铃刀：又称"灵针"，是由五片铜板串在一个梨状铜线架上，柄如刀形，即身为铃，柄为刀，故称"铃刀"。先生施法时，摇动铃刀，发出清脆的"镲镲"声音，是畲族做尪先生驱鬼镇妖时配合吟诵经文而演奏的法器。

法鼓：有大小之分，大鼓为各神宫必备之物，通常安置于神宫正殿神龛前，右侧或左侧，以备村中重大法事时演奏或信士危急时向神击鼓鸣冤告急之用。小鼓直径 36 厘米，高 38 厘米，鼓面绘有八卦或符咒煞字。

锣：铜制，配合请神、祭祀。施法时演奏用的乐器，与戏剧演奏的打击乐器相同。用于鸣锣示警或制造气氛。

吉铃：铜制，施法时握在手中，摇动时发出丁零响声，其柄常做成"山"字形，并列 3 根突出物，象征道教"三清"。用于法事中唱诵经文时奏乐之用。

三音：铜制，又称"三音锣"。由三面大小不一的锣制成，每面均有固定的声色，以一竹制小槌击打不同铜锣，发出不同的声音，为巫师唱诵经文时配合奏乐用的法器。

大钹、小钹：铜制，为巫事打击乐。主要用于请神，迎神施法时演奏，增强行法气氛。

（2）镇压类法器

神剑：又称宝剑、令剑、法剑。剑身上嵌有北斗七星图案，剑柄刻有龙、符图案，用以驱邪斩妖之用。

魔蛇鞭：手柄用木雕成蛇头状，长 20 厘米，蛇身至尾部长约 1 米，用苎麻拧成而得此名。又称"法绳"、"法鞭"，做尪先生用以此鞭打凶神恶煞，驱除邪魔妖怪。

神爷头：铁制，做尪先生为破洞科仪时用。

神针：又称"灵针"。头一节用铁制成，像体育用品的标枪头，后一节用山鸡毛做成。为做尪先生"封罗城"时用。

收鞭：又称竹节鞭。是用乌竹子头做成，而且要有 36 节，尾处扎捆红丝线，用时插在衣领后背里向（人们常说成"卸嘴毛①半两，打鬼重千斤"）。

将军箭：又称"令旗"。全套由五面令旗组成，代表五营兵马。旗为布质三角形，每面令旗中间画一个圆圈，内书一"令"字。分五种颜色，每种颜色代表一个方位（东西南北中五方），即一营神兵。施法时摆上令旗，象征调遣

---

① 毛：方言"无"。

神兵,把守坛界,驱逐邪魔恶煞。

（3）其他法器

奏板：木料制成,长约 50 厘米,宽约 5 厘米,厚约 5 毫米。稍弯,上端略窄,为做尫先生施法中行朝礼之用。

手香炉：木料雕纹而成,先生手执手炉,炉内燃以香料,以香供神。有"以行朝礼,执炉不执简"的说法,就是先生如果手拿手香炉行朝礼时,就不拿奏板,拿奏板时就不拿手香炉。

桌搭：木制,类似"惊堂木"。是一个长 8 厘米、宽 3 厘米、高 4 厘米的方木块,做尫先生用以拍案吓鬼。

筶杯：一条较长的红带子,系两片直径约 3 至 5 厘米的小铜片,分阴阳两面,用以掷地辨阴阳。

针夫：洒法水时用。

净瓶：插茶树枝用。

桌围：布质,绣有各种图案,用以装饰法案之用。

法印：通常为正方形或长方形,边长约 4～15 厘米,质料为木、石、青铜不等,是代表先生身份的闾山印,是上奏天庭的印信和行使神力的法物。有驱魔辟邪的功用。因此,在科仪中的章表奏申,关牒符檄,都要用印。所以每位先生在奏名赐给法名时亦刻有专用印章,道教灵宝派经典《灵宝玉鉴》"卷一"中记载："印则各有师传者,欲天地神祇人鬼知所行之法,有所受之也。"

神事挂图：先生认为神灵有上、中、下三界的分法,凡属于会腾云驾雾的都是上界神,属于"藏起玉皇殿"之神,山岳洞府圣仁宫（主要指宫中的神）为中界神。"水府扶桑庙"主要是指祠堂、庵堂庙观、桥亭佛塔、神宫草庙的神灵,属下界神。

上界神、中界神、下界神又统称为三元三品。因此,神事挂图分为上界神、中界神、下界神挂图三类。

上界神：有天宫中的玉皇大帝、齐天大圣、太上老君、长生大帝、元帅、观世音、二郎神等。

中界神：有奶娘、各境土主、自家法坛历代法主等。

下界神：十殿阎王、牛头、马面、黑白无常等。

做尫先生请的是三清教主,做会暝先生请的是三衙（毛）教主。

(四)福头供品

"福头",畲语俗称即"供品"。包括茶水、酒水、果蔬、三牲、香、烛、元宝(纸冥)。

果籽:五种不同的果。

菜:五种不同的。

大三牲:猪(猪头代)、全鸡、全鱼为大三牲福礼,为祭一般神灵礼。

大礼时则改用全猪、全羊。

小三牲:用以犒劳天兵神恶煞,用以谢外方最下级的鬼神。通常是肉1块代猪,鸡蛋若干代鸡。

(五)做尪先生的施法过程

做尪先生外出主持法事,不管在哪一场合施法,都有一套严密的程序。

1.藏身:指的是先生无论在什么场合,开始施法前,都必须把自己的凡人之身化成某个神明之身,以便在正式行使法术过程中,防止被妖魔鬼怪暗算,也使妖魔鬼怪不敢接近自己。

2.化坛:做尪先生先用法水,把厅堂中桌子或其他摆设及污秽脏气清除干净,好让神明入坛安座。

3.化食:做尪先生通过施法,把已供在桌上的三牲福礼,变成无数佳肴美味,供各路神明处坛时享用。

4.请神:做尪先生根据该次施法的目的、需求,即做什么法场,就请相关的神明降坛帮助护法。因此,畲族村庄有句古语:"香无乱点,神无乱请。"

5.安座:指的是做尪先生把请到的神,按上、中、下顺序排列、安排、各就其位安顿下来。

6.正式施法:做尪先生根据法事需要,唱诵相关咒语经文,念给请来的神听,以得到神明的鼎力相助,以便到时好驱赶妖魔鬼怪。

7.奏身:指的是做尪先生身穿文身、龙袍,双脚跪在法坛前的一条凳子上,由东家站在左边,把桌上的三牲福礼及疏文一一从东家手上取下,再经先生之后放回原处。

8.辞神:当做尪先生做完法场后,必须烧化元宝冥钱,把所有请来的神一一送回原处。

9.拆坛:等各界神明辞送回原处后,先生必须施法,拆掉自己所化的法坛,不让妖魔鬼怪乘虚而入,以防日后给东家造成恶果。

(六)做尪先生的祝由术

当做尪先生外出为病人驱赶鬼怪治病时,病者病情较轻,所做法事是以"符鬼仔"、"做半场"的神事活动形式为主,先生无需对病人进行捉脉。反之,如果是属于"做尪打暗"、"捡十保"的法场神事为主,说明病人的病情较重。做尪先生在病人房间"打暗"法场的施法后(于后述),要对病者切脉详解。

因为从事此种行业的先生,如果在施法过程中,所治的病人在突然间去世,说明法术不灵,会直接影响江湖声誉,造成无法挽回的局面(民间有句口头语叫做"打瘦"),即"一次失手,终身遗憾"。

所以做尪先生必须学会人体的脉络基本常识,在做尪"打暗"出厅前,必须先行为病人进行切脉,判定病情。如果病者病情较稳定,先生就可继续施法到天亮结束。相反,如果病情不妙,做尪先生在"出厅"后,就劝东家不要再继续施法了,或另请高人,自己则收起法器连夜回去,一以防失手,二涉及声誉。

(七)做尪先生与村中的"头哥"关系

每年负责组织神事活动,管理村中宫庙、祠堂等一切日常事务的人称为"头哥"。"头哥"大部分是由全村中各户轮流当值,其人选一般在各户户主中产生,若干年轮流一次,周而复始。

此外,少数热心村里公益事业,只履行义务,不计任何报酬的族中耆老担任神宫(或祠堂)的董事,处理村中重大事项。他们在组织神事活动时,也作为"头哥"一员参与组织管理,在一般情况下"头哥"是相对固定的人选。

"头哥"在神事活动期间都要沐浴斋戒,不接触污秽的东西。在神事活动中,始终听从做尪先生调度,并作为"醮首"代表村人集体上神坛行跪拜礼等。

(八)与道场施法中相连接的咒语、灵符、手诀

1. 咒 语

畲语称"法字"或称"法术",简称"法"。它也属于经文的范畴,但又有所区别。经文一般都有手抄本,是巫师在每个道场中主要唱白词句,也便于世

代传唱。而咒语是用于画符、做手诀、藏身、向神灵祈求、陈诉心愿、除邪消灾、逢凶化吉、颂扬威德等时，在其口中默默无声的诵念（此时人们称"在做法"或"加法字"），但在整个过程中不管念多少"法字"，最后都以用"×××××急急如律令"做结束语。咒语的使用十分广泛，贯穿到整个道场。

咒语虽然服务于各种道场，属于正面的扬法。也有一类是可能加害于对方的咒语，此类咒语则很少有手抄本，以防少数心术不正的人学后，会伤害别人。因此，师父多以口传心授的途径进行传承下来，而且要观察弟子的善心后，才传授其法，故而平添了神秘感。

2. 符

又称"灵符"，是画写于纸上的文字书法，有的字体较整齐，有的笔画屈曲，似字非字，似图非图，民间称为"尪师字有头无耳"。符是巫师作为驱鬼镇邪、降妖镇魔、治病除灾等不可缺的一种辅助手段，使用十分广泛。符在实际运用过程中主要有以下几种类型：

按纸质颜色分：有黄纸、粗纸（其表面很粗糙）、淡红色纸。

按大小分：大的长约 80 厘米，宽约 20 厘米（多以贴挂为主）；小的长约 30 厘米，宽约三个手指。没有统一固定标准。

按形状分：有长方形和剑尖形两种，其中剑尖形是把纸条上下两端折成像剑尾形状的三角形。

按符的表面分：最上方的 3 个"似勾非勾"的符号，称"符头"；中间为文字与图案符号部分；最下方中间先写上一个"井"字后，并在井字的基础上涂写成一个小圆圈，称为"符袋"。巫师在画符时的"法字"都集中于此，并盖上法印。

按用途分：以"贴挂"、"火烧"、"佩带"3 种。"贴挂"是把"符"悬挂于寝门上或吊在大厅板壁上；"火烧"一是将"符"烧于碗中，尔后用开水冲泡，让患病者饮下。二是用元宝冥钱数张，与其他物一起将"符"贴夹于此烧起，并在病者身上模拟反复圈打，有的还要把剩余一小部分送到大门外，意为妖魔鬼怪已送出野外。但是凡属于火烧的"符"，都要从"符头"开始直到"符袋"为止。

按书写"符"样式分，有"有字符"和"无字符"："有字符"是指在其纸表面专用毛笔画写着字体和符号，而"无字符"是专用 3 根（或 1 根）香点燃后，一手握纸，一手握香，在纸表面上模拟毛笔写"有字符"一样的动作，从上而下，直把"符袋"的"法字"念完之后，用香插入"符袋"中，成了三个小孔洞（无盖法印）。此类"无字符"较之"有字符"用的少些。

按功能分：有"惊符"、"八卦符"、"污符"、"煞符"、"雷公符"等，种类繁多。

但不管哪一种灵符，都是患者家人实自上门到巫师家中求取，方言俗称"打符"。先生需询问患病者是哪类病症后，方能对号入座。先生画符开始时，有的先要做个"手诀"，然后一只手握住毛笔，并用笔头在桌上连敲3下，随后从"符头"画上3个"非勾似勾"纹样。接着，由上而下运笔，直到"符袋"为止，并盖上法印。巫师从"符头"到"符袋"运笔时，口中一直诵念着咒语，方言俗称在加"法字"或"加法术"。

3. 手 诀

是用双手的十指互相搭配，根据现场所需做成各式各样的形状，同时口中不断念诵着咒语，而俗称"手诀"，简称"诀"。诀是巫师在每个道场进行施法过程中的一种不可或缺的辅助手段。"手诀"种类繁多，使用十分广泛。

二、神事活动

(一)"求 神"

畲语即从祖殿请回相应的神明"真身"，称"求神"。汉人称"请神"或"迎神"。由于"求神"的时间不同，又分为正月里"求神"与其他时间里"求神"。

(二)"做 醮"

1. "平安醮"

是正月求神中必不可少的环节，做醮时间大多是从临水宫祖殿或杉洋忠平侯王祖殿请回祖炉香火后，即在该村神宫中将香火摆上香案，由做尪先生施法做平安醮，祈求神明保佑全村合境善男信女，一年四季风调雨顺，五谷丰登，百害不侵，六畜兴旺，平安吉祥。

做平安醮所请的神有上界神、中界神和下界神。其供品(福头)摆设为：上界神菜5样，果5样，茶酒各10杯。中界神也是菜5样，果5样，茶酒各10杯。下界神大三牲福礼，茶酒各10杯，并在各界神像前摆上香案，点燃红烛2支。

2. "步 楼"

畲语又称为"奏名"。指做尪先生、讲神先生、做会暝先生、寻龙、算命先生、看病先生、建房师傅、补棺材师傅、捡仔(接生婆)等职业者,需要外出行走江湖的,必须有一个法名(头衔),以防外出时,受到下道妖魔鬼怪的侵害。为此,由以上特殊职业者牵头召集,请来做尪先生数人,先在宫庙内摆设法坛,然后在野外搭起三张桌子,称为"三司案"。同时在旁边竖起用松木干柴片捆扎成直径0.3米、高5米左右的1根"火烛"。这时,做尪先生(武身打扮)手握龙角与玟杯,登上"三司案"(三层洪楼),奏请玉皇大帝等神降临法坛。然后先生手拿玟杯,判阳判阴,逐个为每个奏名者问杯,问到"三圣一阳",或"九圣一阳",算是神同意了某人法名。此后,奏名者就有了法名,日后外出行走江湖,妖魔鬼怪无法加害。

在奏名时,每个奏名者都有两份诰牒,其中阴牒当场焚化,阳牒保存,等到奏名者寿终后,再由先生将阳牒焚化。相传这是便于奏名者进入地府后,由地府核对阴阳两牒,证实他的身份。

奏名所请的神是上、中、下三界神。三界神的福头摆设如下:上界神,菜5样,果5样,茶酒各10杯,点燃红烛2支。中界神相同,下界神用三牲福礼,茶10杯,酒10杯,点燃红烛2支,等到奏名完毕,还必须用大的三牲福礼、冥钱答谢各路神明。

3."做火醮"

在民间传说中,房屋失火是天上的火公、火婆、火子、火孙等火灾神所为。因此,在建房时如果上大梁的日子时辰选择"火星日",就会触犯火神。另者就是主人家动用不义之财所建的房子,属天理不容,也会受到火神的报复。

因此,一旦发现晚上有火星飞坠到村里(火流星),村人担心村中发生房屋失火。所以人们为了预防事故的发生,造成不可挽回的损失,请来做尪先生来村施法,叫做"做火醮"。

先生施法做火醮的程序是:

在宫庙中摆上香案,请天庭上的玉皇大帝下凡,把火公、火婆、火子、火孙等灾神,从村中收回天庭,使村中日后不会发生火灾。但是火神没有烧到房子是不肯离开的,因此在施法当中,要做1座简易的模拟房屋,让先生施法烧去。然后,先生与火公、火婆、火子、火孙说:"你们的任务已完成,也该回去了。"

做火醮先生请的神是玉皇大帝,桌上的福摆设,果5样,茶水10杯,酒10杯,其余均是素菜。

先生在施法前与施法期间，全村老幼都要食素。等到火醮结束时，还要用大三牲福礼答谢各种神明，这时全村人才开始解除斋戒禁忌。

4."猜　贼"

指村里的某家或公众财物突然失踪，并且有八九成把握，怀疑某人所为。但一时又拿不出真凭实据，对那人毫无办法时，村中众人为了防止此类事再次发生，就请做尫先生来"猜贼"。

先生在施法过程中，将半锅油煮沸，先生先自行用手伸进锅中。然后在众人的呐喊中，由其他人轮流将手伸进锅中。这时，众人故意让嫌疑人先摸，以便使他心理防线崩溃，让他自己主动讲出藏物地点或暗地里交出赃物。

神事所请的神灵是上界神、中界神、下界神。三界神的福头摆设为上界神、中界神，菜5样，果5样。下界神为三牲福礼，同时在三界福的福头前，各摆放茶水10杯，酒10杯，点燃两根红烛。在结束时，还要用大三牲福礼答谢各路神明。

5."翻　冤"

指村中有人曾做过不光彩的事，致使受害方阴魂不散，寻求复仇，致使子孙后代要直接承担前辈的苦果，并使村中连年不断发生重大伤亡事故。为了使村中日后平静地生活，就照例请来做尫先生来施法，向受害方赔礼道歉，和解矛盾，解除冤仇，这种法事称为"翻冤"。

做尫先生在施法过程中，有"上刀梯"、"上刀尖"、"落火栏（下火海）"、"行火砖"、"掏火锅"等。做尫先生施法中所请的神为：上界神、中界神、下界神。三界神的福头摆放为：上界神、中界神分别菜5样，果5样。下界神为三牲福礼，三界神各菜水10杯，酒10杯，点燃红烛2支。

6. 佛开眼

是指宫庙里神像塑好后，必须经过开眼仪式，经过开天眼才能灵验。

7. 祭　台

指祠堂或宫庙新搭建的戏台，在祭祀之前，绝不宜演出节目。原因是新搭建的戏台，据民间说法戏台中存在一种无影无踪的"加马煞"和下道妖魔鬼怪。因此演员在新搭建的戏台演戏之前，必须先把以上的"煞"驱赶外乡，方能正式开始演出，以确保演员演戏与观众看戏的安全。这种仪式称"祭台"。

"祭台"必须是选黄道吉日。"祭台"的程序："祭台"前先在上一座的中央祭桌上,摆放猪头 1(个)盘、鱼 1 盘、豆腐干 1 盘,鸡蛋 2 个,茶酒各 10 杯,菜 5 样,果 5 样,点燃 2 支红烛及香火,由尪先生施法,奉请上、中、下三界神降临法坛。

"头哥"等当事人都要在身上贴一张"煞"符,每根柱子也要贴糊 1 张"煞"符.同时,在戏台前摆放一张桌子,桌子之上摆放 2 片瓦,两片瓦中央互相合夹着"七宝"(硬币、竹钉、稻谷、小麦、茶叶、花生、豆子),桌子上面的左右两边站着已打扮好的红脸、黑脸二人,他们扮演双手持握演戏道具大刀(俗称"提刀")武将。

时辰一到,敲打锣鼓瞬间,站在桌子之上的两位武将,分别用单脚踩下瓦片,并同时踢到祠堂戏台下面"天井"里。两人同时跳下桌,手握大刀分别绕戏台上的每根柱子行走一圈。

待戏台柱子绕圈走完,两人走到台前,同时跳下戏台,两人又分别先从祠堂上座的每根柱子开始绕行,再到祠堂下座的每根柱子绕行。两人分别走出左右两个小门,把"煞"赶出门外。

然后,两人再回头跳上戏台,把手中的大刀分别换成"火把"与"铁叉",重新在戏台上的每根柱子绕行,再从戏台前跳下,再从祠堂上座的每根柱子绕行到祠堂下座的每根柱子,直把妖魔鬼怪赶出祠堂外,回头重新跳回戏台。

随后,再由做尪先生施法,在戏台上排上八卦,以防演员在戏台演出与晚间睡觉之时,受妖魔鬼怪的侵害。当天演出的祭台戏通常为"武戏"或"神仙戏",配合先生施法驱邪赶煞。

(三)超度法事

1."下七天",畲语、汉语为"许诸天神"

指某人突然有急事,在没有告知家人的情况下,单独外出料理事情,失踪 1 到 2 天或者数日。家人与村里其他人,又到处寻找仍无音信,便认为是被鬼怪摄走。

因此,请来做尪先生经过施法寻找。其主要目的是使失踪者的三魂七魄回来,让失踪者的真身在异处感到心里很恐慌焦急,自己觉得家里发生了事情,有需要马上回家的感觉。先生施法的场所,一般是在野外进行,而且是在失踪者出走路口方向进行施法。先生所请的神是诸天神,摆设的"福头"包括茶水 10 杯,酒 10 杯,果 5 样,菜 5 样,三牲福礼及 3 角形饭团 3 粒 1

盘。先生施法时为武身打扮,这期间如果认为真的是鬼怪带走,这时失踪之人会觉醒起来,回到家中。

2. 解冤,畲语又称"做功德"

指甲乙两家的先辈在世时,甲家先辈比较霸道,而乙家先辈比较老实。甲家时时把不冤不白的事情强加给乙家,乙家无论如何解释,都无济于事,这样给乙家造成极大的冤枉,使乙方有冤无处诉,给乙家极大的伤害。畲族有句口头语云:"在生无法治你,死后做鬼也会与你较量。"当乙家前辈去世后,阴魂不散,便可能寻上甲家,把甲家的后辈搞得鸡犬不宁。

这时,甲家的后辈到处求神问佛,都说是乙家前辈的阴魂所为,甲家的后辈为了使家里能得到平安请就请先生来施法。当面在法坛前,向乙家前辈的阴魂,赔礼道歉,和解双方的冤屈。使甲乙两家后辈日后能平安地过日子。

先生所请的神为上、中、下三界神,其"福头"摆设:上界神、中界神分别是茶水 10 杯,酒 10 杯,果 5 样,菜 5 样。下界神,茶水 10 杯,酒 10 杯,果 5 样,菜 5 样,三牲福礼,3 角形饭团 3 粒 1 盘。

3. "拔 伤"

指村中某家 16 岁以上的成年人突然发生意外,非正常死亡。非正常死亡的人,被畲家人叫作"毛①好死"、"毛干死"、"短命毛"。没有即时做 1 场法事超度,将其阴魂送走,3 年之后,死者的阴魂要"讨胎"转世,必找替身,使村中的青年人还会发生非正常死亡。

因此,如有发生非正常死亡者,家人必须请来做尪先生施法,在远离村寨的草坪上搭起彩门,摆起香案,把"野鬼"请到那里去,用 36 条草绳夹 36 门伤鬼名称(如"跌伤、吊伤、毒伤、火伤、水伤等")。通过先生念咒作法,把这挂在彩门上的草绳逐条扯断,由每扯断一根草绳,即认为"送掉"一门"伤鬼"。把伤鬼的魂魄超度到很远野外之处,使伤鬼阴魂永远不会回到村中,再作崇伤害别人。"拔伤"时,先生所请的神是三衙教主。其"福头"摆设为茶水 10 杯,酒 10 杯,三牲福礼,3 角形饭团 3 粒 1 盘,果 5 样,菜 5 盘。

---

① 毛,方言"无"。

第七章

文化与旅游

第一节 文化设施

一、乡镇村级文化站(中心)

(一)坂中畲族乡综合文化站

坂中畲族乡综合文化站位于坂中村岗中路二弄 19 号,1984 年 9 月创建。1990 年代,将乡政府左侧沿街一幢四层办公楼用于乡镇文化宣传中心。该楼为混泥砖结构,建筑面积 400 平方米,配有一名专职干部,负责文化站的日常管理和对外开放工作。文化站一层设有藏书室和书报刊阅览厅,共有藏书 300 册,订阅有中央、省市的党刊党报以及《老年报》《读者文摘》等报刊。二层设书画室和文化信息资源共享工程基层服务室,三层设文物图片室、非遗图片展览室和办公室,四层设乒乓球室和棋艺室。

(二)仙岩畲族村文化站

仙岩畲族村文化站位于仙岩畲族村,建立于 1957 年,是闽东畲族村最早设立的乡级公办文化站之一。1950 年代,福安专区在畲族人口较多的县成立 7 个畲族文化站,福安除了凤洋村外,仙岩村列入畲族文化站建设之中,兼为畲族文化学习站,除开展文化宣传正式工作以外,还负责扫盲工作,配备专职干部 1 人。

(三)仙岩村级综合文化服务中心

2016 年 6 月,根据宁德市精心打造 100 个重点村(社区)综合文化服务

图 7-1　仙岩村畲族文化展示馆

中心的要求,福安市 11 个村建设文化服务中心,仙岩村名列其中。仙岩村综合文化服务中心设在村口,建筑面积 780 平方米,室外广场面积 600 平方米。基础设施完善,设有文体活动室、农技培训中心、民富中心、科普活动室、图书室、乡村记忆博物馆和文体广场等。其中乡村记忆博物馆面积 360 平方米,设有党建展馆、乡村记忆展室、畲族大观园等。

二、人民会场

坂中人民会场位于坂中村街道中心地段,原依托坂中村一座公共众厅老屋,被大火烧毁后,于 1982 年在原址新建会场,为单体土木结构。2017 年,村委会邀请专业人员对会场进行标准化设计,重新装修后,建筑面积 1000 多平方米,会场舞台面扩 8 米,进深 6 米,可容观众 1200 人。每年正月邀请戏班公演传统戏曲 5 天,重大节日还举办文艺晚会演出活动。该会场也是乡镇中小学举行大型会议和演出的公共场所,是乡镇所在地最大的乡村会场。

三、剧场戏台

根据坂中畲族乡综合文化站于 2017 年对全乡各村宗祠、宫庙所属戏台的调查统计:全乡有 25 座戏台,均为 1949 年以后建成。乡村传统宗祠、宫

图 7-2　桦坪畲族村古戏台

钟楠　摄

庙一般均在前座大厅搭建活动戏台,用以祭祀、祈福仪式期间,邀请民间戏曲团体演出社戏,演出时间一般 1～3 天不等。

表 7-1　2017 年坂中畲族乡宗祠、宫庙戏台统计一览表

村　名	宗祠名称	戏台规格	数　量
坂中村	阮氏祠堂	长度 10 米,宽度 8 米	1
湖口村	王氏祠堂	长度 16 米,宽度 14 米	1
长汀村	施氏祠堂	长度 10 米,宽度 8 米	1
坑下村	朱氏祠堂	长度 6 米,宽度 6 米	1
坑下村	张氏祠堂	长度 6 米,宽度 6 米	1
坑下村	吴氏祠堂	长度 6 米,宽度 7 米	1
松潭村	众厅	长度 8 米,宽度 7 米	1
江家渡村	陈氏祠堂	长度 15 米,宽度 18 米	1
冠岭村	陈氏祠堂	长度 10 米,宽度 10 米	1
铜岩村	陈氏祠堂	长度 12 米,宽度 14 米	2(含露天)
仙岩村	钟氏祠堂	长度 8 米,宽度 7 米	1
彭家洋	吴氏祠堂	长度 10 米,宽度 12 米	2(含露天)
彭家洋	雷氏祠堂	长度 10 米,宽度 12 米	1

续表

村 名	宗祠名称	戏台规格	数 量
大林村	钟氏祠堂	长度 12 米,宽度 10 米	1
廉岭村	雷氏祠堂	长度 6 米,宽度 10 米	1
和安村	钟氏祠堂	长度 4 米,宽度 3 米	1
后门坪村	雷氏祠堂	长度 8 米,宽度 6 米	1
后门坪村	雷氏如会祠堂	长度 12 米,宽度 8 米	1
汤洋村	林氏祠堂	长度 9 米,宽度 6 米	1
井口村	蓝氏祠堂	长度 12 米,宽度 6 米	1
许洋村	王氏祠堂	长度 8 米,宽度 8 米	1
许洋村	林氏祠堂	长度 8 米,宽度 8 米	1
许洋村	郑氏祠堂	长度 8 米,宽度 8 米	1
许洋村	雷氏祠堂	长度 8 米,宽度 8 米	1
许洋村	苏氏祠堂	长度 8 米,宽度 8 米	1

四、文化广场与展馆

(一)福安市畲族文化广场

位于坂中大桥进坂中畲族乡区域的入口处南边。2010 年富春溪西岸防护林防洪堤坝建成后,福安市建设园林部门在一片面积 50 亩的绿化带,建成畲族文化广场。2015 年投资 300 万元完成一期工程,建筑物有礼仪台、中心舞台、凉亭和回廊、宣传栏等。

(二)彭家洋畲族乡村文化广场

在彭家洋村。广场名称由福建省政协原副主席陈增光题写,广场依山而建,有中心舞台、容纳 2000 人的露天广场,沿坡地上建休闲回廊。

(三)廉岭畲村文化中心广场

在廉岭下村。该村留存 12 幢传统民居错落有致地依山而建,构成畲族山村独特人居环境。于 2011 年在村口的溪谷用岩石堆砌拓展成平地,便于旅游者停车。在省、市民族部门等的资金支持下,建设门楼,门楼搭有小舞台,用于举办畲族传统歌会。乡村文化广场占地面积 800 平方米。

(四)井口畲族文化中心广场

在井口畲族村,于 2017 年建成。中心由三层楼屋、文化长廊和纪念水井组成,中心门楼一层为舞台,舞台横眉鎏金牌匾是著名书法家题写的"井口畲族文化中心";二层为图书室、办公室;三层为平台,经门楼两侧之梯过平台,通往蓝氏宗祠。

五、福安电视转播台

1951 年福安设立有线广播台,1954 年福安 26 乡共有 46 个喇叭,坂中乡设立广播放大站。1965 年全县共有 2970 个喇叭,坂中乡实行广播专杆专线,每个生产小队通广播。1976 年在坂中仙岭山顶,架设第一个电视转播台。1976 年,福安广播站征用坂中铜岩大队仙岭生产队寿山顶基地,建起电视转播台。1977 年 1 月,正式转播满足农村收看到的电视。1977 年 12 月,坂中乡共有 42 个畲族自然村通广播。1979 年安装 18 米高电视天线铁塔,使坂中畲乡村庄都可收看到电视。此后又建立了电视转播台(站)。1985 年,坂中畲族乡全乡各村水泥电杆的广播线路竣工,成为 1980 年代全县第一个村村通广播的乡镇。1993 年,坂中畲族乡建制村都可收看到中央、省台等电视节目。

第二节　文化团体

一、戏班剧团

福安仙岩业余闽剧团

又称仙岭洋闽剧团,创办于 1955 年,拥有演职人员 60 人,是当年畲族乡村最大的一支文艺演出团队。仙岩业余闽剧团演出的闽剧有《拾玉镯》、《卖花记》、《何秀文》、《三盅酒》、《梅花寨》、《血衣冤》等。地方小戏有《游公路》、《相花记》、《一张电影票》等,还演出畲族婚礼舞,畲族小歌舞《牧羊姑娘》、《阿姆》等。其中小歌舞《牧羊姑娘》,参加福建省农村业余文艺会演。1963 年,畲族小演唱《难为迎亲伯》、《茶歌》等,曾参加全国少数民族文艺观摩大会演出，受到周恩来总理等国家领导人的接见。1966 年后，剧团解散。1980 年重办，仙岩闽剧团有演职员 40 多人。以演闽剧为主，兼演畲歌小戏。1981 年，仙岩畲族业余闽剧团参加福安县城乡业余剧团调演大会，荣获演出奖。畲族演员钟乃康、钟燕（女）获县演员奖。

二、俱乐部

福安仙岭洋高级俱乐部、福安和庵图书幻灯站、福安洋坪图书流通站

均创立于 1953 年，仙岭洋高级俱乐部下分业余文艺组、图书室、黑板报、幻灯组、乐器组、歌舞队等，开展群众业余文艺活动。1953 年，以上单位畲族群众与军分区解放军开展联欢活动，3 月 26 日的俱乐部成立日召开以开展春耕生产为内容的大会。在仙岭洋、南垄、叠石、洋坪等 9 个自然村放幻灯 16 次，在仙岭洋、和庵、洋坪 3 个点培养各种文艺活动骨干。其中有幻灯放映手 18 人，图书管理员 16 人，乐器演奏员 4 人，黑板报编写者 3 人，歌舞手 20 人。俱乐部除了培养文艺骨干的基础外，还创办畲乡最早的农民业余闽剧团。

三、鼓吹班

（一）洋坪鼓吹班

创建于清末，传承数代，全村 34 户中有 20 余户都擅长此业。鼓吹班以福州调为主，兼吹打温州平讲调和南词北调。保留曲目多，技术纯熟，影响涉及周宁、宁德、霞浦等周边县市。

（二）仙岩鼓吹班

创建于 1970 年代，畲族人善唱山歌，也爱好民间器乐。仙岩村里有年轻人学习二胡、笛子、唢呐等乐器，逢婚丧喜庆时，三五人凑成小乐队后，组成鼓吹班。后来发展到八人以上的大吹班，鼓吹班的常用乐器有唢呐、二胡、笛子，还有打击乐器，鼓、钹、锣等。

四、福安平话

坂中畲族乡仙源里建制村下属的岭头自然村陈冬妹和坂中村王焕梅都是福安北区有影响的民间说书人。福安评话是乡村群众喜闻乐见的民间曲艺活动,陈冬妹从小喜爱听大人讲民间故事,村里人在农闲时也喜欢听他讲故事,青年时,他向民间福安平话艺人拜师学艺,自学文化,收集手抄唱本,主要讲唱的长篇话本有《岳飞传》《陈三五娘》《陈奶娘》等。20世纪70—80年代,坂中村的王焕梅还被邀请到柘荣、寿宁一带的山村聚落宣传福安平话。

五、乡村电影放映队

1965年,福安县共有农村电影放映点83个,77个畲族大队有40个放映点,畲族人口占50%的25个大队有12个放映点,坂中仙岩等4个村设有放映点。由福安第一放映小队负责,1977年有县民政局无偿拨给仙岩村1台8.75毫米的电影放映机,并组建坂中乡第一支村级电影放映队。1982年,成立了坂中电影放映队,负责坂中全乡电影放映工作。1980年代末期,电影放映队实行承包,自负盈亏,逐步停映。

六、农村文化能人

表7-2　坂中畲族乡农村文化能人名册(2019年编制)

序号	姓名	村(居)	类型	备注
1	钟伏松	廉岭村	畲族银器制作技艺	
2	钟桂梅	廉岭村	畲族传统服饰制作	
3	钟伏谢	廉岭村	畲族乌米饭技艺	
4	郑宋生	松潭居	雕刻	
5	郑瑞堂	松潭居	雕刻	
6	郑祖良	松潭居	雕刻	
7	郑清全	松潭居	雕刻	
8	孙鹏	松潭居	传统中医继承人	
9	郑华	松潭居	传统手工书画装裱、工笔绘画、传统手工木雕	
10	施溢芳	坂中居	画家(擅长画兰花)	
11	黄云现	坂中居	泥塑	
12	兰树明	井口村	竹编	
13	钟一荣	井口村	竹编	

续表

序号	姓名	村（居）	类型	备注
14	雷仁寿	井口村	竹编	
15	兰阿禄	井口村	竹编	
16	谢细金	松潭居	二胡器乐	
17	郑瑞荣	松潭居	乡村书法	
18	郑兆玲	松潭居	传统木工技艺	
19	杨宝全	松潭居	风水堪舆大师，易经文化研究，妈祖文化研究，乡村民俗文化	
20	苏成仁	满春社区	雕塑	
21	雷伏生	满春社区	雕塑	
22	吴建华	日宅村	畲族乌米饭技艺	市级传承人
23	钟廷金	日宅村	粽子	
24	吴玉泉	彭家洋	农民诗词人	作品《百姓楹联》、《仙岫同声》

表 7-3 坂中畲族乡农村文艺骨干名录（2019 年编制）

序号	村居	类型	负责人	活动地点	人数	备注
1	坂中居	广场舞	阮生眉	坂中森林公园大门口	30 人	
2	坂中居	腰鼓队	陈雪云	坂中居家养老中心	18 人	
3	坂中居	腰鼓队	郑爱菊	坂中居家养老中心	18 人	
4	湖口村	腰鼓队	林维仔	坂中居家养老中心	30 人左右	
5	长汀村	腰鼓队	高丽清	坂中居家养老中心	20 人左右	
6	江家渡村	军鼓队	陈碧仙	坂中居家养老中心	20 人左右	曲目《中国梦》
7	彭家洋村（洋坪自然村）	唢呐队	兰桂明	坂中居家养老中心	8 人	

续表

序号	村居	类型	负责人	活动地点	人数	备注
8	彭家洋村（洋坪自然村）	管弦乐队	兰伏水	坂中居家养老中心	10人	
9	松潭居	广场舞	林五妹	坂中居家养老中心	10人左右	
10	松潭居	综合类	郑华	坂中居家养老中心		
11	坑下村	广场舞	张少芸	坑下村兴隆广场	56人	
12	大林村	民间器乐	钟谢全	大林村	5人	
13	大林村	畲歌	雷林梅	大林村	5人	
14	南岸村	腰鼓队	叶丽珠	湖潭坂	4人	
15	南岸村	广场舞	叶丽珠	南岸村	10人	
16	铜岩村	民间器乐	陈灿平	无具体地点	4人	
17	仙岩村	广场舞	钟美玉	东百广场亭子	30～50人	
18	仙岩村	民间器乐	钟美玉	东百广场亭子	30～50人	
19	后门坪村	奶娘踩罡等舞蹈节目	雷廷木	无固定活动地点	20—30人	省级非物质文化遗产，前往香港、澳门多地演出
20	后门坪村	畲歌	雷石金	无固定活动地点	20～30人	
21	满春社区	广场舞	陈丽娟	无固定活动地点	40～50人	
22	满春社区	广场舞	郭梦妃		40～50人	
23	满春社区	腰鼓队	兰碧莲		10人左右	
24	满春社区	民族舞	钟颖欣			
25	满春社区	民族舞	雷建梅		10～20人	
26	满春社区	民族舞	雷雯欣			
27	满春社区	广场舞	陈鉴芳		20人左右	
28	满春社区	民族舞	雷莉颖		18～20人	

第三节　畲族歌言

畲族主要的文学样式是山歌，畲族称为"歌言"。其丰富多彩的歌言作品，大都以口传心授的形式传承，多借助畲族有限的汉字记录歌言内容。这种唱本不仅作为畲族学歌用，还可以作为平时日常社交的教科书来阅读与表达。因为畲族歌言传承的特殊性，有许多优秀民歌随着歌本的散失、破损，老歌手的去世，也随之失传。现在所能收集到的只不过是其中的一部分，但已经很丰富了。畲族对歌言有独特理解，以及歌手的个性不同，无法用一个标准将畲族歌言的内容加以归类。

图 7-3　畲族歌言盘唱
（黄俊　摄）

一、歌言分类

根据民间艺人的分类习惯，并考虑现代文学教科书的分类法，我们权且将畲族歌言分为三大类。

1.畲族神话传说歌。主要是歌唱畲族神话传说的歌谣，在特殊场合、民族内部进行演唱，一般是长者借以叙述民族渊源历史的传史之歌。

2.畲族小说歌。畲族又称为"长连"、"全连本"，其诞生地在霞浦县白露坑一带，以清末民初畲族歌手钟学吉为代表。涉及题材有民间汉族说书人的章回小说、评话唱本，以及畲族自身的历史人物故事，将上述内容以畲族歌言形式编成。按题材不同，分为畲族题材小说歌和汉族题材小说歌，根据容量，100 条以上的为"大段"，100 条以下的为"小段"、"短篇"。畲族题材小说歌，主要歌颂本民族精英人物，如雷海清、雷万兴、蓝佃玉、钟景祺等。流传于汉族乡村的章回小说及评话歌本进行再创造的畲族小说歌，如《梁山伯与祝英台》、《孟姜女哭长城》、《奶娘传》等，数量多，内容广，版本不一。

3.盘唱歌言。指大部分的畲族山歌，这部分歌言内容丰富，牵涉畲族生产、生活的方方面面，受广大民间歌手的普遍喜爱，也是歌手们在不同歌场普遍接受并得以传唱的歌言。畲族山歌包括歌俗歌、情歌、习俗歌、劳作歌、劝世歌、家教歌以及新民歌等。其中最为丰富的是情歌，按传统民间歌手对情的理解，有有缘歌、有情歌、无缘歌、断情歌，也有相依、相识、相知、相恋、相别而产生初会歌、赞美歌、试探歌、求情歌、恋情歌、交情歌、失恋歌、交情歌、安情歌、送别歌、推却歌、断情歌等。

畲族歌言的歌词特点以十字为一句，四句为一条，几条、十几条的歌言称为"散条"、"杂"，几十条至上百条的称为"小传"、"小段"、"小连"，几百条的"大传"、"大段"、"全连本"。

按照歌词结构细分，有"单扯连"、"双扯连"、"双条变"、"三条变"、"十条变"、"十二条变"等。

单扯连，分为单扯头和单扯尾，唱与答的歌手两人演唱，每一条的头一句歌词都一样为单扯头，第一条的尾句为下一条的头句称为"单扯尾"。

双扯连，也分为双扯和双扯尾，唱与学的歌手两人演唱，每一条的头两句歌词都一样为双扯头，第一条的第三、四句为下一条的第一、二句称为双扯尾。

双条变：以第一条为标准，第二条的一、二、四句句尾的字都要变化，并押韵。唱两条为"双条变"，连唱三条，就叫"三条变"，依条数不同，分别有"十条变"、"十二条变"等等。

字歌：以题目中的每一个字为每一条歌的第一句起，依次排列，如《福如东海，寿比南山》。

十条起：以一至十的数字为每首歌的开头，编成十首歌演唱，如《十字唱古人》《十讲古人风流人》。

十二月节气歌：以每年十二月份，我以二十四个节气为每首歌的开头，编写的歌言，如《二十四节气歌》、《十二月去桐埌》、《十二月生产歌》等等。

畲族歌言的基本格律：畲歌一般和汉族七言绝句一样，七字为一句，四句为一首，畲族人俗称"一条"。一、二、四句尾字押韵，但一定要押畲语的平声韵，第三句末字一定用仄声。不然就拗口，没法唱。畲族人称为"平平"、"不顺溜"，一首歌有好几条组成，可一韵到底，也可逐条换韵。

歌言格律的变化方式有：句式的变化、条式的变化、六句歌体和"连"的变化。句式的变化：除七字一句外，有一字一句的俗称"单字头"，三字起句的俗称"三字头"，五字起句的俗称"五字头"，有两个三字短句合成的变体六音起句的俗称"双三字头"，有单四句五个字结束的俗称"五字尾"。条式的变化，畲歌一般七字一句，四句为一首，俗称"一条"。有两条为一首的，俗称

"双条变"。有三条一首的，俗称"三条变"，乃至十几条的变化。六句歌体是与一般四句式不同，是由七言六句为一条歌，第六句与第一、二、四句押同韵，第三、五句押仄声韵。"连"的变化，由几十条至上百条歌言组成的一首歌，俗称"连"或"本"。一般用于叙述人物故事，是小说歌的别称，也有称为"全连"、"长连"或"小连本"、"大连本"、"小段"、"大段"。

畲族歌言中还有其他一些有规律性的，比如字歌，一般是把标题的字，按顺序依次列为一条歌的每句之首字，或按标题字数，依字数多少编唱多少条，分别把一个字放在每一条歌的句首。再如分字歌或谜歌，就是把一个字拆成两个字或几个字，分别顺次编唱一首歌，并在末尾句点明什么字。再比如畲族歌言为了在歌中强调某一事物或人时，常用叠句兵手法的现象，还有小说歌往往在歌头或歌尾，编唱一两条"编者的话"，也有把编者姓名暗示其中。

二、歌言唱法

1.对唱。畲族人常称为"盘对"、"盘答"、"对歌"、"盘歌"等，一般为男女对唱，有单对单、单对多、多对多。歌手有固定一人唱，也有不固定的，但都是以一问一答、一唱一和的方式。对唱形式因各地对歌的习惯不同而有所区别，通常各唱一条，也有各唱两句或各唱几条。

2.独唱。一般都是歌手自我消潜、自娱自乐的哼唱，对歌场中极少见到，或是节日、祭记等特殊时间、特定地点由专人演唱的史歌、劝世歌言等，或儿歌、谜歌等。齐唱，在非正式的对歌场合中，当一个歌手演唱的歌言大家都很熟悉，在他起完一句歌头后，其他人便跟着附声齐唱，一般也是男声齐唱，女声齐唱，极少男女齐唱。演唱状态十分自由，容易混乱，听不清，常不受畲族歌手喜欢。

3."真声"。畲族歌手普遍把唱法舒服、音色甜美，好唱又有声的方法发出声音的唱法称为"真声"或"有声"。具体的标准是，声音有穿透力，有持久性，高、细、尖、嫩。

4."假声"。那些年长无声的或年轻音色差者，对歌时用本嗓真声演唱，以平常讲话的声音等演唱，往往被称为"假声"、"无声"、"平讲"，不被人们称道。

5."混合唱法"。畲族人演唱歌言时，以"小嗓真声"和"本嗓真声"混用唱法。除"本嗓真声"唱法，被族人视为"老人没声"和"平讲没味"少运用外，其他两种唱法在畲族歌手对唱中常被运用,尤其是"小嗓真声"唱法最具民族特色,最受人喜爱,不论男女歌手,在平常的对唱中,总会依据对手的嗓音色彩,尽量有意识高位置演唱,以求与对方和谐配合。

男女歌手对唱在一唱一回的对接中为使对方好接唱,音、调平稳,男女双方必须寻找一个相对比较稳定的高音位置,常规女声部都比男声高一个八度。这样,男声就必须捏紧嗓门高位演唱,并模仿女声发音,保证男女对唱中的好接唱、协调音。

三、歌规歌俗

畲族歌言演唱年龄的规定:一般是 18～28 岁为最佳时期、最为活跃,因为这个年龄的年轻人无子女困扰,家中也无经济负担。18 岁以前学歌没有"出艺",一般不出门对唱,若歌师傅认为"出艺"了,可以对唱歌言,但不能唱"情歌"。19 岁以后的歌手才可以唱交情歌言,28 岁以后,家务繁忙,要养家糊口,有了小孩,一般不外出对歌。但若有客人来村里,村中又无好歌手时,为村里的荣誉,还得出来对唱。畲族人唱小说歌却不受年龄限制。

畲族歌言歌场对唱的规定又不同情形:

(1)同一祠堂共祖宗的不对唱;

(2)同村不同(族)谱的不对唱;

(3)有亲戚关系的不对唱;

(4)不同辈分的不对唱;

(5)年龄相差过大的不对唱。

不能乱唱有几种情形:

(1)在同一对歌场所,不能重复唱同一首歌言,俗称"不翻型";

(2)有长辈在场,不能唱或少唱情歌,更不允许唱"交情"之类的情歌;

(3)没有出嫁的姑娘一般不能唱"交情"之类的情歌。

"来客落寮对唱"歌俗的规定:

(1)必须是主人方先起歌楼,客人要唱问歌,得到主人的肯定回答后,才可对歌;

(2)男女青年对歌必须按常规的对歌内容依次对唱,各地大同小异,基本是:主人起歌头(黄蜂头),客人唱问歌,主人回答,客人唱"排路经"、"感谢歌"、"起书楼"、"唱字歌"等。中间休息吃点心,唱"点心歌",唱"十条起落",唱"时节古人名",唱"小说歌"。天亮前,唱"收妖送神歌",唱"送客回转歌"。

唱小说歌时,主客方可以同唱一段小说,但要各唱一条。也可以各唱内容不同的小说,比如主人唱《奶娘传》,客就要唱《白蛇传》,也是各人演唱一条,轮番交替。"来客落寮对唱"一般都是唱一个通宵以上,不能唱到半夜就散场。

传统歌会、歌节均是在村旁的山头茶园或野外平地,或寺院边路亭中,男女青年择期相约自由对唱。但对唱中有严格要求:

(1)一般一个歌手与另一歌手对唱时,其他人在未被允许的情况下不能穿插对唱;

(2)当一方歌手输了时,方才由本方另一歌手出场对唱;

(3)对唱场所不能出现歌本,歌本出现会被撕毁,被嘲笑,歌本主要是用来学唱歌用的;

(4)不同地方的歌调不对唱,以双方歌手约定的调来对唱,比如"福宁调"不能对"罗连调"。霞浦"阿噜调"因衬字多,拖音长,流行区域小,掌握技巧的人少,所以很少在对歌场中出现。

四、民间歌手

肖孝正主编《闽东畲族歌谣集成》(海峡文艺出版社 1995 年版)采录的坂中畲族乡演唱者见下表:

表 7-4　《闽东畲族歌谣集成》中坂中畲族乡畲族歌手名单

姓名	性别	住址	职业
雷振亨	男	后门坪村	农民
雷长庆	男	后门坪村	农民
雷菊姿	女	月斗村	农民
钟菊妹	女	洋坪村	农民
蓝宝弟	男	洋坪村	农民
钟伏富	男	仙岩村	农民
钟金生	男	仙岩村	县退休干部

宁德市文化馆编《歌是山哈传家宝》(福建人民出版社 2017 年版)采录的坂中畲族乡演唱者名单见下表:

表 7-5 《歌是山哈传家宝》坂中畲族乡畲族演唱者名单

姓名	曾用名	性别	出生年月	学歌与实践经历
雷清金		男	1970 年 1 月	16 岁开始和伯父学唱畲歌，首先学《有请歌》、《路经杂歌》等，已唱了畲歌三十几年
雷菊梅	雷平	女	1979 年 4 月	2015 年，福建首届"丹桂奖"电视曲艺大赛二等奖
雷凤娇		女	1976 年	12 岁跟随姐姐学唱畲歌，15 岁开始在村庄多次参加畲歌活动。现在是一名民间畲歌歌手，参加过多届畲族民间活动

第四节 旅游资源

国家质量监督检验检疫总局 2003 年发布的《旅游资源分类、调查与评价》(GB/T18972—2003)标准认定，国家旅游资源分为 8 种主类，31 种亚类，155 种基本类型。依照标准，坂中畲族乡旅游资源涵盖 8 种主类，16 种亚类，22 种基本类型，具体见下表。

表 7-6 坂中畲族乡旅游资源分布情况表

主类	亚类	基本类型	旅游资源
地文景观类	综合自然旅游地	山丘型旅游地	仙岫山、旗顶山
水域风光类	河段	观光休憩河段	富春溪、长团潭(长汀村)、富春天然泳场
	泉井	泉井	井口古井(井口村)、白龙井遗址(仙源里村)
生物景观	树木	林地	坂中森林
		独树木	牛头树(坂中森林公园)
天象与气候景观	光现象	光现象观察地	仙岫佛光
	天气与气候现象	云雾多发区	仙岫云海

续表

主类	亚类	基本类型	旅游资源
遗迹遗址	社会经济文化活动遗址遗迹	经济遗址	松潭古街(松潭村)
		交通遗址	廉岭古道(马山岭)、穆阳岭古道(栖云岭、三望岭)
建筑设施	综合人文旅游	宗教活动与祭祀活动场所	崇福古寺、栖云古寺、兴龙寺、福庆庵、西兴禅寺、崎头庵、青云观、大圣宫等
		园林游憩区	坂中森林公园、富春湿地公园、畲族文化公园
	单体活动馆	祭拜场馆	大林钟氏祠堂(市级文物保护单位)
	景观建筑与附属型建筑	古塔	凌霄塔、松潭古塔(现存富春公园内)
	居住地与社区	传统与乡土建筑	廉村古民居、冠岭古厝
		特色社区	美丽乡村
		名人故居与历史纪念建筑	郑楚云故居、朱复良故居等
	归葬地	墓(墓群)	梦枢公墓
	交通建筑	港口、渡口与码头	长汀码头、松潭码头、坂中码头、栖云渡、阳尾渡、江家渡、柳斜渡等
旅游商品	地方旅游商品	农林畜产品	丁香橄榄、绿竹笋、畲族食品等
		中草药及制品	畲药
人文活动	人事记录	人物	郑楚云等
	民间习俗	地方风俗与民间礼仪	畲族风俗

一、风景名胜

(一)富春溪

市内河道长 36 公里,两岸青山,一路绿水,曲折蜿蜒流经福安市全境,是福安中心城区重要的交通廊道和河道绿地。沿线保持良好原生态河岸景观,分布很多的旅游资源,以长汀长团潭至江家渡段(即坂中段)景色最为旖旎,水质清澈、流量充足、河岸线长,具有开展水上特色游线的潜力,为城市不可多得的滨水景观。富春溪坂中段沿线基地范围内有长汀公园、桃花岛滨水绿带、坂中森林公园、富春公园、阳春公园、龟湖公园、溪口公园、天马山公园、旗顶山公园,还有古代福安"韩阳十景"之"岩湖板障"、"龟湖夕照"等。串联这些特色资源,可形成福安旅游品牌产品。

(二)长团潭

富春溪自湖塘坂蜿蜒至长汀一带,溪面顿宽,水势平缓,形成一长潭,潭长 4 公里,俗称"长团潭"。潭面水平似镜,每当月夜,玉兔东升,碧空如洗,月光铺映潭中,波光粼粼,美不胜收。古人《长汀八景诗·潮山夜月》云:"千丘万壑长嵯峨,玉兔东升夜景多。"正是这汀江的写照。清代福安文人李馨《晚自长汀放舟归》诗,赞"长团潭":"斜阳满芦荻,摇艇下长汀。暮鸟一群碧,秋山无数青。炊烟起茅屋,牧笛隔林扃。到岸频回眺,空江入杳冥。"现在"芦荻"、"炊烟"、"牧笛"虽已不复,但岸边代之而立的一排古榕树,树冠如盖,翁翁郁郁,又是一番景色。

20 世纪 90 年代,富春溪长汀段被福建省体委(体育局)确定为省皮划艇比赛、训练基地。每年 6 月,这里都举办皮划艇比赛,更为长汀增添一道亮丽的风景线。

(三)廉岭古道

位于坂中乡南部,因缅怀福安古代明贤薛令之而得名。长期以来,是连接福安城区与溪北洋交通要道。溪北洋所产的农产品,通过廉岭运往城区,城区的日用品也通过此道运往溪北洋等地。福安民谚"到马山岭购姜",说的就是这种现象。当时溪北洋盛产生姜,每当生姜上市时,溪北洋的菜农就会成群结队的挑姜到城里贩卖,而城里的小贩也会集中在廉岭脚下收购。

廉岭临近山巅处，东西两面各有一亭，东亭为廉岭亭，西亭为清水亭（属溪潭地界），以供行人歇息。廉岭亭在上、下廉岭村之间，古道从亭中穿过，该亭修建于清代，面积35平方米，现在保存完好。清水亭旁有清泉，泉水终年不涸，冬暖夏凉，甘甜清冽，是上天给廉岭行人的恩赐。在廉岭山顶上，还有明代烽火台与清代炮台的遗址。

生活在廉岭附近的畲民至今仍保持着讲畲语、唱畲歌、过畲族传统节日的生活习惯和民俗活动。每逢正月十五日、三月初三日、九月初九日等传统节日，附近的畲民都会穿上节日盛装，欢聚一堂，对唱山歌，那浓郁的畲族风情与欢乐气氛充满了整条廉岭古道。

（四）廉岭古民居

在下廉岭畲族村，旧村遗存一座古堡炮楼，楼墙基座和墙体下半部均用岩石砌就，高10米左右，坚牢壁立，气派非凡。石墙之上再筑土墙，墙上开有小孔。孔口外窄内宽，既可观察寨外动静，又能投射利器和射击。炮楼以内是寨堡式民居。寨门为石枢木板门，门顶有注水孔，备以注水护门，以防火攻。整座畲寨坐东北朝西南，平面呈长方形。寨内房屋依山叠建，主从有序，当中以石块垒砌梯级小路互为交通。寨内有井终年不涸，既便于生活，又便于防火，至今保存完好。

（五）坂中森林公园

位于坂中畲族乡东部，坂中大桥南北两侧，富春溪畔，离市区约两公里，总规划面积约32公顷，是生态型森林公园。园中百年古树比比皆是，有樟树、朴树、枫香树、松树、榕树等古树，苍劲古拙，或如老翁垂须，或如翠盖华亭，还有形似"牛头"、"童子"、"达摩面壁"、"罗汉打坐"、"灵龟"、"灵蛇"、"龙凤门"等奇特象形树木，有"城中原始森林"之美誉。

沿溪滨水区设置"望溪区"、"远水区"（由乔木与灌木形成半围合空间，岸边有休闲道）、"见水区"（滨水木栈道）。

（六）仙岫佛光

仙岫山位于坂中乡西部，是福安城区最高峰。过"栖云渡"，沿穆阳岭拾级而上，经仙岩村、彭家洋等畲村可达仙岫山顶（又称仙岩鼻、仙岭鼻），现新修公路可直达山顶。山上百多种树木竞相生长，花卉丛生，林间栖息有穿山甲、黄鼠狼、鹧鸪、云雀等数十种野生动物。这里气候独特,云岚变幻无常,清光绪《福安县志》所记载的"韩阳十景"之一的"仙岫晴云"即在此。春夏之际,云雾霏霏之时,在顶峰天鼓石上,时可观赏到"佛光"奇景。

(七)松潭古街

在松潭村,富春溪畔。老街区历史悠久,相传有松潭村就有松潭街,也有人说先有松潭街,后才有松潭村。松潭作为地名,最早见于《淳熙三山志》,又名船潭,可见至少在南宋就有松潭。

松潭街古时是福安通往寿宁、泰顺及柘荣水路交通要道,往来舟车不断,商贾云集。整个街区在沿溪坡地,建筑上下错落有致,房屋依山而建,为前店后居的格局。临溪一面以风雨亭为主,供往来客商、游人歇脚之用,部分滨江建筑还采用吊脚楼的方式,悬空建于江岸的坡地上。两边的屋宇鳞次栉比,有茶坊、酒肆、肉铺、糖糕饼店;有医馆、杂货铺等等。商店中绫罗绸缎、香火纸马等,各行各业,应有尽有。门面悬挂市招旗帜,招揽生意。街市行人摩肩接踵,川流不息,有做生意的商贾,有临街看景的士族乡绅,有叫卖的小贩,有身负背篓的行脚僧人,有问路的外乡游客,有听说书的街巷小儿,有酒楼中狂饮的乡绅子弟,有街边行乞的老人。男女老幼,士农工商,三教九流,无所不有。

1980年代,坂岭(坂中至岭头)公路修通后,交通格局变化,松潭街才渐渐淡出历史舞台。如今仍保留有一条清朝、民国时期的古商业街道,部分古屋、铺面、风雨亭还在,仿佛在向人们叙说过去的繁华。

(八)大林钟氏宗祠

在大林村,大林是闽东钟姓的发祥地,史称"大林钟"。大林钟氏宗祠,也是闽东钟氏祖祠。

大林钟氏宗祠始建于清朝康熙五十五年(1716年),光绪八年(1882年)重建。因年代久远,风雨侵蚀,损毁严重,2011年拆除旧制,在原址上扩建。新修祠堂深46米,宽16米,依地制宜,三进三层,层层推进。前座为钢混结构,中间设戏台,台前为明堂,两旁为回廊,中后两座为砖木结构,传统格式。中堂及两旁设神龛,陈列列祖列宗神位。正殿大梁上悬挂着一面巨大的匾额,上书"颍川世泽"四个大字。

弥足珍贵的是祠堂正殿上陈列着的四百多面祖先的神牌(俗称"龙

牌"），分上中下三排陈列，从大林村的肇基始祖一直到清朝光绪十一年（1885年）的第十一世祖先。这些龙牌每一面都分上下两部分，上部木主牌的上方雕刻着衔珠翘须的龙头，两侧镂刻双龙或者双凤。中间是表明祖先名分的宋体阳文字刻，底池为宝蓝色。下部是托座，雕有围栏、吊柱、流苏，镶嵌着云头、花卉、寿字等图案。正中央的一面是"大林钟"支派始祖"钟熙侯王"的龙牌，高达1.3米，宽有0.5米。其余的大体上都是0.8米高，0.3米宽。所有的纹饰、刻字都糅以金色，做工精细，工艺精致，纹饰精美。1991年被确定为市级保护文物。

（九）凌霄古塔

在江家渡村后的旗顶山（文笔山）上，俗称江家渡塔、风水塔。省级文物保护单位。

塔建于明崇祯二年（1629年），崇祯四年（1631年）竣工。塔石构八角七层楼阁式，后因雷击坍塌而余六层，残高二十二米。2007年至2008年进行维修，已修复七层及塔刹。1984年公布为县级保护文物，现为省级文物保护单位。

该塔系明崇祯二年知县梁兆阳主持修建，崇祯四年知县巫三祝继续建完。结构形式为穿心绕平座式，每层平座随塔身收分而逐层缩小。首层塔门朝东北，门高2.5米，宽0.8米，顶部砌成"人"字形。二层以上相错开两门，塔心室内设石步级通到二层真平座，然后绕真平座半圈，再由梯道进入第二层塔心室，折90°登梯直达第三层平座。如此循环往复，一直到达第七层塔心室内。塔身围21.8米，塔座用块石垒砌，基座围30.5米，高0.4米，对角线8米。塔身用条石顺砌，转角处用与层高相同的条石立砌。层檐高1米，出檐0.8米，由三层条石叠设而成，石前端卷杀如拱头。真平座八角部均设斗拱支承，平座与腰檐合二为一，让人行走、远眺。

二、遗址遗迹

（一）古遗址

1.牛粪山遗址

位于长汀村西北面180米牛粪山，1987年发现属青铜时代。遗址为一个相对独立的条状小山包，相对高度约30米，黄色土壤，遗址面积约7000

图 7-4　牛粪山遗址

平方米。遗址大部分已被开荒时破坏,小山头上局部地方保存有很薄的文化层堆积,范围不大,距地表约 20 厘米。采集有石球 1 个,石锛 3 件,有肩石锛 3 件,还有泥质陶片、夹砂灰陶片、灰硬陶片等。陶片纹饰有方格纹、弦纹、席纹、曲折纹,可辨器形有罐、釜、豆。2009 年文物普查没有采集到实物。

2005 年,由福安市文化体育局公布为福安市首批文物点。

图 7-5　松潭遗址

2.松潭遗址

位于松潭村南面 200 米,1984 年发现属青铜时代。遗址为独立的馒头状小山包,东近河流,相对高度约 30 米,面积约 12000 米。采集有石锛和灰硬陶片、釉陶片等。陶片纹饰有网纹、叶脉纹,可辨器形有罐、豆等。2009

337

年文物普查时发现整个遗址山头建设厂区,已经被挖掘削去一半,山头地表破坏严重,没有采集到实物。

2005年,由福安市文化体育局公布为福安市首批文物点。

3.廉岭烽火台

在廉岭村后山岗上。站在这个山背的烽火台上,东北向瞭望福安城区,整个大盆地一览无余。西南向是溪北洋沃野尽收眼底,是设置烽火台最佳地理位置,足见古人建造烽火台的娴熟功力。烽火台始建不详,据说是明代防御倭寇所建,也有说是清早期迁界时候所建,尚待考证。烽火台为不规则大块石垒砌,成四方形,每边大约十几米,现存残高为3.6米,烽火台面面积约为31平方米。其底座由硕大块石做基底往上垒砌,较为牢固,西北面墙体局部溃塌,其他墙体局部有石块滑落与缺失,但整个烽火台形状保存基本完好。

2013年2月,由福安市人民政府公布为第五批市级文物保护单位。

图7-6　廉岭烽火台

(二)古墓葬

1.宋赠司马湖南节度使施梦枢墓

施梦枢,字宗卿,宋乾道二年(1166年)应武举,官至殿前都统领,赠司马湖南节度使。

图 7-7　施梦枢墓

该墓在长汀村,建于宋嘉泰元年(1201 年)。该墓年代久远,受山体坍塌损坏与多次偷盗破坏,几经修葺,最后一次修于 2009 年。整座墓为石构,平面呈圆形,占地面积约 60 平方米。从墓外围三级台阶处到内壁进深 8.3米,中间横向最阔处 7 米。内半圆中间安放青石结构的长方形墓冢,坐北向南。墓冢底部为原墓旧须弥座石构件叠砌而成,向上逐层递收,其正面石构件上分别雕刻有祥云纹及花草相连图案,虽图案不多,但足见浓厚的时代特征和精美雕刻技艺。正面最上层中间是碑龛,碑框宽厚,碑框边线内刻莲花、牡丹等花瓣的卷连草,装饰着凹嵌墓碑。墓碑中间竖刻两行,写"宋故统领　施公之坟",其两侧小字分别竖刻是该墓坐向与安葬吉日。该墓是我市发现数量稀少的宋代墓葬,对研究这个时期古墓葬提供了一个重要的实物资料,具有较高的研究价值。

2004 年 9 月,由福安市政府公布为第三批市级文物保护单位。

2.乡进士内阁中书睦陈椿墓

陈椿,福安韩阳人,康熙五十九年(1720)举人。分发刑部清吏司观政援内阁中书前协办阁务,钦命武英殿修书,加一级。乾隆十六年(1751 年)在福安韩阳溪湖桥头出资建立"古立亭"、"秋香亭"。

该墓在长汀村附近,建于清乾隆二十六年(1761 年),被多次偷盗,毁损严重。墓为三合土石构墓,坐北向南,风字形,通面阔 9.3 米,通进深 21.5

米，占地面积 200 多平方米。墓
丘三合土构筑龟背状，碑龛与
祭台皆是青石结构，做工精细。
碑栋刻作三楼三间，鱼吻脊歇
山顶。正中墓碑规范刻写堂号
及墓主人称号等，两侧次间刻
写墓志，次间两侧饰作外八字
屏板，刻写祭田等内容。其龛台
阔 2.86 米，深 0.5 米。碑龛前
是拜坪，从里到外共有三层墓

图 7-8　陈椿墓

坪，最外层墓坪围栏开口处两侧装饰有三合土抱鼓墩。二、三级墓坪均设有
石制栏杆，现只剩望柱，栏板已经无存。望柱柱顶雕刻菱形、花卉等各种形
状，柱身前侧刻有对联诗句。该墓规模较大，建造讲究，雕工精细，是一座制
作精到有显著清代特色墓葬。

2005 年，公布为福安市首批文物点。

（三）古建筑

1.廉岭炮楼厝

在林廉村南面村尾，为清末民国时期建筑。房屋建筑坐西向东，为土木
结构合院式建筑，大门开设北向，占地面积为 430.8 平方米。平面布局由主
屋与前天井及两侧廊庑位置特改建为四方形炮楼组成，两侧炮楼比正常廊
庑高很多，显得抢眼。因此，俗称"炮楼厝"。主屋建筑三层半，悬山顶穿斗
式梁架，面阔五间，进深八柱，为畲村规模较大的民居建筑。房屋按常规布
局，中部设太师壁，分前后厅，太师壁两侧上方设置"敬神""尊祖"神厨。两
座炮楼均是三层，仁立于正房前天井两侧，夯土墙厚实，给人感觉甚为坚固。
炮楼每层设有枪眼，也开有小窗户作为瞭望孔。该炮楼对研究福安畲族古
村落防御性建筑及其特殊时期的历史均具有一定的参考价值。

2.步兜山村朱氏老宅

位于坑下村步兜山自然村后山顶部（212 号厝旁），据村中朱氏老人介
绍是该村最老房屋。按其规制和建筑特征，应该属清中早期所建，六扇七柱
拔廊、悬山顶土木结构民居建筑，坐北向南偏东 20° 左右。整体布局是中间
正座房屋，前后天井两侧廊庑，通面宽 18.6 米，进深 13.7 米，占地面积约

255 平方米。正座房屋穿斗式梁架,厅堂上方直通瓦栋为彻明造,次间与后厅堂皆二层,建有谷仓。正座建筑以太师壁分制前厅、后厅,面阔 5 间,进深 8 柱。房子举架较高,高 7 米,厅堂上方随脊枋高 6.2 米。厅堂面宽 4.6 米,深 7.25 米,形成厅堂高深而狭长。太师壁宽 2.4 米,与厅堂直通屋面 7 米的高度,显得太师壁挺拔。太师壁其楣枋上饰作传统的"山山月景"斗拱花式,两侧按通常设置橱式神龛。厅堂与后厅之间置设转斗柱、进宫门与平安门,后者属于特殊门,只有老人过世出殡方可打开。前廊轩顶高 5.16 米,檐柱梁架出三跳斗拱挑檩出檐,方形扁平斗,斗底部皿板式样。前廊鼓箫间两侧双开门瘦小,宽 0.83 米,高 1.9 米,别于其他民居做法。这里特别要交代的是,两根硬粗的檐柱 1 米高上下位置,被主人家耕牛因瘙痒磨蹭得几乎剩三分之一柱心,恍如陀螺腰。其他地方虽然也有见到,却没磨的这么厉害,疑似这家主人以养牛租耕为业。目前,该房屋已是人去楼空,静候风雨侵蚀、岁月侵吞。

3.步兜山村 42 号厝

在坑下村步兜山自然村 42 号,是一座清中后期规模较大的砖土木结构合院式民居建筑。坐西北向东南,整体布局为大门通道、大门、前天井两侧厢房、正座、后天

图 7-9　"祝应南山"匾

井两侧厢房。通面宽 21 米,进深 31 米,占地面积 651 平方米。该宅整体布局规范,大门进去回廊环绕前天井经两侧厢房上正座,正座穿斗抬梁式木构梁架,进深七柱,面阔五间,带两廊。正座明间厅堂宽阔,举架较高,二层半处设置假屋面,显得宽敞明亮。太师壁正上方悬挂一块清光绪十八年(1892年)"祝应南山"贺寿匾,蓝底金字,是房屋主人七十大寿时亲戚相赠。太师壁两侧一层位置设置橱式神龛,保存的下沿板雕刻缠枝莲并鎏金,显示着主人对神灵、祖先的敬重。正座后天井的两侧厢房由于用地限制,左边一侧仅是不规则一间,右边则是规整的两间二层厢房。主屋后栋檐口经过挑檩出檐,延伸至与两侧厢房檐口平齐,在后天井处也构成一个小的"四水归堂",做法上是一个较为特殊少见。后栋挑檩出檐也是使用极为少见的整木雕刻成竹节的斜撑做法,竹节在很多地方的装饰时期是明代或更早。

该民居在建筑结构上下功夫外，对装修装饰方面颇见独特。装修重点部位之一是前天井周边与厅堂，其窗花木雕题材丰富，雕工精湛，花样精彩漂亮。除木雕外，灰雕也处处体现主人用心。正座栋面檐口下挡雨墙饰作灰雕屏风，以精美篆体书法装饰，就连檐水管道外表也灰雕竹节装饰，特别精彩的是大门灰雕。大门代表着整个房屋门面或主人的脸面，与厅堂、前天井四周一样是点睛装修的部位。其大门门额上部墙面上饰作三楼三间牌楼式，飞檐翘角线条流畅，牌楼檐下白灰制作，创作人物山水画，至今色彩鲜艳。牌楼檐口错层间饰作灰雕卷书，分别墨书"清风徐来，水波不兴"与"白露横江，水光接天"，字迹流畅有力，显得很有文风雅趣。牌楼底下门额之上正中为灰雕匾额，可清晰识别内书"纳祉延洪"，该句出自《明皇祀圜丘乐章·太和》："郊坛斋帝，礼乐祀天。丹青寰宇，宫征山川。神祇毕降，行止重旋。融融穆穆，纳祉洪延。"蕴含着主人对生活美好与子孙后代的祈盼。

这是一座保存比较完整的民居建筑，宅院四周围墙由青砖空斗墙与三合土抹面夯土墙相围，制作坚固安全。大门面墙中间是制作雅致文风飘逸牌楼与两侧青砖空斗墙马鞍形封火墙构成一个整体美观性，屋后围墙饰作"虾姑"形墙帽并配墀头，正座屋面悬山顶鹊尾脊及两侧山面飞展腰檐，大门面墙马鞍形封火墙高过厢房屋脊，弧线圆润，翼角飞翘，组成错落有致，变幻多彩的建筑外观。这是福安地域民居建筑的特色体现。

4.仙源里苏八公宫

在仙源里村仙源里路 15 号厝旁，始建年代不详，重建于清嘉庆年间（1796—1820）。该宫坐北向南，为土木结构廊院式建筑，通面阔 14.2 米，通进深 25.08 米，占地面积 356 平方米。由戏楼、两侧"子母"台楼、大殿组

图 7-10　苏八公宫木雕

成。主体建筑大殿悬山顶，穿斗抬梁混合式结构，面阔五间，进深 7 柱，明间减中柱为 4 榄柱。后金枋底部墨书："时大清嘉庆八年（1803 年），岁次癸亥孟秋鼎建。"大殿天棚为长方形藻井，以出挑三层斗拱加三层如意斗拱收至平板天花井底。斗拱制作规整简洁细腻，显得朴素大方雅致，是整座宫庙建

筑气派点。前廊减步柱用杠梁,外施轩顶内侧长方形平顶天花板藻井,结构特殊巧妙完美。轩廊与前廊梁架制作讲究,前廊三跳斗拱挑檩出檐,斗为圆柱形牵牛花样式,雀替雕刻祥云。轩廊走桁上的双托斗雕刻成两个花篮款式,出挑二斗二升支撑轩桁的木斗雕刻为极为少见的莲花斗等。这些素木雕刻造型别致的木构,由于岁月烟熏,有了一层黝亮茶色,显得特别古朴韵美。该宫内尚保存有一块清光绪十五年(1889年)碑刻,记载着该村始祖迁居仙源岭及祖山等相关情况。

5.廉岭路亭

在廉岭村东面的廉岭古官道上。现存路亭为清同治八年(1869年)建筑,单体结构,抬梁式木构梁架。该亭位于古代福安城关通往溪北洋热闹繁华的廉岭古官道的路中央,南北走向,平面为长方形,面阔5.4米,进深6.5米,高4.5米,占地面积35.10平方米。路亭双面坡青瓦屋面,硬山顶,两侧马鞍形山墙高过屋顶,夯土墙外皮全包三合土。路亭为一间建筑,用柱四根五架梁,前后楣枋上加堵瑞连弯拱,山面定宝梁上金檩双付桐与脊檩付桐脚位置雕

图7-11　廉岭路亭

刻花卉,丁头拱上饰作牵牛花斗,雕件不多,却见雕工不凡。廉岭路亭整体建筑保护较好,说明经常得到周边群众维修。亭内靠山体一侧有设置一个内嵌式神龛,龛眉还装饰三楼三间牌楼顶盖,内墙壁上还保留着好多幅"文革"时期的宣传标语。该亭为研究地域交通文明提供一个很好的建筑实体。

6.日宅钟氏民宅

在日宅村17号。始建清乾隆九年(1744年),为纯木结构合院式建筑。坐西南向东北,通面阔19米,通进深10.3米,占地面积为323平方米。主屋面阔三间,左侧带三间抱厦,进深五柱,穿斗抬梁混合式梁架结构。明间以平板插屏分前后厅。前厅彻明造,厅前步柱间用木板壁与竹编抹灰墙封

隔，中间置设大门，门楣设一对门簪，是民间俗称"密厅厝"做法。廊柱出三跳插拱挑檩出檐，一侧轩廊次间二楼位置建制房间做谷仓使用。由于年代久远缺乏修缮，损毁较大，但分布规整，主体保存尚好。据村民告知，该房子是该村先民肇居这里的第一座房子，建造的比较规范有序。

7.长汀浮光远翠虹门

在长汀村东南面富春溪河堤边。始建不详，整座虹门由石头、青砖、石灰构成，朝向东面。虹门西接村内巷道，虹门外侧由较大鹅卵石铺设一座小台坪，相接鹅卵石垒砌中间为条石阶步的码头，俗称"大座头"。长汀村还有一座在上游离此不远处的"上座头"，就没"大座头"那么讲究捡用差不多的大鹅卵石垒砌，几乎就是土码头。

浮光远翠虹门的大座头，历史上迎来送往的有两路人员，主要的是长汀村及附近群众从此水路乘船来往福安县城的渡船。另一路是来往于社口头尖尾翘的载货船，偶尔也搭乘客人。据说当时经过这里的人流、货物也称市井繁华，所以虹门制作特别气派，文气十足。虹门状似一堵屏墙，中间开设门洞，立于道路中。路由门中通过，通高 3.8 米，通宽 4.08 米。整体制作精湛牢固，地基用硕大块石垒砌，马蹄形下大上小，底部宽 0.88 米。上部用特别厚

图 7-12　浮光远翠虹门

实青砖平砌，中间做成卷顶门，门墙厚 0.61 米，门宽 1.56 米，门洞卷顶离地面高 2.37 米。虹门墙栋饰做成三楼三间屋脊，栋脊檐下灰雕彩绘犹存，面溪正面门额灰雕横匾，内书"浮光远翠"，两侧配置耳龛。门卷顶上部两侧饰作祥云墀头，墀头底部龛内灰雕彩绘一轮红太阳。虹门内侧也饰作灰雕额匾、耳龛，额匾内书"出入能由"。

（四）石雕碑铭

1.长汀村奉示立碑

在长汀村外巷区施祠内。清道光十年（1830年）二月立，现立于长汀村施氏祠堂内。碑材为花岗岩，碑长1.68米，宽0.78米，厚0.075米。碑额两侧为云纹，中间祥云拱日，圆形日图案内写"日"字。碑额横书："奉示立碑"。碑文主体内容直书16行，记载长汀施姓为山界打官司的过程与山界划定内容，碑尾部雕刻时间是道光十年（1830年）月，往下空格后写："右仰知悉。"又起一行："日给"。最后是董事名字与"合族同立"。此碑对研究该村历史人文具有一定参考价值，抄录如下：

　　时授福安县正堂，加五级，记录十次，记功二次，又记大功四次刘为，案蒙断结，再行呈恳，给示勒石，以杜争端，以垂永远事。道光拾年拾月初捌日。

　　据施桁玉、施连城、施君则、施周玉、施俊贤、施文友等呈称：窃玉始祖梦枢公宋进士，置有山场，土名长围头。北至六都与九都交界之交溪滚桥头坑直上山顶，南至石磷坑，东至溪，西至岗顶为界。谱载历管三十三世，佃承确据。只因附近阮族觊占控，蒙萧前主案下，屡勘定界归管。道光二年（1822年），复遭陈殷仁蓦将伊叔陈雍玉向玉族承种之山，盗卖与人葬坟，仰蒙察核该谱，承批明确，仍断玉族管业。兹因殷谋心复萌，更名廷谅，伪造顺治二年（1645年）印契图翻。又蒙案下，覆讯察核，伪造属实，将契涂销，恩宽免究，该山仍照谱界，断归玉族管业。此秋毫之明察，亦玉族之厚幸也。惟断谳留存案卷，乡愚难以遍知，诚恐日后复有争占之人，仍滋讼累玉等，再四思筹，惟有仰恳赐示勒碑，庶可垂之永远，杜绝争端。为此备情，叩乞俯念，思患预防。恩准给示勒石。顶感无既切呈等情到县。据此，查此案，先于道光二年（1822年）。据施衡玉之父施君水呈控陈殷仁等，将山内穴地盗卖黄文翼，坟地系在施君水山界之内，盗卖属实。复敢捏情饰诉，实属不合，重责以儆，契据涂销，仍追契价钱二千四百文给还施君水等收领。着施君水等立契付黄文翼执凭，该山断以卷桥坑直上为界，各管各业，取具遵给在案。续据陈廷谅等粘缴印契，屡次具呈翻控，复经批准覆讯，并据施衡玉等赴府具呈批行，秉公断给等因。又经本县覆讯，查核陈廷谅等所缴印契，内载左至石磷坑，右至掩濑提牛坑，与前缴图说界址不同，且该契纸鲜

345

印棱模糊并系水朱盖印，其为伪造无疑。该山仍照旧断，巷桥头坑直上山顶为界，归与施衡玉等，照谱载承批界址管业。陈廷谅等伪造印契，影射妄占，本应究惩，姑念乡愚，免予置议。假契当堂涂销，毋许陈廷谅等再行影占滋事。取具两造遵结并备文详情。府宪批示在案，讵断后陈廷谅等复行混呈，希图翻异，又经亲诣该山履勘，仍与本县所断无异。批饬去后兹据呈前情，除批示外，合行给示，勒碑为此。示仰施姓人等即便前去勒碑遵照本县断界管业。如嗣后陈姓人等再行觊觎图占，即仰刷碑文，随时赴县呈请拘究。尔等亦不得借碑，越占滋事，各宜凛遵毋违。特示！

道光十年十二月二十日给告示

2.知县程志洛妾的墓志

原在松潭村崇福寺旁，1985年移至富春公园内。碑花岗岩质，方首抹角，高1.55米，宽0.65米，厚0.1米。碑额雕双夔戏珠，首题"知福安县事程志洛记"，款识"大清乾隆二十六年（1761年）辛巳腊月日吉旦立"。碑文10行，共206字，记载了程志洛之妾的籍贯和身世，埋葬的地点，置买祭田的数量和坐落地，祭祀的委托和祭田的管理。现该碑立在市区富春公园内。碑文抄录如下：

知福安县事程志洛记①

余侧室葛氏，越之东瓯人也。幼从父来闽，遂家于榕城。乾隆戊寅年，余任宸山尹，阅二岁，纳之乃归，未半载而辄夭折。余缘之悭，抑氏福之薄耶！湖氏性贞静，工女红，虽未敢遽云贤淑，而内言不出，亦愿尤之或鲜焉。余籍隶秣陵，梯山航海殊难，载旅榇以归。又恐他日迁调仓卒不能入土，爰效髯苏谋葬朝云于惠州之意，于邑之崇福寺旁购地一区葬之。更致田二亩，坐落六都卢洋地方，土名陆祖堂。载租二十秤大，付居常诚实可托之陈金荣、陈崇兰，作每年修坟并岁时纸钱之费。春雨杜鹃，秋山枫叶，惟寄有情于无情，一任浮云散去而已。后之令尹惟悯而存之，是即记此者之厚幸焉。

大清乾隆二十六年，岁次辛巳腊月　日吉旦立

3.汤洋石佛

在汤洋村村民俗称"后樟岔"地方。雕刻年代不详，由几尊石雕佛像、石

---

① 碑石原在坂中畲族乡崇福寺内，今在富春公园。

塔构件与神庙组成。三尊石佛由三块独立青石浮雕而成,并列放置于东北面供台上,面向西南,后壁装饰彩绘。中间佛像头缠布巾,身着袈裟,双手平放胸前,双脚盘坐莲台;左右两尊佛像为站立式,身披袈裟,雕像风化较为严重,神态辨别困难。但石雕佛像整体线条粗大,形象厚实,为典型明代石雕手法。还有一块方形疑似塔身石构件,边沿转角雕刻竹节,中间雕刻一头动感十强的回头寻球狮,还有一个四方形歇山顶式塔檐,置放于神台前地上。该雕刻人物类似摩尼教佛像与石塔残留构件,是地域宗教信仰的实物见证。雕刻花饰与形状有待进一步考证,以探索塔构件和石雕佛像的渊源。

4.彭家洋重修栖云岭碑

在渡船头村至彭家洋村栖云岭古道边。立于清光绪十四年(1888年),为方形抹角长条形青石碑,碑体高1.86米,宽0.56米。整篇碑文工整清晰,碑首横刻"重修栖云岭碑记",碑文竖刻,开言仅一行:"今将重修栖云岭各捐户姓名列后。"中间内容记载捐户姓名及款项,碑文最后落款为:"大清光绪十四年戊子太岁巧月吉日穀旦"。碑内容分几个板块,第一行中间是李祠,两侧是董事。第二板块是阳头,姓名人数比较多。接下是信女(有4人)、桥□(一个贡生名字)、铜岩(上村、下村陈祠)、隆坪。最后的板块□□,两个字辨认不清,但17个姓名中,有同知、贡生、监生以及堂号等。其碑刻内容比较特别,一是捐资姓名、数额,如"李祠捐洋番四十元"。二是捐款不按从多到少排列,也不按官名大小,虽然分隔7个板块,但排在前面未必是捐多者。三是捐洋番者姓名显示多而丰富,有祠堂、

图7-13 重修栖云岭碑

堂号、村落、官员、士绅、信女等,当然大多数还是捐洋番个人数量最多。修路是历史上社会群众普遍崇尚的积德行善行为,"仙人面"是福安县城西面最靠近的一座高山,该古道栖云岭是通往西部穆阳及沿路村落的重要驿道,

穿越福安历史上韩阳十景"仙岫晴云"的秀美山峰，其沿途道路在历代先人们不断维护下，留下沧桑古树与踏磨平整印着岁月痕迹的古道着实会令人流连忘返。该碑不大，其内容及记载方式对研究福安民间修路造桥历史人文具有重要参考价值。

5.清恩荣上寿冠带汤严郭公墓道碑

在廉岭村东北向 800 米山腰处。为清乾隆三十八年（1773 年）桂月立。碑立于廉岭古道边，碑面向东南，为倭角长方形石碑，碑高 1.9 米，宽 0.7米，厚 0.1 米。整碑制作精细，碑额不做线框，大面积浮雕双龙抢球，显得清雅灵动。碑体文字竖刻，中间："清恩荣上寿冠带汤严郭公墓道。"前后两侧略小几号字刻写，碑前刻写："时乾隆三十八年桂月仲秋吉旦立。"下一行刻写："本坟坐落汤家山秋竹冈地□□。"

墓主人后裔均是当时官宦士绅，分别尊号是庠生、千总、监生、监生。该墓道碑属清中期，雕刻比较讲究，为研究民间葬俗活动有一定的考证价值。

（五）古驿道

栖云岭古道是坂中乡境内三条重要的古驿道之首。另外两条古道，一条是从福安经过坂中、长汀、沙溪、社口、武曲通往寿宁，另一条是从福安经过坂中、廉岭古道，通往溪北洋。

栖云岭古道，俗称三望岭，是福安历史上县城通往西部穆阳的重要交通干线，是福安市

图 7-14　郭汤严墓道碑

郊保留较为完好的古驿道。1995 年编著的《福安交通志》，其古道节记载："福安至周宁，出城西，过阳头渡，经铜岩、上沃、龙首桥、穆阳。"栖云岭古道从阳头渡上岸渡船头村开始，拾级而上，顺着驿道翻越彭家山岔口，走过铜岩村、隆坪村、中岗村等山，最后到峻险而漫长的竹篙岭，直下跨过历史上著名的龙首桥，差不多就到福安好穆阳。整条古道保持较好，基本上都是顺着山势铺设。有的地方由单个块石铺设或附加零小石块，有的以阶级垒砌，路中用料是比较大的块石。有的路段比较宽大，有的路段较为窄小，曲曲弯弯、时明时暗的古道，时而青青竹林，时而一片松树，特别是偶尔还有苍劲古

树在路边提示着幽幽古道的坚
固久远,给走路者有着一路风
景和古道无穷魅力的感受。栖
云岭古道与廉岭古道南北相距
大约 1.2 公里左右,均需翻越于
横亘在福安富春溪西岸的仙人
面山岗。廉岭古道翻越仙人面
山岗廉岭岔口处,整片溪北洋
就收入眼底。栖云古道位于北
面,翻过仙人面山彭洋村山岔,
到达穆阳恐怕还有四分之三的
路途。自古以来,这条古驿道是
福安通往西部地区及上四府等
地的重要驿道。

图 7-15　栖云岭古道

参考文献

（宋）梁克家：《淳熙三山志》，淳熙九年（1182 年）。

（明）黄仲昭：《八闽通志》，弘治三年（1490 年）。

（明）何乔远：《闽书》，万历四十四年（1616 年）。

（明）史起钦：《福宁州志》，万历二十一年（1593 年）。

（明）陆以载：《福安县志》，万历二十五年（1597 年）。

（明）冯梦龙：《寿宁待志》，崇祯十年（1637 年）。

（清）张景祁：《福安县志》，光绪十年（1884 年）。

李家瑞：《停云阁诗话》，清咸丰五年（1855 年）。

邓之诚：《骨董琐记》，北京：中国书店，1991 年。

王理孚、刘绍宽：《平阳县志》，民国十四年（1925 年）

廉岭村《冯翊雷氏宗谱》，清宣统元年（1909 年）。

松潭村《荥阳郡郑氏家乘》，民国八年（1919 年）。

松潭村《富春孙氏族谱》，清道光十九年（1839 年）。

坂中村《富坂陈留阮氏族谱》，清乾隆四十三年（1778 年）。

杨师程《湖口张氏族谱》，清道光二十四年（1824 年）。

陈松年《湖口村颍川郡陈氏支谱》，2013 年。

刘士周：《熙台颍川陈氏宗谱》，清嘉庆十二年（1807 年）。

坑下村《清河张氏族谱》，民国十一年（1922 年）。

坑下村《林氏宗谱》，道光十年（1830 年）。

步兜山《沛国郡莲峰朱氏宗谱》，光绪七年（1881 年）。

长汀村《新修吴兴郡谱》，清光绪六年（1880 年）。

《长汀施氏宗谱》，民国三十五年（1946 年）。

《延陵郡罗园吴氏家史》，1986 年。

南岸村《郭氏南岸长房一新公派小谱》，清光绪残本。

南岸村《济阳蔡氏宗谱》,清道光二十八年(1848 年)。

郑延佐:《颍川郡仙岭洋钟氏族谱》,清光绪十一年(1885 年)。

彭家洋村《吴氏族谱》,1992 年增订本。

铜岩上村《铜冈上祠陈氏族谱》,1987 年。

铜岩下村《澄岩陈氏族谱》,清光绪九年(1883 年)。

冠岭村《颍川陈氏宗谱》,清道光九年(1829 年)。

《颍川郡和安钟氏》,民国九年(1920 年)。

《许洋郑氏族谱》,清乾隆二十九年(1764 年)。

江怀礼、黄恩国:《井湖蓝氏族谱》,咸丰十一年(1861 年)。

许洋村《荣阳郑氏宗谱》,清道光三年(1823 年)。

和安村《和庵雷氏宗谱》,清光绪五年(1879 年)。

和安村《颍川钟氏族谱》,清光绪十六年(1890 年)。

《颍川郡冠岭仁房宗谱》,清宣统元年(1909 年)。

冠岭村《颍川陈氏宗谱》,清道光九年(1829 年)。

福建省统计局、福建省民宗局编:历年《福建少数民族乡村社会经济统计资料》。

后 记

　　新中国成立以来,闽东福安畲族作为中华民族大家庭的一个成员,一直在福建省民族工作中有着独特的地位。1984 年 9 月,福安坂中畲族乡成立,畲族乡村社会和文化发生令人振奋的发展和变化。坂中畲族乡是当年习近平同志任宁德地委书记时基层工作挂点的乡镇,其对畲汉交融的乡村建设寄予殷切厚望。2020 年 12 月,历时 5 年的《坂中畲族乡志》文化工程竣工,全面展示坂中畲族乡历史与现实的全貌。2022 年,三峡大学民族学院推出"新乡土中国志"系列丛书,倡议在《坂中畲族乡志》的基础上改编浓缩成丛书所要求的"乡土志"。笔者责无旁贷地接受这项特殊的任务,在尊重原书内容的前提下,进行重新编排与建构,力图形成一部别开生面的民族乡土志,突出区域社会与民族融合的特点。囿于原书的内容与框架,不可避免留下很深的"行政志"胎记与痕迹。

　　本书编写工作分工如下:

　　导言,由蓝炯熹执笔。

　　第一章地理与人口,由蓝炯熹、李毓贤、李杰、郑青执笔。

　　第二章资源与经济,由李杰、李毓贤执笔。

　　第三章教育与卫生,由陈春通、江绍光执笔。

　　第四章环境与建筑,由蓝炯熹、刘冬、林锦屏、张玉文、李杰、曹晨、缪远执笔。

　　第五章民生与风俗,由林章明、钟伏龙执笔。

　　第六章宗族与信仰,由蓝炯熹、钟伏龙执笔。

　　第七章文化与旅游,由雷志华、黄静红、张玉文、李毓贤执笔。

　　图片摄影由黄俊、张玉文以及福安市职工摄影协会阴亮、薛明瑞、钟楠、李杰、席国胜等提供，图画绘制由吴昌耀、王锦钦提供。蓝炯熹负责全书章节内容的设计、编排与修订。

　　本书的出版，得到三峡大学民族学院和厦门大学出版社的大力支持，谨此致以衷心的谢忱。

　　由于资料搜集的欠缺，加之编者学术水平和编撰时间等所限，书中所存在的缺陷和不足，尚请方家批评指正。

蓝炯熹

2023 年 7 月 28 日